爱恨倾城小团圆

张爱玲的私人生活史

清秋子 著

京华出版社

图书在版编目（CIP）数据

爱恨倾城小团圆：张爱玲的私人生活史/清秋子著．北京：京华出版社，2009.4

ISBN 978-7-80724-683-1

Ⅰ.爱…　Ⅱ.清…　Ⅲ.张爱玲（1920～1995）—生平事迹　Ⅳ.K825.6

中国版本图书馆 CIP 数据核字（2009）第 044373 号

爱恨倾城小团圆：张爱玲的私人生活史

著　者□清秋子

出版发行□京华出版社

（北京市朝阳区安华西里一区 13 楼 2 层 100011）

（010）64258473 64255036 84241642（发行部）

（010）64259577（邮购、零售）

（010）64251790 64258472 64255606（编辑部）

E-mail：jinghuafaxing@sina.com

印　刷□九洲财鑫印刷有限公司

开　本□787mm×1092mm　1/16

字　数□395 千字

印　张□25 印张

版　次□2009 年 4 月第 1 版

印　次□2009 年 4 月第 1 次印刷

书　号□ISBN 978-7-80724-683-1

定　价□35.00 元

引 子

2009年2月23日，“张爱玲最后、最神秘的遗作”——长篇自传体小说《小团圆》在台湾隆重出版。

这是一部“千呼万唤始出来”的珍贵作品。

真实、细腻、热烈。

书中的主人公，是一位女作家，叫做“九莉”。主人公经历的人与事，与张爱玲的生活大致都能对应，虽然有些细节有所省略与更易，但也有些细节在此之前绝不为人所知！

它就是一篇怀旧回忆录，完全可视为信史。

遗作面世之后，华人世界里立刻掀起了新一轮的“张爱玲热”。

张爱玲，这个中国现代文学史上的丰碑、我们生活中时隐时现的魅影，是无论如何也不能被除去了。

她的一生，本身就是一个流传久远的传奇。

她虽然是五四以来新文学“诸神”里的一个，但——

她，不可以归类。

她是绝无仅有的一个！

“生命是一袭华美的袍，爬满了蚤子。”她在19岁的少女时代写下的这句话，预言一般描摹了她不完美的未来。

“我比较喜欢那样的收梢。”她的儿时之作《霸王别姬》里的一句话，又好似预知了遥远的临终一刻。

其实，张爱玲的一生，并不是只有一个温度、一种色彩，而是一个有弧度的虹——从炽热到淡定，从热衷到宁静，从火红到纯白。这中间的变化，令人眩目，令人唏嘘！

《小团圆》的时间跨度，恰是从她22岁到30岁时，这一篇故事，写尽了其间的飞扬与失落。

她早年，未能按捺得住张扬之态，做了一些糊涂事，是因她还是个二十多岁女孩的缘故。

这一点完全可获谅解，而且她本人也有过悔恨。

她晚年的淡泊，其实就是追悔的结果，虽然“悔恨”这两字，从来没出过她的口。

待到后来“张爱玲”三字在故国再度走红时，她已经没有任何欣悦感了，只是淡淡地、继续与整个俗世对峙。

到后来，她就是一个深不可测的湖，守在自己的角落，宁静平缓，波澜不惊。

异国的寂寞中，她是一位彻悟了的老妇，精神矍铄，不屈不挠。

她是真正领会到了“魏晋风骨”精髓的人，不能设想她会活得更“常人”一些——那样的话，她，还会是张爱玲吗？

她，不过就是一个需要自己挣扎出来的弱小女子，奋斗过，成功过，又为自己过早的张扬，而付出了几十年被边缘化的代价。

她在短暂的繁华之后，于坠落之中看透了滚滚红尘，而后，又恬淡地升到这个世界上很高的地方，几乎很难有人再打搅到她。

所以我说，她的一生中，有前后两个高峰。

她很幸福，因为在最后的时刻，她是在一个无人可以企及的高峰上，极其安静地与世界告别的。

——所有的人，无论对她有何种评价，也惟有遥望而已。

目 录

1. 活在李鸿章的影子中

热议张爱玲，是近二十年来的事。关于她的话，说得多了，都不觉得她是多么久远的人。很多年轻男女，甚至觉得离她很近，能够与她共悲欢。

可是，一查张爱玲的出生年月，我们才竦然一惊：她的出生，是在将近 90 年前！

无怪乎台湾学者王德威要称她“祖师奶奶”。

百年之前的种种，才是她的前世；近百年的动荡与安稳，则是她的今生。她所见证的人世沧桑，真是足够多了，是地地道道的“奶奶级”人物。对此，我们只有慨叹。

麦子落地，遂成青苗。

还是让我们从头说起吧。

1920 年 9 月 30 日，张爱玲出生在十里洋场的上海。这一天，是农历八月十九，月圆后不久，想必夜间仍有清辉铺洒。

早年的人们，习惯以农历生日为准，张爱玲也是。这个日子公历是哪一天，以前大家都忽略了①，后来是美籍华裔学者司马新，在写张爱玲传时，仔细推算出来的。

张爱玲是个多思之人，生日的皓月秋空，也许让她每年都有所思，以至于她小说中写月亮的句子，经常很奇崛：“铜钱大的一个红黄的湿晕，像朵云轩信笺上落了一滴泪珠，陈旧而迷糊。”

这难道是宿命的写照？

她的确就是从一片“陈旧而迷糊”中诞生的。

张爱玲出生在上海公共租界的张家公馆，这是一座清末民初的老洋房，在靠近苏州河的地方，风格是那时流行的西洋式样。

这房子大有来历，牵涉到张爱玲的“前世”。它是晚清名人李鸿章送给自己的女儿、也就是张爱玲祖母的陪嫁物之一。

---

①张爱玲曾记为 9 月 29 日。

这种老房子四面为房间，中间是一个宽阔的天井，朝内一面有连廊可通行，因而名之“走马楼”。

老房子的外墙上，有一些西洋式的花纹装饰，这在当时算是很时髦的了。小楼共有两层，后来顶层有人加盖了阁楼，所以如今看起来好像是三层。

当年这房子，想来是气派得很，从二楼上直直向前伸出一个阔大的阳台，四周还有很大的花园，草木葱茏。而现今，房子杂乱了，花园当然也不存。这种“西风东渐”时期的老房子，在今日的上海、武汉、广州、海口等地，仍残留了不少，可以视为用砖石写就的城市演进史。

张家公馆，是一个独特的世界，很有象征意义：从外面看起来，房间的阳光应该很充足，其实里面却是古墓般的幽暗。

新旧杂糅，中西交错——这便是张爱玲日后成长的宿命。

早几年，有“张迷”经过辛苦奔波，确定了老房子当年准确的地址：淮安路 313 号，也就是今天的康定东路 87 弄[①]。

这房子现在可能已被拆掉，再也没有了它的物质存在。——大变革的时代，只几十年间，就会有很多东西化为了真正意义上的尘土。

在那时，能拥有一批这种房子的，是豪门大族。张爱玲的外曾祖父李鸿章，就更是声威显赫。

因此，当今讲张爱玲故事的人，有的就特别津津乐道于她的家世，动辄冠以“簪缨世族”、“官宦世家”、“豪门之后”的名号，看上去金光闪闪——似乎张爱玲的天才，一定与此有关。

我个人猜想，以这类口吻进行叙述的人，无论他做到了多高的教授，恐怕都未脱庸俗思维，有的年幼时说不定还很清苦，对张爱玲进行这样的恭维，也许有少年时的情结在内。

——其实，天才与血统无关。

尤其与富贵无必然联系！

古人说，穷诗人写富人，诗句里定是穿金戴银；而真正的高贵出身者写富人，只须两句——“笙歌归院落，灯火下楼台”。那种富家大户夜戏散场时的豪华，便被写到了入骨。

毕竟还有学者是清醒的。内地较早写张爱玲传记的学者余斌，就张

①见淳子《张爱玲地图》。

爱玲对自己身世的态度做过考证，结论是：她并不愿沾祖上的光，有人问起她来，她也是含糊其辞。

当然相反的证言也有，与张爱玲相识的女作家潘柳黛，就曾说过：张爱玲在日常的场合，对自己的贵族血液“引以为荣”，一再加以提及，唯恐人不知。

但这只是潘柳黛的一家之言，并无佐证。倒是可在《流言》中的几篇自传文章里看到，张爱玲对她“簪缨世族”的家世深为隐讳，从不提及。

我也注意到：只有一次，在小说集《传奇》出版之前，她曾一闪念地想到：可否用自己的“贵族家庭”来作宣传的噱头？但最终，并未实施。

看来，她并不在乎这所谓的辉煌。

台湾学者周芬伶说得更直截了当，她说：有些人为张爱玲写传，“着重其‘贵族’身世，然而我看张爱玲一生从未有钱过”。

因此，渲染张爱玲“贵族身世”的荣耀，基本没有意义；况且她又不是活在李鸿章的时代！

相反，在辛亥剧变以后，晚清时代的荣耀，怕也不是什么金字招牌，更多的是给人带来负罪感与没落感。毕竟时代在进步，在民国环境下成长起来的张爱玲，从“簪缨世族”承袭而来的，料想也是负面的东西为多。

张爱玲的祖上，固然是世宦之家，但是随着大清国的穷途末路，家族的景况明显地呈一个下滑线。等到张爱玲这一辈，这个前朝名门之后的家庭，就更像一座阴暗死寂的老房子，只能窒息掉所有活泼泼的生机。

我注意到，张爱玲只有在完全挣脱了家庭的阴影之后，才获得了她最鲜活的生命，蓬蓬勃勃地绽放开来！

她渴望挣脱这个冷漠的家，只想自食其力。

张爱玲的内向孤僻，她被人所指的“自私”，她的远离精英主流，无不与家庭的阴影有关。

因此，我们不能因为喜爱名人，就看名人的一切都是好。

我们先来看看张家的这根老藤，有些枝蔓，倒也很有些意思。

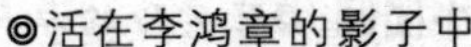

张家的祖籍，是直隶①丰润县。

张爱玲的曾祖父张印塘（1797－1854），字雨樵，是“丰润张氏”几辈子里第一个做官的人，咸丰年间曾任安徽按察使。就其本人的操行来说，是个极为清廉、耿直的好官，只不幸生逢乱世，结局很是凄凉。

在这里必须一提的，是这位张印塘大人与李鸿章的结交。张印塘和李鸿章曾在合肥、巢县一带并肩作战，两人意气相投，遂结为至交。

张印塘后来与太平天国的西征军交战，因战败被革职，留营戴罪效劳。此后目睹局面日益崩坏、同僚好友败亡，心中越发郁闷。于次年，在徽州②病死了。

那时候，张爱玲的祖父张佩纶，年方 7 岁，是个刚够学龄的小孩子。

在辗转流离中，张佩纶发奋苦读，23 岁那年考中了举人，第二年又中了进士，被授予翰林院编修之职。

他做了官后，敢于直谏，因而名声大起。后又担任了都察院左副都御史，成了中央监察部门的副职长官。

那时李鸿章已是威名赫赫的北洋大臣了，念及旧日袍泽之谊，对张佩纶也很器重。

青年时代的张佩纶，是个旧时官场上典型的“清流”人物，耿直自负。不仅在正史上有名，而且还被写进了通俗小说，成为文学人物。

清末有著名的“四大谴责小说”，专写官场黑幕，其中之一的《孽海花》就绘声绘色地写了他的“事迹”。书中有个人物叫“庄仑樵”，就是影射张佩纶的。

1884 年，中法战争爆发，张佩纶连上数十道奏章，力主抗法——对洋鬼子不打哪成！

朝廷就派他到福建马尾港去督军。

可惜一仗打下来，福建水师全军覆灭！

战后追究责任，他被革职发配到边地察哈尔、张家口效力。

他先后有两任夫人，都是病死的。到 1888 年，张佩纶戍满回到北

①今河北省。

②今安徽黄山市。

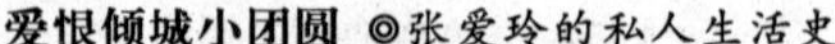

京时，已是一个光棍汉了。

就在这灰头土脸之时，在天津的李鸿章向他伸出了援手，将张佩纶收入幕中，协办文书，掌握机要文件，当了个心腹师爷。

入幕半个月后，张佩纶又有了奇遇！

李鸿章决定把女儿李经璹①许配给他，并且当下就办妥了订婚仪式。这一年，张佩纶年已41岁，李菊耦才22岁，两人相差19岁。

这桩婚姻，当时就有很多人侧目。即使拿现代的眼光来看，也很不般配。张佩纶年纪偏大不说，还是个罪官，仕途前景很渺茫。从留下来的照片看，相貌上也无甚过人之处——八字胡，目光无神，体态偏肥，不过是常见的清代官员颟顸模样而已。

而李菊耦在那个时代虽是大龄女子，却是个地道的美女，标准的鹅蛋脸，眉清目秀，双眸如漆，透出一股清新可爱的书卷气。

这段奇缘，曾朴在《孽海花》里也有妙笔生花的渲染，有如他老人家当时也在场一般。

曾朴写道，一日，张佩纶有事一头撞进李鸿章办公的签押房内，忽见“床前立着个不长不短、不肥不瘦的小姑娘，眉长而略弯，目秀而不媚”。

在旧时，同事之间也是要避家眷的，张佩纶来不及收脚，早被李鸿章望见，喊道：“贤弟进来，不妨事，这是小女呀，——你来见见庄世兄。”那小姑娘红了脸，含羞答答地向张佩纶道了个万福，就转身飞快地跑进里间去了。

张佩纶与李鸿章谈着公事，忽然瞥见桌上有一本诗集，趁老太爷不注意，他便偷偷拿过来看。见里面字迹娟秀，诗意清新，知道是那小姑娘的手笔，不觉就有些倾倒。略一翻，见有两首七律，题目是《基隆》，读过一遍，当下顿感触目惊心。

诗的意思，大致是既有讽刺、又很替张佩纶惋惜——若只安分做个论道书生，不去冒冒失失请缨杀敌，也就不至狼狈若此了。

张佩纶看了，“不觉两股热泪，骨碌碌地落了下来”。李鸿章就笑道：“这是小女涂鸦之作，贤弟休要见笑！”张佩纶惟有满口称赞，李鸿章便顺势托“张贤弟”给女儿寻觅佳婿。

---

①小名菊耦。

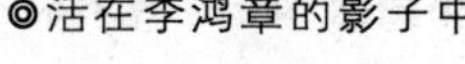

张佩纶道：“要如何条件，才肯给呢？”

李鸿章呵呵笑道：“只要和贤弟一样，老夫就心满意足了。”

张佩纶是何等聪明，出来后赶紧托人去求婚，中堂大人也就一口应承了。

不止如此，《孽海花》还继续演绎，说李鸿章夫人赵继莲知道了消息，大为恼怒，指着李鸿章骂道：“你这老糊涂虫，自己如花似玉的女儿，高不成，低不就，千拣万拣，这会儿倒要给一个四十来岁的囚犯！你糊涂，我可明白。休想！”弄得李鸿章没法。

最后还是女儿明确表了态，说爹爹已经把女儿许给了张佩纶，“哪儿能再改悔呢！就是女儿也不肯改悔！况且爹爹眼力必然不差的”。老夫人见女儿肯了，也只得罢了。

这一段故事，足能以假乱真，只不过书中的李鸿章叫做“威毅伯”罢了。

张爱玲小时候在《孽海花》中看到了这一段，非常兴奋，连忙去问父亲。但是父亲一口否认，说爷爷当初决不可能在签押房内撞见奶奶，连所谓奶奶的诗，也是捏造的。

张佩纶在婚后，仍留在李鸿章府中住，与新夫人的关系琴瑟和谐。

可是，令人想不到的是，张佩纶在仕途上的命运，并未像外人估计的那样，就此可东山再起。

李鸿章的长子李经方不知何故，与这个妹夫水火不能相容，买通了几个御史，蜂起弹劾张佩纶。大意是，张佩纶遣戍释放后，不安本分，又在李鸿章署中干预公事，招致物议。随后就有圣旨下来，命李鸿章把张佩纶撵回原籍去。

那时太平天国已经败亡，战乱后的南京房产很便宜，不少闲官都在那里置业。李鸿章便让女儿、女婿搬到南京去住，还给了女儿一份陪嫁。

这份陪嫁，可不是平民之家的几个箱笼包袱，而是田地、房产和古董无数。总量之巨，无法估计，我们只知 30 年后，分到张爱玲父亲名下的财产，计有花园洋房 8 处及安徽、河北、天津的大宗田产。

张佩纶在南京买下的房子，是一处叫“张侯府”的老宅子，位置大致在现在南京白下路东段的南京海运学校一带。房子共有 3 幢，张佩纶将其中的东楼命名为绣花楼，专为李菊耦住，当地人都习惯称它“小姐楼”。——后来，胡兰成在与张爱玲恋爱时，还专门去看过这地方。

此后，甲午战争爆发，北洋水师又遭败绩，大清国被迫签下屈辱的《马关条约》。李鸿章因之声名狼藉，甚至被国人以民族罪人视之。张佩纶大概有感于此，自此绝足官场，再不要那顶官帽子。

就在那一年，李鸿章油尽灯枯，在“三百年来伤国乱”的悲哀中去世了。

张佩纶晚年过得相当颓废，只以酗酒解愁消磨残生。老岳父死后一年多，寂寞中的张佩纶也追随而去了。

他遗下一子一女，大的 7 岁，小的才 2 岁。男孩就是张爱玲的父亲，女孩就是张爱玲的姑姑。

可怜李菊耦 37 岁就守寡，终日闭门教子，心有戚戚，不久染上肺病，于 1912 年病逝于上海。

张佩纶的子女辈，对他的印象都不十分好。女儿张茂渊[①]后来曾对张爱玲说，这桩老少婚姻，“我想奶奶是不愿意的!”

张爱玲在读中学期间，弟弟张子静有一次对她说：“爷爷名字叫张佩纶。”

她马上问：“是哪个佩？哪个纶？”

弟弟告诉了她，她觉得很诧异：这名字，怎么有点女性化？

又有一次，弟弟给她看历史小说《孽海花》，撂下一句：“说是爷爷在里头。”

爱玲翻开书，找来找去，找到了庄仑樵。读完以后大为兴奋，跑去问父亲，父亲只是“一味辟谣”，跑去问姑姑，姑姑说：“问这些干什么？现在不兴这些了。我们是叫没办法，都受够了……”说到这里，声音低下去，近似喃喃自语，而后又说，“到了你们这一代，该往前看了”。

“受够了”指的什么？官僚大家庭的生活，还不是陈腐一路，当事人都受够了，何劳今天的人替他们荣耀？

爱玲觉得不好意思，连忙辩解：“我不过是因为看了那本小说好奇。”

---

①就是张爱玲那位大名鼎鼎的姑姑。

姑姑见爱玲执着，就讲了一点奶奶李菊耦的事。两位老人死的时候，姑姑年纪还小，所以提到爷爷张佩纶，她便断然摇头："爷爷一点都记不得了。"

爱玲又去问父亲，父亲只是敷衍她说："爷爷有全集在这里，自己去看好了。"于是爱玲就抱了一大堆书来看。

张爱玲的先辈，虽很辉煌，且从李鸿章这一脉来说，也可称贵族。但是，外曾祖父李鸿章和祖父张佩纶都是在历史上有过污名的，所以，张爱玲自小就和她的"贵族身世"自觉保持着距离。在她成名后，文化界曾有一阵掀起过《孽海花》人物原型的考据热，她完全不参与，对一班前清遗少及名士派文人也敬而远之。

她不会傻到处处以这些晦暗的东西来炫耀。

但是，她与这些毁誉参半的先祖，毕竟有着血缘的联系，在她的意识里，又另有一种不同于政治评价的情感评价。

她从长辈们的议论中，从祖父的文集中，对祖父张佩纶产生了一种特殊好感，认为他是个"真人"。祖父在官场中的旋起旋落，直至抑郁而终，也令张爱玲幼小的心灵感到震撼，觉得这是一种"人生的回声"。

家族曾经的辉煌与无可挽回的没落，在一个孩子的心中，种下的就是这样无以名之的伤感。从普世意义上来说，全社会肯定是在进步了，但是作为具体的家族后裔，没落的气氛是一直就笼罩在头上、渗透在血液中的。

张爱玲，就是这样一株先天阳光不足的根苗。

她小小年纪，居然有苍凉的"身世之感"，也就缘于此。

张爱玲在成年以后所做的，就是努力挣脱自己的家庭以及那背后的所有阴影，向着独立的路上走。

在晚年最后一部著作《对照记》中，她历尽人世沧桑，终于与自己的祖先全面和解了，真正理解了他们的"不得不然"。

她后来的话，说得很动情："我没赶上看见他们，所以跟他们的关系仅只是属于彼此，一种沉默的无条件的支持，看似无用，无效，却是我最需要的。他们只静静地躺在我的血液里，等我死的时候再死一次。我爱他们。"

然而戏剧性的是，这样的家世，恰恰又带给了她一笔无以替代的财富。没落家族的种种人与事，都成了她后来小说中的人物与故事，形成了她别样的文学路数。

在这个过程中，张爱玲是幸运的。

因为，没有五四以后的新文化运动，也就没有一个青年女性以文学谋生、以小说名世的可能。而她身后拖着的长长阴影，又使她成为了无数文学青年中极为特殊的一个。

——腐土上，开出的是一枝惊艳的花！

2. 童年气息如春日迟迟

繁花凋落的家族，实际上是很可悲的。尽管物质生活上还有前朝的富丽繁缛，却总像蒙了灰的铜饰，窗外的阳光再怎么照进来，也反射不出一点有生机的光芒来。

从政治上退出主流地位，就意味着永久地走入灰色地带。

在民国初年，有成千上万这样的家庭，如百足之虫，死而不僵。出身无用了，失却了上进之阶，家族的二代后裔靠祖产虽还能锦衣玉食，但却是坐吃山空。

在角落里，他们或醉生梦死，或牢骚满腹，或惊恐不安。

很少有人能绝然奋起。

最可怜是大宅门内第三代的孩子们，从小就看得见外面明丽的天地，却冲不出、飞不走。

——血缘的线，身世的索，牵住了他们。

张爱玲的父亲，就是转型期典型的豪门二代。而张爱玲，则是那些面容苍白的老宅孩子们之一。

张爱玲的父亲张志沂（1896—1953），别号廷重。他素以号行世，在后文中，我们也就按习惯称他为张廷重。

从张廷重的生卒年份来看，他恰是跨越了中国近现代巨变的一个人。时代在上演轰轰烈烈的正剧，对很多人来说可能是个福音，而对旧官宦家族遗孑的张廷重来说，却不折不扣是一场个人悲剧。

他跟他父亲一样，也是7岁就丧父，但却没能像老爸一样“艰难困苦，玉汝于成”，而是一生都笼罩在失败的阴影中。旧式家族，男丁为主，要重振家声更是需要子弟们争气，生母李菊耦便把过重的期望押在了他的身上，这一来，反而害了他。

李菊耦在清末的十几年间，经历家国之变，心理上有一个强烈的反激。昔日娘家的尊崇，夫婿的未展之志，都化为她望子成龙的心切。

这位通晓诗书的母亲，教子甚严，背不出书就打。但常规的仕途，到此时已走不通了，清政府迫于舆论压力，于1905年废除了科举，张廷重为做八股而学的一肚子学问，完全成了无用。

他的一生也就如失舵之舟，再也没能找到方向。

父亲张廷重种种不合时宜的举止，张爱玲在幼时便有很深的印象——那是一个神态沉郁的夫子，终日绕室吟哦，背诵如流，滔滔不绝，一气到底，末了拖起长腔一唱三叹，算是作结。然后，沉默踱步，走了没两丈远，又起头吟诵另一篇。听不出那是古文、八股范文，还是奏折，总之从不重复。连小爱玲听着也觉心酸，因为毫无用处。

这绕室徘徊的习惯，就是李鸿章传下来的健身绝招“走趟子”。这个词，充满了“无路可走、但也非走不可”的荒诞感。

尽管张廷重受清末维新之风的熏陶，学过英文，能读会写，甚至能用一个手指头在打字机上打英文函件，但是，他还是没法走出宅门去谋生就业。因为，做生意外行，蚀不起；当官、入政界更不行。

前朝老臣的后裔，怎能耻食周粟？——“投敌的名声是败坏不起的”！

他只能当遗少。

当然，他也有他的痛苦——李菊耦与时代格格不入的反激心理，使这位寡母训子的方式十分怪异，甚至在亲戚间都有了孤僻的名声。她因怕儿子与家族子弟们泡在一起“学坏了”，便故意给小张廷重穿一些过时的衣服鞋帽，把他打扮得活像个女儿家。

据张家的老资格女仆何干讲，那些衣服都是“花红柳绿”的，鞋子也是满帮花纹的花鞋。

李菊耦就是要让张廷重羞于见人，远离那些趋时的“坏小子”。何干后来回忆说，那时张廷重出门去玩，走到二门，趁母亲不注意，就会偷偷摸摸脱了鞋，换上袖子里塞着的一双。“我们在走马楼的窗子里看见了，都笑，又不敢笑，怕老太太知道了问。”①

老祖宗的气息一时是消散不了的，它仍以无形之形，控制着这个老宅子。在畸形家庭里成长起来的张廷重，自然也就跟这“走马楼”的气息一样，新旧杂陈。

一方面，他自认为是新文明的同道中人，并不抵制时新的观念。他爱看白话文的平民小报，乐于阅读翻译过来的西洋小说，喜欢购买进口

---

①见张爱玲《对照记》。

的名牌轿车，甚至，还买过大部头的《胡适文存》。

五四以后，英国剧作家萧伯纳在中国走红，张廷重也买过一本萧的剧本《心碎的屋》，在空白页上写下题识：

天津，华北。

一九二六．三十二号路六十一号。

提摩太·C·张

这完全是西式的习惯写法，还取了一个很摩登的洋名儿。张爱玲后来在写回忆散文《私语》时，去翻阅父亲的旧书，才注意到这个细节。

一切文明在他身上，都体现出混乱。他订阅了《旅行杂志》，但从来不旅行，因为抽大烟不方便。他不穿西装，但是却穿西装背心，而且就直接穿在汗衫外面。他喜欢叔本华，但也买了希特勒的《我的奋斗》中译本来看。①

张爱玲还记得，小时见到父亲屋里到处乱摊着各式小报，让她有一种回家的感觉。张爱玲一贯爱看市井小报，就缘于父亲这个嗜好的影响。

但是另一方面，旧时代延续下来的惯性，仍是主导了张廷重的人生。这位遗少，虽被母亲严厉管教，但成人之后，旧派士大夫的嗜好一样也不少——吸大烟、纳妾、嫖妓、赌博。

转型时期的人物，有着两面不同的人生相，这毫不奇怪。

文化之脉并不会因政治的鼎革，就在一夜之间戛然而止。

张廷重在母亲去世三年后，结婚成了家。迎娶的女子黄素琼②，也是一位名门之后，是清末首任长江水师提督黄翼升的孙女、广西盐法道道员黄宗炎的女儿——这个女儿没见过爸爸，因黄宗炎上任不久便染瘴气而亡，留下一男一女双胞胎遗腹子。

黄翼升祖籍湖南，是正牌的湘军将领，曾与李鸿章一道在曾国藩麾下效过力；而且，据说论起来，黄素琼还是李鸿章的远房外孙女。这

①见《小团圆》。

②后改名逸梵。

样，两家的联姻便是“亲上加亲”。黄素琼系小妾所生，亲生母亲也死得早。她的婚嫁，显是媒妁之言、家族包办，她本人并不情愿。

这位黄军门家的千金，就是张爱玲的母亲。

她后来成了张家族属里的一个异数。

这是一位很有个性的女子，气质上很有乃祖之风，“总是说湖南人最勇敢”。她后来对自己命运的大胆选择，证明了这一点。——母亲的不妥协性格，对张爱玲的成长影响也甚大。

黄素琼虽然出生在大宅门，没上过新学校，还缠过脚，不过却受到了较彻底的新文化熏陶。林译小说、五四风潮这些新事物，将她塑造成了民国之初很时尚的“新女性”。

她拒绝陈腐，渴慕新潮，崇尚女子独立，不甘心依附于男人。张爱玲在晚年谈到母亲时，说母亲是“踏着这双三寸金莲横跨两个时代”①。

由于黄素琼没上过学，所以反而是个“学校迷”，而上学的事，“在她纯是梦想和羡慕别人”。在她那个时代，为了求知，连中年妇女也有上小学的，因此她更是耿耿于怀。

不过人生总有出人意料处，这个勇敢者后来不仅圆了上学梦，1948年的时候还在马来亚侨校教过半年书，算是大大过了一把“学校瘾”。

在上个世纪初民智开启的大波澜中，像这样的女子，即使在历史上籍籍无名，也足可令人敬佩！

张爱玲从小就听家人议论，说母亲黄素琼像外国人，头发不太黑，皮肤也不白，深目高鼻，薄嘴唇，有点像拉丁人的后裔。

她为此感到困惑。黄家是明朝时从广东迁到湖南的，理论上可能会混有南洋血统，但她知道，黄家很守旧，就是娶妾也不会娶混血儿。为了探个究竟，张爱玲曾狠狠地翻过一些关于人种学的书，看史前白种人在远东的踪迹，但最终也没弄清楚。

从张家的老照片上看，张廷重的面相倒还庄正，并不颟顸，但略有一股浊世气。而黄素琼却是面容清秀，目光深邃，眉间神色凝重，一副志存高远的样子。

黄素琼与张廷重的价值取向如此不同，当然也就看不惯丈夫那种醉生梦死的活法。她劝诫过，也干预过，但无力唤回，于是就转入消极抵抗。

---

①见《对照记》。

张爱玲出生前后，张家住在上海，两口子闹别扭总还要顾及面子，不想在亲戚中丢脸，黄素琼就经常回南京的娘家，躲一时，是一时。

后来家搬到天津，黄素琼对张廷重纳妾、吸鸦片的恶习，再忍无可忍。在劝告无效后，她彻底冷了心，不再过问家事，只自己去寻一些乐趣来麻醉，花了不少的心思学钢琴、读外语、剪裁衣服。

与丈夫不能交流，她便沉默。现存黄素琼当年的照片，那模样都是闷闷不乐的，与她一身新潮的打扮极不协调。有人说，张爱玲的小说《茉莉香片》中，那个从未爱过丈夫的冯碧落，很可能就是黄素琼的写照。

幸好小姑子张茂渊也是个新派女性，算是黄素琼在家中的同盟军。大概因为旧家庭女孩子不大受重视的缘故，当年李菊耦没给女儿套上太多枷锁，无意间让张茂渊呼吸到了较多的新鲜空气。

张茂渊也看不惯哥哥张廷重的陈腐，与嫂嫂黄素琼意气相投，形同姐妹，多少缓和了一下家中的紧张气。

黄素琼酷爱剪裁，每次与小姑上街买了布料，回来总要对镜打量一番。张廷重却看不出这有何种乐趣，见了，便会没好气地说："又做，又做，一个人又不是衣裳架子！"

夫妻俩便是如此，连小事也不能相容。而黄素琼这倔强女子由新潮书刊中得来的理想，却是始终没有泯灭。

后来在张爱玲 4 岁时，姑姑张茂渊要出洋留学，母亲黄素琼那年已经 28 岁了，借口要监护小姑出洋，自己改了一个非常新文艺的名字"黄逸梵"，就抛夫别子，也跟着远走高飞了。

这一飞就是间关万里，飞到英国去了！

远走只是想求索。哪怕一无所获，也强于在家中委屈、屈辱的一生。

张爱玲在日后谈到对母亲的印象，说："我一直是用一种罗曼蒂克的爱来爱着我的母亲的。她是个美丽敏感的女人，而且我很少机会和她接触，我四岁的时候她就出洋去了，几次来了又走了。在孩子的眼里她是辽远而神秘的。"①

---

①见《童言无忌》。

这样的家庭，这样的父母，只能让人对小爱玲将来的成长担心。那些现在被人以欣赏心态渲染的“簪缨世家”之类，对一个孩子来说，怕是远不及小户人家的天伦来得温馨。

所谓的“贵族”种种，用张爱玲小说里一个很有特色的词，便可概括，那就是“霉绿斑斓”——未见得好。起码，没什么可羡慕的。

张爱玲最初的名字，叫“煐煐”，算是小名吧。煐，这个字很生僻，有一点晃眼的味道。

小煐在上海长到2岁，她对2岁前的生活毫无记忆，2岁以后家里搬到了天津，才开始对自己的家有了印象。

这次搬家的缘故，起于张廷重与二哥张志潜的关系不睦。

张志潜是张廷重同父异母的二哥①，为张佩纶与原配夫人朱芷芗所生，比张廷重大17岁。他那时也是在上海的“走马楼”住，李菊耦病逝后，就由他管理大家庭的事务，张廷重兄妹俩也要受他管束。

在兄妹间分遗产的时候，张志潜利用兄长之“权”，占据了其中大部分财产。后来在30年代初，张廷重和妹妹曾跟二哥打过“析产官司”，但由于张志潜给法官送的钱多，加之张廷重不够坚定，最终官司输了。这是坊间一般张传的流行说法。

但是，据新近著有“张学”力作《哪一种爱不千疮百孔》的阎红女士披露，其实张氏兄弟所争财产，“核心是一套宋版书的归属”。

这批宋版书，是早先张佩纶用了李鞠耦的嫁妆，从前妻的兄弟那儿买来的。辛亥革命时，世事仓皇，这批书辗转落到了于右任手中。事后，是张志潜写了信去索回。

上世纪80年代初，他将这批书全部捐献给了上海图书馆，终不至于散落。而当初如果判给张廷重，这书的命运倒不好说了。

在兄长监护下生活，张廷重觉得太受拘束，便想与二哥分开过，只是苦于没有个堂皇的理由。1922年，机会来了，张廷重通过在北洋政府任交通部总长的堂兄张志潭介绍，在天津的津浦铁路局谋到一个英文秘书的职，便正好借此分了家，举家迁到天津。

小煐的姑姑那年21岁，乃名副其实的“小姑独处”，也跟着一起搬到天津去了。

---

①大哥早夭。

在小煐和弟弟的记忆里，天津的生活是丰盈而明亮的，衰落的阴影还没有笼罩上来。

弟弟张子静在晚年时对此的回忆，满含着感情："那一年，我父母二十六岁，男才女貌，风华正茂。有钱有闲，有儿有女，有汽车、有司机；有好几个烧饭打杂的佣人，姊姊和我还都有专属的保姆。那时的日子，真是何等风光啊！"

这座洋房，是在英租界里，32 号路 61 号。房子是当年爷爷张佩纶结婚时自己购置的，也是非常宽敞。张廷重来到这里，再无人可以干预他，就越发地放纵享乐起来。

张爱玲的童年记忆，就从这奢华中开始。

这是一段幸福的日子，人间的丑恶，还没有进入她的感知。在张爱玲的回忆文章《私语》里，对当年种种童趣，有极为细腻的描写。读来，犹如欣赏带有擦痕的老电影片，旧而亲切。

那时的小煐，整天由成群的仆佣所簇拥，被抱来抱去，访亲问客。小小年纪，就开始熟悉大家族在节庆时亲戚往来的礼数。

然而，孩子的兴味，是在她独自窥见的天地。

家中的院子里，有个秋千架，是个其乐无穷的地方。小煐比弟弟勇敢，喜爱荡秋千。有一个额头上有疤的丫头——小煐唤她做"疤丫丫"，一次荡秋千，荡到最高处，嗯地翻了过去，这大概也让小煐感到了惊喜。

夏日的中午，是最可留恋的时光。小煐喜欢穿着白地小红桃子纱短衫、红裤子，坐在板凳上，喝完一碗淡绿色的、涩而微甜的"六一散"，就拿出谜语书、还有童话书，念出声来。那种绿绿的六一散，是以滑石粉和甘草为原料的解暑汤剂。之所以绿，是因为里面加了西瓜皮。

天井的一角，有一块青石砧，是小煐最早的启蒙课堂。有一个瘦小清秀的男仆，常用毛笔蘸了水，在上面练习写大字。他也常给小煐讲《三国演义》，小煐喜欢他，没缘由地给他起了个名字叫"毛物"。

而"毛物"的妻，自然就叫做"毛物的娘子"，简称"毛娘"。毛娘也是聪明的，能讲"孟丽君女扮男装中状元"的故事，非常可爱，但心计也颇深。

一种世俗的情趣，也许从那时起，就浸入了张爱玲的灵魂。

张爱玲的这篇《私语》，与鲁迅先生的《从百草园到三味书屋》，堪称写童年生活的双璧，都有很强的带入感。尤其是写了一些稀奇物儿，写了憨态而有趣的人，还有远离尘嚣的园子及童稚的恶作剧，这些距今几十年前的淳厚趣味，如今已是永远绝迹的了。

小煐好奇的眼睛，也看到了家中很陈旧的习俗，像一些褪了色的画面。

“我记得每天早上女佣把我抱到母亲床上去，是铜床，我爬在方格青锦被上，跟着她不知所云地背唐诗……”母亲醒来时总是心情不好，要和小煐玩好一会儿，才能高兴起来。

成年后的爱玲还记得：“我开始认识字块，就是伏在床边上，每天下午认两个字之后，可以吃两块绿豆糕。”

等认了些字后，家里给小煐和弟弟请了私塾先生，一天读到晚。悠长的诵读是难忘的——在傍晚的窗前摇摆着身子。读到“太王事獯于”，卡壳背不下来了，直到忽起顽心，把它改为“太王嗜熏鱼”，方才记住了。

小煐还常由佣人带去给堂伯父张人骏请安。记忆里，孩童见老人的场景，也有苍凉入骨的意味。

这位白了胡子的老一辈，在武昌起义爆发时，是两江总督。曾依仗张勋之势，准备顽抗到底，但终没能守住南京，缒城而逃，躲进停泊在下关的日本兵舰，逃往上海。此时，正在天津当寓公，景况已相当贫寒。

张爱玲幼时对他的印象，到成年后还历历在目：

> 一个高大的老人家永远坐在藤椅上，此外似乎没有什么家具陈设。
>
> 我叫声：“二大爷。”
>
> “你认了多少字了？”他总是问。再没有第二句话。然后就是“背个诗给我听”，“再背个”。还是我母亲在家的时候教我的几首唐诗，有些字不认识，就只背诵字音。他每次听到“商女不知亡国恨，隔江犹唱后庭花”就流泪。（《对照记》）

值得注意的是，幼年的张爱玲，对事物便有很独特的感知。也许，这就是“天才”的潜质吧。

尽管对童年的追忆，都是在她成名以后写出来的，但是所描述的那种印象，却一定是来自幼年的感知。

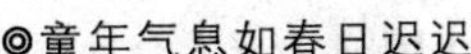

诸如下面的这些对于“器物”、“颜色”和“吃”的印象——

“松子糖装在金耳的小花瓷罐里，旁边有黄红的蟠桃式瓷缸，里面是痱子粉。下午的阳光照到那磨白了的梳妆台上。”

“小时候常常梦见吃云片糕，吃着吃着，薄薄的糕变成了纸，除了涩，还感到一种难堪的怅惘。一直喜欢吃牛奶的泡沫，喝牛奶的时候设法先把碗边的小白珠子吞下去。”

这种观察事物的眼光，相当自我——唯其如此，人在感觉上才会细腻，且视角独特。

中国现代以来的作家，大多观察力粗疏，这是比文字功夫低劣还要严重的缺陷。张爱玲的小说和散文中，那些“七宝楼台”式的警句，常为“张迷”们推崇到极点。其实，那不单是文字的天才所致，在观察力上的天赋，才是文字出彩的根本。

封闭的童年，是快乐的，惟一的不快，似乎是来自弟弟。弟弟比她小一岁多，生得漂亮而文静，而且很知道自己是最受宠的孩子。

张爱玲说，对这个弟弟，“从小我们家里谁都惋惜着，因为那样的小嘴、大眼睛与长睫毛，生在男孩子的脸上，简直是白糟蹋了。长辈就爱问他：‘你把眼睫毛借给我好不好？明天就还你。’然而他总是一口回绝了。有一次，大家说起某人的太太真漂亮，他问道：‘有我好看吗？’大家常常取笑他的虚荣心”。①

但是，弟弟又很不争气，多病，因为“忌口”② 又很馋。姐姐能吃的、能做的，他都望尘莫及。姐弟俩常有一些小小的不睦。弟弟妒忌姐姐画的图，趁没人的时候拿来撕了，或是涂上两道黑杠子。

张爱玲的回忆文章里说，因为家中有男尊女卑的俗见，所以她很小就对弟弟产生了竞争心理。

小煐和弟弟，各自有专门的女佣带着。这些女佣多来自安徽，带小煐的叫“何干”③，而带弟弟的叫“张干”。何干因为带的是女孩，自觉心虚，处处都让着张干，小煐却偏要与张干争。张干生了气，就说：

---

①见《童言无忌》。

②因病有些东西不能吃。

③干，是干妈的意思，安徽方言。

"你这个脾气只好住独家村！希望你嫁得远远的——弟弟也不要你回来。"

张干还从小煐拿筷子时手指的位置，来预言小煐的未来，如果抓得离下端近，就说："筷子抓得近，嫁得远。"小煐自然不可能懂这预言的真正含义，但隐约也知道这不是好命运，赶紧把手指移到筷子上端。但是张干却说："抓得远当然嫁得远。"小煐被气得说不出话来。

后来张爱玲不无幽默地写道："张干使我很早想到了男女平等的问题。"

自然，这说法不必当真。与张干的冲突，不过说明她从小就有的一种倔强，她那时一心想的是"锐意图强，务必要胜过我弟弟"。

性格决定命运，大抵如此。

"住独家村"、"嫁得远远的"——张干想必也不会是认真讲的，不过这些诅咒后来竟一语成谶！

然而孩子毕竟是孩子，姐弟俩还是有一份情意在。在一起玩的时候，两人幻想自己是"金家庄"上能征惯战的两员骁将，小煐使一口宝剑，弟弟使两只铜锤，趁着月光翻过山头去攻打蛮人。

小煐有时也很喜爱弟弟："他实在是秀美可爱。有时候我让他编个故事：一个行路人被老虎追赶着，赶着，赶着，泼风似的跑，后头呜呜赶着……没等他说完，我已经笑倒了，在他腮上吻一下，把他当个小玩艺。"

弟弟张子静在晚年的回忆录里说："她不必锐意图强，就已经胜过我了。这不是男女性别的问题，而是她的天赋资质本来就比我优厚。"童年的张爱玲，对这一点似有认识，但又不十分自信。

在她 8 岁以前的童年，是平和与亲切的日子居多，以至张爱玲日后的回忆，对那时是充满了留恋的。她说，天津的那个家，让人喜欢，是"因为有一种春日迟迟的空气"。

天津，是令她难忘的。

这个大都市，受"西风"的熏染一点不亚于上海，它给了张爱玲 6 年的温暖童年，也给了她后来小说语言中偶或闪现的"北方话因素"。

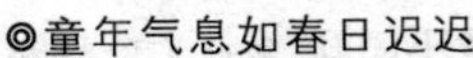

3. 童话似的家轰然崩塌

童年张爱玲在天津的伊甸园生活，到了 8 岁那年，戛然而止了。

这个转折，与父母的婚姻状况有关；更深层的，则是与时代的潮流有关。

母亲黄逸梵是 1924 年撇下家去留洋的。走的时候，小煐才 4 岁，离别时母亲的哀伤，她尚有清晰的记忆片断：

“上船的那天她伏在竹床上痛哭，绿衣绿裙上面钉有抽搐发光的小片子。佣人几次来催说已经到了时候了，她像是没听见，他们不敢开口了，把我推上前去，叫我说：‘婶婶，时候不早了。’（我算是过继给另一房的，所以称叔叔婶婶。）她不理我，只是哭。她睡在那里像船舱的玻璃上反映的海，绿色的小薄片，然而有海洋的无穷尽的颠波悲恸。”

黄逸梵是中国第一代留学的女性。要挣脱枷锁了，她为什么要悲哀？

小煐当然不会懂。

其实，黄逸梵是在哀伤往日理想的幻灭。由长辈们决定的婚姻，就为了图个门当户对，便葬送了她花信年华里的几乎全部憧憬。

说起来，门当户对并不完全错，起码两人可以少一些文化背景冲突。但不幸，两个 19 岁的年轻人在结合时，时代在轰隆隆地转轨，他们各自选择的方向太不一样了。

小煐的感受，也就到此为止。久之，“家里没有我母亲这个人，也不感到任何缺陷，因为她很早就不在那里了”。

母亲走后，父亲在外面蓄养的一个妾，就堂而皇之搬进了家来。

这位姨太太，小煐唤她做“姨奶奶”，早就被父亲包养在外面的小公馆里。父亲还曾经抱小煐去那里玩过。那次出家门时，走到后门口，小煐忽然不愿意去，拼命地扳住门，双脚乱踢，父亲气得把她横过来打几下，她才终于肯了。

可是到了那边，小煐却又很随和地吃了许多糖，没有再闹——闯过江湖的“姨奶奶”，还是很会哄小孩子的。在这儿，小煐还注意到：小公馆里有红木家具，云母石心子的雕花圆桌上放着高脚银碟子，那气氛是古香古色的。

姨太太的出身不大正，是张廷重在外寻花问柳时结识的妓女，绰号老八。在她搬进来之后，家里开始公然举办叫“条子”[①] 的宴会。

那是小女孩所不能解的风尘场景：“家里很热闹，时常有宴会，叫条子。我躲在帘子背后偷偷看，尤其注意同坐在一张沙发上的十六七岁的两姊妹，打着前刘海，穿着一样的玉色裤袄，雪白的偎倚着，像生在一起似的。”

有人推测，黄逸梵的出洋，与这个女人的存在有直接关系。

这位姨太太，不知为何不喜欢小煐的弟弟，也许因为弟弟是将来家产的继承人吧。为了特别凸显这个态度，她就反过来抬举小煐，每天晚上带小煐到“起士林”去看跳舞。

坐在桌边，小煐惊讶于“面前的蛋糕上的白奶油高齐眉毛”，然而她却能把一整块蛋糕全吃了。而后，在那微红的黄昏里渐渐打起盹，照例到后半夜三四点钟，才由仆人背着回家。

“起士林”是天津最早的西餐馆，1900 年，八国联军占了天津后，据说是由一个随军而来的德国厨师办起来的。起士林里如何会有人跳舞？不得而知。也许是助兴的节目吧。

姨太太还为小煐做了一套雪青丝绒的短袄和长裙，说：“看我待你多好！你母亲给你们做衣服，总是拿旧布料东拼西改，哪儿舍得用整幅的丝绒？你喜欢我还是喜欢你母亲？”

小煐自然满心欢喜，毫不犹豫地答道：“喜欢你。”

对这件事，成年之后的张爱玲仍感到“耿耿于心”，好像不该那样见利忘义，而且那是她当时真实的想法，“并没有说谎”。

不过，姨太太毕竟是另一路人。她用了些心机，但终究也融不进这个家，反而给公馆带来了一股戾气。据张爱玲回忆说：“姨奶奶住在楼下一间阴暗杂乱的大房里，我难得进去，立在父亲烟炕前背书。姨奶奶也识字，教她自己的一个侄儿读‘池中鱼，游来游去’，恣意打他，他的一张脸常常肿得眼睛都睁不开。”

不仅如此，她连丈夫也敢打，用痰盂砸破了张廷重的头。直闹到张

①召妓作陪。

家的族里有人不能容忍，出面施加压力，要逼她离开。

姨太太终于被赶走了。小煐坐在楼上的窗台上，看见两辆塌车①从大门里缓缓出来，装着姨太太带走的银器家什。仆人们厌恶她，都说："这下子好了！"

这样的一个女人，走得这样平静，大约是从张廷重那儿索要到了足够的补偿。

除此之外，小煐 8 岁这一年，家里还有一连串的变化。

姨太太被撵走后，父亲紧接着就把家从天津迁回了上海；出洋四年的母亲和姑姑，也即将从英国归来。

张爱玲在晚年著作《对照记》里，提到过这些事情，但她对父亲当年的种种，早已经释怀，所以并未写出从天津搬回上海的真正原因。

据张子静晚年透露，搬家的缘故是——张廷重的饭碗不保了！

铁路局的英文秘书本是个闲差，又是在堂兄直接管辖的单位里，就更是近水楼台。张廷重于是经常不去上班。这本无问题，因为人家总要看大官的面子，但是他又吸鸦片、又嫖妓、又与姨太太打架，闹得丑闻远播，免不了要影响到堂兄的官声。

待到 1927 年 1 月，张志潭被免去交通部总长之职，张廷重也就失去了遮凉大树，没法儿再做下去了。

丢了这平生惟一的一份"官差"，张廷重受的刺激不小，决心痛改前非。他写信给妻子黄逸梵，答应戒鸦片、赶走姨太太，并保证今后不再纳妾，央求她回国。

黄逸梵同意了。她之所以愿意回来，原因不是很清楚，从《小团圆》里的线索推测，她在留学时已另有所爱，回国来可能是想找机会着手离婚的事。

母亲后来对小煐说："有些事等你大了自然就明白了。我这次回来是跟你父亲讲好的，我回来不过是替他管家。"

就这样拖了一年后，1928 年春，张廷重携带孩子和仆佣，先期乘船回到了上海。

把家搬到上海，是夫妇俩在信中商量好的，因为小煐的舅舅黄定柱

①方言，人力运货车。

一家住在上海，互相间可以有个照应。

对小煐来说，旅途是快乐的：“坐船经过黑水洋绿水洋，仿佛的确是黑的漆黑，绿的碧绿，虽然从来没在书里看到海的礼赞，也有一种快心的感觉。”

初回上海，他们三人先是住在武定路一条弄堂的石库门房子里，等母亲和姑姑回来。

到上海后的所见，也让她欣喜：“坐在马车上，我是非常侉气而快乐的，粉红地子的洋纱衫裤上飞着蓝蝴蝶。我们住着很小的石库门房子，红油板壁。对于我，那也有一种紧紧的硃红的快乐。”

然而父亲却没有喜获新生的感觉，接连的失败，给他刺激太深。他为此注射了过量的吗啡，几乎要死去：“他独自坐在阳台上，头上搭一块湿手巾，两目直视，檐前挂下了牛筋绳索那样的粗而白的雨。哗哗下着雨，听不清楚他嘴里喃喃说些什么，我很害怕了。”

与此相反的是，家中一切都好像将有转机。

女佣们告诉小煐：应当高兴，母亲要回来了！

果然，母亲回来以后，就把父亲送到医院里治疗，父亲也信誓旦旦，要让一切阴霾成为过去。

母亲没受过正规教育，去欧洲学别的不行，学的是绘画。经过四年欧风熏陶的母亲，对日常生活的“品质”已是相当挑剔了。

她对临时的住所不能忍受，马上和姑姑去找了一个合意的地方。

全家住进了宝隆花园的一座欧式洋房①，房顶是尖的，很像童话世界。《私语》里记述道：“我们搬到一所花园洋房里，有狗，有花，家里陡然添了许多蕴藉华美的亲戚朋友。”

房间和书房的墙壁颜色，是让孩子们自己选择，找人刷好的。小煐选了深粉红色，“第一次生活在自制的世界里，狂喜得心脏都要绷裂了”。②

小煐和舅舅家的表姐、表兄弟们亲密来往，大约就从这时起。

张家老照片里，有一张他们的合影，是在南京西路“宝德”照相馆里照的。孩子们似乎是按个子高矮顺序排列的，“五个小萝卜头”，小煐

①在今陕西南路。

②见《小团圆》。

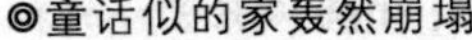

在正中。小表弟一人穿马褂长泡，表姐妹们穿的则是旧式棉袍，料子都很好。孩子们表情略显严肃，但看起来确是“蕴藉华美”。

表姐们都是“大人”了，常来陪母亲、姑姑出去喝茶、跳舞，有时也来家里打开电唱机跳舞。①

这是大转折到来之前的灿烂一刻。

小煐显然是心花怒放了，她写信给天津的一个玩伴，描述新屋的模样，写了三张信纸，还画了图样。可惜人家没有回信，可能是不喜欢她这样炫耀。

从这时候起，母亲开始关心和干预她的成长了，给她做了合身的新衣，让她学绘画、弹钢琴、学英文。张爱玲后来曾慨叹：“大约生平只有这一个时期是具有洋式淑女的风度的。”

有母亲在身边的日子，像一连串琶音一样，轻快，跳跃。

新的、来自西洋的那种昂扬的浪漫气无处不在。

姑姑每天练钢琴，琴上的玻璃瓶里鲜花怒放，母亲则手按在姑姑肩膀上，跟着琴练唱，“啦啦啦啦”地吊嗓子。

有一次，母亲和一个胖伯母并坐在钢琴凳上，模仿一出电影里的恋爱表演。小煐坐在地上看着，大笑起来，在狼皮褥子上滚来滚去。

据《小团圆》里透露，姑姑喜欢逗弟弟：“你的眼睫毛借给我好不好？我明天要出去，借给我一天就还你。”

母亲听了就笑：“廷重这个人倒是有这一点好，子静这样像外国人，倒不疑心，其实那时候有那教唱歌的意大利人……”后面的话，小煐听不大清楚了。

如果这个细节是真实的，那么弟弟张子静之所以长得像漂亮的洋娃娃，就有另外的原因了，读者对黄逸梵的“勇敢”也将会有新的评价。

母亲那年 32 岁了，可是穿起从欧洲带回的新奇洋服，还是一样地迷人。姐弟俩望着母亲弹琴唱歌，偶尔小煐会扭头看看弟弟，朝他眨眨眼，意思是说：“你看多好！妈妈回来了！”

回国后的母亲，对国内的新事物仍然着迷，一回来就订阅了不少杂志。当时的《小说月报》上，正登着老舍写的小说《二马》。杂志每月寄到了，母亲就坐在抽水马桶上看，一面笑，一面读出声来，小煐就靠

---

①见《小团圆》。

在门框上笑，母女俩有会心之乐。

——这场面很温暖，以至张爱玲后来在老舍的作品中，一直偏爱《二马》。

在幸福中，小小少年的心头，也有调味品似的“优裕的感伤”。小煐看到书里夹的一朵花，听母亲说起它的历史，竟掉下泪来。母亲见了，就向弟弟夸奖她的领悟力。

每天吃饭，父亲总是匆匆吃完就走，余下的时间里，母亲便对两个孩子进行饭后训话，大致意思就是，小孩受教育最要紧，不能说话，不要哭等等，偶尔也讲两句营养学。

9 岁的小煐，这时竟然开始考虑终身的事业了，是做画家呢，还是做音乐家？后来她看了一场关于贫困画家的电影，大哭一场，死了做画家的心，决心做一个钢琴家了，因为钢琴家能在富丽堂皇的音乐厅里演奏。

母亲说：“既然是一生一世的事，第一要知道怎样爱惜你的琴。”

小煐用的琴，琴键一个个雪白，没洗过手不能碰，每天还要用一块“鹦哥绿”绒布细心擦拭……

是母亲带来了这一切充沛之气。

因为有母亲，小煐喜爱这新居；因为母亲从英国来，她又开始喜欢英国了——

家里的一切我都认为是美的顶巅。蓝椅套配着旧的玫瑰红地毯，其实是不甚谐和的，然而我喜欢它，连带的也喜欢英国了，因为英格兰三个字使我想起蓝天下的小红房子，而法兰西是微雨的青色，像浴室的磁砖，沾着生发油的香，母亲告诉我英国是常常下雨的，法国是晴朗的，可是我没法矫正我最初的印象。

“英格兰”如何就像“小红房子”？“法兰西”又如何像“浴室的磁砖”？无道理可言。这样的联想，便是童年那倏忽一闪的天赋之思吧？

如此两年后，也就是 1930 年，黄逸梵又下了决心，要干预女儿的教育问题了——她要送小煐进新式的学校，让孩子有本领走进一个新世界。

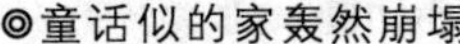

母亲没受过正规教育，尝尽了男女不平等之苦，她不想让女儿重蹈覆辙。因此她对女儿的爱，也就特别地集中在教育上。

但父亲不同意，他不愿在这上面花钱。母亲回国后，两人为此多次争吵过。现在重提这事，父亲还是大闹不依。

母亲索性趁父亲上楼去休息的时候，拐卖人口一般，拉着小煐的手从后门溜出去，把小煐送进了教会办的黄氏小学。

因为先前小煐已有知识基础，所以一进去，就入六年级插班。这一年，她已是10岁了。

在报名处填写入学证时，母亲一时踌躇，不知该为女儿填什么名字，只觉得“张煐”这两个字叫起来“嗡嗡”地毫不响亮，于是暂且用英文名字Eileen“胡乱”译了中文，写成“爱玲”填上。母亲想的是，以后再改也不迟。

母女俩都没有料想到：“张爱玲”，这个一时应急而想出来的名字，日后在中国文学史上将有何等的意义！

母亲后来一直想替女儿改名，可是没有改成。在这类小事上，黄逸梵大抵是有些粗疏的。

再后来，张爱玲自己也不想改了，尽管她极不满意。在杂文《必也正名乎》中，她说到了自己的一个心结——“我自己有一个恶俗不堪的名字”。

在文章中对自己的名字做了一番调侃后，她半是认真地说：“我愿意保留我的俗不可耐的名字，向我自己作为一种警告，设法除去一般知书识字的人咬文嚼字的积习，从柴米油盐，肥皂，水与太阳之中去找寻实际的人生。”

她这个说法，实际上是一个相当认真的文学宣言。张爱玲就是凭着描画“实际的人生”的本领，使得众多的读者对她感到亲近。甚至不妨可以设想：假如她当初是以“张煐”名世的话，是否还能让人感到如此的亲近？

1931年夏，天分很不错的张爱玲，从黄氏小学顺利毕业，当年入读上海圣马利亚女校。

这是个六年制的女子中学，是由美国圣公会办的一所教会学校，在上海大有名气。校址就在今中山公园以西，学生全部住校。

从张爱玲就学的轨迹看，在母亲的督导下，她正一步步地学习做一个欧式的现代淑女。再往前的发展，看样子应该是直线形的。

张爱玲进了黄氏小学后，仍没放弃学钢琴，在学校里继续学钢琴课。进入圣马利亚女校以后，除了在学校里学琴外，又开始到一位白俄老太太家里去学琴，每周末一次。

这样的日子，像是如歌的行板，大概要让人有晕眩感。

然而，幸福总是短暂的。这个家，似乎逃脱不了一种宿命。

黄逸梵想不到，她兴致勃勃地营建起的这个“幸福的家庭”，刚开始不久就临近了尾声。

张廷重病愈出院后，立刻就反悔，重新操起了鸦片烟枪。但他又怕黄逸梵再跑掉，便不肯拿出生活费，而是要妻子贴钱。他的打算是，等把黄逸梵的钱榨干了，她也就走不成了。

父亲的这种做法，给幼年张爱玲以极深的印象，后来成为了她小说中的情节素材，多次出现。在《金锁记》、《倾城之恋》、《创世纪》、《小艾》等篇什中，都有男人企图骗光女人钱财的故事。

可是母亲哪能忍得了这种小市侩的把戏，两人经常大吵。那场面是骇人的——争吵声越来越大，偶尔还夹杂着母亲的哭声和不知是谁摔碎东西的声音。

在天津的时候，从来没有这样吓人的场面，小煐的心里，想必是害怕得很，她只能祈愿风暴早点过去。

父母终于协议离婚了。

父母的离婚，主动一方是母亲。而父亲当初在母亲回国时曾有两个承诺：赶走姨太太、戒除鸦片。“戒除鸦片”一条，他现在做不到，自知理亏，当然也就无话可说。

在办理离婚手续时，母亲请来一个英国籍的洋律师。父亲绕室徘徊，犹豫不决，几次拿起笔来要签字，却又反悔，说：“我们张家从来没有离婚的事。”

律师气得险些要打他，见他那个样子，就反过去问母亲是否要改变心意。母亲只说：“我的心已像一块木头！”

闻听此言，父亲才悟到事情已不可挽回，只得在离婚书上签了字。

两个孩子，归父亲抚养，但母亲在协议里坚持加上了一条：小煐以后的教育问题——亦即进什么样的学校，须先征求她的意见。应该说，

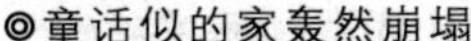

在这之前与之后，母亲对张爱玲的关爱，一直都是于大处着眼的，并不体现在细小的地方。

父母婚姻的破裂，张爱玲那时似乎很能理解，在日后提及此事时，倒是不无幽默："虽然他们没有征求我的意见，我是表示赞成的，心里自然也惆怅，因为那红的蓝的家无法再维持下去了。"

童话样的家崩塌了。

姑姑和父亲一向也是意见不合的，因此也和母亲一同搬走，租屋另住。她们住进法租界①的一座西式大厦，买了一部白色汽车，雇了一个白俄司机、一个法国厨师，过起了时尚生活。父亲这边，也搬到了另一处弄堂房子——康乐村 10 号。

但所幸，按照父母的协议，张爱玲可以去看望母亲。母亲的居所，现在成了她迷惘中的惟一精神支点。

对母亲住的屋子，她甚至有些迷恋："在她的公寓里第一次见到生在地上的瓷砖浴盆和煤气炉子，我非常高兴，觉得安慰了。"

在她的面前，是黑白分明的两个世界……

就在张爱玲在这两极之间游移时，又有大变化到来：母亲又要去法国学绘画了！这其实是张爱玲成长坦途的最后毁灭，但是当时，母女俩都没有意识到这一点。

张爱玲住校，只有周末能回家，母亲在临别时去学校看了她。

后来张爱玲描述过分别时刻的情景：

她来看我，我没有任何惜别的表示，她也像是很高兴，事情可以这样光滑无痕迹地度过，一点麻烦也没有，可是我知道她在那里想："下一代的人，心真狠呀！"一直等她出了校门，我在校园里隔着高大的松杉远远望着那关闭了的红铁门，还是漠然，但渐渐地觉到这种情形下眼泪的需要，于是眼泪来了，在寒风中大声抽噎着，哭给自己看。

这一段回忆，信息的含量实在是太复杂了。

母亲固然是童年张爱玲生活中惟一的阳光，但是张爱玲对母亲却是另有期待，她实际上是希望，母亲的爱能更细微、更世俗化一点。

---

①今延安路以南。

两年前，母亲刚从国外回来那一天，曾有一个细节："母亲回来的那一天我吵着要穿上我认为最俏皮的小红袄，可是她看见我第一句话就说：'怎么给她穿这样小的衣服？'"

彼时，张爱玲一定是失望的——刻意的、小小的心思，却一点没引起母亲的注意。

母亲也是时代的产物。她的心胸是阔大的，眼光望着的是遥不可及之处。她和上世纪的很多中国知识女性一样，更多关注的是自我的实现，内心承载着一些很巨大的东西，而独独缺少了一点普普通通的母性。

所以，这次分别时，女孩张爱玲，在情感上才有表和里的如此不同。

可以说，张爱玲日后孤僻性格的形成，与父母离异以及父女关系急剧恶化有关，同时也与母亲黄逸梵在主观和客观上对孩子的"疏远"有关。

细算起来是惊心的：从 2 岁有稀微的记忆开始，两年后母亲就远离；再过四年母亲回来，母女俩相处还不到一年，家庭就解体了！

童年母爱的这种缺失，对张爱玲的性格不可能毫无影响，她一生都对外界采取退缩、警戒和淡漠的态度，应源出于此。与此相应，她在 25 岁以前的作品，自然地也就表现出一种冷漠色彩。

她在创作盛期阶段的小说，一般都如此，缺少悲悯，仅是冷冷地在揭破人性的自私或人性的丑恶。直到后来的《十八春》，因是写在婚恋幻灭的剧痛之后，才有了一些大悲悯的情怀。

4. 后母是阴云驱之不去

母亲再次远走之后，张爱玲的命运就如一叶孤舟。10 岁的女孩，去向何处？要靠自己来抉择了。

她的两极世界仍未消失。一方面，母亲虽然走了，但姑姑还在，她还可以去看姑姑。姑姑的家里仍留有母亲的空气。

而对父亲的家这一面，她则相当鄙视，因为毫无鲜活光彩。

她不喜欢旧式生活，因为这些东西与现代都市格调相悖。尽管在她的启蒙读物中，早已有《西游记》、《红楼梦》、《三国演义》这些古典小说，在她后来做的文章中，也有深厚的旧文化渊源，但她在精神追求和物质观上的“都市取向”，是很明确的。

这种取向，融在了她的文学内核中。

这一点，和胡兰成很不同。胡兰成的情趣主干，基本是旧文化，不过放逸一些而已。而张爱玲的骨子里，有中国现代都市孕育出的深厚欧化情结。

在当今的都市小众中，具有这类虚拟式欧化情结的人，比比皆是。——这就是张爱玲这位“祖师奶奶”级的人物，何以会成为当代“小资”崇拜偶像的原因之一。

……

日子就这样继续在过，好像也还是相当平静的。

每逢节假日，家里都要派司机去女校接张爱玲回家。由于父亲把家搬到了新地方，她的交往圈有了意外的扩大，足可抵消母亲走后的失落。

康乐新村的新家，与舅舅所住的明月新村只有几步之遥。父亲虽然与母亲决裂了，与舅舅的关系倒还是一如既往。两个人都喜好吸鸦片，其他方面大概也有同好。

张爱玲和弟弟就得以经常与表姐妹、表兄弟在一起玩儿。

寒假的时候，他们在一起刻剪纸、画画儿、制作圣诞卡与贺年卡。张爱玲做了精巧的卡片，就拿去给姑姑，托姑姑寄给妈妈。

母亲对她来说，是何种分量，小姑娘已经完全清楚了。若断若续的思念，也是一种精神寄托吧。

母亲走后，张爱玲顿失屏障，境遇明显地在倒退。跟白俄老太太学钢琴的事，父亲嫌学费太贵，渐渐就不大情愿了。

张爱玲记得，每次向父亲要学费，遇到的总是拖延："我立在烟铺跟前，许久，许久，得不到回答。"

钢琴课就这样不得不停了。这也是"欧化取向"中的一个顿挫，并且很屈辱。对父亲的怨恨，已在张爱玲的心中一点点地萌生了。

平心而论，父亲是吝啬了一点，但对她的才气一直还是蛮欣赏的，不仅鼓励她看书，还常带她去看京剧，这都算是还寄有厚望吧。

当然，偶尔她也喜欢父亲这里的氛围，喜欢鸦片的云雾，雾一样的阳光，到处乱摊着小报。可以一边看小报，一边和父亲谈谈亲戚间的笑话。——"我知道他是寂寞的，在寂寞的时候他喜欢我。父亲的房间里永远是下午，在那里坐久了，便觉得沉下去，沉下去。"

她在这个时期，对父亲还是依恋的，也有所期待，但父亲总是让她失望。

这期间，父亲又为爱玲和弟弟延请了一位朱先生教古文。老先生六十多岁了，不过并不冬烘，而是温和可亲。张爱玲周末回家，很喜欢和他谈天说地。

在父亲书房里，张爱玲找到一本《海上花列传》来看，可是书中妓女们的对话全是"吴语"①。爱玲不免茫然，就缠着朱先生用吴语来朗读妓女的对白。朱先生被缠不过，只得捏着嗓子学女声，读那些欢场的话语。

情景是幽默之极的，爱玲和弟弟大笑。

从那时起，张爱玲就开始喜欢上了《海上花列传》，几乎痴迷了一生。

1934 年夏，她读完圣马利亚女校的初中，升入高一。女孩已经有了很强的人生意识，开始设计自己的未来了。

她想在中学毕业后，到英国去读大学，"蓝天下的小红房子"对她始终有诱惑。

她还想学画卡通影片，要把中国画的风格介绍到美国去，且自以为

---

①苏州土话。

已有了相当的绘画才能。

总之，小女孩的计划是海阔天空的，同时也斩钉截铁：

“我要比林语堂还出风头，我要穿最别致的衣服，周游世界，在上海自己有房子，过一种干脆利落的生活。”

这是撒出来的一把金灿灿的豆子，耀目而悦耳！

——都市女孩的理想，从那时到当今时代，无一不是尊崇时尚。

可是，那时的小爱玲没想过，母亲不在身边了，梦还做得成吗？

就在这个夏天，平静了一段时间的家，忽然又起了纷扰，“来了一件结结实实的，真的事”：

父亲要结婚了！

这就是说，张爱玲和弟弟要有一个后妈了。

这是晴天霹雳！

旧小说、传说、戏剧中，有太多关于“狠心后妈”的故事。在中国民间，后妈的形象已是被定型了的。“小白菜呀地里黄”的谣曲，以最有感染力的艺术手段，在民众中普及了这个不无偏见的观念。

过去父亲养姨太太的时候，张爱玲还小，还可以被“收买”，不会有撕心裂肺之痛，但现在不一样了。张爱玲已是堂堂高中生，有了自主意识，她原本对父亲的生活方式就不认同，现在更无法接受生活中插进来一个陌生而“邪恶”的后妈。

女高中生张爱玲有预感，后妈的进门，对她和她的家庭，打击将是毁灭性的。她简直是万念俱灰：

“我姑姑初次告诉我这消息，是在夏夜的小阳台上。我哭了，因为看过太多的关于后母的小说，万万没想到会应在我身上。我只有一个迫切的感觉：无论如何不能让这件事发生。如果那女人就在眼前，伏在铁栏杆上，我必定把她从阳台上推下去，一了百了。”

可是孱弱的她，抵挡不了长辈们导演的这幕戏。

这件“无论如何不能发生的事”，还是发生了；“那个女人”也果然就在眼前了。

事情的原委是：1933 年，房地产价格上涨，在张廷重名下有着整整一条街的祖产，自然也大幅升值，他的经济情况因之好转了许多。身价一提升，原先已不大走动的亲戚，又开始往来。张廷重和三位当经理、买办、律师的姑表亲，常泡在一起，每天都有饭局或牌局。

其中的一位亲戚，就把张廷重介绍给日商住友银行的买办孙景阳做助手，专事处理英文商业函件。张廷重做起了这个，才算是认真学了一些实务。

如此日久，他和孙景阳的关系也就密切起来。那位表亲便居间做媒，把孙景阳的一个同父异母①妹妹，介绍给了张廷重。

这个孙家，也是大有来历的，是两朝“豪门”，比张家、黄家的地位要大大过之。

孙景阳的父亲，叫孙宝琦，字慕韩，浙江杭县②人。他可算是民国初年的一位奇人。

孙宝琦不仅当过前清的山东巡抚，而且还是民国之初的政治头面人物。辛亥革命事起，他在山东顺应潮流，闹了一场假“独立”，度过了危机，摇身一变成了民国的大员。后来居然出任北京政府外交总长、代国务总理。

老人家是旧派人物，有一妻四妾，子女成群。据说就因为人口太多，下野后弄得家境拮据。现在马上要给张爱玲当后妈的，是孙宝琦16个女儿中的老七——孙用蕃。

孙家小姐的来头显赫自不必说，更令人感兴趣的是，在今天仍被人津津乐道的民国名媛陆小曼，乃是她的闺中密友。

据《小团圆》透露，孙用蕃年轻时与一位表哥恋爱，但家里不同意，嫌对方穷。孙用蕃就和表哥约好服毒殉情，事到临头表哥反悔，叫孙家的人去旅馆接她回家，事情败露。孙宝琦大怒，逼迫孙用蕃去寻死，后来被人劝阻。从此孙小姐就闷在家里不出门了。

这位孙小姐，当年已经36岁，属“老小姐”范围了。在提亲时，张廷重听到的介绍是，她为人精明干练，既善于治家，又长于应酬，完全能当个好内助。

等到嫁过来后，张家才知道，原来这个孙用蕃有“阿芙蓉癖”③。民国初年，经过逐步禁毒，吸鸦片已成人人鄙视的恶嗜，好人家谁还敢

①庶出的。

②今余杭县。

③鸦片烟瘾。

迎她进门？孙小姐就这样把青春给蹉跎掉了。

——再娶一房太太，居然有“同榻之好”，且事先不察，这也算是张廷重先生的幽默之一吧。

待这门亲事一敲定，当年夏天，双方就在礼查饭店举行了订婚仪式，年底在华安大楼举行了结婚仪式。

比较残酷的是，这个婚礼，张爱玲和弟弟都参加了。

来的宾客中，还有姑姑、伯父、堂兄弟等。最可称奇的是，舅舅一家居然也来了，连带那一群表兄弟姐妹。这群孩子看到过去的姑夫娶新媳妇，后来对爱玲说：“看到你们娘，没什么好看，老都老了。”

特别赶来闹房的舅妈也跟姑姑说：“新娘子太老了没意思，闹不起来。”①

在婚礼上，身份最尴尬的，大概就是爱玲和弟弟了。年少敏感的孩子，不可能不想起远在欧洲的母亲，不可能不对后母进门可能引起的变化疑虑重重。

张爱玲对此事的内心反激非常强烈，过去以家庭为最可靠庇护的信念完全崩溃了。她对突然闯进的“后母”、对绝情寡义的父亲，都充满了无名仇恨。

这当然是青春期的偏激。

但是张廷重显然也低估了再婚对女儿的心理影响，没有适时做好安抚，结果导致父女关系此后急转直下。

后母进门后，确实显示出她在治家方面的“干练”。

现在的张家，当家的两位，都是“阿芙蓉”爱好者，这是不可小视的一大笔开销。因此，孙用蕃首先揽过去的就是财权，收紧了日常的开支用度，似乎要细水长流。而后，大概是为了建立新女主人的权威，又辞退了几个旧有的男女仆人，用孙家的仆人来顶上。

孙用蕃对张家现在的住处也甚不满意，认为太逼仄。恰好张廷重二哥张志潜名下的一套洋房空了出来——这套房子，就是张家老宅，淮安路上的那幢“走马楼”。当年，是整整一个大家族在这儿住着。张廷重举家迁到天津后，张志潜嫌这房子他一个人住太奢侈，就出租了出去。

现在张廷重若搬回来，也是要付给哥哥房租的。房子大，是一笔不

①见《小团圆》。

小的负担，但孙用蕃看过房子后，相当满意，便怂恿老公赶快搬进去。据张子静日后分析，后母那时急于搬家，是因为原来康乐新村的住处，离舅舅家太近了，她多有疑虑。

她要尽力消除黄逸梵遗留下来的气氛。

姑姑在母亲二次出国时，曾承诺负责照看爱玲姐弟，现在她对姐弟俩的处境极为担心，怕后母虐待他们，专门赶来为姐弟俩购置了家具，亲自把他们的房间安顿好，才放心地离开。

现在张家的人，实际上只有老少四口，其余的都是仆人，猛地搬进淮安路这样一个大房子，是有些奢侈。购置家具、布置房间，免不了又花去一大笔钱。

此外，时逢张廷重“四十大寿”，在孙用蕃的张罗下，大事操办了一回，务使张廷重在同事和亲戚中有面子。张子静后来对此很有看法，说她这是想借机显露一下：新女主人是治家有方的。至于钱花了多少，就不去算计了。

现在有不少张爱玲的传记作者，把她比做王熙凤；在治家的果断上，似乎也很像。

她和陆小曼是至交，两人都有鸦片烟瘾，是一对“芙蓉仙子”。孙用蕃嫁过来后，还在房间里挂上了陆小曼的油画瓶花。

陆小曼和徐志摩那时就住在四明村，经常宴请孙用蕃，张爱玲也有幸出席。但在张爱玲后来的文章或讲话中，从来没提过陆小曼一句。很显然是把对后母的厌恶，延伸到了陆小曼的身上。

张爱玲不喜欢淮安路这座老房子，大概因为后母的原因，即使知道自己是在这里出生的，也对这里没感情，只是觉得阴沉。

在《私语》里，她对这房子有一段著名的描写，现在我们还能看到很多关于她的书都在引用：

房屋里有我们家的太多的回忆，像重重叠叠复印的照片，整个的空气有点模糊。有太阳的地方使人瞌睡，阴暗的地方有古墓的清凉。房屋的青黑的心子里是清醒的，有它自己的一个怪异的世界。而在阴阳交界的边缘，看得见阳光，听得见电车的铃与大减价的布店里一遍又一遍吹打着《苏三不要哭》，在那阳光里只有昏睡。

这是张爱玲成名以后的文笔，但如果这就是她当年真实心态的摹写，其沮丧、灰暗的程度，确实令人惊讶。这与“花样年华”太相悖了。

后母进门后的头两年，张爱玲预想中的悲惨并未发生，一切照旧。周一由司机送她去学校，周六接回，周三何干还专门为她送一次换洗衣服和小食品。据她回忆说，在家看到弟弟和老仆人何干受后母的折磨，非常不平。但因为回家的次数实在太少，所以与后母爆发冲突的机会也就极少。

她和后母，双方虽然都各怀心事，可是表面上都尽量礼貌，所以“也客客气气地敷衍过去了”。

周末和寒暑假，张爱玲还是有她的快乐天地的：读小说，看电影，手绘贺年卡，到舅舅家聊天等等。偶尔也会到姑姑那儿去，打听母亲在国外的消息。她写给母亲的信，都是由姑姑代寄的。

姑姑那一段在怡和洋行做过职员。从洋行出来后，有一段时间在广播电台做播音员，报告新闻，诵读社论，每天只工作半小时。说来这份工作相当轻松，可是姑姑很感慨，说：“我每天说半个钟头没意思的话，可以拿好几万的薪水；我一天到晚说着有意思的话，却拿不到一个钱。”然后便把工作辞了。

姑姑就是这样一个有意思的人，说话幽默，看人看事都一针见血——在姑姑那里，总能呼吸到清新的空气。

张爱玲与姑姑终生不渝的情谊，在那时就已锻造成型了。应该说，她对姑姑的感情，是一种“移情”，是对母爱缺失的“自我补偿”。

而后母孙用蕃，在后来张爱玲的生花妙笔和盛名之下，已成尽人皆知的“狠毒后妈”形象。但是以现在的评判标准看，她恐怕是有点“冤”。正如有人评价的，她“其实一生未有大恶”，除了“阿芙蓉”一节不大光彩外，似乎并无其他不可恕之罪。

张子静对她后来也有较公允的评价，说她一进张家，就要给两个十多岁的孩子当后母，实属不易。张子静说她错就错在自以为能够左右张廷重的意志，对家事干预过多，因此激化了矛盾。

一开始情况似乎还不错，张爱玲和后母彼此都能以礼相待，见了面客气地打招呼，在家也能谈一些天气和家常琐事。

而且有一件小事，还暂时地融化了她们之间的坚冰。

一年暑假里，爱玲在父亲书房里写作文，写完就跑到舅舅家去玩了。后母偶然看到作文簿，发现有一篇题目是《后母的心》，不由好奇，就看了下去。

这是一篇命题作文，不过即使是张爱玲自己拟的题，也是虚拟的，是为了锻炼写作各种题材的能力。这篇文章，把一个后母的处境和心理刻画得入情入理。

后母孙用蕃不知就里，以为这是张爱玲发自内心的话语，竟大受感动。

此后，凡有亲友来访，后母就要提起这篇文章，夸张爱玲会写文章，又懂事。——这也是做后母的尴尬了，“后母”这个身份有原罪，她自己先就心虚了，夸孩子的潜台词还是为了洗清自己。

父亲是了解张爱玲的脾气的，同时也早就知道女儿的写作才华非同一般。他清楚那文章不过是虚拟情景的习作，不可能是为讨好后母而写的。不过父亲倒是乐于看到后母有这种“误会”，所以也不点破，只是随声附和。

裂痕是一点点扩大的。孙用蕃万想不到，小女孩的抵抗之心是那样坚决。

其实，她也是用了一点心思来笼络的：在出嫁前，她听说张爱玲个头身段与她差不多，就带了两箱自己的嫁前衣，送给爱玲穿。当然，这在过去的时代，也不算是轻慢之举。打开箱子后，她还不无惆怅：“料子都还是好的。”

但张爱玲却认为是侮辱，直到晚年也不宽恕：“有一个时期在继母统治下生活着，拣她穿剩的衣服穿，永远不能忘记一件暗红的薄棉袍，碎牛肉的颜色，穿不完地穿着，都像浑身生了冻疮；冬天已经过去了，还留着冻疮的疤——是那样地憎恶与羞耻。”①

张爱玲正值豆蔻年华，喜欢新衣服乃是常情，后母这两箱旧衣，有的领口已经磨破了，搞得她整个青春期心情都很灰暗。有一张老照片，就是她穿了后母的一件旧布旗袍，不看脸的话，确乎老成得跟村妇一样。圣马利亚女校是贵族学校，穿这样的衣服当然很窘，所以张爱玲很忌恨。

---

①见《对照记》。

还有一次在舅舅家，舅母见爱玲穿得寒酸，便拿出一些表姐穿过的衣服，要送给她。爱玲婉言谢绝，当场竟伤心泣下，“不由得要想，从几时起，轮到我被周济了呢”。①

上述“旧衣服事件”，因张爱玲几次在文章中提及而变得非常引人瞩目。我以为，与其说她是被虐，还不如说是心理受压抑来得准确。

成年张爱玲对服饰有夸张之癖，常以奇装炫人，根源就在于此。——她后来说：“不过我那都是因为后母赠衣造成一种特殊的心理，以至后来一度 Clothes－crazy（衣服狂）。”

本来张爱玲就是冷冷地在看，而孙用蕃自恃也是“簪缨世家”出来的，并没像姨太太那样去用心讨好爱玲，这已使爱玲有所失望；加之后母的“银根紧缩”政策，似乎只针对两个孩子，这就更使爱玲意气难平。

孙用蕃过门后，张廷重食不厌精的习气依然不变，每天的伙食有鸡有鸭，炒鸡蛋要用新鲜的香椿芽，夏天一定要吃“海瓜子”，有时还要买进口火腿、罐头芦笋和罐头肝肠。他喜好进口轿车的习惯一点也没变，总是不断在卖旧车、换新车。

孙用蕃是个喜好热闹的人，她来后，张廷重参加外面的应酬反而更频繁了。两个人都是奢侈惯了的，根本管不住自己乱花钱。

因此张爱玲那时才会有过激的反应。

类似这样不大注意孩子青春期心理的问题，此外还有一些。虽说是鸡毛蒜皮，却足以构成不可解的芥蒂。

1936 年夏，王人美主演的《渔光曲》在上海上映。当时，这种为穷人说话的左翼电影大受欢迎，竟然连演 84 天，广播里天天都在播它的主题曲。

某日，张爱玲一时性起，决定教后母雇来的一个丫头小胖学这首歌。张爱玲一边弹琴一边教，可是小胖天资不灵，开头两句“云儿飘在天空，鱼儿藏在水中”，居然一上午都没学会。这堂不成功的音乐课，却把父亲与后母给吵醒了。父亲大怒，把小胖训斥了一顿，又严令爱玲以后早上不许再练钢琴。

生之乐趣何其少，连这个也给禁止了。这笔账，怕是又要记到后母头上——假使母亲在，必不如此！

---

①见《我看苏青》。

5. 青青校树下的灰姑娘

张爱玲后来总结，说“中学时代是不愉快的”，说她那时候很压抑，不大愿说话。

我想，这只是一个总体的感觉，且主要是因后母的缘故。而她中学生活的细部，还不至于全都一塌糊涂。

她在中学时代，也有普通小女生的快乐。

她喜欢吃零食，每次带弟弟出去，都要买紫雪糕和爆玉米花。她喜欢吃一个老女仆做的山芋糖，只要周末一回到家，那老女仆就会做给她吃。

她常和表姐妹们一起逛街、看电影。在这种时候，她都显得相当开朗，特别是和三表姐黄家漪聊起天来，就更是嘻嘻哈哈，乐不可支。

她也渴望成熟与享受。在中学时代，她画了一张漫画投到英文《大美晚报》上，报馆给了她 5 块钱稿酬，她立刻去买了一支小号的丹琪唇膏。母亲还怪她：为何不把那张钞票留着做个纪念……

她的性格，在中学时就已经基本形成，后来也没有太大的改变。她性格内向，审美天赋很好，不大注意俗务。

她需要的是审美知音——人群中很稀少的那种。

在遇到年龄比她大或陌生人时，她一向话少，只有和表姐妹们或要好的同学在一起，话才比较多。但是有一个例外，就是谈起她所喜欢的小说、电影、戏剧等话题，就忍不住逸兴飞扬，滔滔不绝。后来跟弟弟谈话，也多是这类内容，很少谈到俗事。

因为太爱看书，在中学时她眼睛就近视了，带了一副淡黄颜色镜架的眼镜。那时她人很瘦，又很高，衣着随便，但整个人透出一种书卷气，沉静肃穆，给人感觉不是一个普通女孩。

她所读的圣马利亚女校，在上海白利南路①，创立于1887 年，到

①今长宁路 187 号。

那时已建校 44 年了。它和圣约翰大学附中一道，为当时沪上最著名的两大美国基督教教会学校。

这个女校的毕业生，一般会成为买办或外交官的太太，独立一些的，将来可能会成为交际明星，或者出洋去深造。

师生们很为这所学校而自豪，她们亲切地简称自己的学校为“圣校”。

这里的学生，每年都有因不堪课程压力和管制严格而退学的，但张爱玲似乎游刃有余，各科成绩都是甲或 A。而且，在这里，她还发展了自己的多方面爱好。

学校的课程，分为中英文两大部分。

英文部，设置了英语、数学、物理、西洋史、地理和圣经等课程，全部采用英文授课，教师也全都是从英、美来的，其中以“老小姐”居多。

中文部则设置了国文、国史和中国地理三科，担任教师的，初中部多为师范毕业的中国女性，高中部则多是前清科举出身的遗老。

张爱玲入校后很长时间内，学校不大重视“国文”。教她们班级国文的，是一位 30 岁的老小姐，不苟言笑。

这位女老师的思维也很刻板，课讲得乏味。一次作文课，她郑重其事地讲，文章开头一定要好，如何如何；又讲结尾也一定要好，如何如何。大家洗耳恭听，只听她又一字一板地说：“中间一定也要好……”

不等她说出下文，全班已经哄堂大笑！

如此畸轻畸重，学生们的英文当然都很好，国文水平则不敢恭维。有人连病假条都写不通顺，居然可以写成：“某某因病故请假一天。”

1936 年秋，在张爱玲中学生涯的最后一年，情况有了变化。学校新聘了一位国文教师汪宏声，来当中文部的教务主任，并兼任张爱玲这一班的国文课。

在这里顺便说一下，“国文”，相当于现在的“语文”之意。一直到 1956 年，中国内地的课本还曾保留着这个叫法。我觉得这个名称，准确而亲切，有尊严感。被废弃多年不用，现在看起来是那样陌生了。

汪先生是个有才华、有见地的人，到校后，对国文课的教法做了改订，为图书馆增添了中国的书报杂志，力图扭转校方过去轻视国文的倾向。

他上的第一堂作文课，就在黑板上为学生出了两个题目：《学艺叙》和《幕前人语》。

女学生们一片哗然。过去老师出的作文章题，不是说立志，就是说知耻，只能照着新八股的路子去作，从没见过这样谈艺术的题目。

汪老师解释道：第一个题，是写学习钢琴和唱歌的感想；第二个题《幕前人语》，实际上就是影评。他还鼓励同学们，假如有另外的思想要发表，不妨自由命题，且可以使用任何体裁。

等到作文卷交齐，汪老师发现，大家的文章多为短短二三百字，似通非通，全无思想，无非以虚词连缀了几百字而已。看来，孩子们缺乏最基本的训练。

但有一篇引起了他的注意。这是惟一的一篇自命题作文，题目是《看云》。行文很潇洒，词藻也华丽，只是有一些别字。

汪先生注意看了一下署名，是——张爱玲。

发回作文的那天，汪先生在讲台上唱名，学生们依次上来领回。念到张爱玲的名字时，汪先生特别留意了一下。

只见从最后一排最末一个座位上，站起一个高个儿而清瘦的女生，表情板滞，衣着也不入时——那时流行的是窄袖旗袍，可她穿的是宽袖。

汪先生对张爱玲的作文大加赞赏，当众朗读了一遍，以为示范。同学们自然是投来欣羡的目光，但张爱玲依然是面无表情。

在汪宏声老师的带动下，圣校的文艺空气渐渐活跃起来。学生们自组了“国光社”，创办了同仁刊物《国光》。发起者请张爱玲当编者，爱玲没有同意，只答应为刊物投稿。

有意思的是，在中学时，张爱玲在同学中并非以文采闻名，而是以“贵人多忘事”而出名。

她经常欠交作业卷。老师问起，她总是毫无愧色地说一句“我忘啦”，说时，两手还无奈地摊开。

老师们对此毫无办法。

以至有一次，汪老师向她催交一篇作文，她一张嘴就是：“我——”汪老师便紧接上：“——忘啦!”张爱玲也只是笑笑，并无太多愧意。

隔不多久，她交上了一篇《霸王别姬》（上半篇）。这是一篇随兴而写的历史小说，而且还拆成了两篇来顶数。

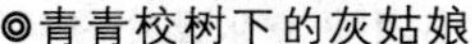

她的懒散，也有名。上课时总在末一排，并不听讲，用铅笔不停地在纸上画，似是在记笔记，实则在画上课教师的速写像。

她不事修饰，总是那么灰朴朴的，卧室也是最乱的一间。

那时候，舍监如果发现有人的鞋子不按规定放在鞋柜里，就会把鞋放在寝室门口的走廊上示众。女生们如有被抓住的，都深以为耻，而张爱玲的皮鞋“出镜率”最高。可是她并不在意，大不了说声：“啊哟，我忘了放在柜子里啦！”

她给汪老师的印象是“不说话、懒惰、不交朋友、不活动，精神长期萎靡不振”。

除了高级琴会和《凤藻》美术部，圣校的其他活动团体，如国光会、清心会、体育会、唱诗会、歌咏团等，都不见张爱玲的踪影。

这样的女生，给老师和同学们留下的印象，实在是很淡薄。

圣校时期的张爱玲，低调得似乎有些近于自虐，但她的个性棱角与不从流俗，也时有表现。

一次，汪老师收到了一份给《国光》的投稿，是两首不署名的打油诗。

其一：

橙黄眼镜翠蓝袍，步步摆来步步摇；
师母裁来衣料省，领头只有一分高。

其二：

夫子善催眠，嘘嘘莫闹喧；笼袖当堂坐，白眼望青天。

汪老师一看便知，这是张爱玲的“杰作”，讽刺两位男老师的。学生写诗“以下犯上”，本为不妥，但汪老师想：圣校气氛太过肃穆，有少许调剂也不妨，于是予以放行。

讽刺诗登出后，引发了一场风波，险些收不了场。

头一首诗讽刺的，是姜适君老师。姜老师为人随和，认为这种小诗谑而不虐，游戏而已，于是一笑了之。而另外一位，可没有这么大度，他愤然向美籍校长投诉。

校长便将汪老师和《国光》编者谢振同学请去问话，给了三个处理办法，请他们自选。一是向该老师书面道歉；二是《国光》停刊；三是作者张爱玲不准毕业。

汪老师没有别的选择，只能同意第一个办法。不过，“受辱”的老师也自觉做得过了，怕伤了和气，于是婉拒道歉，此风波才告消弭。

在文学写作上，中学时代是张爱玲的一个孕育期。她此时的热爱阅读、多思、内向、敏感，都是日后成为名家的基本素质。

在那篇著名的《我的天才梦》里，张爱玲曾说过，她在7岁时就写过第一篇小说，写的是一个家庭的悲剧，情节一波三折，有点《三言二拍》的意思。接着，又提笔要写《隋唐演义》，起首一句就是“话说隋末唐初的时候”，有石破天惊之效果，令成人都吃惊。可惜都只开了一个头，便写不下去了。

9岁的时候，她就开始向《新闻报》本埠副刊投稿，可惜均不见回音。

张爱玲后来的散文集《流言》的1945年版，就收录了一封她当年的投稿信，其语一派稚气：“记者先生：我今年九岁，因为英文不够，所以还没有进学堂……”

小学时代她已写过完整的小说，是一个罗曼蒂克故事，被同学们狂热传阅。

上高中那一年，她写过一篇散文《理想中的理想村》，写了一个幻想中的乌托邦村庄，显露出令人惊讶的想象力。里面的用语“这里有的是活跃的青春，有的是热的火红的心”，还有对那种完美社会的憧憬，可以看到乌托邦思想在那个年代对人们的影响之深。只是文字尚浅显，属于小布尔乔亚式的新文艺腔，还看不出日后的功底。

实事求是地讲，张爱玲的父亲对她这方面的“天才”，是为颇赞赏的，给了她不少鼓励。

一次寒假里，张爱玲仿照报纸副刊的模式，自己编写了一份以家里杂事为内容的手抄副刊，还插了图。父亲看了大为高兴，有亲友来，就拿出来炫耀：“看，这是小煐做的报纸副刊！”

父亲年轻时，也是个爱好文学的青年，书房里中外名著都有。张爱玲上中学后，一回到家，就扎进父亲的书房里看书。如果有了读书的感想，也可和父亲聊一聊。

据她讲，《红楼梦》她8岁起就看过，以后每过三四年就再看一遍。她慨叹“每次的印象各各不同。现在再看只看见人与人之间感应的烦恼。——个人的欣赏能力有限，而《红楼梦》永远是‘要一奉十’的。”

十二三岁的时候，她翻阅家藏的石印本《红楼梦》，竟然看出了八十回之后“狗尾”的不好：“看到八十一回‘四美钓游鱼’，忽然天日无光，百样无味起来，此后完全是另一个世界。”①

再读《红楼梦》时，大概是受了“香菱学诗”一节的触动，张爱玲忽然就有了学做旧体诗的兴趣。她回忆说：“我父亲对于我的作文很得意，曾经鼓励我学做诗。一共做过三首七绝，第二首咏《夏雨》，有两句经先生浓圈密点，所以我也认为很好了：‘声如羯鼓催花发，带雨莲开第一枝。’第三首咏花木兰，太不像样，就没有兴致再学下去了。”

罕有人知的是，张爱玲在“圣校”时，还用课余时间写过一部章回小说《摩登红楼梦》，有上、下两册。

她拿回家给父亲看，父亲大喜过望，拿过笔来，替张爱玲亲拟了回目。一共拟了六个回目，对仗工稳，很像模像样。全书大概是也就写了这六回。

这部《摩登红楼梦》，就相当于现在的《水煮××》，将古典人物现代化，属调侃之作。但其中有些揶揄，颇具深意：“今儿晚上老爷乘专车从南京回上海，叫你去应一应卯儿呢”“去向你琏二哥道个喜吧！老爷栽培他，给了他一个铁道局局长干了！”等等，将世态大大挖苦了一通。

——其实，老爸才是她最初的文学蒙师。

自幼痴迷《红楼梦》，这也是张爱玲日后成为中国小说巨匠的因素之一。

中国的现代小说写作，历史短浅，可借鉴的来源有两个，一是古代白话小说，一是翻译小说。翻译小说，终究隔了一层，有文化上的绝大差异；专走模仿翻译小说的一路，罕有大成功者。

而源自白话小说的一路，就须吃透《红楼梦》（抑或说须吃透《金瓶梅》）。凡是深受《红楼梦》熏陶的作家，很容易取得读者大众的认同。因为中国人的那种很微妙的心理，古今相似，读者自有会心。

①见张爱玲《忆胡适之》。

其余如《水浒传》、《三国演义》、《聊斋志异》、《老残游记》、《儒林外史》、《官场现形记》、《七侠五义》和张恨水的小说，也都是一本本地从父亲书房里找出来读的。这是形成她文学审美趣味的主要来源。

此外，张子静也说过，姐姐经常向他推荐书看，其中包括一些现代小说，有鲁迅的《阿Q正传》、茅盾的《子夜》、老舍的《二马》、《牛天赐传》，以及冰心的作品。这证明，这些当时颇为“主流”的文学，她也是很留意的。

外国文学方面，她看过《琥珀》、《失去的地平线》，均是一些有些奇诡的东西。

在很长时间里，“张迷”们一直以为，张爱玲1940年写的征文《天才梦》是她公开发表的处女作。后来经“张学”专家陈子善钩沉，在圣马利亚女校1932年的年刊《凤藻》上，曾登过张爱玲的一则短篇小说《不幸的她》，这才是迄今为止发现的张爱玲最早变为铅字的作品。

《不幸的她》写的是一对亲密的小学女同学，叙述两人在成长过程中的命运离合。这篇小说篇幅不长，文字也稚嫩，但是写离情别绪的那种沧桑感，显出了张爱玲的早熟。那一年，正是母亲再赴欧洲之年，张爱玲显是将自己对离别的伤感融化了进去；并且，文中有些句子，出自一个12岁的小女生之手，也确有老成气息。比如——“别了！人生聚散，本是常事，无论怎样，我们总有藏着泪珠撒手的一日！”

下一年，她又在校刊上发表了第一篇散文《迟暮》。

这一篇就明明白白是在写母亲了——想象一个迟暮美人在越洋轮船上的孤独。文字上的单薄、唯美，一如前一篇。但有的句子，已然有了些她后来的那种很独特的表述风格。

小小的校刊，成为张爱玲崭露头角的第一个文学平台。现在看来，刊名“凤藻”二字，是何其贴切！

之后的几年，她又有《秋雨》、《牛》、《霸王别姬》等一系列篇什，发表在校刊和学生自办刊物上。其中引起研究者普遍关注的，是她发表在学生刊物《国光》上的历史小说《霸王别姬》。

这篇小说的体裁，是所谓的“故事新编”。汪宏声老师曾对此文不遗余力地赞美，说它“与郭沫若的《楚霸王之死》① 相比较，简直可以

①应为《楚霸王自杀》。

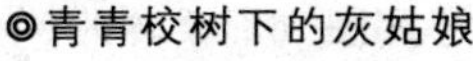

说一声有过之而无不及，这样努力为之，将来的前途是不可限量的！”

老师的评价，对张爱玲无疑是莫大的鼓舞。

在小说中，虞姬不是死于对项羽失败的绝望，而是死于对巅峰之后衰落的忧惧。她果决地在这一切可能都还未到来之前，结束了自己。

她的最后一句话是：“我比较喜欢那样的收梢。”

一个17岁的女孩，有这样的奇思，也算是相当不俗了。

1937年夏，张爱玲从圣校毕业。不过她们的毕业典礼，是过了一年后，才借用贝当路上的美国礼拜堂举行的。

在典礼上，汪宏声专门找到张爱玲，其言殷殷，鼓励她今后不妨多写。

中学时代就这样结束了。

——别了！朝露清纯的校园！

我们要感谢张爱玲的同学顾淑琪女士，一直保留着学校当年的校刊《凤藻》(总第17期)，让我们得以窥见当年张爱玲和她同学们的风采。

刊物很精致，16开本，羊皮封面，道林纸印刷，内容有中英文两部分。里面有大量张爱玲留下的痕迹，刊载了她的中英文稿件3篇。此外，她还担任了美术部助理员，包揽下了大部分的插图，表现得相当活跃。

在性格测试部分，张爱玲留下了有趣的答案：

最喜欢吃的——叉烧炒饭

最喜欢的人——爱德华八世

最怕——死

最恨——一个有天才的女人忽然结婚

常挂在嘴边的话——我又忘啦！

拿手好戏——绘画

答案中出现的英王“爱德华八世”，就是后来的“温莎公爵”。他在上世纪30年代离经叛道，为了与离过婚的美国平民女子辛普森夫人恋爱、结婚，宁肯舍弃王位。这件事，被誉为“二十世纪最轰动的爱情”。

张爱玲的这个答案，在同学中显得很另类，能见出她对爱的渴望，也能看出她骨子里的叛逆。

这期校刊中，还发表了张爱玲的3篇中英文习作，即《心愿》、《牧羊者素描》和《论卡通画之前途》。

雏凤新声，非同凡响，其中《论卡通画之前途》更为后人津津乐道。其时美国的华德·狄斯耐创造的米老鼠、唐老鸭、白雪公主等动画形象，正风靡全球，张爱玲显然也是动画影迷之一。

她在这篇文章中大胆预言："卡通的价值决不在电影之下。如果电影是文学的小妹妹，那么卡通便是二十世纪女神新赐予文艺的另一个玉雪可爱的小妹妹了。我们应当用全力去培植她，给人类的艺术发达史上再添上灿烂光明的一页。"

以当今世界动漫流行的盛况看，足以证明张爱玲的预见不虚！

毕业时，顾淑琪曾请每一位同学在她保存的校刊上留言。其他人多是写下一两句公式化的祝福，而张爱玲却不。

她们这个班，以前曾去常熟玩过三天，顾淑琪小时候在常熟生活过，就当仁不让地充了向导。

常熟，特别是那里的名胜虞山之美，给了张爱玲以深刻印象，因此她的留言是：

替我告诉虞山，只有她，静肃、壮美的她，配做你的伴侣；也只有你，天真泼辣的你，配做她的乡亲。

爱玲

少女的纯真美好之心，跃然纸上！

校刊里还有一项内容，最为宝贵。那是三十多幅毕业班同学的肖像图，犹如一盘什锦水果，琳琅满目。肖像的头部，采用的是真人相片，脖颈以下，则是张爱玲手绘的卡通画，两者融合，趣味盎然。

每幅人像的下面，是张爱玲以英文手写的祝福语，"预言"了每个女孩的未来。

这些沐浴着30年代阳光的女孩们，有的被画成摄影师、科学家、芭蕾舞演员、传教士，有的被画成时装店主、园艺师、诺贝尔奖作家、浪漫诗人，还有的居然是英姿勃勃的骑手、穿戴欧洲铠甲的武士、赴意大利大使和1949年"中国总统候选人"！

最奇的，是一位女生被画成驾驶飞机首个登月的太空人——那是在

"阿波罗"登月30年前！显然那时的女生也为儒勒·凡尔纳所倾倒。

张爱玲的绘画天赋，在这几张画页上尽情显露。小人儿的动态活泼，富有创意，多少表现出了各自的性情与抱负。画的人体解剖也对，看来是有相当的素描功底。

值得一提的是，她把自己画成了一个占卜师，捧着一个水晶球在看。

——她能看到自己后来的命运吗？

在这个可贵的纪念册中，叶莲珍同学在《年级史》结尾的一段话，读来令人感慨：

他日回味起来，圣校给我们的印象确似慈母一般的温柔、仁爱；又如玛利亚像那样的严肃、贞静。但不知我们这群顽皮的孩子所留给母校的印象是什么？

中国的现代教育制度，到那时，历史还不长；但是上世纪30年代的教育制度，在百年来的教育史上却是比较"健康"的一段。好的教育，就应该是这样——让孩子们身有"才艺"，内心有阳光。

现在的"张迷"们，还能看到当年圣马利亚女校学生的一张照片：学生们一律短发，穿着浅得近于白色的旗袍，在拱形门外分两排而立，如玉树临风。

宁静、朴素、圣洁。无怪有人用了"绝代风华"来形容她们。

——是我们现在太少这个东西了！

张爱玲在《心愿》一文中，提到了校园中的梅林、纵横小路和古老钟楼，似有无限的留恋。她写道，那钟声仿佛在说："与全中国其他学校相比，圣马利亚的宿舍未必是最大的，校内的花园未必是最美丽的，但她无疑有最优秀、最勤奋好学的小姑娘……"

今天的"圣校"旧址，已属上海女子三中。校舍、拱门、回廊，都还在。"爬山虎"的绿叶，遮住了当年教堂的整整一面墙……

"昔我往矣，杨柳依依。"张爱玲不大喜欢她的中学时代，但对这个地方，恐怕还是偶尔有梦回之时吧？

6. 终生难忘的一次屈辱

人的少年时代，正当其时的感觉，是有无数的情感潮水。只有在多年以后回首时，才能看得清，那潮底下的礁石是何等狞厉。

从圣马利亚女校出来，张爱玲又遇到了更大的磨难。

这大概是成年张爱玲最不愿意忆及的一幕：被拘禁和逃离家庭。

与父亲的这个家，在精神脐带上的切断，是如此地痛切。决裂，就是一次生死！

张爱玲中学毕业前一年，母亲黄逸梵从法国返回。同行的，还有她的一位美国男友。那男子是个生意人，四十出头，相貌堂堂。

母亲又带回了温暖的光，这是爱玲灰暗生活中最明亮的一个窗口。爱玲一有机会，就跑到母亲那里，把自己的作文和文学习作拿给母亲看。

母亲这次离开中国，眨眼间又是四年多，如今，16岁的爱玲，已长成亭亭玉立的大姑娘了——短发仅及耳垂，眉目间若有沉思，一身素气的蓝旗袍。她不再在母亲面前撒娇，而是对传奇的母亲充满敬意。

她屏息静气听母亲讲述，讲英国、讲欧洲，甚至讲到埃及灼人的阳光。

母亲的一双"解放足"，走过了何等广大的世界。

女生张爱玲为之倾倒！

每次听母亲讲完，她都要在阳台上凭栏而立，遐思良久。直至母亲催她回去，她才依依不舍，回到父亲那个沉闷的家。

母亲回来后，张爱玲顾忌到父亲的态度，不敢显得太高兴。但是小孩子的掩饰功夫还是不到家的，父亲终于有所察觉，大为恼怒：你多少年来跟着我，被养活，被教育，心却在那一边！

由是之故，中学的最后一年里，父女俩的关系骤然变得紧张。

此外，张爱玲对弟弟在家中的遭遇，也甚感不平。

有了后母之后，她住读的时候多，难得回家，一开始并不知道弟弟过的是何等样的生活。

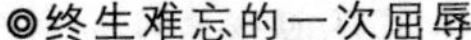

一次放假，爱玲看见弟弟，竟吃了一惊。过去漂亮得像洋娃娃似的弟弟，现在变得高而瘦，穿了一件不甚干净的蓝布罩衫，租了许多连环画书来看。

张爱玲那时正迷醉于穆时英的《南北极》与巴金的《灭亡》，认为弟弟的阅读口胃大有问题，想给他纠正一下，而弟弟却只在她眼前晃了一晃，就不见了。

仆佣们纷纷告诉张爱玲关于弟弟的劣迹——逃学，忤逆，没志气。在这种氛围中，爱玲显得比谁都气愤，附和着众人，激烈地指责弟弟的过错，闹得大家反而倒过来劝爱玲：别太生气了。

后来在饭桌上，为了一点小事，父亲打了弟弟一个嘴巴。

爱玲对弟弟，虽然怒其不争，但手足之情依旧还在，见此情景，大大一震，把饭碗挡住了脸，眼泪往下直淌。

后母却在一旁笑起来，说："咦，你哭什么？又不是说你！你瞧，他没哭，你倒哭了！"

爱玲不能忍受，丢下了碗冲到隔壁浴室里去，闩上了门，无声地抽噎。

她立在镜子前面，看着自已抽搐的脸，看着眼泪滔滔地流下来，像电影里的特写。她咬着牙说："我要报仇。有一天我要报仇。"

然而，弟弟确乎是没志气惯了，不大一会儿，又没心没肺地玩开了。

她想到，弟弟在家里常被父亲罚"跪香"、"跪砖"，后母挑唆父亲虐待弟弟的事，连张家的老仆人都看不过去："就这一个儿子，打丫头似地天天打。"

失去母亲庇护的女孩，连眼泪都不能再流："浴室的玻璃窗临着阳台，啪的一声，一只皮球蹦到玻璃上，又弹回去了。我弟弟在阳台上踢球。他已经忘了那回事了。这一类的事，他是惯了的。我没有再哭，只感到一阵寒冷的悲哀。"①

母亲此次回来，主要是为了爱玲出国留学的事。她要按自己的意愿塑造女儿的人生，在这一点上坚定不移。

她先是托人约父亲谈这件事，父亲避而不见。事情无法再周旋，只

①见《童言无忌》。

好由爱玲自己出面来提出。

多年以后，张爱玲不无懊悔地回忆道：“我把事情弄得更糟，用演说的方式向他提出留学的要求，而且吃吃艾艾，是非常坏的演说。”

这当然没有效果。父亲发了脾气，说爱玲是受了人家的挑唆。

后母则当场骂了出来：“你母亲离了婚还要干涉你们家的事，既然放不下这里，为什么不回来？可惜迟了一步，回来只好做姨太太！”

又是无与伦比的刻薄。又是一场屈辱。

张廷重把黄逸梵和妹妹张茂渊的出国作为教训——只要想留洋，那就是女子离心离德的开始。长辈们的错误，小辈们不能再犯。

况且家里“阿芙蓉”的开销也甚是了得，他怎肯拿出一笔钱供女儿出国？

就在这时，“八一三”事变爆发，日军炮击闸北，这件事也就被搁置了起来。

淞沪会战一起，日军飞机在闹市扔了巨型炸弹，无辜市民死伤无数。抗战中最惨烈的一仗，就这样打起来了。

张爱玲父亲的家，就在苏州河边，夜夜都闻炮声，叫人无法安眠。

在此前，爱玲的舅舅不知何故搬到芜湖去住了一年，现在搬回来，临时住在霞飞路上的伟达饭店①。母亲这段时间也住在这里。

爱玲实在很想和妈妈多待几日，在毕业考试前，她就以炮声扰得睡不着觉为由，跟父亲打了招呼：“姑姑叫我去住两天。”

父亲明知她去姑姑家，也就是去妈妈那儿，但大约是还念着一份旧情，便心不在焉地答应了。

这一住，就住了两个星期，一直到考试结束。

初秋的大都市，兵临城下，安危未卜，人心都是慌张的。张爱玲这次来，既没和母亲倾谈，也没像往日见到表姐妹时那样兴奋。

据张子静回忆：“和她们同住伟达饭店那段时间，姊姊情绪很低落，不爱说话，就是说话，也总是细声细气的。她常常拿个本子，静静地坐在一旁，侧着脸看人，给人画素描，不然就低着头，在那儿写小说。除了画图和写小说，她不做别的事。”

---

①在今淮海中路，现已拆除。

留学之梦眼见得渺茫，国难一时又未已。一个女中学毕业生，难免心事重重。

她在这个饭店里住了两个星期，也许只是想缓释一下。

不料，考完试回到家那天，后母忽然发难，问她："怎么你走了也不在我跟前说一声？"

张爱玲觉得这后妈真是多事，只淡淡回了句："我跟父亲说过了。"

后母勃然变色："噢，对父亲说了！你眼睛里哪还有我呢！"

没等爱玲有所反应，后母竟然刷地打了她一个嘴巴。张爱玲本能地要还手，被两个老妈子赶过来拉住。

见爱玲不驯，后母便恶人先告状，一路锐叫着奔上楼去："她打我！她打我！"

张爱玲好像还不能意识到究竟发生了什么，只觉得"在这一刹那间，一切都变得非常明晰，下着百叶窗的暗沉沉的餐室，饭已经开上桌子，没有金鱼的金鱼缸，白瓷缸上细细描出橙红的鱼藻"。

这样幽静的环境，更衬出已发生的事情不可思议。

不一忽儿，父亲趿着拖鞋，啪达啪达冲下楼来，揪住张爱玲，拳脚交加。一边还吼道："你还打人！你打人我就打你！今天非打死你不可！"

——张廷重何以会暴怒？

这也成了张爱玲个人史上的一个谜团。

以我看来：张爱玲到生母那儿一住两周，父亲就本已有怒意在心，回来后又立刻和后母起了冲突，这一下子就勾起张廷重对前妻及妹妹的所有积怨。

过去在爱玲和后母之间，张廷重多少还能起一个缓冲作用，今日被孙用蕃挑拨，他也许领悟到，爱玲已是对方阵营的死党了，再无可救药。

于是这"一家之主"终于爆发，几乎失却理智。

张爱玲，就这样经历了一生中最可怜的几分钟——

"我觉得我的头偏到这一边，又偏到那一边，无数次，耳朵也震聋了。我坐在地上，躺在地下了，他还揪住我的头发一阵踢。终于被人拉开。我心里一直很清楚，记起我母亲的话：'万一他打你，不要还手，不然，说出去总是你的错。'所以也没有想抵抗。"

无论今天有人怎样为张廷重开脱，对孩子施虐，总是无法被宽恕的。

张廷重并不是虐待狂，对张爱玲也并无深仇大恨，“父为子纲”的阴影，就是他对女儿下得了死手的道德依据。

小小张爱玲，在老宅的环境里，连护卫自己的权利也没有！

有过这样惨痛经历的女子，今后就是再怎样“冷漠”，也是可以被谅解的吧。

这是张爱玲生命史中一个最大的“死结”！

再打就真的要出人命了！把爱玲从小带大的女仆何干发觉不好，便不顾一切冲上去，拉开了暴怒的父亲。

不知过了多少时候，父亲上楼去了，爱玲站起来，走到浴室里照镜子，看到身上的伤、脸上的红指印，万千屈辱无处发泄，便狠了心，准备到巡捕房去报案。

但是她没想到：所谓天罗地网，有时候事先是看不到的。父亲早就叮嘱了两个门警，不要放爱玲出去。

果然走到大门口，看门的巡警拦住了她：“门锁着呢，钥匙在老爷那儿。”

张爱玲无奈，试着撒泼，叫闹着去踢那铁门，试图引起铁门外岗警的注意，但是毫无效果。在外人眼中，再怎么闹，也不过是家中的一个孩子，撒泼又能怎样？

张爱玲只好返回。

进了家门，父亲知道她想跑，又炸了，把一只大花瓶向她头上掷去，所幸稍微歪了一点，没有砸到。花瓶掉到地上，碎了，飞了一房的碎瓷。

主人的雷霆震怒之下，仆佣们个个噤口，只能眼睁睁看着。

父亲上楼去后，何干对爱玲哭道：“你怎么会弄到这样的呢？”

爱玲刚才一直恨着，滴泪未落，听到这话，“才觉得满腔冤屈，气涌如山地哭起来”。就这样抱着何干哭了许久。

但何干毕竟是下人，不敢犯上，心里怪爱玲太倔强。她是疼爱玲的，所以替爱玲担心，怕孩子得罪了父亲，要苦一辈子。

她到底还是怕再惹怒老爷，只劝了几句，就走了。爱玲独自在楼下的一间空房里哭了一整天，晚上就在红木炕床上睡下了。

当晚，何干偷偷给舅舅打了电话。第二天，舅舅和姑姑一道来了，准备为张爱玲求情，顺便再谈谈爱玲出国留学的事。

哪知道，后母一见姑姑，便冷笑："是来捉鸦片的么?"

这句冷嘲，刻毒透顶，再次激起了张廷重的怒气。

不等姑姑开口，父亲便从烟铺上跳起来，劈头打去。兄妹两人都是一样的硬脾气，当下扭打起来。姑姑当然不敌，眼镜被打碎，脸上流了血。舅舅赶紧拉开她，叫她去了医院。

姑姑临走时，发狠说："以后再也不踏进你家的门!"

她总算没有去巡捕房报警，因为她觉得这事儿，太丢张家的面子!

父亲余怒未息，扬言说要用手枪打死爱玲。末了，把张爱玲软禁在楼下一间空房里，吩咐除了何干去照料一下生活之外，任何人不得去见她。

这座房子，本是张爱玲的出生之地，现在对于她，忽然变得陌生。晚上不能成眠，能看见楼板上有蓝色的月光，似那静静的杀机。

这是一个真正的牢狱，禁锢着一个想冲到狱外去的女孩。

张爱玲也知道，父亲决不可能要把她弄死，不过是想关几年，煞一煞她的傲气。

那些时日，正是日本轰炸机每天出动的时候。她的心情，真恨不得与这小天地共毁灭："我希望有个炸弹掉在我们家，就同他们死在一起我也愿意。"

何干怕爱玲逃走，再三叮嘱："千万不可以走出这扇门呀! 出去了就回不来了。"

但是，张爱玲没有听，她想了许多脱逃的计划，以往看过的《三剑客》、《基督山伯爵》，一齐都涌到脑子里来了。

记得最清楚的是《九尾龟》[①]，里面有个恋人用被单结成了绳子，从窗户里缒了出来。

她甚至想过：家里没有临街的窗，惟有从花园里翻墙头出去。靠墙倒有一个鹅棚可以踏脚，但是更深人静的时候，惊动两只鹅，叫将起来，如何是好?

先不管这些。

---

①近代狎邪小说。

逃！要逃！她做出了一生中最果决、最正确的一个选择。

为了锻炼体力，每天早起，她就在窗外走廊上做健身操。

就在逃跑的“阴谋”正在筹划时，不巧张爱玲得了严重的痢疾。何干告诉了父亲，但父亲并不给爱玲请医生，也没用药。结果——张爱玲后来说，“差一点死了”。

据张子静回忆，关于这一段，张爱玲在《私语》中有意无意漏写了一个情节。

那就是，在她的病越来越严重时，何干忧心如焚，避开后母，去找了父亲，说如果父亲撒手不管，出了事情的话，她将不负责任！

何干的话，让张廷重猛地一激：万一女儿有个好歹，那“恶父”的名声可是背不起的！

于是父亲趁后母不注意，拿了消炎的抗生素针剂，亲自去给爱玲打针。几次下来，才把病情控制住。何干更是汤汤水水的精心照料，让爱玲渐渐康复。

张爱玲是真真正正在死神的身边兜了一圈。晚年的张子静说：何干是立了一大功，否则以后的中国文坛能不能有“张爱玲”这样一个人，都成问题。

这样的病，这样的囚禁，一下子就是半年。

张爱玲躺在床上，看着秋冬的淡青色的天，心里想的是：“也不知道现在是哪一朝、哪一代——朦胧地生在这所房子里，也朦胧地死在这里么？死了就在园子里埋了。”

一等到可以扶墙摸壁地行走，爱玲就接着预备逃跑。她的计划，弟弟全知道，何干也略有所知，可是，谁也不敢去告诉父亲。

爱玲是有心计的，她先向何干套口气，打听了两个巡警换班的时间。

——人的一生中很少有这样的纵身一跳！

隆冬的某个晚上，爱玲伏在窗子上，用望远镜看清楚了：黑黢黢的路上没有人。于是她挨着墙，一步一步摸到铁门边，拔出门闩，开了门。然后……把望远镜放在牛奶箱上（超级幽默），闪身出去，——当真就立在人行道上了！

外面没有风，只有阴历年临近时那种很沉的冷，街灯下只看见一片寒灰。但，这是多么可亲的世界呵！

获得自由的爱玲，是无人可以窥见的欢乐精灵，“在街沿急急走着，每一脚踏在地上都是一个响亮的吻”。

在距家不远的地方，爱玲和一个黄包车夫讲起价钱来了——“我真高兴我还没忘了怎样还价。”

全不顾随时可以重新被抓回去的危险，直到事过境迁，她才觉出惊险中的那一份滑稽。

黄包车一起一伏地，载着这个欢快得有点怪异的姑娘，奔向母亲的家。

——她抱定了扑向光明的心念，就此永远地脱离了父亲。

后来，张爱玲听说，何干因为有同谋的嫌疑，大大地被连累了一回。

后母犹恨恨不已，把爱玲的一切东西都分给了别人，只当这小女子死了。对爱玲逃到母亲那里，父亲和后母又嘲笑说，黄逸梵这是“自搬砖头自压脚”，替他们背上了这个重担。

难得忠心耿耿的何干，把爱玲小时候的一些玩具偷运了出来，交给爱玲作纪念。“内中有一把白象牙骨子淡绿鸵鸟毛折扇，因为年代久了，一扇便掉毛，漫天飞着，使人咳呛下泪。”

所有童年时的哀乐，好像也都这样漫天的飞着！

18岁出门远行，她再不会回头了。

她加入了母亲和姑姑的公寓生活。

黄素琼和张茂渊——这两位情同姐妹的“前姑嫂”，这一时期就住在开纳路①开纳公寓。一年后，便搬入了在“张史”上那个很著名的爱丁顿公寓②。

在张爱玲逃跑之前，母亲曾托何干秘密传话给她：“你仔细想一想。跟父亲，自然是有钱的，跟了我，可是一个钱都没有，你要吃得了这个苦，没有反悔的。”

这是母亲给她上的第一堂现实教育课。

爱玲虽然是一个爱幻想的女孩，但同时也有对现实的颖悟力。最

①今武定西路。

②今常德公寓。

终，她的考虑是：“在家里，尽管满眼看到的是银钱进出，也不是我的，将来也不一定轮得到我，最吃重的最后几年的求学的年龄反倒被耽搁了。”于是，还是决定出逃。

自由以后，她要做的第一件事，是宣泄。非要把这经历写出来、发表出去不可；否则，内心承受不了。

她写了一篇英文稿件，描述了被虐和脱逃的经过，投到美国人办的《大美晚报》（*Evening post*）。编辑惊讶于内容的离奇，立刻就登了出来，还替她拟了一个耸人听闻的标题——*What a life*! *What a girl's life*!（什么样的生活！什么样的女孩生活啊！）

这是她第一次在报纸上发表文章。以这样的一篇文章亮相，也许意味着：她的写作生涯就该是传奇式的！

父亲一向是订阅这份晚报的，自然是看到了，看后又是大发雷霆，但是没有用了。

后来，在1944年，张爱玲在《天地》月刊第10期发表了中文写的《私语》，把这个经历以及因果，又说了一遍。那时候，她已红遍上海，父亲就更拿她没办法了。

张爱玲一旦走出那个家，就因文字而成了强势的一方，而且越来越强，终其一生都在对父亲“反击”。

理想实现以后，会有一段时间是昂扬的。即使在一年后，搬到了爱丁顿公寓，也仍旧有喜悦。张爱玲后来曾描述过一些细节，饶有兴味。

她们那时候，每天到对街舅舅家去吃饭，回来时总要带一碗菜。是一碗苋菜，里面肥白的蒜瓣都被染红了，“在天光下过街，像捧着一盆常见的不知名的西洋盆栽”。

公寓的隔壁，就是天津新搬来的起士林咖啡馆，每天早上有弥漫在空气中的烤面包香味，像“拉起嗅觉的警报”。上海街上的这种味道，简直无可比拟，她说“有长风万里之势，而又是最软性的闹钟”！

生活既好，生存亦美。就连电车回厂的情景，也是诗意的——“一辆接着一辆，像排了队的小孩，嘈杂，叫嚣，愉快地打着哑嗓子的铃：‘克林，克赖，克赖，克赖。’吵闹之中又带着一点由疲乏而生的驯服，是快上床的孩子，等着母亲来刷洗他们。”①

①见张爱玲《公寓生活记趣》。

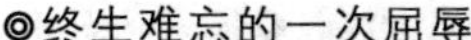

——张爱玲所用的象声词，从来就别致。那些无意义的汉字，她一用来形容声音，就有了活人的性格。

但是，浪漫的浪花，总要撞上现实的礁岩。母亲在此之前的警告，现在已成现实——母亲是不富裕的。

黄逸梵从娘家得到的遗产，由她和她的双胞胎弟弟①分得，她弟弟得了房地产，她分得的是首饰和古董，数量不是特别大。1924 年出国，她一句外语不会，在外不能靠谋职获得收入，只靠变卖古董维持。回国后张廷重不仅没有资助她，反而变着法子要花她的钱。到如今，她的经济情况，已经不容许雇洋司机、聘洋厨子，而是需要精打细算了。

前面说过，她离婚后再赴欧洲回来，是带了一位美国男友的。这人叫维基斯托夫，看这名字，似乎是斯拉夫血统的人。他是做皮件生意的商人，制造和销售高级皮带、手袋一类，那时正在琢磨如何去新加坡，搜集一批鳄鱼皮做原料。

母亲已经另有了一个“家庭”，需要有一定的精力和金钱来支持这个新家。这就意味着：母亲对爱玲的投入，今后不再会是无限度的了。而且爱玲赤手空拳地来投奔，无疑也要增加母亲的经济负担。

可巧姑姑这时也不景气，炒股票大概是遇到了熊市，亏大了。司机也辞退了，汽车也卖掉了。只另外雇了一个男仆，每周来三次，帮助采购食品。当年两位单身美女，宝马香车出入、洋人前后伺候的风光，恍如隔世。

物质有时就体现为精神，人一穷，精神也不大可能好。一次，沮丧中的姑姑不知为何，忽然有了兴致，听说爱玲喜欢吃包子，就用现成的芝麻酱作馅，捏了四只小小的包子，蒸了出来，包子上面皱着……

张爱玲说：“看了它，使我的心也皱了起来，一把抓似的，喉咙是一阵阵哽咽着，东西吃了下去也不知有什么滋味。好像我还是笑着说‘好吃’的。”

她立刻就感觉到了，不该来拖累妈妈的！

然而，黄逸梵是倔强的，她对爱玲的“打造”，到现在信念也不动摇。手头虽紧，但还是给爱玲请了一位犹太裔的英国人，补习数学，让爱玲准备参加伦敦大学远东区的考试，好去英国留学。

---

①即张爱玲的舅舅。

补课费每小时5美元，这对母亲来说，是很昂贵的价钱。

看来，钱，并没有压倒亲情。但是，母女之间还是渐渐生了隔膜，原因是爱玲让母亲太失望了。

这一次母女俩长时间的相守，和过去有所不同。母亲两度出国，被欧风已经吹得差不多了，在社交场上，俨然是“西方洋化的美妇人”，座中高朋，亦有胡适、徐悲鸿、蒋碧薇这样的名流。

她对女儿，当然有一个期待。

可是，张爱玲偏就在这时候处在青春期的压抑中，不开朗、不活泼。昔日的可爱不见了，淑女的规范却没学会。

母亲一度失望，简直认为爱玲是不堪造就了。

张爱玲说：“在父亲家里孤独惯了，骤然想学做人，而且是在窘境中做‘淑女’，非常感到困难。同时看得出我母亲是为我牺牲了许多，而且一直在怀疑着我是否值得这些牺牲。我也怀疑着。常常我一个人在公寓的屋顶阳台上转来转去……”

一个中学毕业生，不光是性格上有缺陷，在现实生活面前，竟然是毫无用处！

无论张爱玲在个性上如何叛逆，以往在家里过的仍是大小姐的生活，衣来伸手，饭来张口。她甚至根本没想到：与“自由”同来的，还有生活中无数需要自己打理的琐事。

她发现了自己的不行：怕见客人、怕上理发店、怕让裁缝试衣，这是太过内向。

不会削苹果，再怎么教也学不会打毛线，费了九牛二虎之力才学会补袜子，这是动手能力太差。

在一间屋里住了两年，别人问她电铃在哪里，她仍茫然；天天坐黄包车去医院打针，连续三个月，还是不认识路：方位感太差。

“总而言之，在现实的社会里，我等于一个废物。”

这简直是现代教育的失败！母亲毫不掩饰自己的失望，她甚至说过，还不如在爱玲小时候得伤寒症时，不那么用心护理了——“我宁愿看你死，不愿看你活着使自己处处受痛苦。”

母亲独闯世界，深知做女人的不易，这种“恨铁不成钢”之心，以现在标准看固然过于严苛，但在那个时代，并不是杞人之忧。

母亲由“慈母”一下变成“严母”，爱玲无法适应。她不承认自己做人是失败的，但又很自卑，为突如其来的这许多“人生规则”而惶惑不安。

公寓的阳台，是她惟一可以独处的世界。她站着，徘徊着，被烈日暴晒着……只有一个绝望的感觉：

——“我是赤裸裸地站在天底下了。”

母亲托了人，在重庆给爱玲办好了出国护照。母亲想让她成器，可是这压力，爱玲实在有些受不了。

钱也花了，不能说一声“我不去了”就完了，况且，不去外国留学又能干什么呢？

爱玲想到跳楼，“让地面重重地摔她一个嘴巴子”。①

这时候，她非常沮丧，很看不起自己。

但是母亲毕竟对爱玲是有感情的，尽了最大耐心，教爱玲从最基础的事情做起，教她煮饭，教她用肥皂洗衣服，教她练习走路的好看姿态，教她学会看人的眼色，教她记得点灯后别忘了拉上窗帘，告诫她如果没有幽默天才，千万别说笑话，等等。

这一段训练，想来爱玲受益匪浅，因为在不久后的独闯香港时，她没有受到太多的生活小事的困扰。

但是，母女俩最终还是由于钱的问题“生分”了，有了彼此心照不宣的距离。

张爱玲骨子里，是个喜欢享乐的人，一有可能，她会抑制不住一些小小的欲望。手上没有钱，就只好向母亲要。

后来，张爱玲有两段话很重要，一是说：“问母亲要钱，起初是亲切有味的事，因为我一直是用一种罗曼蒂克的爱来爱着我母亲的。……可是后来，在她的窘境中三天两天伸手问她拿钱，为她的脾气磨难着，为自己的忘恩负义磨难着，那些琐屑的难堪，一点点的毁了我的爱。”②

二是说：“这时候，母亲的家不复是柔和的了。”③

从这两段略有些含混的话中，可以推断出，母亲被女儿的不懂事弄烦了，在用钱的问题上，不愿再无限制地满足她。

---

①见《小团圆》。

②见《童言无忌》。

③见《私语》。

她和母亲之间最大的分歧，张爱玲后来说得很清楚：是母亲太清高，不谈钱，窘迫的时候也不把钱看得太重，“这种一尘不染的态度很引起我的反感，激我走到对面去”。

——成年之后的张爱玲很看重名利，就与少年时对母亲的“反叛”有关。

在张爱玲的成长史中，这是不亚于逃离父亲的另一个关节点。

一个曾支撑她度过灰色中学时代的理想破灭了，如果把这种破灭的打击效果放大，那前面的路，还怎么能有勇气再走？

她明白，今后的一切，都要靠自己去面对了。

她后来的小说和文章中，之所以那么频繁地出现“乱世”这个词，就是因为她失去了内心最安稳的依恃。

其实，这时候最可怜的，还是弟弟张子静。

黄逸梵本来就不喜欢男孩子，只喜欢女孩子，所以对儿子的情感一向较淡薄。在教育问题上，她考虑，张廷重总要对惟一的儿子负责吧，于是就一概不问，一心只想“挽救”爱玲。

张爱玲在妈妈的帮助下，上了小学以后，父亲和后母却因为舍不得钱，仍不让张子静去上学，还是由私塾先生来教。张爱玲曾听见父亲跟后母在烟铺上对卧着说：“连弄堂小学都苛捐杂税的，买手工纸都那么贵。”

给儿子的教育投资，在他们就像割肉一样痛！

过去跟姐姐一起上课，还有点意思，现在张子静一人面对私塾先生，怎能不郁闷！男孩子耐不住这单调，就常打瞌睡、假装生病，或者干脆不上课。

一直到张爱玲出逃之后，父亲受到刺激，才对张子静的教育有所重视，让他去上了正规的小学。由于这一延误，张子静小学毕业时，差不多都 15 岁了！休学一年后，他又上了中学，因为时局不稳，连换了三个学校，后来因为病弱不支，连高中都没有读完。

以前姐姐去看妈妈和姑姑，张子静也很想去，但总是被父亲和后母拉住，不许去。他为此哭闹过多次，终究也不成。

姐姐逃走后，张子静在家里更觉孤单，想念不已。1938 年暑假，这孩子实在忍不住，偷偷跑去找母亲和姐姐，“带了一双报纸包着的篮球鞋，说他不回去了”。

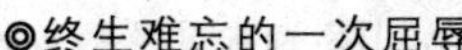

母亲很无奈，只能委婉地对他解释，妈妈的经济能力，要供姐姐读大学就已经很吃力了，没法收留他。她劝子静还是回父亲家去，好好地读书。

说完，弟弟哭了，爱玲在旁边也哭了。后来弟弟到底还是回去了，带着那双篮球鞋。

张子静回忆说："回到父亲家，我又哭了好多次——从此我和姊姊再也不能一起生活了。"

读张子静晚年的回忆录，到这一段时，常令人有所不忍。一个幼年男孩的无助，在七十老人平实的文字底下，仍难掩椎心之痛！

母亲对张爱玲，却是尽到了责任，也有一份不能割舍的爱。因为受离婚协议的制约，她不能直接把张爱玲带出国。她曾试图让张廷重出钱送爱玲到英国去读书，也没活动成，于是就决定自己省出钱来，供爱玲留学。

这些努力，都是为了把爱玲带在身边。

身处绝地的张爱玲，也只能咬紧牙关刻苦复习。她毕竟是聪明的，1938 年参加伦敦大学远东区的考试，考了个远东区第 1 名。

可惜的是，这时候欧战突然爆发，赴伦敦上学已无可能。好在，伦敦大学的入学考试成绩对香港大学也同样有效，于是在 1939 年，张爱玲便改读香港大学。

在这时候，每个中国人的命运，都不可能脱离大历史了。

张爱玲也由此先后离开了父亲和母亲的庇护。

她因此而有了三年亚热带都市的阅历。这对她日后成为一个作家，至关重要。

如果她这次顺利赴伦敦的话，也许，那时的中国会多一个"欧化的美妇人"，却不一定会出一个独一无二的女作家。

这，就是命运。

7. 香港的浓绿与火红

凡是看过《倾城之恋》的读者，都难忘张爱玲在里面写的，一种香港的花：

到了浅水湾，他搀着她下车，指着汽车道旁郁郁的丛林道："你看那种树，是南边的特产。英国人叫它'野火花'。"流苏道："是红的么？"柳原道："红！"黑夜里，她看不出那红色，然而她直觉地知道它是红得不能再红了，红得不可收拾，一蓬蓬一蓬蓬的小花，窝在参天大树上，壁栗剥落燃烧着，一路烧过去，把那紫蓝的天也熏红了。她仰着脸望上去。柳原道："广东人叫它'影树'。你看这叶子。"叶子像凤尾草，一阵风过，那轻纤的黑色剪影零零落落颤动着，耳边恍惚听见一串小小的音符，不成腔，像檐前铁马的叮当。

那是什么树，是什么花？现在的香港，还有没有？

就连当地人也不知道，说不清。那谜一样的花！

其实，那——就是凤凰花。小叶羽状、互生成扇子形，有如凤凰的羽翅，花开时团团簇簇的火红……

应该说，香港这个城，对张爱玲的成长史来说，就是"一路烧过去"的野火花，让她有了蓬勃的生命力。

港大的三年，就是从一些热烈的颜色开始的。从少年变为成人，她不再是灰色的了！

船靠近香港码头时，张爱玲就领略了这个城在色彩上的热闹。

这印象，后来被她用在了《倾城之恋》里："望过去最触目的便是码头上围列着的巨型广告牌，红的，橘红的，粉红的，倒映在绿油油的海水里，一条条，一抹抹刺激性的犯冲的色素，窜上落下，在水底下厮杀得异常热闹。"

她比喻说："在这夸张的城里，就是栽个跟头，只怕也比别处痛些。"

张爱玲提着母亲出洋时用过的旧皮箱，只身南下，来到这连语言都不通的殖民地城市，母亲和姑姑都不免为她担心，怕她“栽个跟头”，便事先安排好了接应的人。

前来码头接爱玲的人，是个谦和的中年男子，叫李开第。母亲指定他作为爱玲在港期间的法定保护人。

这李开第是何许人？说来话长。

——他是姑姑的初恋情人。

姑姑张茂渊25岁时出洋，在开往英国的轮船上，遇到了26岁的青年才俊李开第，两人一见钟情。

但因种种原因，不久，李开第另有所爱，并且很快就结了婚。

张茂渊经历了失恋的剧痛之后，抽身而退，留给了李开第一句话：“今生等不到，我等来生！”

从此，张茂渊独守空闺，竟为这个李开第守了50年。两人后来都没离开大陆，且都熬过了文革，到1979年竟老来携手，圆了并蒂之梦。——当然这都是后话。

李开第这年已经38岁，从曼彻斯特留学归来，目前在香港做工程师，他对黄逸梵的托付，自是心领神会。

在码头接到了爱玲，见爱玲寡言，他便也不多说什么，接过行李，只顾在前面引路。上了车，李先生亲自开车把爱玲送到港大。

这所香港大学，也很有殖民地色彩，坐落在半山腰的一座法国修道院内。管理学生宿舍的，都是天主教的修士和修女。如此，这大学也就有了别样的气息。

山路。野火花。港湾夜色。——这里的许多景色，后来都成了张爱玲小说中人物的“舞台背景”。

学生宿舍是每人住一小间，中间由板壁隔开，而门就是那种酒吧式的半截百叶门。

母亲此前曾经把港大的章程研究了一个透，知道学校的宿舍什么都有，只有台灯需要自备，于是就在先施公司给爱玲买了一盏“乙字式”的小台灯，塞进皮箱，让爱玲千里万里地带了来。

爱玲在宿舍早上起来，点亮窗台上的台灯，然后去洗漱。乳黄色球形灯罩的光，映在透着蓝色海面的窗子上，有一种妖异的感觉。①

港大的学生，多来自东南亚，是华侨富商们的子女。即便是本埠和上海来的学生，家境也都相当优越。他们出手阔绰，社交频繁，有的人上学是有汽车接送的。

那些侨生们英文都很好，但中文水平仅能识字；本埠学生则大多在修道院的书院里受过教育。

张爱玲在这里，算是穷学生。正如《小团圆》里所说，“在这橡胶大王子女进的学校里，只有她没有自来水笔（只能用蘸水笔），总是一瓶墨水带来带去，非常触目”。为了省钱，她不敢参加社交活动，结果连跳舞都没学会——因为跳舞要额外置办衣裙，她舍不得。

同宿舍有一个香港女孩，叫周妙儿。其父与鼎鼎大名的何东爵士齐名，阔得不得了，自家竟然买下了一整座离岛——青衣岛，在上面盖了豪宅。她邀请同宿舍女生去她家玩一天，去的时候要租小轮船，说好大家分摊船钱，每人十多块钱。

张爱玲最怕这类额外支出，只好向负责管理的修女解释说，因为父母离异，自己被迫出走，母亲送她进大学已经非常吃力，因此不想去。那修女做不了主，又去请示上司，最终闹得修道院长都知道了有这么一位贫困生。

这一来，连张爱玲的密友都为她感到大失颜面。可是，穷人——又能怎么办？她只有发奋苦读以雪耻。

她学习英文极其努力，可以背下整本的弥尔顿《失乐园》。

为了考出好成绩，她动了一番脑筋，“能够揣摩每一个教授的心思”，结果，每样功课都能考第一。到第二年，港大文科二年级的两项奖学金，被她一人拿下，大大扬眉吐气了一回。如此一来，不仅学费、膳宿费全免，毕业后还可免费保送去牛津大学深造。

有一位以严厉出名的英国籍教授惊叹：教书十几年，从未有人考过这么高的分数！

为学业而付出的代价，是她在大学里放弃了写小说的爱好。

三年里，她几乎没用中文写过东西，给母亲和姑姑写信，也用的是英文。姑姑那时常用漂亮的粉红色拷贝纸给她写英文信，上面是淑女样

---

①参见《小团圆》。

的蓝色字迹。姑姑的英文很棒，爱玲对来的每一封都要细加品味。

经过一番苦学，她的英文逐渐老到，以至可以用作谋生之道了。晚年在美国时，还曾有教授夸她：英文写作比美国人还地道、还要富有文采。

对港大的老师，她多不感兴趣，但也有几个，给了她深刻印象。

教西方文学的，是一位绅士气很足的先生，最爱讲莎士比亚，讲到忘情处就掏出雪茄来，顺手点燃，在袅袅青烟中陶醉。

教古典文学的，是一位长髯老先生，穿一袭长袍，有仙风道骨的样子。爱玲喜欢听他吟《楚辞》："长太息以掩泣兮……"

图书馆是爱玲常去的地方。她喜欢那些乌木长台、影沉沉的书架子和带着冷香的书卷气。有几间旧书库，显是好久没有人来。里面的象牙签、清代礼服的五色图版、大臣奏折……都让她有他乡遇故知的惊喜。

在这里看书，偶尔抬起头来，能看见窗外斜坡上的花园，那里有艳红的杜鹃花。

路边铁栏杆外就是雾，再远，就是海湾对面的青山。坐在这里，心里有一种君临天下的安泰感。

她把大学的这三年，当做来之不易的甜甘蔗，非要榨出最多的汁来不可。偶而出去游玩、拜访人、谈天，都感觉心里不安，以为是浪费了时间。

惟一没放弃的爱好，就是画画，因为绘画不占用脑子吧，也可以稍微放松一下神经。

应该说，张爱玲在港大最大的收获，还不是在学业方面的，因为她后来没能沿着这个阶梯往上攀。作为一个潜在的作家，她在这所生源来自"五湖四海"的大学，最大的收获是看到了不同的人、不同的人性，开始了对人世的独立观察。

脱离了父亲的老屋，走出了寄宿制中学，她的视野大大开阔起来。

这里不像颜色单纯的圣马利亚女校。在这里，来自热带地区的华侨子女，人生态度是恣意放任的，就像那些自顾盛放的野火花。

——这种对生活所抱有的热情，大大地影响了张爱玲的性格。

在港大的生活中，能见到各种很刺激的颜色。

那些女同学们，也好像个个都异乎寻常。

有个来自马来亚的女同学，叫金桃，淡黑的脸，牙齿很可爱地向外龅着。她从小在娇生惯养中长大。张爱玲最喜欢她教大家学马来人怎样跳舞。

——啫，是这样的：男女排成两行，摇摆着小步小步走，或是仅只摇摆；女的捏着大手帕子悠然挥洒，唱着："沙扬啊！沙扬啊！"

"沙扬"是爱人的意思。歌声因为单调，在张爱玲听起来，反而"更觉得太平而美丽"。

马来亚就是今天的马来西亚和新加坡，张爱玲有一种偏见，认为那里的人生活习俗"不甚文明"，所以看金桃身上总有不讨人喜欢的小家子气。金桃晚上去看电影，见到其他富家女孩穿了洋装，总要匆忙跑回去，换了洋装再来。这种小小的虚荣，张爱玲说："就像一床太小的花洋布棉被，遮住了头，盖不住脚。"

还有一个女孩，叫月女。张爱玲初见她时，她刚抵达香港，在宿舍卫生间里冲了凉出来，新换了白地小花的睡衣，胸前挂着小巧的银十字架，向大家含笑鞠躬。

她的父亲，是个刚刚发达起来的商人，阔了以后就迷上了一个不正经的女人，昏了头，回到家总是打孩子。因此月女的脸上，就常有一种"羞耻伤恸的神情"。

月女很天真，她有一个奇怪的念头：老是怕被强奸。可又不懂强奸是怎样一回事，只是整天地想着，脸色惨白而浮肿。

张爱玲很怜惜这女孩，静静地为她难过，觉得"一个人这样的空虚，像是一间空关着的、出了霉虫的白粉墙小房间"。

港大的女学生，分医科和文科两种。医科的学制特别长，竟有7年之久，又容易留级，因此有三十多岁的女学生也不奇怪。

医科女生们一点都不死板，平时在饭桌上总是大说大笑的，说一些专业内的笑话，还夹杂着许多术语。爱玲只有一次听懂了，是说一个学生真要死，把酒精罐里的一根性器官扔在了解剖室门口的路上。几个女生说着，都笑得前仰后合。

女生们并非纯洁天使，有的在同班同学中有了男朋友，有的跟有妇之夫有暧昧关系。

男同学们也敢于对她们示爱。"夏夜，男生成群的上山散步，距她们宿舍不远处便打住了，互挽着手臂排成长排，在马路上来回走，合唱

流行歌。有时候也叫她们宿舍里女生的名字，叫一声，一阵杂乱的笑声”。[①]

女同学们形形色色，匪夷所思，对张爱玲来说，这仍是一个他者的世界。张爱玲晚年时回忆：“我是孤独惯了的，以前在大学里的时候，同学们常会说他们听不懂我在说些什么，但我也不在乎。”[②]

但是，有一个女同学却打破了她的孤独，让她狭小的天地一下子广阔起来。

这就是她在港大结识的、情同手足的好友——炎樱。

张爱玲的一生中，包括血缘的亲属在内，与她有亲密关系的人非常少。而且这些人，从性格上说，多半不“健康”。惟有这个炎樱，是完全健康的。

无论张爱玲本人，还是如今的“张迷”，都应该感谢炎樱；在张爱玲的生命史中，只要炎樱出现了，就有欢笑。

——这是命运的安排。她们两个，居然是坐同一条船从上海来香港的。

炎樱是个混血的锡兰[③]姑娘。父亲是阿拉伯裔的锡兰人，伊斯兰教徒，在上海开珠宝店；母亲是天津人，早年为了跨国婚姻的事，跟家里断绝了关系。

炎樱皮肤黝黑，娇小丰满，五官轮廓很分明。从照片上看，在港大时期的她，像个英俊的小男孩；再稍长，便有惊人之美。

这姑娘笑起来很响亮，说话又快、又不讲道理。她天性饱满的热情，多少改变了张爱玲一贯的阴郁。

她本名 Fatima Mohideen，“炎樱”这个中文名，是张爱玲为她取的，两个字的搭配很美。但她本人好像不很满意，自己改名“莫黛”。张爱玲说，这个听起来不好，像“麻袋”，于是又改为“貘梦”。——这是有典故的，貘，是一种专门吃梦的动物。

不过，还是以“炎樱”最为贴切吧，张爱玲就愿意这么叫她。

炎樱幽默风趣，经常出语惊人。张爱玲在后来写的《炎樱语录》

---

①见《小团圆》。

②见殷允芃《访张爱玲女士》。

③今斯里兰卡。

里，搜集了她的一些经典名言和逸事。

她身材短小，时时有发胖的危险，但她并不担忧，反而很达观，说："两个满怀较胜于不满怀。"①

她在报摊上翻阅画报，统统翻遍之后，一本也没买。报贩讽刺道："谢谢你！"炎缨答道："不要客气。"

炎樱买东西，在付账时，总要抹掉一些零头，即使在精明的犹太人开的商店里，也要这样。她把皮包里的东西兜底掏出来，说："你看，没有了，真的，全在这儿……"

炎樱头脑机智，文学天赋也很好，有不少话，都说得很奇崛。

她说："每一个蝴蝶都是从前的一朵花的鬼魂，回来寻找它自己。"

西方有谚语云："两个头总比一个头好。"意为"集思广益"；而炎樱在作文里写道："两个头总比一个头好——在枕上。"判作文卷的神甫教授看了，目瞪口呆。

张爱玲孤僻，炎樱热情。这一对密友可谓相得益彰。

她们的共同爱好着实不少，绘画就是其中一项。在后来香港沦陷时，为了打发光阴，两人就常在一起作画，一个勾图，另一个就上色。爱玲曾给炎樱画过一幅肖像，形神毕肖，颇得人欣赏。一位俄国老师，甚至要出 5 美元买下来。

炎樱虽不是专攻绘画的，可在这方面有天赋，后来张爱玲小说集《传奇》的封面，两次都是她设计的，在构思上确有奇思。

在香港求学期间，凡是看电影、逛街、买零食，张爱玲都是与炎樱做伴。

炎樱的父母亲在上海，与张爱玲的母亲家相距不远。有一次放暑假，炎樱起先答应留下来陪张爱玲，但不知何故，未打招呼就回上海了。爱玲有一种被遗弃感，倒在床上哭得不可开交。

据张爱玲说，她平生只大哭过两回，此其一也。可见她与炎樱的友情之深。

炎樱发现，沉默的张爱玲，内心竟有那么多细微精致的感受。她对爱玲是怜惜的。炎樱在香港亲戚朋友多，去拜访的时候，也多拉着爱玲

---

①张爱玲解释说："这是我根据'软玉温香抱满怀'勉强翻译的，她原来的话是：Two armfuls is better than no armful."

去，这也让爱玲看到了一些别样的人生。

一天，炎樱兴致勃勃，请张爱玲去看电影，爱玲照例推托。但炎樱劝说再三，说是有她父亲的一位老朋友在这里，听说炎樱来香港读书，非要一见。爱玲拗不过，只得答应。

电影院在中环，已经很古旧，类似澳门早期的建筑，阴暗、污秽却又大而无当。相形之下，门前的街道显得狭窄而拥挤。广告牌上，是一些杂驳的电影画面。两人刚走到门口，便有一个人，向她们迎上来。

来的这位，是个约五十多岁的高大男子，但瘦得像个架子，穿着一件泛黄的白西装，还是一二十年前的款式。他的头发、他的肤色，都是那种很脏的白色，就像毛姆小说里流落在远东或南太平洋的白种人。只有充满了血丝的大眼睛，是麻黄色的，看得出像个印度人。

炎樱向他介绍了爱玲："希望你不介意她陪我来。她是我的同学，叫张爱玲。"

不料那人忽然露出非常窘迫的神色，从口袋里掏出两张票，朝炎樱手里一塞，很不安地说了一声："你们进去。"转身便要走。

炎樱连忙说："不不，你不要走。潘那矶先生，我们去补一张票。"

爱玲呆在一旁，不明所以。只见那人摆了摆手，又猛地想起什么，把手中的一个纸包塞给炎樱，就走了。

炎樱恍然大悟，有点不好意思，笑着低声对爱玲解释道："他带的钱只够买两张票。"

两人打开纸包看，原来是两块带加糖鸡蛋的煎面包，用半透明的花色纸包着，外面的黄纸袋已沁出了油渍来。

电影厅很小，看不清楚影像，也听不大清声音。爱玲想到刚才那位先生的窘迫神情，心里不是滋味。强忍着看了一会儿，两人便都说："走吧，不看了。"

坐在回学校的车上，外面有闪烁的街灯，炎樱跟爱玲讲起了那位先生的故事。

原来那位潘那矶先生，是个帕西人（Parsee）——祖籍波斯的印度拜火教徒。他出生在香港，从前生意做得很大。后来倒了运，原因是认识了一位麦唐纳太太。

这位"麦太太"，原是广东人家的一个养女，先后三次跟人同居，最后跟的一个是苏格兰人麦唐纳，所以她自称是麦唐纳太太。

麦太太有一大堆女儿，她非要把大女儿宓妮嫁给潘先生。老潘那一边，对宓妮也是很中意的，但宓妮那时只有 15 岁，还在念书，不愿意嫁人。麦太太就骑在女儿身上打，硬逼着女儿嫁过去了。

这样的婚姻，当然不牢固，宓妮到 22 岁时，就和老潘离婚了，把他们的儿子也给带走了，不准老潘探望。老潘想念儿子，精神恍惚，从此生意就越做越亏，成了落魄的“失败者”。而宓妮却还年轻，入了洋行做事，越过越好。现在儿子也 19 岁了，跟着她，别人看着就像一对姐弟。

在不久后，张爱玲居然见到了这个宓妮。是宓妮请炎樱吃饭，炎樱便拉了爱玲去。饭局是在一家广东茶楼，爱玲还是在这里第一次喝到了菊花茶，原来是要放糖的。

传奇故事的主角宓妮，这时候已经再婚，嫁的居然是儿子的一个朋友，年纪比她小得太多，可是三人在一起生活得非常开心。

她看上去还不到 30 岁的样子，体态轻盈，高眉深目。爱玲看她，觉得很像自己的母亲，一顿饭吃完了，爱玲还在看着她。爱玲的母亲到过香港，炎樱是见过的。后来爱玲问炎樱像不像，炎樱说：“是同一个典型。”

在这段传奇里，有忍受着挫败的男人和不甘心于命运的女人，折射的东西实在太多，因此在张爱玲脑子里“潜伏浸润了好几年”。后来，终于成了她《连环套》里的故事原型。

至于炎樱是何时见到张爱玲母亲的，《小团圆》里有描述。是在 1914 年夏天，炎樱暑假里回上海，爱玲母亲约她喝茶，两人见过面。

在这个暑假，爱玲因为经济困窘原因，不能回家，学校又不能专门为她一人开伙，于是嬷嬷们就把她带到修道院白吃白住，算是对她得高分的奖赏。

暑假后期，母亲到了香港，专门去看了爱玲的宿舍。

看见母亲，爱玲吃了一惊：母亲明显憔悴了！也许是因为她改了发型，头发束起来，向后梳，所以显瘦。

这次母亲的穿着，也很朴素，是湖绿麻布衬衫，白帆布喇叭管长裤。大概是因为到学校来，所以尽量穿得简朴些。

母亲一见面，就解释说：这次来香港应牌友之邀，说来就来了。

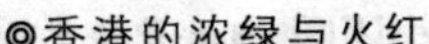

她只在房间门口望了望，就说："好了，我还要到别处去，想着顺便来看看你们宿舍。"

爱玲也没有问起姑姑。

临别时，母亲说："那你明天来吧，你会乘公共汽车吗？"

负责接待的亨利嬷嬷忽然想起："你住在哪里？"

母亲略迟疑一下道："浅水湾饭店。"

亨利嬷嬷没动声色，而爱玲在一旁却感到奇窘。她知道那是香港最贵的旅馆，而自己却以家穷为名，在修道院白吃白住了一个暑假。

以后的几天，她天天都到浅水湾酒店去看妈妈。

据《小团圆》里的描写，黄逸梵一行在香港迟滞了多日，却不见有去哪里的打算。

其间，港大的佛朗士老师很欣赏爱玲的刻苦，特地送给了爱玲 800 元钱作为"奖学金"。爱玲喜滋滋地把这钱拿去给母亲看。

母亲却主张不要用别人的钱，要还给人家。爱玲连忙解释佛朗士是好人，除了上课自己跟他根本没来往，退还回去会伤了人家的心。

母亲便说："先搁这儿再说吧。"

可是，两天后爱玲无意中得知：母亲打牌输掉了 800 元钱！而此后，母亲就再也不提那笔钱的事了。

这件事，对爱玲的触动极大。多年后在上海，她对姑姑说起了这事："自从那回，我不知道怎么，简直不管了。"

——什么叫"简直不管了"？

就是与母亲完全恩断义绝。这是爱玲与母亲彻底疏远的一个关节点。

不过姑姑倒还通达，默然了一会儿，笑道："她倒是为你花了不少钱。"

爱玲怕姑姑认为自己太看重那 800 元港币，就说："母亲的钱，我无论如何是一定要还的。"

母亲这次来，谈了她对炎樱的印象，说："人是能干的，她可以帮你的忙，就是不要让她控制你，那不好。"最后三个字，说得声音很低，别有意味似的。

敏感的爱玲知道这是指同性恋。以前她听母亲和姑姑谈论过，有些女朋友要好，一个完全听从另一个指挥。

但是爱玲心里不服，母亲一度跟姑姑关系也很密切，舅舅甚至常常嘲笑她俩是同性恋。为什么“她自己的事永远是高尚的，别人无论什么事马上就想到最坏的方面去”。

后来爱玲跟炎樱说起过这事，炎樱说也许这是更年期的缘故。

此次母亲还对爱玲讲了一段家族传奇，就是爱玲的舅舅其实并不是血缘的亲属，当初是从山东流民手里买回的一个男婴。

黄逸梵的母亲是小妾，丈夫死后，黄家的族人要赶小妾出门。得知小妾已经有孕，族人就派了人看管起来，如果生下的是个男孩，才可免于被驱赶。结果生下的是女孩，情急之下，一个女佣冒死到外面买了一个男婴回来，充作龙凤双胞胎。

这事情，舅舅本人并不知道。

爱玲对这件事，听得非常有趣。母亲却叮嘱道：“你可不要去跟舅舅打官司，争家产。”

这句话，说得爱玲发怔：“我怎么会……去跟舅舅打官司?”

母亲还对爱玲提起，这次一离开上海，姑姑就有信来：“我一走，男朋友也有了！倒好像我挡住了她。真是——！”母亲嗤笑地说，语气却是愤愤的。

爱玲心里想：她们现在的感情坏到了这样，勉强还住在一起，不过是为了省钱。姑姑有了男友，母亲生气，大概是失落感所致吧。

这次与母亲之间的会面，好像有太多的不和谐。

这点点滴滴的不和谐积累在一起，爱玲看母亲越来越陌生了。

后来黄逸梵因为和一位年轻的英国军官来往密切，那军官竟然以为她是间谍，向香港警察局进行了举报。警局把她们一行人当间谍监视了起来，还偷偷搜查了她们的物品。

同行的几个人之间，也开始闹起一点小小的醋海风波。

母亲很生气，这才不得不走了，爱玲也没问她要去哪里。走的那天，爱玲到浅水湾饭店去送行，天下着大雨，租来的汽车里坐满了人，都在故作夸张地簇拥着黄逸梵说说笑笑。

母亲从人堆里探出身来，不耐烦地对爱玲说：“好了，你回去吧!”像是说她根本就无心来送似的。

这样的分别，太让人感到心冷。爱玲强作欢笑，站在门阶前，看着车子开了，水花溅上身来。

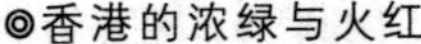

母亲这次是真的走远了，她不会太多过问爱玲的事了。

后来她的监护人李开第先生去了重庆，将爱玲转托给他的一个朋友。那位朋友，也是工程师，在港大教书，还兼任着一个男生宿舍的舍监。

舍监先生与太太就住在宿舍里，张爱玲曾经前去拜访。坐谈了片刻，他便打量了瘦高的爱玲一下，忽然笑道："有一种鸟，叫什么……"张爱玲略怔了怔，忽而领悟："鹭鸶。"舍监先生有点不好意思地笑道："对了。"

在港大，还有一件事，在她的写作史上至关重要。

张爱玲在这时期，惟一一次用中文写了一篇文章，这就是她早期著名的短文《我的天才梦》。

这篇文章，是她写了参加《西风》杂志创刊30周年征文比赛的。这个《西风》杂志，在上世纪30年代的中国红极一时，宗旨是"译述西洋杂志精华，介绍欧美人生社会"，读者涵盖面极广，甚至普及到舞女、囚犯与流浪者阶层。

大抵是爱玲初入学不久，在图书馆里偶然看到杂志上的启事，遂动了参赛的念头。

写这文章时，张爱玲才19岁。应该说，一个刚刚成年的女孩，写这文章的文笔与感觉，都堪称老辣。

此文前半部分写了自己幼时的各种才气，后边写了自己如何在现实中"不行"。结尾处，便是那句被当代"小资"们挂在嘴边的名言——

可是我一天不能克服这种咬啮性的小烦恼，生命是一袭华美的袍，爬满了蚤子。

张爱玲在这里想写的，也许是"虱子"，一个无伤大雅的笔误。在中国古代，先贤有"扪虱而谈"的高雅，读过古典的张爱玲，会熟悉这个意象。不过这"蚤子"一词，却成了她的独创，后来有的版本改为"虱子"，便索然无味。

当然，她在文章中无论怎样批判自己，也掩盖不住一种自信。她有足够的底气要去摘取桂冠，至于那桂冠有多么华贵，她暂时还想不到。

关于这篇文章，还有一段纷争了半个世纪的公案。

在1976年出版的《张看》附记里，张爱玲提到，这个《我的天才梦》当年获《西风》杂志征文第13名，为名誉奖。因为字数受限制，所以当初写的时候，只好极力压缩。可是获奖的第1名，字数要多出好几倍。她在36年后言及此，仍愤愤不平。

1994年，《对照记》在台北《中国时报》获第17届文学奖的特别成就奖，张爱玲应邀写了获奖感言《忆〈西风〉》，重提旧事。这一年，距离"西风事件"足有55年。

最后这次，她对这个"西风门"事件说得格外详细。她说，当年《西风》杂志悬赏征文，题目是《我的……》，限五百字。首奖大概是五百元，记不清楚了。她受五百字限制，写好后，曾一遍遍数得头痛，务必删成四百九十几个字，少了也不甘心。

不久，《西风》杂志通知她得了首奖，但收到全部获奖名单，才发现首奖题目是《我的妻》。而她的《天才梦》排在末尾，仿佛名义是"特别奖"。《我的妻》写的是一对贫困夫妻的事，长达三千字。

杂志社没给她片纸只字的解释。张爱玲自嘲道："我不过是个大学一年生"。唯有一点可欣慰的，就是获奖文章结集出版时，书名用了张爱玲的题目《天才梦》。

待"张学"蜂起，这件事自然考证者众。专家陈子善钩沉辑佚，挖出了1939年9月1日出版的《西风》第37期的原件，"征文启事"赫然在目！

原来，字数限制并非五百字，而是"五千字以内"。首奖《断了的琴弦——我的亡妻》，字数恰好为五千字，《西风》杂志并没有"不计字数，破格录取"。而且张爱玲自己的那篇《天才梦》，全文亦有一千多字——也超过了五百字。

还有首奖仅有五十元，而不是张爱玲记忆中的"五百元"。

在原定的10名获奖者确定后，因佳作甚多，编辑部不忍心遗珠，又临时加了三个"名誉奖"，张爱玲得到的是名誉奖中的第3名，也就是最末一名。

张爱玲对这件事的记忆，为何有这么多的不确之处？究竟是记忆漫漶，还是当年曾经道听途说？

这都无法考证了。

我倒是认为，有如下几种可能：

或是由于张爱玲少年时代的情结所致。来自父亲一边的压迫，使她的意识中埋进了“受虐倾向”，她总是在怀疑命运对她不公，导致对一件小小往事的扭曲记忆。

或是当初张爱玲应征投稿时，期望值过高。不料却排在末位，导致心理严重受挫，终于形成“误记”，以作为平衡。

《我的天才梦》让我们知道：张爱玲在向写作的天地冲刺之前，曾有过一次这样的牛刀小试。

——当她的下一篇中文作品变为铅字出现时，一个真正意义上的“天才”就要横空出世了！

8. 围城前后的食与色

就在张爱玲港大生涯的第三年，雨打荷叶的校园清幽，连同通往牛津的留学之路，统统被突然的炮火轰碎了！

1941年12月7日清晨，日军奇袭珍珠港，太平洋战争爆发。几乎是同时，战火也烧到了香港。

在《小团圆》里，对战争爆发的情景有逼真的描述。那正是早餐时间，海天间还是一片鸭蛋青色，空濛之中浮现出一排小岛那驼峰似的剪影。

忽然，有几架飞机很低地飞来，接着是两声沉重的轰响。

一个高年级侨生说："又演习了。"

爱玲看见地平线上一辆疾驶的汽车爆炸了。接着又是砰砰地几声巨响，从海上飘过来。

大家都朝外面看。亨利嬷嬷走进来，语气安静地说："大学堂打电话来，说日本人在攻香港。"

学生们大惊，七嘴八舌议论起来。本港的女孩子都上楼去给家里打电话。打通了的，就整理好东西，等家里汽车来接。

周妙儿的家人在青衣岛度周末，电话打不通，她心急如焚，只能坐在一旁垂泪。

这是张爱玲第二次听见日军的炮声了。四年多以前，是在上海；而现在，这凶煞之声又跟踪到了这里。

没有什么能像战争这样，可以破坏掉既定的一切。

也没有什么能像战争这样，可以让人在一夜之间成熟。

爱玲一向不喜欢现代史，认为现代史没故事。可是"不喜欢现代史，现代史打上门来了"①。

其实，所谓的"港战"，也就是驻港英军不成样子的抵抗，只有短短的18天时间。但是这段短暂的"港战经验"，在张爱玲的成长史上，

①见《小圆圆》。

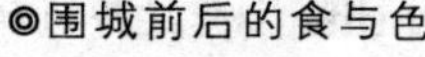

足可以抵得上前三年的所有分量。

在这十多天里，她看到了一个阔大而荒凉的乱世，看到了乱世中的人。

香港是殖民地，它的“抗战”，远没有淞沪会战那样悲壮，而更像是一场意外的灾难。

大难临头，张爱玲看见的是种种慌乱、背谬，甚至还有探险似的惊喜。

有一个苏雷珈，来自马来半岛的一个偏僻小镇。她瘦小、皮肤棕黑。常带睡意的眼睛和微微外露的白牙，让她像一般受过修道院教育的女生一样，十分天真。

她是学医的，但在上解剖课之前，却非常担心：被解剖的尸体不穿衣服怎么办？

这成了校园里一则著名的笑话。张爱玲说，“她是天真得可耻”。

日军飞机要来轰炸，舍监督促大家下山去避，惶惶中，苏雷珈也忘不了把平时最显焕的衣服收集起来。不管众人如何劝说，她还是连滚带爬的，把一只累赘的大皮箱搬下了山。

但是在投入防御工作后，这女孩却能极快地转换角色。她被分在红十字会分所充当临时看护，就那样穿了件赤铜地绿寿字的织锦缎棉袍，蹲在地上劈柴生火。张爱玲说：“虽觉可惜，也还是值得的。那一身伶俐的装束给了她空前的自信心。”苏雷珈一下就同那些男护士们混得极好，同他们一起吃苦，担风险，开玩笑。她渐渐惯了，话也多了，人也干练了。

在平常时期，港大女生是无忧的，大半都是像苏雷珈那样，“天真得可耻”。甚至宿舍里遭了小偷，都会兴奋得如同耶稣降临过，互相打听谁丢了什么东西。而战争一来，恐怖超出了想象，女生们便堕入了地狱。

轰炸声响起，楼顶英军的机关枪“忒啦啦拍拍”地射击，刺耳刺心。有个同学叫艾芙林，从中国内地来，自称是身经百战，吃苦耐劳惯了。不料飞机一丢炸弹，最先挺不住却是她，歇斯底里地大哭大闹，还说了许多恐怖的战争故事，把女生们吓得面无人色。

对于这突如其来的折磨，多数人只有无奈。“我们对于战争所抱的态度，可以打个譬喻，是像一个人坐在硬板凳上打瞌睡，虽然不舒服，而且没结没完地抱怨着，到底还是睡着了。”①

然而也有天真到胆大包天的，不肯坐硬板凳。

最胆大的是炎樱。开战的那天中午，警报解除，炎樱跑上楼，笑着悄悄对爱玲说：“一个男孩子找我看电影。电影院照样开门。”

爱玲问：“什么片子？”

炎樱说：“不知道，不管是什么，反正值得去一趟。”

炎樱看完回到宿舍，又独自在楼上洗澡。

流弹乱飞，打碎了浴室的玻璃窗，炎樱全无畏惧，反而在浴盆里泼水唱歌。舍监听见歌声，火冒三丈。张爱玲倒是觉得，在恐惧中，人性才是最率真的：“她的不在乎仿佛是对众人的恐怖的一种讽嘲。”

战争一起，港大停止了办公，本地的同学回了家，家在异乡的学生被迫离开宿舍，无家可归了。

医科的学生，都要被派到郊外的急救站去，每组二男一女。文科学生也要参加防空服务。

如果不参加守城工作，这些“无家者”就无法解决吃住。无奈之下，张爱玲只得跟着一批同学到防空总部去报名，成了临时的防空团员。谁知刚报了名、领了证章出来，立刻就遇到了空袭。

学生们从电车上跳下来，向人行道奔去，缩在门洞子里。张爱玲心里也略有点怀疑：自己是否尽了防空团员的责任。

从人头上看出去，是明净的浅蓝的天。一辆空电车停在街心，电车外面，是淡淡的太阳；电车里面，也是太阳——单只这电车便有一种原始的荒凉。

她觉得非常难受——“竟会死在一群陌生人之间么？可是，与自己家里人死在一起，一家骨肉被炸得稀烂，又有什么好处呢？”

正在胡思乱想间，有人大声发出命令：“摸地！摸地！”

人挤得这样，哪里能看见一块地面？人们只得一个趴在一个背上，蹲下来。

飞机扑下来，砰的一声，炸弹就爆就在头上。爱玲把防空员的铁帽子罩住了脸，眼前黑了好一会，才知道自己并没有死。

---

①见张爱玲《烬余录》。

炸弹落在对街。一个大腿上受了伤的青年店员被抬进门洞，受伤者的裤子卷了上去，能见到稍微流了点血。但他却很兴奋，因为他成了大家注意的焦点。

警报解除之后，悲剧的味道还没怎么上来，市民惯常的喜剧又开演了：刚才从电车上跑下的人，又不顾命地挤那辆电车，唯恐赶不上，牺牲了一张电车票。

归途中，有个男生拎了一麻袋黑面包发给大家，是从防空总部领来的，每人一片。爱玲觉得，从来没吃过这么美味的面包。

“我差点炸死了，一个炸弹落在对街。”爱玲觉得自己脑子里有这样一个声音，在告诉别人。

可是，告诉谁？是幼年时带自己长大的何干？她能说什么。是姑姑？姑姑一向是淡淡的，也不会当回事。母亲根本就没有想起。那么炎樱呢？炎樱永远是快乐的，就算是我死了，她也是一样欢乐。

在生死之际，张爱玲才第一次感觉到，自己在这个世界上是举目无亲的！

如果张爱玲在21岁这年，经历的是全民同仇敌忾的淞沪会战，那她对战争、对日本军队的暴行，必会有完全不同的认识。

可是这场“港战”，实在是有太多的荒谬。心无大局的市民，很容易把它看成是殖民地易主，因此，觉得时运倒霉的人多，怀有家国之恨的人少。

港英当局的“抗战”，也确乎太让人齿冷——政府管理的冷藏室里，冷气管失修，堆积如山的牛肉，宁可眼看着它腐烂，也不肯拿出来。结果，苦了防空人员，每人只能分到米和黄豆，没有油，没有燃料。

港大学生宿舍正式关闭了，亨利嬷嬷指点爱玲，可以到“美以美会”开办的女职员宿舍去住。那个宿舍是简陋的老洋房，空房间很多，但是不管伙食。

张爱玲不是专职的防空员，口粮要自己去领。她本来就疏于俗务，在这混乱之下就更无心去争一份给养，接连两天什么都没吃，饿得“飘飘然”的，仍去上工。

爱玲把随身带的一小筒饼干吃光了，只能喝开水充饥。可是喝水也不能放心地喝，因为说不定什么时候就要停止供水了。

在这里，偶尔也能遇到港大的同学，可是大家的神色都有点鬼鬼祟祟。断粮以后，爱玲才明白，原来大家都怕别人求助。吃的东西这么金贵，给别人也不好，不给也不好。

她和八十多个同学蜷缩在一起，没有正常的生活，没有教授①，却有无尽的书可看：诸子百家、《诗经》、《圣经》……战争造成的停顿与虚空，很富有荒诞感。

张爱玲服务的防空站，就设在冯平山图书馆。

《小团圆》里写道，站长是一位工科讲师，间接与爱玲的母亲和姑姑认识，曾受托照顾爱玲——他极有可能就是李开第临走时托付的那位朋友。

站长指名把爱玲调来做他的秘书，这是个“肥缺”，在户内工作，没有性命之忧。

站长交给她一个笔记簿，叫她记下每次敌机来的时间。

她不懂这有什么用处。难道日本飞机笨到下次还是同样的时间来，按时报到？

爱玲在这里找到一本《醒世姻缘》，“马上得其所哉，一连几天看得抬不起头来”。

在炮火下看完的书，还有一本是《官场现形记》。恰好她小时候看过而没能领略到妙处，一直想再看一遍，如今算是如愿以偿。

炸弹不断落下，她一面看，一面担心能够不能够容她看完，老是想：“至少等我看完了吧？”

字印得极小，光线又不充足，爱玲那时已是深度近视，看多了，眼睛不知会怎样。但是，她又转念想到：“一个炸弹下来，还要眼睛做什么呢？——‘皮之不存，毛将焉附？’”

她只顾看书，站长每次问她记没记时间，她还是像在中学时那样笑道：“嗳呀，忘了。”

图书馆平台上的两挺机关枪，引得敌机不断来轰炸。爱玲忽然希望，这战争最好早点结束，不然“瓦罐不离井上破”，迟早图书馆会中弹，再不就是在上下班途中被炸伤。

《小团圆》里对女主人公有一段心理描写，恰如其分地反映了张爱玲当时的心态——

---

①张爱玲说：其实一般的教授们，没有也罢。

希望投降？希望日本兵打进来？

这又不是我们的战争。犯得着为英殖民地送命？

当然这是遁词。是跟日本打的都是我们的战争。

国家主义是二十世纪的一个普遍的宗教。她不信教。

国家主义不过是一个过程。我们从前在汉唐已经有过了的。

一天晚上，爱玲正摸黑坐着，忽然听见炎樱在楼梯上喊她。

炎樱拿着蜡烛找上楼来，身上穿着灰布的临时护士服，头发草草地掠在耳后。一阵开朗的笑声随之而来："你看我多好，走了这么远的路来看你。"

炎樱是被分配到湾仔的。爱玲连忙问那里的情况如何。

炎樱只是喃喃地答道："可怕。"

"怎么样可怕？"

"还不是那些受伤的人，手臂上露出一支骨头之类。"

炎樱心细，问爱玲的口粮发没发。

爱玲苦笑："还没有。事实是我两天没吃东西了。"

炎樱叹息："早知道我带点给你，我们那儿吃倒不成问题。其实我可以把晚饭带一份来的。"

爱玲连忙表示不用，说自己身上还有 3 块钱，可以到小店卖点花生或饼干。

炎樱就摇头，"不要。又贵又坏，你不说广东话更贵，犯不着。你要真能再忍两天的话——因为我确实知道你们就要发口粮了，消息绝对可靠"。

爱玲觉得炎樱真是精明惯了，"饿死事小，买东西上当了事大"。

当晚炎樱没有走，但是爱玲这里没有毯子，几天来只是拿几本《生活》杂志打开来对付着盖。

炎樱有办法，她跑到楼上去了一趟，不知跟什么人说说笑笑了几句，就拿回了两条军毯。

第二天，爱玲去防空站上班，看见站长太太送饭来，是几样精致的菜，还有火腿蛋炒饭。在一旁的爱玲立刻感到一阵阵头晕。

屋顶上守着两挺机枪的男生，不停地派人下来打听口粮的消息，站长只说已经打电话去催过，有消息会告诉他们的。

但是直到下班，也没有什么消息。

回到女职员宿舍，爱玲正在用积攒起来的一杯水洗袜子，忽然有女同学在浴室门口说："佛朗士先生死了！打死了。"

事情带有一点喜剧性——是被他们自己人打死的。

居港的英人男子，早就都做了志愿兵，在战争临近时被征入军队。那天，佛朗士教授在黄昏后回到军营里去，大约在思索什么问题，没听见哨兵吆喝口令，神经紧张的哨兵就放了枪。

爱玲听到噩耗后，继续在浴室里洗袜子，稍后忍不住抽噎起来。她这才知道，死亡是怎样了结一切的。一阵凉风，就把一扇沉重的石门缓缓关上了！

佛朗士老师为人豁达，在港时间长，已经彻底中国化了，说中国话不成问题，中国字写得也不错，就是不大知道笔划的先后。他是性情中人，爱喝酒，砖红色的脸上总带着几分酒意，有点不可测，所以学生都怕他。

凭本事，他早就该做系主任了，可实际上连教授都没当上，只是个讲师。

爱玲曾经想过，佛朗士老师是剑桥出身，好像剑桥毕业生是左倾或者好男色的最多，不知佛朗士是不是因为这个招忌。

但是观察一下，他特别喜欢爱玲的一个女同学，还曾和中国的教授们一同游广州，到一个名声不大好的尼庵里去看过小尼姑，好像并不是同性恋者。

佛朗士虽然喜欢系红领带，但是在讲台上的言论并没有共产党的倾向。

他还有隐士情结，嫌学校的教授住宅区气氛窒息，就在学校附近人烟稀少处，造了3幢房自己住，其中一幢专门养猪。家里不装电灯和自来水，因为不赞成物质文明。汽车倒有一辆、破旧不堪，是给仆人买菜赶集用的。他自己骑自行车上下班。

佛朗士是张爱玲比较感兴趣的一位教授，大概是因了他那名士气的散淡——

"上课的时候他抽烟抽得像烟囱。尽管说话，嘴唇上永远险伶伶地吊着一支香烟，跷板似的一上一下，可是再也不会落下来。烟蒂子他顺手向窗外一甩，从女学生蓬松的鬈发上飞过，很有着火的危险。”

他研究历史很有独到的见地。官样文字被他耍着花腔一念，便显得非常滑稽。学生们是尊敬他的，因为可以“从他那里得到一点历史的亲切感和扼要的世界观”。

他有一次偶然发现，爱玲对他办公室里的《纽约客》合订本感兴趣，就允许爱玲可以随时来借走，无须打招呼。

想来，可以从他那里学到的还有很多，可是他死了。

他对英国的殖民地政策是不认同的，但也不很激进，认为世界上的傻事不止这一件。张爱玲还记得，每逢志愿兵操演，他总是拖长了声音通知同学们：“下礼拜一不能同你们见面了，孩子们，我要去练武功。”

张爱玲惋惜：“想不到‘练武功’竟送了他的命——一个好先生，一个好人。”

爱玲平素不信上帝，但是连日的轰炸，让她感觉到：冥冥中是有一个主宰。她在心里默默地对上苍说：“你待我太好了。其实停止考试就行了，不用把老师也杀掉。”

次日一早，爱玲下楼看见全宿舍的人都聚在餐厅里，原来当天是圣诞节，大家在互相祝福。

早饭后，在上班途中，有同学告诉她：香港投降了。她不敢相信，到防空站一看，果真一个人也没有了。

这以后，无家可归的外埠学生，在一位毕业班的马来亚侨生组织下，都迁到了一所男生宿舍去住，有大锅饭吃，每餐可分到一份黄豆拌罐头牛肉饭。

两三天之内，陆续就有人“走了”，他们翻过山头去了内地，前往重庆。当时人们所说的“走”，即是“去重庆”的隐语。

有男生倾心于炎樱，约炎樱一块儿走，并表示也愿意顺便带着爱玲走。

炎樱告诉了爱玲，爱玲却感觉自己受了侮辱：这“分明是拿她当火腿上的一根草绳”。

也有一个男生来向爱玲道别，他原是爱玲在学习上的一个竞争者。爱玲想，现在无须竞争了，他来道别，难道是来表示心中无芥蒂？爱玲有点怕人家看见，以为这就是她的男朋友。

当晚，学校注册处在烧火，把所有的学生档案都烧了。火烧得很大，那男生一个劲地约爱玲去看看。

爱玲不愿去。

那男生就说："所有的文件都烧了，连学生的记录、成绩，全都烧了。"说这话时，他笑得像个猫。

爱玲一下才明白那男生来找她的缘由——是啊，过去的一切竞争，究竟有什么用？分数都烧了，就像一世的功名付之流水。

好不容易打发走了那男生，爱玲回到楼上，忽然想起小时候，发现自己的一张水彩画被弟弟用铅笔狠狠画了一个横杠，那一刹那，真是心悸！

很不幸，"港战"没有让她看到内地的那种怒潮澎湃，却只让她领略到了生命的虚无。个人在大历史下，很无力，只能眼睁睁地向更加渺小的境地滑去。

她后来写了一篇《烬余录》，细述了这一段的感受：

"到底仗打完了。乍一停，很有一点弄不惯，和平反而使人心乱，像喝醉酒似的。看见青天上的飞机，知道我们尽管仰着脸欣赏它而不至于有炸弹落在头上，单为这一点便觉得它很可爱……"

她后来的有些作为和抉择，其实在港战期间，就已埋下了伏线！

战后香港人的心态，仿佛长期压抑后的反弹。

城市陷落后，暂时没有性命之忧了，女学生们要做的头一件事情，是满街去找寻冰淇淋和唇膏！

她们闯进每一家吃食店去问："可有冰淇淋？"有一家店说，明天下午或许有。这些养尊处优惯了的小姐们，第二天竟然能步行十来里路，跑去那店里，就为能吃到一盘昂贵的冰淇淋——可惜，里面吱格吱格全是冰屑子。

逛街也是重温幸福的活动之一。战后的集市有染了血的繁荣，街上摆满了摊子，卖胭脂、西药、罐头牛羊肉，还有趁乱抢来的西装、绒线衫、素丝窗帘、雕花玻璃器皿、整匹的呢绒。

女生们天天上城买东西，名为买，其实不过是看看而已。张爱玲说："从那时候起我学会了怎样以买东西当作一件消遣。——无怪大多数的女人乐此不疲。"

是战争，把张爱玲从玄思的世界里拉出来了一半。日后她乐于谈论

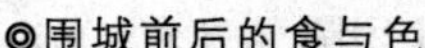

物质享受的习惯，就是在此时被定型的。

当然，对人们的这种苟且，张爱玲没有完全去附和赞美，她虽然加入了其中，但还是清醒地知道，这是一种堕落。——也同时是小人物的一种不幸。

她说："香港重新发现了'吃'的喜悦。真奇怪，一件最自然，最基本的功能，突然得到过份的注意，在情感的光强烈的照射下，竟变成了下流的，反常的。"

因为战后断了汽油，连汽车行也全改了吃食店。此外，没有一家绸缎铺或药房不兼卖糕饼的。香港从来没有这样馋嘴过，宿舍里的男女学生整天谈讲的无非是吃。

在《烬余录》里，有一个细节，倍受当代评家非议，说这个场景表明了张爱玲惊人的冷漠与自私——

"我们立在摊头上吃滚油煎的萝卜饼，尺来远脚底下就躺着穷人的青紫的尸首。"

这当然是很恐怖的画面，那些指责也不是无端的。但是，很多研究者忽略了，在这句话后面还紧跟着一句："上海的冬天也是那样的罢？可是至少不是那么尖锐肯定。香港没有上海有涵养。"

其实，张爱玲在这里是描述了一个"民国时代"的常态，恰是这种看似全无心肝的对比，表明了张爱玲在后来内心已有了"热度"，否则，就决不会这样不讳言地来写。

食是如此。色，也有怕错过车的急迫。

家在外埠的学生因为被困在香港没事做，成天就只能够买菜、烧菜、调情，只能够无聊地在污秽的玻璃窗上涂满了"家，甜蜜的家"的字样。

在战后的宿舍里，有的男学生躺在女朋友的床上玩纸牌一直到夜深。第二天一早，女生还没起床，男生又来了，坐在床沿上。都这时候了，亲密便不再加掩饰。隔着板壁能听见那女生娇滴滴叫喊："不行！不吗！不，我不！"一直到她穿衣下床为止。

人们受不了前途的虚无，都急于攀住一点踏实的东西，因而匆匆结婚。

有一件事，是张爱玲亲眼所见的：有一对男女到防空办公室里来，向防空处长借汽车去领结婚证书。男的是医生，按张爱玲的观察，平时大概不算一个什么善类，但此刻“他不时的望着他的新娘子，眼里只有近于悲哀的恋恋的神情”。

这一对儿心急的新人来了几次，一等等上几个钟头，默默地对坐、对看，熬不住满脸的微笑。招得旁观者们全笑了。

战争造成失业，也打断了正常的娱乐，无事可干的人们不得不提早结婚。香港报上，每日都有挨挨挤挤的结婚广告。

学生中结婚的人也有。他们往日对于人的真性情很少有透彻的认识，也许总是被一些宏大事物所诱惑，但一旦战争剥开了生活的表皮，使得年轻的男女看见了人性实际上很软弱、琐屑，多半也就会爱上曾经稍微能使他们心动的人。

在这狂欢的大潮里，张爱玲只描述过一个截然不同的人——华侨同学乔纳生。

这是一个孤愤者，对所谓的“港战”充满了鄙夷和愤恨。围城期间，乔纳生曾加入志愿兵上阵打过仗，知道九龙作战的情形。他最气的是，作战时英军长官派两个大学生出壕沟去，把一个英国兵抬进来——“我们两条命不抵他们一条。

张爱玲在描述他时，却全无尊敬，只奇怪于他的天真：“他投笔从戎之际大约以为战争是基督教青年会所组织的九龙远足旅行。”

三年的港大生活没有白过，张爱玲对于世相的丑陋，已有了足够的心理准备。在《烬余录》里，张爱玲也描述了相当阴惨的一面。

那是在休战之后，她在“大学堂临时医院”做看护时的经历。

临时医院收治的病人，除了由各大医院转来的几个普通病人外，其余大都是中流弹的苦力与被捕时受伤的趁火打劫者。

无端加予的苦难，使她很抵触，也很不耐烦。

她是恼恨——为何无缘无故地被这苦难所折磨？

因而，她蔑视这些伤者：“现在这里躺着三十几个沉默，烦躁，有臭气的人，动不了腿，也动不了脑筋，因为没有思想的习惯。”

张爱玲有时要上夜班，时间特别长，有10个小时。夜里没有什么事做。病人大小便，她只消走出去叫一声打杂的：“二十三号要屎乒。（“乒”是广东话，英文Pan［盆］的音译）”或是“三十号要溺壶。”

其余时间，可以坐在屏风后面看书，还有宵夜吃，是特地给看护送来的牛奶面包。

工作应该说不苦，张爱玲也不怕长夜里经常会死人。她是忍受不了别人的痛苦对她的刺激。

有个病员，尻骨生了奇臭的蚀烂症，痛苦到了极点，面部表情反倒近于狂喜……眼睛半睁半闭，嘴咧开，“仿佛痒丝丝抓捞不着地微笑着”。整夜他都在叫唤：“姑娘啊！姑娘啊！”但是张爱玲不理他。

她自我评价道：“我是一个不负责任的，没良心的看护。我恨这个人，因为他在那里受磨难。”

终于全屋子的病人都被惊醒了。他们看不过去，齐声大叫：“姑娘——”

张爱玲不得不走出来，阴沉地站在病员床前，问：“要什么？”病人想了一想，呻吟道：“要水。”其实，他只是被伤痛折磨得受不了，只要人家给他一点东西，不拘什么都行。

张爱玲告诉他：厨房里没有开水，便又走开了。

病人叹口气，静了一会，又叫起来，等叫不动了，还在哼哼：“姑娘啊……姑娘啊……哎，姑娘啊……”

这是几年来最冷的一个冬季，这样的喊叫声使寒冷更加钻心。

才夜里3点钟，张爱玲忍受不了呻吟声，到厨房去煮牛奶，抱着“肥白的牛奶瓶”穿过病房，老着脸不去注意病人们贪馋的眼光。她把牛奶倒进黄铜锅去煮，注意到的是“铜锅坐在蓝色的煤气火焰中，像一尊铜佛坐在青莲花上，澄静，光丽”。

但那拖长腔的“姑娘啊！姑娘啊！”追踪到厨房里来了。张爱玲看守着将沸的牛奶，心里发慌、发怒，像被猎的兽。

天快亮的时候，那人终于死了，张爱玲和同伴将后事交给有经验的职业看护去办。

最恐怖的，是张爱玲形容当时心情的一句话——“这人死的那天我们大家都欢欣鼓舞。”

紧接着，又说：“我们这些自私的人若无其事地活下去了。”

为何冷酷到如此？

前面说过，在来港大读书时，张爱玲的精神世界有过一次很猛烈的崩塌，那就是她长期虚构的母爱幻象的崩塌。

她和冷酷的世界之间，再无任何亲情的屏障，一切都要靠自己去闯。

经历了三年港大，她再无孩子气的天真了，港战爆发时，正是她一生中思想感情最“冷”的时候。

而“港战”目的之模糊性、市民们的苟且心，都让她坚定了“自私”的立场。

在她后来踏入社会后，才慢慢地“热”了一些。之所以有《烬余录》这样的文字出来，让我们看得心惊，也是她内心恢复了一定“热度”才可能有的。

就这样，一场战争，打断了张爱玲的正常学业——生命虽然保存了下来，但永远也恢复不了原状了，一辈子都会有脱离了轨道的缺憾感。

战争刚爆发的时候，港大的学生大都乐得欢蹦乱跳，因为12月8日正是大考的第一天，平白地免考在他们是千载难逢的盛事。经过一个最寒冷的冬天，学生们吃够了苦，这才“比较知道轻重了”。

日军在占领香港后，席卷整个南太平洋地区。港英当局投降后，便撤出香港，港大实际上也等于停办。张爱玲的大学生涯，在最后一个学期被拦腰斩断……

母亲从新加坡来过信，说马来亚也陷落了，信中没提她男友的事，也没说她今后的去向。

爱玲把银行里的全部存款——13元钱都提了出来。炎樱劝她：“留两块，不然你存折没有了。”

爱玲说：“还要存折干什么？”

她们进城一趟，免不了又顺便去买布。爱玲发现了有广东土布，是最刺眼的玫瑰红底子、带绿叶粉红花朵的。这种图案，除了日本的衣料有几分像之外，在中国别处都没有。

炎樱帮着她挑选、砍价。摊贩很热情，口口声声叫着“大姑”。炎樱不相信这土布不掉色，蘸了点唾沫在布上一阵猛揉，摊贩倒没做声，爱玲却像给针戳了一下……

送走了惶惶不安的1941年，此后的半年间，最后剩余的三十多个学生又做了些什么，张爱玲没有多说，只说给他们派来了一个日·语教师，不过是一位俄籍教师，就是他，曾经想要买张爱玲的画。

学生对日语没多大兴趣，而这位教师也不大受学生欢迎，时间不长他就走了，另外又派了人来。张爱玲后来能用日语会话，也许就是那时打下的基础。

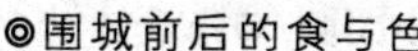

她和同学们谨小慎微地活着。

还有一些人，死了，不止是佛朗士教授一个。

去年年底，也就是香港陷落时，她母亲的男友死于新加坡战火，母亲又成孑然一身。

这一年（1942）年初，女作家萧红病死在香港医院，死时31岁，其文学生涯仅有9年。临终时有遗书："半生尽遭白眼冷遇……身先死，不甘，不甘。"

这些消息，张爱玲都是很久以后才获知的。

——"野哭千家闻战伐，夷歌数处起渔樵。"有名和无名的人，都被命运碾碎了。

当年夏天，她和炎樱一道离开香港，回到了上海。

别了，港大！

她不会喜欢港大，因为多数同学的富贵气对她有压迫，但她不可能缺掉港大这一环。

她日后的性格、价值观，至此已全部成型。她潜在的文学取向也已成竹在胸——

一个是："我没有写历史的志愿。"她要写些不相干的事情，冷冷地以这"不相干"来印证历史；另一个是："想做什么，立刻去做，都许来不及了。'人'是最拿不准的东西。"因而她不会再彷徨多久。

匣中之剑，已在嗡嗡鸣响，它要飞——就要飞起来了。

9. 她用英文小试锋芒

张爱玲回到了上海。这里算是她的福地吧，是她肉身的丰沃土壤，更是她文学抱负的“麦子地”。

她感觉到“这里有一种奇异的智慧”，认为这智慧，乃是新旧文化种种畸形的交流所致。

是啊，上海，一如既往。

走时惨烈的疮痍隐去了，它现已成了沉闷的沦陷区。

母亲去了新加坡之后没有回来。

爱玲回来的落脚处，是在姑姑租住的赫德路爱丁顿公寓。

张爱玲还是挺喜欢公寓生活的，因为“公寓是最理想的逃世的地方”。

余温尚在，姑姑的家，虽然从当年的5楼51室，搬到了6楼65室，格局较先前为小，但在爱玲心里，仍有一种天长地久的感觉：“阳台上看见毛毛的黄月亮。古代的夜里有更鼓，现在有卖馄饨的梆子，千年来无数人的梦的拍板：‘托，托，托，托’……”①

这房子很大，住着很舒服。在阳台上可以鸟瞰全城，对面就是哈同花园，隔壁是起士林咖啡馆；再远，还有“百乐门”舞厅。

客厅里有壁炉，家具和地毯的样式，都是姑姑自己设计的。沙发低矮，坐着等于半躺着。落地灯也很摩登，灯罩像个扁的方盒子。半躺在沙发上看书，可以连眼下的年代都忘掉。

“乱世的人，得过且过，没有真的家……”——这已经很可满足了，已经是乐土。

张爱玲在经历了香港的惶然后，在姑姑这里，有了一段短暂的喘息。

通过《小团圆》的描述，我们可以知道，姑姑这时的情况已大不如前，日军开进租界后，她就不在洋行做事了，过得很俭省。

---

①见《私语》。

爱玲刚回到上海那天，姑姑备下一桌饭菜接风。第二天姑姑就不好意思地解释："我现在就吃葱油饼，省事。"

爱玲心里明白，忙说："我喜欢吃葱油饼。"

从此一日三餐都是葱油饼，倒也吃不厌。爱玲从小听母亲在午餐时讲营养学，习惯了，一天不吃蔬果鱼肉就有犯罪感，而现在则有了一种逃学的感觉。

姑姑雇了一个女佣，天天来洗衣服、打扫，此外就是在煤气灶上煎葱油饼。

原来住的一整套公寓，母亲走后，姑姑把其中两间分租给了两个德国籍单身汉，姑姑自己只留了一间。租给单身汉，是觉得他们好打发，而女人的是非要多些。

爱玲来了以后，要出一半的膳宿费。姑姑知道爱玲手头拮据，就托亲戚给爱玲介绍了两个女中学生补课。

爱玲心下歉然：姑姑才享受了几天幽静的生活，自己又跑来投奔，真是不应该！

母亲的那班朋友，有时候来找姑姑聊天。姑姑告诉爱玲：开战后，母亲的男友死在了新加坡的海滩上。爱玲完全不知道这个消息，只知道母亲乘坐难民船去了印度。

姑姑还告诉爱玲，母亲当初闹离婚，是为了一个在外交部工作的年轻人——那还是在留学时认识的朋友。可是那位却害怕娶个离过婚的女人会妨碍事业，就在南京娶了当地一个女大学生。

这年轻人后来还来看过母亲，"两人眼睁睁对看了半天，一句话都没说"。①

母亲留学时代的朋友，爱玲唯独没见过这个人，不知道他来看母亲是什么时候。她还真没想到，母亲有过这么一段"悲剧性的恋史"。

想想也是，母亲一开始要离婚，就搬出去了，跟姑姑一块儿住公寓。可是，母亲是回国四年后才办的离婚手续，如果是为了嫁那年轻人，怕不会拖这么久。想必是那年轻人回国不久就已另娶。

母亲在这之后拖延了很久，最终还是决定离婚。

爱玲没有问姑姑详情，只是自己在心里琢磨了一下。她知道姑姑最

---

①见《小团圆》。

忌讳好奇心。

她其实不大愿意回忆往事，因为“回忆不管是愉快还是不愉快的，都有一种悲哀，虽然淡，她怕那滋味”。①

好朋友炎樱的运气总是非常好，回上海后，就进了一所英国人的学校任 prefect，即校方指派的“学生长”。这个职位，要求品学兼优，外带还要人缘好、能服众；估计相当于今日的辅导员。后来她又考进上海圣约翰大学，一直读到毕业。

爱玲的命运则要曲折得多。

她一回来，弟弟就兴冲冲地来看她。

弟弟张子静在前一年，考进了复旦大学中文系，可惜太平洋战争一起，租界也落入日军之手，复旦停课内迁。父亲不同意他去内地，就领了转学证在家里自学。过去几年父母不相往来，他亦无机会见到姐姐。香港沦陷后，他原本以为姐姐可能回不来了。

在弟弟眼里，三年多不见，姐姐的模样改变了许多——长发垂肩，身穿从香港带回的时髦衣服，更显得高挑瘦削，有种飘逸之美。

爱玲跟他谈起港战的零碎事，愤然道：“只差半年就要毕业了呀!”她还说，眼下想转入圣约翰大学，把学业续完，“至少拿张文凭”。

弟弟很高兴，说自己也想报考圣约翰。

可是钱从何出？张爱玲叹了一口气：“姑姑没有钱。”

但姑姑却有个好主意，说是入圣约翰大学的学费，应由爱玲的爸爸出。

因为当初张廷重夫妻的离婚协议上，是写明了张廷重须承担女儿的教育费用的。可是港大三年，父亲没拿一个铜子儿。现在，只有半年的学费，由父亲出也是理所应当。

张爱玲却颇感踌躇。自从出逃后，父女间不通音信，形同路人，要钱的事如何张得了口？

弟弟很赞同姑姑的意见，回家后，避开后母，就径自去跟父亲谈了。

张廷重不能原谅女儿的背叛，但是仍然欣赏爱玲的才华，对这个不晓事的女儿爱恨交加。他沉吟了一下，对张子静说：“你叫她来吧。”

---

①见《小团圆》。

四年睽违，他也很想见见成年后的女儿，于是做了一个让步的姿态。

这时的父亲，经济情况已大不如前。1937 年，日寇占领上海，他不愿意被人误认是汉奸，就离开了日本人开的住友银行，和两个同事一起开钱庄。后来因为挥霍把股本都透支光了，现在已住不起“走马楼”的老宅了，换了一座小得多的洋房。

会面的那天，后母孙用蕃事先知道消息，躲在楼上没有露面。

见面是淡淡的。爱玲“神色冷漠，一无笑容”，简明扼要地谈了自己的问题。

父亲也没计较她的态度，只叫她先去报名考试，告诉她：“学费我叫你弟弟送去。”

整个过程不足 10 分钟，决无旁枝斜蔓。

两人的这次见面，在凝重的底下，实际是很有戏剧性的。互相再见一面，张廷重显然有“招安”的意思，但张爱玲却决无此念!

张子静说：“那是姊姊最后一次走进家门，也是最后一次离开。此后，她和父亲就再也没有见过面。”

秋日里，爱玲转入圣约翰大学文学系四年级，弟弟张子静也考入该校经济系，两人成了校友。不过有一件事令人大跌眼镜：在转学考试时，张爱玲的国文居然不及格!

校方要求她在入学后，去参加学校的一个国文补习班。

她倒并不在意，当笑话说给了弟弟听。

是一时大意了么？现在的研究者，一般都认为是她久不用国文写作，荒疏了。

爱玲的中学老师汪宏声听说之后，“颇为愤愤”。因为他知道，圣约翰近年招生的质量已大不如前，可是入学考试为何还如此苛刻？

可是转念一想，这恐怕还是张爱玲“我忘啦”的老毛病又犯了，考试过于敷衍，所以也就懒得去为她打抱不平了。

不过，马失前蹄毕竟属偶然，张爱玲很快就从国文初级班跳到了高级班。

姐弟俩这一时期，有时候会在一起谈起写作。这是爱玲很愿意谈的话题，在弟弟听来，她在这方面已经足够老到。

张子静记忆中，姐姐有一段话足可以证明，她早已做好了写小说的一切准备：

“积累优美的词汇和生动语言的最佳方法就是随时随地留心人们的谈话；不管是在路上，车上，家里，学校里，办公室里，一听到就设法记住，写在本子里，以后就成为你写作时最好的原始材料。”

圣约翰的校园里，此时又见港大的那一对“姊妹花”——子静常看见姐姐和炎樱在一起，“是个强烈的对比”。

炎樱矮而黑，爱玲高而白；炎樱开朗，爱玲沉郁。

有这样一个朋友还是好。她们仍是一起逛街、买零食，有时在姑姑家里聚谈。

两人醉心于服装，甚至在一家杂志上打出了广告，说：“炎樱姊妹与张爱玲合办时装设计：大衣、旗袍、背心、袄裤、西式衣裙。电约时间：电话三八一三五，下午三时至八时。”不过这桩业务究竟开展过没有，就弄不清了。

张爱玲的服饰打扮，从香港回来后就有惊人变化，开始喜欢突兀风格。此后很长时间都如此，这成了她的“招牌”之一。

她从香港回来，弟弟去看她，见她穿着几乎没有领子的布旗袍，大红颜色的底子，上面印着一朵一朵蓝的、白的大花，两边都没有纽扣，是跟外国衣裳一样钻进去穿的。

弟弟觉得稀奇，问她是不是最新的旗袍款式，她淡然一笑：“你真是少见多怪，在香港这种衣裳太普通了，我正嫌这样不够特别呢！”

她在圣约翰校园里，常穿一件鹅黄旗袍，下摆上缀了长四五寸的流苏，走起来，摇摇曳曳！

这种打扮，怕是只在戏台上才有，即使大学里周六开舞会，也不会有人这么穿；但张爱玲就这样昂然于校园，惹得女生们惊问：“她是谁？是新来的插班生么？”

张爱玲有奇思，在香港买的广东土布，是玫瑰红的底、淡红大花、嫩黄绿叶，这花色即使在乡下也只有婴儿才穿，她后来却做了衣服，“仿佛穿了博物馆的名画到处走”，完全不顾别人的感观。

还有一次，她穿着前清样式的绣花袄裤，大摇大摆，去参加同学之兄的喜宴，满座皆为之惊倒！

世上没有无缘无故的爱好。在港大被富家同学压制了三年，她现在

需要有自信!

她在圣约翰只念了两个月，就决意辍学了。弟弟从炎樱那里得到消息，特地到姑姑家去问她。

爱玲一开始只是说，圣约翰没有几个好教授，引不起她的上学兴趣，想读的课目又都没有开，“还不如到图书馆借几本书回家自己读”。

谈到后来，她还是兜出了问题的实质——缺钱!

张爱玲想自己去赚钱。

弟弟建议：“你可以去找个教书的工作。”

爱玲摇头：“不可能。”

“你英文、国文都好，怎么不可能呢?”

爱玲说，教书不仅要求文化程度，还要会表达，“这事我做不来”。性格内向的她，惧于和叽叽喳喳的中学生打交道。

那么去报馆做编辑如何?

爱玲说：“我替报馆写稿就好。这阵子我写稿也赚了些稿费。”

这话又缘何而来?

原来，她回到上海不久，就开始给英文的《泰晤士报》（*The Times*）写了一些影评和剧评。

她已经在试探能否卖文为生了，选择的这个突破口，是厚积薄发。

在学生时代，张爱玲最大的爱好，还不是读小说，而是看电影——上海的电影市场，彼时乃东方之最，连日本的时髦阔人，都要坐飞机周末来上海看好莱坞新片。她在家订阅的杂志，也以电影杂志居多。

这样看来，张爱玲这个人，也是时代的产物。嘉宝、克劳馥、盖博、邓波儿、费雯·丽的片子，她每部必看。中国演员中，她喜欢阮玲玉、谈瑛、陈燕燕、顾兰君、上官云珠、石挥、蓝马、赵丹，凡他们主演的，也是一部不漏。

她受父亲影响，对传统戏剧的兴趣也始终很大，京剧、评剧、绍兴戏，无一不好。在后来，她还看过越剧《借红灯》，对剧名把玩了几日，意犹未尽，索性借来作为自己一篇散文的题目，取名《借银灯》。

上海成为“孤岛”之后，外国电影片来源不畅，国产片胶片不足，电影随之衰落，话剧趁势崛起。张爱玲先后看过《雷雨》、《日出》、《大马戏团》、《秋海棠》和《浮生六记》，感觉都非常好。这是当时上海市民在日伪治下最大的文艺乐趣，张爱玲也并未在潮流之外。

在英文报上发表了一些剧评后，就有英文杂志来向她约稿了。

以英文写作、以影剧评论作为突破——张爱玲的卖文之路，就这样走出了成功的一步。

她选择卖文为生这条路，是对的。以她的内向羞怯性格，做职员、做教师，恐怕都应付不来。

直到晚年，她也无法适应稍微复杂一点的环境。而在传媒发达条件下的写作，恰恰无须与人周旋，一个人可以清静。

现在，她出手的这个时机，也很凑巧。

到1942年，上海沦陷已近5年，文艺刊物上早已不见巴金、茅盾、老舍的大名，就连报纸上连载的张恨水小说，也销声匿迹。文化人绝大多数都爱惜羽毛、鄙弃敌伪，他们或是撤离，或是搁笔，或是被封杀，留出了一大片空白。

正如柯灵先生后来所说："我扳着指头算来算去，偌大的文坛，哪个阶段都安放不下一个张爱玲，上海沦陷，才给了她机会。……山高皇帝远，这就给张爱玲提供了大显身手的舞台。"①

柯灵这段话，还另有文化传承上的一层意思，不大为人注意。那就是"大腕不走，新手难出"——张爱玲恰在这个空档冒了出来。

发现文坛出了个新手，率先主动向她约稿的，是英文月刊《二十世纪》(*The Twentieth Century*)。

这个刊物的主编克劳斯·梅涅特，是德国人，阅历复杂。他曾获柏林大学的博士文凭，在莫斯科做过记者，又在美国做过大学教授，太平洋战争前夕来到上海，1941年创办了这个刊物。那时战火遍及欧洲，欧洲书刊已很难再运到上海，他的意思，是要给战时滞留在上海的欧美人一个"精神家园"。

机会是不期而遇的。

张爱玲就此出手了！

1943年1月，她在《二十世纪》首发一篇长文，多达8页，还附有她手绘的12幅女子发式、服饰插图，文章题为 *Chinese Life and Fashions*，直译为《中国的生活与服饰》。当年底，她又将此文改写成

---

①见《遥寄张爱玲》。

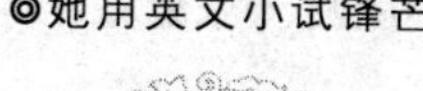

中文，发表在《古今》半月刊，即著名的散文《更衣记》。

这篇英文文章，文字流畅，略带维多利亚末期文风；插图线条简洁，勾勒传神。文章不单是谈了中国人的服饰沿革，还发掘了服饰所包含的文化心理，说中国服饰在细节上的繁复与变化，是“在不相干的事物上浪费了精力”，而这，“正是中国有闲阶级一贯的态度”。

她的长文，出手不凡，主编梅涅特惊为天人，特在“编者例言”中隆重推荐，声言“她有能力向外国人诠释中国人”。他不吝赞美之词，夸张爱玲是“极有前途的青年天才”。

——别人的“天才”赞词，与她自己的“天才”自许，在这里暗合了！这给了她极大鼓舞。

此后，她一发不可收拾，一年内共在该刊上发表9篇文章，其中6篇是影评。

《二十世纪》的封面上，曾经登过一些撰稿人照片。张爱玲也有一张，长发及肩，描了眉、涂了口红，模样相当之时尚，应是她照得最漂亮的一张。

还有，她写的关于中国文化的文章，即中文译名为《洋人看京戏及其他》和《中国人的宗教》这两篇，也极受读者欢迎。

这几篇文章，都找到了一个非常好的视点，就是“用洋人看京戏的眼光来看中国的一切”，找出那锣鼓喧天背后“凄寂的况味”。

一般为她作传的人，都不大深谈这几篇文章。实际上，她此后文学创作的要窍和视角，在此都已基本成型——有如旁观似地冷眼审视，细细密密地摹写，其骨子里是在描画凄凉。

在《二十世纪》上一炮打响的时候，她还在圣约翰边读书边写作，名气在校内和文化圈内已经很大。那时英文系有个女生刘金川，也是课余撰稿人，经同学介绍，曾见过她。

她们俩见面是在女生休息室，介绍人因为有课先走了，仅余两人面面相对。可是，刘同学立刻就面临了尴尬：“张既不说话，仿佛连眼睛也不看我。由于很窘，我只好打开书本看书，直到快到下一节课时，我才向张打招呼走出休息室。”①

傲慢乎？羞怯乎？还是兼而有之？

---

①刘金川《我所知道的张爱玲》。

在刘金川的记忆里，张爱玲的形象，是“戴很厚的眼镜片”、“长脸”、“身材高大”、“动作斯文”，再有就是“笑眯眯地不发一言”。这是张爱玲成年后一贯的形象和风格。

她写文章，需要全身心地投入，如果再继续上学，就感到很累。考虑到几方面因素，不久她便辍学了，连毕业证也没拿到。

从这时候起，写文章就成了她的职业。后来她在《童言无忌》里说：“苦虽苦一点，我喜欢我的职业。”

当然，她不可能就此固守在这里。她的心中，也有一种“穷年忧黎元”之思。张爱玲对于人间世，有比谈论文化更深邃的认识。

后来在《烬余录》里的一句话，可以体现她对世事多艰的认识：“在那不可解的喧嚣中偶然也有清澄的、使人心酸眼亮的一刹那，听得出音乐的调子，但立刻又被重重黑暗拥上来，淹没了那点了解。”

那光明的一刹那，她要写。

那黑暗又拥上来的无语之痛，她也要写。

这都不是散文所能表达的。

张爱玲自言“生来就是写小说的”——她的降生于世，怕只是为此！

这样很好。就在爱丁顿公寓里写作。

不写的时候，她就读母亲留在姑姑这里的西洋小说。欧洲作家里，她特别钟情毛姆。毛姆的叙事是平和、细腻的，很会讲故事。张爱玲喜欢这个，因为这和她的审美兴趣相契合。

她不喜欢情节上的大喜大悲，只愿意看不动声色的刻划。

当然，与姑姑同住，也是一件令人惬意的事。

姑姑在爱玲心目中，一直就处于“代母”的位置。

这一年姑姑年已四十，但因没有家庭拖累，看起来还相当年轻。也许是当年越洋轮船上的惊鸿一瞥，给了她足够的心理力量，她完全没有嫁个人过日子的念头，倒是对这种自足的单身生活习以为常。

姑姑后来在德国人办的广播电台找了个事，做国语新闻播音员。每天晚上都要拿着一盏小油灯，徒步走过灯火管制的街道去上班。

那油灯的灯罩，是紫红色玻璃的，上面有累累的颗粒防滑。可是上海沦陷后马路失修，到处坑坑洼洼的，姑姑有一晚看不清踩进了水坑，还是把灯给摔碎了。

摸黑回来后，她摇摇头，只叹了一声："唓!"

每晚上班，姑姑都在旗袍上罩一件藏青哔叽大棉袍，这就是她的夜行衣。

姑姑常年独居，整个生活已成一个精致的体系，有时可能不大近人情。不过爱玲很知趣，完全可以做到相安无事。

有次爱玲不小心打碎了桌面的一块玻璃，尽管恰逢"钱紧"，但还是急急地找了木匠来，花了600元照原样赔偿。

还有一次急着去阳台收衣裳，推玻璃门没有推开，用膝盖顶了一下，不慎将玻璃顶碎，腿上擦破了皮。涂了红药水后，样子反而更可怕，"仿佛吃了大刀王五的一刀似的"。

她让姑姑看伤口，姑姑弯下腰只匆匆一瞥，知道不致命，就马上关注起玻璃的问题来了。爱玲赶忙又自己掏钱去配了一块。

老打碎东西，说明这儿毕竟不是自己的家，不能那样"合身"。爱玲想得通这一点，她更珍视的，是眼下这惟一的亲情。

和姑姑交谈，现在也成了生活中比较重要的一个内容。

她喜欢问姑姑一些生活上的细小事，大约是嫌以前活得太空疏了。

爱玲虽然有了很大名气，姑姑却当做是没有，被爱玲问得不耐烦时，就抱怨："跟你住在一起，人都变得饶舌和自大起来。"

但姑姑还是会跟她讲，尤其愿意讲家族里人的事。这些讲述，日后便成了张爱玲小说内容的一个来源。

爱玲劝姑姑也动笔写文章，姑姑不屑，却另外找了个理由拒绝："我做文人是不行的。在公事房里只管打电报，养成了一种电报作风，只会一味地省字，拿起稿费来不上算。"

姑侄俩的对话，比以前有意思得多了，因为张爱玲已经长大，能领悟较深刻一点的幽默了。

那时，报纸上发表过周作人译的一首著名的日本诗："夏日之夜，有如苦竹，竹细节密，顷刻之间，随即天明。"①

张爱玲很喜欢，就拿去劝姑姑看。姑姑读了，说不懂，但想想又说："既然这么出名，相比总有点什么东西罢？可是也说不定。一个人

①西行法师作，载于《山家集》。

出名到某一个程度，就有权利胡说八道。”

姑姑有个朋友，老是愿意说些废话，姑姑就很苦恼：“生命太短了，费那么长时间和这样的人一起是太可惜——可是和她在一起，又使人觉得生命太长了！”

一天夜里寒冷，姑姑冷得不行，就急急地钻到床上，说：“视睡如归。”爱玲听了，大感有趣，说这就是一首小诗了：“冬之夜，视睡如归。”

还有一次，两人吃萝卜煨肉汤，爱玲问胡萝卜是如何从外国传入的，姑姑的回答简洁利落。爱玲就把它记下来，称赞是时髦散文：“妙在短——才起头，已经完了，更使人低回不已。”

姑姑也有她隐秘的感情世界，并不是木知木觉的老小姐一个。除了爱玲，她也许没向任何人透露过。

如果《小团圆》关于这方面的描写是实，那姑姑的情史也是有“猛料”的。

在《小团圆》里，与姑姑对应的角色，叫做“三姑”，曾亲口述说自己与一个表侄的私情，又因那位晚辈移情别恋，这段不伦之恋无疾而终。

姑姑由于失恋，每天在洋行办公室里待到很晚，与一个混血儿年轻男同事调情，打发寂寞。

可是不曾想，那位年轻漂亮的男同事后来竟会强奸了她！

说完了许许多多错综复杂的事之后，姑姑忽然不经意地说：“他喜欢你。”

这个“他”，是指那位表侄，而爱玲应该叫表哥了。

爱玲听了只是诧异，也不敢再问什么了。

姑姑有了新职业后，爱玲也有了稿费收入，两人一下“阔”了起来。两位德国房客搬走了一个，空出了一间房来，爱玲可以单独住了。

葱油饼从此告别，雇的老妈子也给辞退了。

姑姑早年在国外学过烹饪，这时就自己动手做菜。爱玲只会煮饭，便把买菜的任务承揽下来。

有天晚上，她乘着月色去买“蟹壳黄”，穿了一件紧窄的紫花短旗袍，亭亭玉立，长发半卷着。路边山东煎饼摊子的摊主看见她，摸不清是什么路数，不禁多看了她两眼。

买菜回来，明月正当头，她心里一阵空虚：“二十二岁了，写爱情故事，却从来没恋爱过，给人知道了不好。”

这一时期的张爱玲，有福了！

这样睿智而又亲切的日子，何其珍贵——“值得一看的正多着”。

譬如这个爱丁顿公寓，就很可留恋。

它是七层楼，最上面的两层是收缩进去的，于是就像一艘远洋轮，富丽而昂扬。

这种 Art. Deco 风格的公寓，在当时是一种时髦，上世纪初在静安寺路两侧建了不少。时至今日，公寓被遮挡在静安寺林立的高楼之下，肉色墙面也旧得有些发黑，但仍属鹤立鸡群的那一种。

公寓的电梯，是富有贵族气的铁栅门式，开起来轧轧作响。

从公寓走出去，10 分钟就可以走进后来《色·戒》描写的场景里去——“从义利饼干行过街，到平安戏院、全市惟一一个清洁的二轮电影院……对面就是刚才那家‘凯司令’咖啡馆，然后西伯利亚皮货店、绿屋夫人时装店……”

这里，是静安寺路最昂贵的地段，到现在也还是。

公寓的最美处，还在于它阔大的阳台。爱玲常站在这里，看临近电车厂的电车“回家”，听不远处军营里单调的号声，俯瞰“肥白如瓠”的上海人在路上行走……

住在公寓里的姑姑，这时候会在她耳边猛然冒出一句：“我简直一天到晚发出冲淡之气来。”

这个情景，像是乱世里忽然就有了知己。

——命运给予张爱玲的温情，真的也不算少！

10. 佳作如雪片洒遍上海

1943年初，春寒料峭，但细雨中的街市仍透出了新一季的鲜润。

这是一个注定要让张爱玲梦萦百遍的春天。

爱丁顿公寓的书桌上，有两叠稿纸，写满了字，静静地放着。楼下的电车一如往日叮叮当当地驶过，更衬出满室的寂静。而实际上，这小小的桌上，正潜藏着隐隐的惊雷！

就在给英文报刊投稿的间隙，张爱玲已经写出了她最初的两部中篇小说——《沉香屑　第一炉香》和《沉香屑　第二炉香》。

这是她三年多来第一次用中文写作。

为此她准备了不知有几个三年了，因此出手很谨慎。

——她要把稿件直接去交给《紫罗兰》杂志的主编周瘦鹃。

周瘦鹃，是上海滩文化界的大名人。张爱玲其时虽有几篇英文的文章发表，但在文坛还是小卒一名，她如何能叩开这位偶像级人物的大门？

说来，这还是有一段缘分的。

张爱玲回到上海后，碰巧认识了母亲的一位远亲、园艺家黄岳渊。而黄老夫子在此前，居然也知道张爱玲自幼聪颖，文笔甚是了得。这次他亲眼见到，印象更加深了一层。

黄岳渊老人早在宣统元年是个朝廷命官，年过三十的时候，忽然觉得做这世上的事，全无意义，就辞官隐退，置了田地栽花种树，号为“黄园”。

他每日抱瓮执锄，侍弄园艺，自号“黄园主人”。他们这种园艺家有个爱好，就是经常要呼朋引类，请人家来园中雅赏。他的座上宾中，有一位就是周瘦鹃，因为这位大作家也有园艺之好。

黄老先生对周瘦鹃提起过张爱玲，说这小女子素喜弄文。周瘦鹃听了，也未特别在意。

而张爱玲这一边，则不仅听黄老先生说到过周瘦鹃，还在黄岳渊家中做客时，远远地见过这个大作家。

这算是事情的序曲。

这个周瘦鹃，可不是等闲人物，他能创作、能翻译、能当编辑，从1914年起就闯荡文坛，有小说《爱之花》在早期的《小说月报》发表，因而一举成名。后又主编《礼拜六》周刊，共达200期。

这《礼拜六》周刊，打出的名号是“宁可不讨小老婆，不可不读礼拜六”，旨在提醒大家：“买笑耗金钱，觅醉碍卫生，顾曲苦喧嚣，不若读小说之省俭而安乐也。”可见刊物走的是休闲消遣一路。周瘦鹃也就成为“礼拜六”派文学的代表人。

鲁迅曾讥讽这一派为“鸳鸯蝴蝶派”，后世的文学史研究者，也就以此为这一流派定名，而且对周瘦鹃的评价并不高。但在当时，他可是小市民、小知识分子狂热追捧的偶像。

在上海，他先后在中华书局、《申报》、《新闻报》任编辑和撰稿人，主编《申报》副刊十多年。

这位文化奇人，精力无限，其间还主编了各类报刊七八种。其中，以《紫兰花片》月刊为最奇特，内容全是周瘦鹃一人的创作或翻译，被称作“周瘦鹃个人的小杂志”，月出一册，从无缺漏。

那时候的文坛，与今日相仿佛，有“新文学”和市民文学之别，就似今天的“纯文学”和通俗文学一样，分清浊两流。那时的“新文学”作家都有精英气，眼界甚高，认为“鸳鸯蝴蝶派”根本就不是文学。但尴尬的是，这个“不是文学”的文学对读者的影响，却比新文学要大得多!

张爱玲写出了小说，想起去找周瘦鹃，显然表明了她的文学取向。

她幼年时初学写作，用的是新文学的笔法，在前面我们已领教过一二。但是从港大归来，她对人世早有所参透，于是弃“新文艺腔”不用。

张爱玲的审美趣味，比较接近鸳鸯蝴蝶派，但又有很大不同。她是要在“鸳鸯蝴蝶派”这个花盆里，栽出个超大株的奇花来。

她从幼年时就读小报与白话旧小说，因此这一源流对她来说并不陌生。市井细民，所思所好，都是具体而微的，你就是再有雄心大志，也要从家长里短讲起。她清楚，这上海滩，人们最喜欢读的是什么。

据《小团圆》描述，听说爱玲要送稿子给周瘦鹃，姑姑就笑道：“那时候你妈妈想逃婚，曾写信给周瘦鹃。”

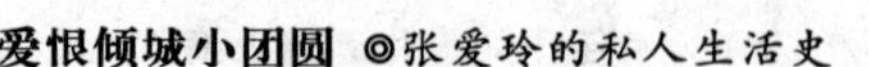

爱玲大感兴趣："后来怎么样？见了面没有？"

细节姑姑都不记得了，只说："周瘦鹃倒是很清秀的，我看见过照片。后来结了婚，把他太太也捧得不得了，作的诗讲他们'除却离家总并头'，我们都笑死了。"

那个时候，常有人化名为女士投稿，爱玲猜想：周瘦鹃收到母亲的信，一定是当做无聊读者冒充女性、甚至是同行跟他开玩笑，所以没回信。

其时，《申报》已被日寇接管，周瘦鹃为保持清白名节，便辞了《申报》副刊编务，只在家中"拈花惹草"。但久不动笔，手又痒，正在筹划《紫罗兰》月刊的复刊事宜。

张爱玲就在这个时候，叩响了周瘦鹃的家门。

她不善交际、懒于见人是一贯的，可这次不同。在她的人际交往史上，这是第一次主动"出击"，且表现得非常自信。为此行，她精心做了准备，穿了一件鹅黄缎半臂旗袍，人显得很精神，随身还带了黄岳渊的一封介绍信。

对于这次见面，周瘦鹃后来在一篇文章中有记述，而且写得很有"正欲清谈闻客来"的雅气。

这是个寒意侵人的早春下午，周先生正在公共租界的家中呆坐，女儿从楼下跑上三楼来，递给他一个大信封，说是有位张女士来访。抽出信件来看，原是黄岳渊的介绍信，请他关照一下"女作家张爱玲女士"，务必与之谈谈小说。

周先生年已半百，交往中这样的女士大约是不多。他忙不迭地下楼去，见座中一位"长身玉立"的小姐站起来，向他鞠了个躬，开口说话，则是一口京腔。

周瘦鹃赶忙还礼，招呼来客坐下，接下去，两人相谈甚洽。

交谈的内容，主要是张爱玲讲了自港大以来的经历和现时的状况。末了，张爱玲说："最近做了两个中篇小说，演述两段香港故事，请周先生给看看行不行？"

说着，就把一个纸包打开，将两本稿纸恭恭敬敬奉上。

周瘦鹃一眼扫过题目："唔，沉香屑……"当下就觉得很别致，很有意味。于是说："先请把这稿本留在我这里，容我细细拜读。"

而后，周瘦鹃又对张爱玲谈起，停刊多年的《紫罗兰》近期可能要

"复活"。

闻听此言，张爱玲兴奋起来，说："我母亲和姑姑，都是您十多年前《半月》、《紫罗兰》和《紫兰花片》的忠实读者。那时家母留法学画，刚刚归国，读了您的哀情小说，落过不少眼泪，曾经写信劝您不要再写了，以免太过伤神。"

周瘦鹃不禁笑道："哦？有这一回事？可惜我记不得了。"

两人谈了一个多钟点，爱玲方才作别。

这次登门，张爱玲态度大方，执礼甚恭，给周大作家留下了极好的印象。当晚，周瘦鹃就在灯下读起了《沉香屑》。

据他回忆，他是"一壁读，一壁击节，觉得它的风格很像英国名作家 Somerset Maugham① 的作品，而又受一些《红楼梦》的影响，不管别人读了以为如何，而我却是'深喜之'了。"②

这一拍掌，也就决定了张爱玲作为一个小说作家的命运。

一个星期后，张爱玲再次登门，来问周先生读后的意见。

周瘦鹃把自己的印象一说，张爱玲立即表示心悦诚服，说自己正是毛姆作品的爱好者，而《红楼梦》也是她"深喜之"的。

周瘦鹃在文学上亦是惜花人，哪肯放过这么好的小说？他早有了意思，要让这两炉香就燃在新《紫罗兰》的创刊号上，便问爱玲是否愿意。

张爱玲哪有不愿意的，一口应允。

周瘦鹃便与爱玲约好："待《紫罗兰》创刊号出来，我再带着样本去瞧您。"

张爱玲连声称谢，告辞走了。

回到家里，姑姑知道周瘦鹃那里通过了，便笑道："几时请他来吃茶。"

爱玲觉得不必了，可是姑姑似乎对周瘦鹃很好奇，所以爱玲也不便反对。

当天晚上，爱玲又一次登门，盛情邀请周瘦鹃和夫人胡凤君，待杂志印好那天一同去她家中，参加她的一个小小茶会。这让周老先生颇感

---

①指毛姆。

②见《写在紫罗兰前头》。

意外，欣然同意。

当年5月，《紫罗兰》复刊号问世，登了《沉香屑 第一炉香》，紧接着，在第2期，又登了《沉香屑 第二炉香》。周瘦鹃郑重其事，写了1300字的编辑例言①，详述了张爱玲来访始末，然后说："如今我郑重地发表了《沉香屑》，读者共同来欣赏张女士一种特殊情调的作品，而对于当年所谓上等华人那种骄奢淫逸的生活，也可得到一个深刻的印象。"

以他在通俗文学界的元老身份，做这样的导语，堪称极有分量。

复刊号排版一完毕，周瘦鹃便携了样刊，前去张家。他的夫人胡凤君因为家中有事，不能分身，周先生便自己去喝这个有点神秘意味的下午茶。

到了赫德路的公寓六楼，爱玲热情将他迎进门，只见一间小小的客室，甚有"简而精"的风格。

周先生见过了爱玲的姑姑，爱玲便指着两张照片中"一位丰容盛鬋的太太"，向周先生介绍说："这就是我的母亲，一向住在新加坡，前年12月8日后，杳无音信。最近有人传言，说已经到印度去了。"

母亲的照片，镶在椭圆的雕花镜框里。虽然烫过头，但还是留的民国初年时兴的前刘海，蓬蓬松松的罩到眉毛上。

周老先生注视了一下，很有些感慨——那是他的时代。

周瘦鹃落座，方才知道这个所谓的茶会，原来并无别客，就只他一人，主人倒是姑侄两个，心下立刻感觉到了张爱玲的一片诚意。

张爱玲和姑姑以英国式的做派，盛情款待大作家。茶是奶酪红茶，点心是咸甜俱备，连茶杯和点心碟都十分精美。

在姑姑的眼里，周瘦鹃一如当年，瘦长，穿长袍，脸也很清瘦。不过现在他头已经秃了，戴的是假发。

在爱玲的印象中，周瘦鹃已经意识到爱玲请他，是想让他捧场，所以当天他的话并不多。

请这位大作家来，爱玲还是觉得多余，而且家中地方太狭小了，分明就是个卧室。一张小圆桌上堆满了茶具，三个人几乎促膝围坐，太不像样。

---

①即《写在紫罗兰前头》。

可是周瘦鹃的记忆里却不是这样。他记得，三人的小茶话会，其乐融融，话题涉及文艺，也涉及园艺。谈话间，张爱玲拿出一份《二十世纪》上发表的《中国人的生活和服装》，送给了周瘦鹃，请他指教。

周瘦鹃精通英文，略略一读，便觉出张爱玲英文的高明，再看她的插图，亦是画笔生动，不由得深深佩服，心里想到的是两个字——“天才”。

这与张爱玲的自我期许，又是一次暗合！

到此时，她还不到23岁。

周瘦鹃深叹后生之可畏：就《沉香屑》来看，这个刚出校门的女生，文笔老到一如大匠，文字风格兼蓄中西，而对人情世故的洞彻，就更是在同龄中罕有其匹。想想她的将来，实在是无可限量！

他深谢爱玲姑侄俩的款待，临别时，希望爱玲再为《紫罗兰》供稿。虽只数语，其意甚殷。

张爱玲在成名后曾透露过：“我一直就想以写小说为职业。从初识字的时候起，尝试过各种不同体裁的小说，如‘今古奇观’体，演义体，笔记体，鸳蝴派，正统新文艺派等等。”①

多年一梦，今朝成真。

——那个5月，大概是她一生中罕有的亢奋时期。

凡是作文者，都有“印刷情结”。将手写的稿件变为铅字的印刷品，乃是“鱼化为龙”的千秋大梦，不知多少人要为此熬白了头！

张爱玲的这两篇小说，在《紫罗兰》杂志上一变而为铅字版，自然也就宣告一个女作家正式登上了文坛。

她最先点燃的这两炉香，确乎非同凡响，无论故事背景、人物设置、叙述手法，都不与他人同。

这里面，有两个反差很惹眼：

一是，字里行间，处处都流露出传统文化的趣味，似是旧文人一路，骨子里却是极现代的都市审美。

二是，两篇小说都用上了她的“香港经验”，《沉香屑 第一炉香》里的上海女孩葛薇龙，在香港姑妈家寄人篱下的无奈心态，显然有张爱

①张爱玲在“女作家聚谈会”的发言。

玲个人经历的折射；而《沉香屑　第二炉香》里，讲香港一个英籍教授爱上了一位贞洁的英国淑女，淑女由于在性知识上近于蒙昧，结果新婚之夜出尽洋相。洋教授在校园内丧尽颜面，被迫自杀。这完全是取自于她在港大听来的一个故事。但两个故事中的喜怒好恶，又出自“上海人的眼光”，令读者不难心领神会。

两个故事，都讲得很另类，甚至有点奇诡，既有“霉绿斑斑”的沉郁气，也有“橙红色的花”般的艳异，香港背景所带来的陌生化效果，着实令人惊诧！

两篇小说一出来，闷了好久的沦陷区文坛，起了一点震动。虽不能说形成了轰动，但圈内人都有所瞩目。

初啼之声如此清亮，这到底是谁家的“雏凤”？

在关注新手张爱玲的目光中，有一双眼睛最为炯炯。这人，就是新文学阵营里的著名作家柯灵。

柯灵是浙江绍兴人，先后编过多家报纸的副刊。他本人还兼写影评、剧本、杂文。当年夏天，他奉中共地下党之命，取代了著名报人陈蝶衣，接手主编“软性”杂志《万象》。

他才气横溢，时年34岁，正是干事的时候，立刻对《万象》做了一番改造。唐弢、郑振铎、师陀、王元化、傅雷一批文坛宿将，一时都在这里露面，多少给了沦陷区的读者一点亮光。同时，他也在搜罗更多的作家，要把杂志给撑起来。

按说柯灵不大会注意其他鸳蝴派的杂志，但阴差阳错地，他就读到了《紫罗兰》的复刊号。

一看之下，竟奇迹般地发现了《沉香屑　第一炉香》。他是慧眼识珠，一下就掂出了这作者的分量，心想：“这张爱玲是谁？我怎么能找到她，请她写稿呢？”

周瘦鹃他当然认识，但张爱玲是人家挖掘出来的，请周瘦鹃做中间人去找张爱玲，终是不妥。

就在柯灵无计可施之时，张爱玲大概是“心有灵犀”，居然自己找上门来了！

——人间事的巧合，有时甚于编故事！

从后来的情况看，张爱玲在《紫罗兰》闯关成功后，对自己的写作当是有了一个规划。首先，她停了向英文报刊的投稿，尽管稿酬高，也没有再向那个方向努力。

写小说是一辈子的事，她现在要集中力量。

其次，一炮打响后，她对自己的能力也有了信心，采取了密集写作和密集发表的策略，如此，便可望在短期内形成轰动效应。

最后一点是，她并没有把《紫罗兰》作为主要阵地，而是选择了三家月刊作为主阵地，即《万象》、《杂志》和《天地》。这样做，大约是想和鸳蝴派保持一点距离。

7月盛夏，张爱玲来到福州路昼锦里附近弄堂的“中央书店”，叩开了《万象》编辑室的门。

这家“中央书店”的老板，也即《万象》杂志的老板，是鸳蝴派的干将之一平襟亚①。编辑室是典型的“上海屋檐下”，就在书店店堂的楼上，实际是一个家庭式的厢房，隔壁就是平襟亚夫妇的卧室。

张爱玲这一天穿着丝质碎花旗袍，色彩淡雅，以柯灵看来，“也就是当时上海小姐普通的装束”。她胳膊下夹着一个报纸包，说有一篇稿子要请柯灵看一看。

这篇稿件，就是《心经》，写的是父女恋的故事，还附有张爱玲手绘的插图。

柯灵此时的心情，简直是喜出望外！在40年后的回忆文章里，他对这次见面，用的是“荣幸”二字来形容。②

双方的谈话，很简短，但很愉快。柯灵虽是初见张爱玲，却没有任何陌生感。当然，他也和周瘦鹃一样，诚恳希望张爱玲多供稿。

——她带来的《心经》，后来分两次发表在《万象》的8、9月号上。

业内人都知道，杂志是有编辑周期的，一般最快也是两个月发稿。而这一篇，不到一个月就发了出来，显然是为张爱玲开了“绿色通道”。

后来，柯灵又向张爱玲索得《琉璃瓦》和长篇连载《连环套》。

就在张爱玲拜访柯灵的同时，7月间，《杂志》月刊又有她的小说《茉莉香片》发表出来。8月，该刊又登出她的散文《到底是上海人》。

到此，张爱玲的文学写作已进入了喷发期！

---

①笔名秋翁。

②见《遥寄张爱玲》。

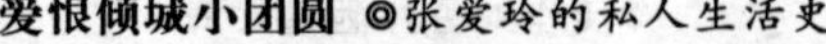

从这时起，到1944年底，每月都有两三篇小说或散文在各杂志上刊出。如柯灵所言："张爱玲在写作上很快登上灿烂的高峰，同时转眼间红遍上海。"

从这时起，在不到一年的时间里，张爱玲一生中最重要的作品，几乎全部抛出。

9月份以后，小说有《倾城之恋》、《金锁记》、《封锁》、《琉璃瓦》、《连环套》[1]、《花凋》、《红玫瑰与白玫瑰》密集推出；

散文有《洋人看京戏及其他》、《更衣记》、《公寓生活记趣》、《烬余录》、《谈女人》、《童言无忌》、《自己的文章》、《中国人的宗教》、《炎樱语录》等联翩而至……

佳作如雪片，纷纷扬扬！

张爱玲处在高度兴奋中，超常发挥。所谓的"文思如涌"，即为此吧！

真正使她在整个上海滩一举成名的，是她于1943年9、10月在《杂志》月刊分两期发完的《倾城之恋》。

这一篇小说，仍是香港传奇。写一对世俗男女：白流苏和范柳原，一个放荡，一个传统。两人在情感上玩起了捉迷藏，到头来，连情人的名分都算不上。忽地遇到了"港战"，在朝不保夕之中，二人为生计考虑，竟然结为一对踏踏实实的夫妻。

小说中，张爱玲作为叙述者的一句喟叹，不期然地打动了无数读者："他不过是一个自私的男子，她不过是一个自私的女人。在这兵荒马乱的时代，个人主义者是无处容身的，可是总有地方容得下一对平凡的夫妻。"

这《倾城之恋》，缘何成为她的成名作？

我以为，这一篇，并不似其他香港故事那么"奇"，乃是大都市中日日都在上演的现代剧而已，因此易被广泛接受。青年男女、中年男女中，总有些人读起来会感同身受。加之敌伪统治下，人们难免有"人生寄一世"的飘零感，因此，书中人物的命运也就能够直叩人心。

张爱玲在其后谈到《倾城之恋》的成功，说这篇小说在写的时候就

---

①连载未完。

有“自觉”：除了要表现苍凉人生的情义，还要做到“人家要什么有什么”，比如，非常华美的对白、颜色、诗意、罗曼斯，等等。

她其实很讨厌这些面面俱到的考虑。不过即使这样写，也仅是技巧，真正的磁力点在哪儿，她知道，就在于它“是一个动听的而又近人情的故事”①。

她放下了身段，能看懂她的人当然就多，文学就是这样一个互动的事业。

有一段话，最能代表她的写作立场：“从前的文人是靠着统治阶级吃饭的，现在情形略有不同，我很高兴我的衣食父母不是‘帝王家’而是买杂志的大众。不是拍大众的马屁的话——大众实在是最可爱的顾主，不那么反复无常，‘天威莫测’；不搭架子，真心待人，为了你的一点好处会记得你到五年十年之久。”②

——什么是大众文学？她是太明白了！

到了当年的11、12月，《金锁记》又在《杂志》上分两期发表。张爱玲暂时把香港经验搁置一旁，开始在家族经验和上海经验中“淘金”。

《金锁记》的故事，利用的是她的家族经验，其阴郁之气，令人周身寒彻。女主角曹七巧年轻时被家里逼着嫁给了大家族的痨病少爷，几十年媳妇熬成婆，成了疯狂的报复者。一腔怒气全撒向身边不相干的人，吓跑了情人，毒杀了媳妇，离间了女儿的爱情。最终，“一级一级走进了没有光的所在”。

小说既写了“物欲”，又写了“情欲”。情节的紧张感，达到了极致。虽然这一篇的“霉绿”气比哪一篇都重，但所瞄准的目标，是现代都市人最关心的两大看点，因之穿透力也就格外强悍。

小说的开始，固然有太多对《红楼梦》文风的摹仿，用力也有些太过，但很快就进入佳境，后面基本是浑然天成。

这罐“金”一淘出来，便彻底奠定了张爱玲在中国现代文学史上的巅峰地位。喜好大言的美籍华裔学者夏志清，后来更是将之封为“中国从古以来最伟大的中篇小说”。

---

①见《关于〈倾城之恋〉的老实话》。

②见《童言无忌》。

《红玫瑰与白玫瑰》亦是她紧随其后的一篇力作。写“海归”工程师佟振保，在工厂里原本青云得意，却陷入了道德与欲望的矛盾。红玫瑰，是个“淫荡”女人，可是他很喜欢；白玫瑰，是一位淑女，可是他不喜欢。究竟娶谁才好，他陷入了两难。

他不敢砸碎自己在公众中的好男人形象，又割舍不掉真心贪恋的女人，苦苦挣扎，最终还是成了“爱情战争”中的失败者。

这是个娓娓道来的婚恋伦理篇，个中哀乐，读者自有会心，也是要让一些人看得欷歔不止的。

张爱玲的“密集出击”战略，至此已完全成功！

连续一年多每月两三篇佳作的推出，使得她的知名度迅速放大，在读者群中形成强烈期待。

从这一点看，张爱玲对商业化市场条件下的写作，一点都不迂腐，大将之风，隐然可见。无怪后来胡兰成到公寓去拜访张爱玲，要说她房里有“兵气”。

1944 年 9 月，张爱玲的小说集《传奇》出版，共收进小说 10 篇。

《传奇》一上市就大受欢迎，四天后即行再版，张爱玲又特地添加了一篇喜气洋洋的《序言》。

1945 年初，散文集《流言》也出版了，收散文 30 篇，把 1944 年以前的几乎全部囊括。她后来为《流言》这个书名做了释义：“是说它不持久，而又希望它像谣言传得一样快。”①

这次张爱玲索性自己来充当“发行者”，由上海五洲书报社“总经售”。为了《流言》的出版，她没少操心，自己找纸张，跑印刷厂。

做自己的书，就好比打扮自己的孩子，一点瑕疵都不愿有。为了让书好看些，她特地选了 3 张照片上去，其中的一张还是在炎樱“导演”下拍的，务求笑得有一种“维多利亚时代的空气”。

原以为一切都圆满了，却不想印照片实在不容易。先印出来的，样子像个假人，于是求老板一次次地重印。老板又攒着眉头诉苦，说现时各色材料都缺货，又贵，亏大了！

为使一张照片效果能稍好些，她至少与制版师傅交涉了 3 次。

在她的描述中，这个跑印刷厂的过程，简直近于一场欢乐的节庆：

---

①见《〈红楼梦魇〉自序》。

在印刷所那灰色的大房间里，立在凸凹不平搭着小木桥的水泥地上，听见印刷工人说："哪！都在印着你的书，替你赶着呢。"我笑起来了，说："是的吗？真开心！"突然觉得他们都是自家人，我凭空给他们添出许多麻烦来，也是该当的事。电没有了，要用脚踏，一个职员说："印这样一张图你知道要踏多少踏？"我说："多少？"他说："十二次。"其实就是几百次我也不以为奇，但还是说："真的？"叹咤了一番。（见《"卷首玉照"及其他》）

——真是孩童之乐，身心俱畅！

沦陷区文场凋零，张爱玲却逆风飞扬，占尽了"先据要路津"的风头！

她能把这样多的红宝石、蓝宝石一把一把地撒出来，究其根本，应该感激她那些独特的个人经历。

老屋子的霉绿气息、香港的异乡风情，和她那一颗敏感的都市之心，三者结合，才有了这让人眼花缭乱的稀世珍宝。

《倾城之恋》，一望而知是取材于港战见闻。那一对急着去领结婚证的新人，就是灵感的来源；那位"本非善类"的医生，也就化身为浪荡公子范柳原了。

后来在1971年，张爱玲曾对水晶先生说，她的小说人物和事，"差不多都各事其本"。她说，写完《红玫瑰与白玫瑰》，觉得很对不住"佟振保"和"白玫瑰"，这两人她都见过，而"红玫瑰"只是听说过。

张子静也说，《金锁记》就是取自李鸿章次子李经述家里的事。小说里的七巧、三爷、长安、长白，其原型他全都"打过照面"。李家的这些故事，是张爱玲从小说里"大爷"的妻子，即"大奶奶"的口中听来的。著名的狠辣人物曹七巧，就是李府中的"三奶奶"，原本是个乡下姑娘。

在真实的"曹七巧"做五十大寿时，张子静曾代表父亲去拜寿，亲眼见这个女人仿佛"一个幽灵来到人间"。他还惊叹：姐姐写的二十多岁的曹七巧"瘦骨脸儿，朱红细牙，三角眼，小山眉……"，竟与五十整寿的"曹七巧"一模一样！

《花凋》用的则是舅舅家的事。爱玲从小就跟舅舅一家比较亲近，从舅舅口中了解到不少黄家的旧事。爱玲成名后，舅舅很高兴，常找她的文章来看。可是，在看到《花凋》后，却大怒，对舅妈说："她问我什么，我都告诉她，现在她反倒在文章里骂起我来了！"

《花凋》的悲剧女主角郑川嫦，原型是舅舅的三女儿黄家漪，她"十九岁毕业于宏济女中，二十一岁死于肺病"。原本张爱玲去了港大后，她也想上大学，可是舅舅不愿出钱，只想把几个漂亮女儿赶快嫁给"大款"。张爱玲写这个小说，也算是对表妹的一个悲悼吧。

舅舅是个坐吃山空的遗少，私德不检点。在《花凋》里，是这么写的他："有钱的时候在外面生孩子，没钱的时候在家里生孩子。没钱的时候居多，因此家里的儿女生之不已。"

无怪舅舅看了要暴跳如雷！

张爱玲的成名，让她的父亲张廷重也倍感尴尬。张子静把《紫罗兰》的复刊号拿回家去，告诉他："姐姐发表了一篇小说。"他未置一词，接了过去，至于看没看、看后的感觉怎样，都没了下文。

不过，张子静相信父亲一定是看过的。亲戚中有知道张爱玲成名的，打电话来报喜，张廷重一则以喜，一则以忧。喜的是，先前就看好的女儿终于出息了；忧的是，没准儿哪天这个"叛逆"会把他的老底也端出来。

果然，1944 年 9 月，从英文改写成的《私语》在《天地》月刊发表，张廷重的"封建旧家长"的形象，就此被定格。

张爱玲后来在散文集《张看》里说自己，对创作的素材[①]有一种偏好，因为它们有特殊的韵味，也就是"人生味"。

真实、尊重生活、尊重"俗趣"——这就是她作品的生命。

也是她的魅力所在！

几乎与此同时，她为《杂志》月刊写的一篇《到底是上海人》，对她首获成功的一批"香港传奇"，做了一个技巧性的总结：

"我为上海人写了一本香港传奇，包括《沉香屑　第一炉香》、《沉香屑　第二炉香》、《茉莉香片》、《心经》、《琉璃瓦》、《封锁》、《倾城之恋》七篇。写它的时候，无时无刻不想到上海人，因为我是试着用上海人的观点来察看香港的。只有上海人能够懂得我的文不达意的地方。我

---

①即生活原型。

喜欢上海人，我希望上海人喜欢我的书。”

这实际上是一篇宣言。她反复强调“上海人视角”，意在拉近与上海读者的距离，争取更大范围的认同。

当然，张爱玲的天才不仅止于此。懂得讨好读者的作家，那时已经车载斗量，张爱玲要是只有这一样本事，也会同样禁不起时间淘洗。

她的“俗”里，还有古典之美，还有“五四”以来的新文学之魂，这不大能相容的几样东西，被她融为一炉。好多人，看不透，只是各取所需。

文学大师贾平说得很坦白：“我往往读她的一部书，读完了如逛大的园子，弄不清了从那儿进门的，又如何穿径过桥走到这里。又像是醒来回忆梦，一部分清楚，一部分无法理会，恍恍惚惚。”①

精英文学和市民文学两大营垒，由她一举打通。从上世纪初到40年代，这一段社会转型期的都市众生相，任由她妙笔雕凿——这就是张爱玲成其为张爱玲的原因。

到1943年底，张爱玲已经稳稳地站在上海文坛的顶峰，与苏青、潘柳黛、关露等一道，成为当时红得发紫的女作家。

这是在“水土特别不相宜的地方”开出的奇花异卉。“这太突兀了，太像奇迹了!”②

这是上天对她的酬劳。

但酬劳如此之厚，连她自己也始料不及。

在后来的《传奇再版序》中，她有一句“名言”，现在常被研究者们引用：“啊，出名要趁早呀！来得太晚的话，快乐也不那么痛快。”

无比自负——这就是立在人生曲线最顶点上的张爱玲。

在她眼前，再没有坚城。

她自顾沉浸在“一日看尽长安花”的得意中，却没想到，一生中最大的失误正在悄悄逼近。

在追捧张爱玲的杂志中，出力最甚的，是《杂志》月刊。这个刊物，不仅紧随《紫罗兰》之后，第二个发表张爱玲小说；而且，还推出

---

①见《读张爱玲》。

②傅雷语。

了她的成名作《倾城之恋》；之后，又联翩推出《金锁记》、《花凋》、《红玫瑰与白玫瑰》、《留情》、《创世纪》、《姑姑语录》等。

在力捧张爱玲的杂志群中，它一直以“主力军”面目出现。在其后两年内，更不遗余力为之鼓吹，为她出版作品集，召开作品座谈会、“纳凉会”，直至将张爱玲捧到登峰造极的地步。

但是这个杂志的背景，却很复杂。这并不是一个像《紫罗兰》那样单纯的“商业性杂志”，它不是靠市场吃饭的，而是一个“党派杂志”。

它有政治背景，顺藤摸瓜查下去，令人心惊！《杂志》附属于《新中国报》，而《新中国报》的后台，则是日本领事馆！

可是，另一方面，这个《新中国报》的社长袁殊，又是中共地下情报人员，他同时还具有国民党和汪伪等多重掩护身份。办这张报纸，也是为了掩护他的工作，当然报纸在表面上是要亲日的。

实事求是地讲，这个杂志办得相当有特色：一是它不发表“软性文章”，走的是纯文艺路线，亦即当今的“不媚俗”；二是决不发表触及时局的文章，不与日伪当局唱反调；三是它登载的文章，质量与格调均为上海滩杂志之首，其他如《紫罗兰》、《万象》之类的，根本不可与之比肩。

尽管如此，在当时的背景下，说到底它也还是一株长满棘刺的艳丽之花。

张爱玲没看见它的棘刺，只看见了它的艳丽，所以欣然与之合作。

——有时候，在错误的方向上只要迈开一步，就有更大的错误在后头。

她是在钢丝上舞蹈。

有人为她捏把汗了。一批左翼人士看到新星升起，都很高兴；但看到她可能蹈浑水，又非常担心。

柯灵首先就不以为然，他认为张爱玲“犯不着在万牲园①里跳交际舞”。上海环境特殊，清浊难分，那些卖力给她鼓掌、拉场子的，背景很有些不干不净的。那些敌伪背景的杂志，醉翁之意不在酒，捧张爱玲不过是为自己撑场面。

郑振铎是另一个为她担心的人，他那时在上海隐姓埋名，典衣节

①即动物园。

食，全力抢救散失的典籍，想以个人力量阻挡“史流他邦，文归海外”的劫难。他请柯灵劝一劝张爱玲，写了文章先别急发表，交给开明书店保存，由书店给她预支稿费，等“河清海晏”后，再印出来也不迟。

这个方式，最妥当不过。那一年，离“小鬼子完蛋”也就还有两年，虽然人们不能预先知道，但明眼人都看得出，日伪统治的灭亡已是定局。

可是柯灵却感到为难，想自己与张爱玲交往尚浅，不便于如此深言。直通通地说出来，怕是太冒昧。

可巧这时张爱玲有信给他，说中央书店老板平襟亚要给她出小说集。张爱玲不大清楚中央书店的实力，便写了信来探底。

柯灵想，利用这个机会进言最好不过，就马上复信，先说中央书店出的书，都是“一折八扣”的劣质书，专门翻印古籍和通俗小说，出版质量不能保证。委婉地劝爱玲还是谢绝为好。

而后，他便恳切地劝告：以你之才华，不愁不见知于世，望你静待时机，不要急于求成。

张爱玲那时正是“绩优股”，想不到会有栽的一天。她给柯灵回了信，观点直截了当，中心意思是四个字——“趁热打铁”！

不久，由《杂志》策划包装的张爱玲小说集《传奇》初版问世，柯灵悔之不及——与其是这个结果，还不如就让中央书店做！

这时候的张爱玲，已是乘马御风，浩荡千里，不是柯灵能挽得住的了！

从1943年8月起，《杂志》社就连续为张爱玲安排活动造势，计有朝鲜女舞蹈家崔承喜欢迎会、女作家座谈会、《传奇》集评茶会，还有一次“纳凉会”。

在女作家座谈会上，是张爱玲做的主旨发言。在《传奇》茶会上，有上海滩交际界、文艺界的一批名流前来捧场；在“纳凉会”上，有伪“满洲国”当红影星李兰香①出席，张爱玲与她，曾有一番逢场作戏式的应酬。

这种场合，其实政治风险极大，容易给人“同流合污”的印象，她也不知回避。

①实为日本人。

不善交际的张爱玲，竟成了明星级的公众人物。炎樱后来在写给胡兰成的一封信上讲：“你真是不知道现在同爱玲一块出去有多讨厌。”

她同成名后的张爱玲一道上街，会有一群小女孩在后面喊：“张爱玲！张爱玲！”稍大一些的女孩，也回头打量个不停。这倒也罢了，居然还有外国老绅士拿着一本杂志，围着她们转来转去却不好意思开口，原来只为向张爱玲讨一个签名，闹得炎樱险些把他当做一个洋乞丐。

炎樱为朋友高兴，却又惋惜过去的无所顾忌，叹道：“从前有许多疯狂的事现在都不便做了。”

张爱玲没那么多顾虑，她继承了母亲的勇敢，成名后亦是一样地惊世骇俗。

她后来把《倾城之恋》改编成话剧剧本，请柯灵提了不少修改意见。为了能上演，柯灵又居间奔走，介绍张爱玲与大中剧团主持人周剑云在一家餐厅见面。

张爱玲那天的赴约装束是：一件拟古夹袄，长度齐膝，超宽大袖，面料是水红绸子，配以特宽黑色镶边，右襟下还一朵舒卷的云头[①]，夹袄里面穿的是薄呢旗袍。《流言》的封面画和里面作者像的服饰，就是这件。

那周剑云是战前明星电影公司的三巨头之一，在上海滩也是见过大世面的，但见了张爱玲，竟被她的盛名和“盛装”镇住，显得很有些拘谨。

后来这出戏在新光大戏院上演，导演是朱端钧，为当时上海的“四大导演”之一；由罗兰饰白流苏，舒适饰范柳原，都是名重一时的红角儿。

张爱玲感激柯灵，心有念念，送了一段宝蓝色的绸料子给他。

柯灵马上拿来做了皮袍面，穿在身上刺目地耀眼。

导演桑弧看见了，大为开心，用上海话取笑柯灵：“赤刮剌新的来！”这个桑弧，也是上海滩奇人之一，后来成了张爱玲最亲密的好友。

张爱玲走红之时，才不过二十三四岁，想想当今这个年龄的女性，统统都称“女孩子”，娇嗔、任性无与伦比。张爱玲也不是超人，要求她能在得意之际把持得住，不容易。

---

①也许是如意。

她当时在散文集《流言》里，有一个作者照片的自题，两句话，说明了她的心态：

“有一天我们的文明，不论是升华还是浮华，都要成为过去。然而现在还是清如水明如镜的秋天，我应当是快乐的。”

她显然对潮流的未来有焦虑。

——她有什么焦虑？有什么预感？是否在某种意义上与鲁迅先生相同？其实是大可研究的。

她的预感，在《流言》里说得很明白：“时代是仓促的，已经在破坏中，还有更大的破坏要来。”

说这话时，是1944年8月。这是从哪个角度说起？那时人们只看到胜利已经近了，都没有想太多，张爱玲对于时代的前瞻，多少有点诡异。

“青天有月来几时？”说不清。那么现在，就及时消遣吧。

1944年，于是就成了沦陷区文坛无可置辩的“张爱玲年”。

柯灵说她若再晚一点出来，那就又是内战时期，兵荒马乱，剑拔弩张，不可能再有曹七巧、流苏一流人物的立足之地。又说她“是命中注定，千载一时，‘过了这村，没有那店’。幸与不幸，难说得很。”①

确实有一种东西叫做命运——人支配不了时代，而是时代在摆布着人。

张爱玲，不过也是20世纪的一簇飘萍吧！

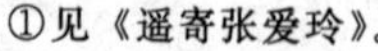

①见《遥寄张爱玲》。

11. 朋友亦有形形色色

在张爱玲成名之前，仅有炎樱这一个朋友。在她的视野打开以后，陆续又有了一些朋友。

朋友这个东西，在现代社会里的定义，已经很复杂。他们也许是与你气味相投的人，也许是交往得较多的人，或者，仅仅就是一些有利益关系的人。

朋友，在特定的情形下，可以深刻地影响你的一生，而又不用负什么责任。

这是他们与你血缘的亲属很不同的地方。

一个朋友，假如他把你带入了深渊，那么，你连谴责他的权利都没有。

因此，古今中外都有关于“慎交友”的格言。张爱玲对这些格言，似乎不以为意，她交朋友，是随着性子来，话不投机半句多。

现在，张爱玲的文章中，开始频繁出现一个女人的名字，这便是她的新朋友。

1944 年 3 月 16 日，上文曾提到过的那场“女作家座谈会”，在《新中国报》社举行。从名义上说，这场女子群英会，是请了潘柳黛、关露、汪丽玲、吴婴之、苏青等一干女作家来畅谈文学思想和创作体会，而实则专为张爱玲造势。

张爱玲的发言，果然也不同凡响，她说：“在古代的女作家中最喜欢李清照，李清照的优点，早有定评，用不着我来分析介绍了。近代最喜欢苏青，苏青之前，冰心的清婉往往流于做作，丁玲的初期作品是好的，后来略有点力不从心。踏实地把握生活的情趣的，苏青是第一个。她的特点是‘伟大的单纯’。经过她那俊洁的表现方法，最普通的话成为最动人的，因为人类的共同性，她比谁都懂得。”

这是她年轻气盛时的评语，对冰心、丁玲等前辈作家的臧否，未见得公允。可是以她之气傲，能说出“古有李清照，今有苏青”的话来，实是惊人！

这个苏青，是什么来头？

苏青（1914－1982），也是个当红女作家，比张爱玲出道还要早些，从1941年起就以“苏青”为笔名卖文为生，因自传体长篇小说《结婚十年》而暴得大名。这本书刚出来时，半年内曾经再版九次！

她是浙江鄞县人，本名冯和仪——典出“鸾凤和鸣，有凤来仪”；抗战胜利后，她又改用笔名冯允庄。

她比张爱玲大4岁，书香门第出身。祖父冯丙然是清末举人，曾任杭州副参议长。父亲冯浦是庚子赔款的留美学生，曾在汉口和上海的银行里做过经理。

苏青在中学的时候，成绩出众，写作上也很冒尖，被同学誉为“天才的文艺女神”。那时，她爱国也不落人后，“九一八”事变爆发，苏青曾和同学们一道上街游行、发传单。

自淞沪战事后，国事蜩螗，她便埋首读书，渐渐淡泊了下来。

苏青在中山公学读初中时，有位同窗李钦后，是个相貌英俊的少年，外语好，家境也富裕。一次，苏青与他同台演出《罗密欧与朱丽叶》，擦出爱情火花。李家随后便来提亲，时值苏青之父已过世，家境拮据，家里人便同意两人订婚。

苏青后来考上了南京国立中央大学，还没等毕业，就奉母之命回家完婚，后因怀孕而完全中断了学业。结婚后，便随丈夫迁居上海。

可是，恋爱中的“罗密欧”也好、“朱丽叶”也好，并不等于就是合适的配偶。苏青结婚后，本意是做贤妻良母，但不幸丈夫“少爷气”十足，婆家又因她生了女儿而给她难堪。苏青甚感郁闷，平日便以看书消遣。

她最爱看《论语》、《人间世》这类杂志，看得多了，忽然开窍，自己也动笔写了一篇《产女》，记述了自己在生育过程中的感受种种。她把文章投给了《论语》，编辑将题目改为《生男与育女》发了出来。这时，她还没打算以写作为职业。

婚后的小家庭，与她想象的大为不同，夫妻间常有不睦。一次，她向李钦后索要家庭支出用钱，两人发生争吵，李钦后竟打了她一记耳光，说：“你也是知识分子，可以自己去赚钱啊！”

这一记耳光，把苏青彻底推上了文学之路。此后，她便开始卖文，以稿费获得了独立的经济地位。

结婚10年后，她已是3个儿女的母亲，但最终还是夫妻反目，各自分飞。

她把自己从结婚、婚变、育儿、求职的真实经历写成小说《结婚十年》，引起了轰动，创下连续印刷36版的惊人记录。

小说在描写中，稍微涉及了夫妻生活中的性心理，这在当时尚属罕见，结果，引得舆论一片哗然。有人认为她这是“色情”文学，还有人干脆就称她为“文妓”。

苏青是个有性格的人，敢言人所不敢言。当时“女子经济独立”是个颇为时髦的潮流，但她却不以为然，抱怨说：“我想想，我家连一枚钉子，也是我用自己的劳力换来的，可又有什么意思呢！”

苏青口无遮拦是出了名的。《秋海棠》的作者秦瘦鸥体胖，她见之就打趣儿：“你不是叫瘦鸥吗，还那么胖？”顺便就送了他一个诨号，叫做“肥鸭”。

在前面提到的那次女作家聚谈会上，她说起冰心，用语十分刻薄：“从前看冰心的诗和文章，觉得很美丽，后来看到她的照片，原来非常难看，又想到她在作品中常卖弄她的女性美，就没有兴趣再读她的文章了。真是说也可笑。”

那年头的上海文化圈，还哄传着她的一句名言：“饮食男，女人之大欲存焉。”

把圣人古训“饮食男女，人之大欲存焉”只改动了一处断句，就变成了赤裸裸的“新女性宣言”。

这样的新女性，素为张爱玲所喜。

自从张爱玲崛起后，人们便将她与苏青并列，誉之为“目前最红的两位女作家”。

几乎所有的张爱玲传记，对苏青的背景介绍，基本都到此为止。其实“豪放女”苏青还有另外的一些事，说来头绪蛮多。

曾在旧上海十分有名气的一位老中医陈存仁，后来在香港写过一本《抗战时期生活史》，内中有一处记载，是与苏青有关的。

当时因伪上海市市长接二连三被暗杀，最后就由大汉奸陈公博亲任。“自从他做了伪府的上海市市长之后，情妇不少，大有醇酒妇人之意。曾经有一位发表‘饮食男，女人之大欲存焉’言论的著名女作家和陈公博有染，陈设法配给她很多白报纸，作家坐在满载白报纸的卡车上招摇过市，顾盼自喜，文化界一时传为笑谈。”①

这个女作家，必是苏青无疑。

那么，苏青究竟是不是汪伪二号大汉奸陈公博的情妇？查无实据，只是传闻罢了，但她与陈公博关系确乎非同寻常。

两人的相识，有如传奇。

苏青曾在《古今》杂志上发表过一篇《论离婚》，言论别致，引起了陈公博的注意。那时苏青的丈夫不肯养家、她自己又找不到工作，正是百般烦恼时。《古今》的老板朱朴就对她说：“陈公博看了《论离婚》，非常赞赏，你何不写点文章奉承奉承他呢，这样你找工作的事就好办了。”

苏青求职心切，便写了篇《〈古今〉的印象》，拍了陈公博“市长”一马屁，发表在1943年3月的《古今》上。陈公博看了，心中自然有数。

陈公博后来听说苏青竟为职业而烦恼，就亲自写信给苏青，请她做自己的秘书，或者到“市政府”来做科室的专员。

苏青接到信后，担心陈公博对她别有企图，就不想做秘书，而选择了做专员，被安排在伪市府秘书处做事。这下，饭碗是有了，但代价是沾上了汉奸的嫌疑。

不过这段“伪公务员”的生涯仅有3个月，苏青便因撰文批评了“衙门作风”，而被迫辞职。

那时苏青已与丈夫分居，做了离家出走的“娜拉”，借住在平襟亚的家里。陈公博得知后，心有所念，给了她8万元作租赁房屋之用，让她有了安身之所。

闲下来的苏青不甘寂寞，想自办杂志《天地》，便去请求陈公博支持。陈公博给了她5万元，这个数目在当时可买50令白报纸，所谓“坐在满载白报纸的卡车上招摇过市”，当是指此。

1943年10月，《天地》月刊创刊，“天地出版社”也同时挂牌开张，苏青自兼老板、编辑和发行，一个人拳打脚踢。后来陈公博、周佛海及其妻子杨淑慧、儿子周幼海，均有作品在《天地》上发表。

①陈存仁《抗战时期生活史》，广西师范大学出版社2007年版。

她与陈公博、周佛海、胡兰成的关系都很不错。她甚至可以自由出入陈公博的官邸，陈公博也偶尔找她诉一诉“文人从政”之苦，不过两人的关系仅此而已。

她之“落水”，起初仅仅是为了生存，与伪酋的关系也仅止于私交，而没有资敌通敌的叛国行为，因此战后“国民政府”并未追究她，但说她背景复杂，应是不错的。

——这样的一个人，向张爱玲走来，张爱玲未来的命运，便逃无可逃了！

1943年秋，苏青的《天地》开张，地址就在爱多亚路[①] 160号，她的发刊词，写得口气甚大：“天地之大，固无物不可谈者，只要你谈得有味道。”旗下作者也是她用心网罗的，从大名鼎鼎的周作人，到刚露头角的施济美，都一网打尽。

张爱玲，当然也跑不出她的视线。苏青把张爱玲作为《天地》的头牌作家全力追捧，她给张爱玲的约稿信，总是一上来就说：“叨在同性[②]……”看得张爱玲要笑。

在《天地》创刊号上，张爱玲只发表了一篇散文《论语言不通》。其后，大概彼此都发现气味相投，很快便结为至交。

其后，张爱玲又应苏青之邀，写了一篇小说《封锁》，发在《天地》第2期上。

这个短篇，当是张爱玲的人生大转折点——它引起了胡兰成的注意，继之，给张爱玲带来了半生的不安宁！

《封锁》是个很精致的小说，张爱玲写的，是在一个封闭的场景中，一对在电车上萍水相逢的男女，所做的一场虚假的艳遇之梦。

喜欢它的研究者，津津乐道的是它的现代性、人性化，或者心理刻画的功夫等等。

谈这个小说，首先要解题，也就是什么是“封锁”？

这是日伪统治时期的一个专用术语。在沦陷后的上海，只要在什么地方发现有地下抗日人员的行踪，日军就会封锁该区域，少则个把小时，多则十几天。

①今延安东路。

②看在都是女流的面上、敬请帮忙之意。

具体办法是将有关街区用绳子圈住，各保甲当时都有“自警团”，成员为该街区18～30岁男子，由这些人担任岗哨，禁止行人进出，而后日军或伪警察开进，挨家挨户搜查。抓到抗日分子之后，才可解除封锁。

张爱玲在《封锁》中的描写，与实际情况完全吻合。小说里讲，当封锁开始了一小会儿之后，“街上一阵乱，轰隆轰隆来了两辆卡车，载满了兵……”每当街上有封锁发生，就预示着将有地下抗日分子被逮捕。

这种“封锁”，不仅给百姓生活带来很大不便，而且对有爱国心的人来说，也是一个大大的梦魇。

但是，这种压抑和恐怖的气氛，在《封锁》里根本看不到。我相信，几乎所有的读者，都把这个小说的背景，当成了时下的“堵车”来体会——那不过是现代都市中的一种无奈。

她写得很好：“封锁期间的一切，等于没有发生。整个的上海打了个盹，做了个不近情理的梦。”也就是说，都市里对现状不满的人，在一个偶然机会里宣泄了一下。

可是，在生与死、善与恶搏杀的背景下，精雕细刻，写出这样的一场旖梦来，不是太冷血了么！

因此，我们就不难理解，一些正义人士对张爱玲的窜红，会有何等的不安或抵触。

苏青对“后起之秀”张爱玲高看一眼，张爱玲对苏青也就极有好感，后来又陆续把一批作品给了苏青。

自《封锁》起，每期《天地》都有张爱玲的作品发出来，先后有《公寓生活记趣》、《烬余录》、《谈女人》、《私语》、《中国人的宗教》、《道路以目》、《谈跳舞》等，这里面，有不少是张爱玲的重头散文。

不过，平心而论，苏青对张爱玲并非仅有利用，她原本是不大喜欢和“同性”交往的，嫌女性太琐碎；但对张爱玲，却是实心笃意地好。

两个人算是惺惺相惜吧——都是靠自己的一支笔打拼出来的女人。

在《传奇》出版后的茶会上，苏青大约是怕“言语不通”，郑重其事地写了评语，请吴江枫向众人念出来，其中道：“我读张爱玲的作品，觉得自有一种魅力，非急切地吞读下去不可。读下去像听凄幽的音乐，即使是片段也会感动起来……”

张爱玲自然是投桃报李，除了给文章，还经常为《天地》手绘插图，并亲自为《天地》设计了新封面，背景是青空，有轻云数朵，下为一女子脸庞，神情似熟睡亦似冥想，大有以天地为衾被之意。

后来张爱玲索性写了一篇《我看苏青》，大大地抬举了好友苏青一番。

她说："低估了苏青的文章的价值，就是低估了现代的文化水准。如果必须把女作者分作一栏来评论的话，那么，把我同冰心、白薇她们来比较，我实不能引以为荣，只有和苏青相提并论我是甘心情愿的。"

这段话说得比较狂，而实际上她也做到了——张爱玲要的就是超越前代！

这篇《我看苏青》，篇幅非常之长，活画出了一个张爱玲心目中的苏青——"乱世佳人"。

张爱玲是个内向抑郁的人，她需要有像苏青这样性格粗糙一些的朋友。

这篇写苏青的文章，比较著名的一段文字是在结尾，写一次苏青离开张爱玲的公寓之后，张爱玲自己的心情：

> 她走了之后，我一个人在黄昏的阳台上，骤然看到远处的一个高楼，边缘上附着一大块胭脂红，还当是玻璃窗上落日的反光，再一看，却是元宵的月亮，红红地升起来了。我想着："这是乱世。"晚烟里，上海的边疆微微起伏，虽没有山也像是层峦叠嶂。我想到许多人的命运，连我在内的；有一种郁郁苍苍的身世之感。"身世之感"普通总是自伤、自怜的意思罢，但我想是可以有更广大的解释的。将来的平安，来到的时候已经不是我们的了，我们只能各人就近求得自己的平安。

这篇文章，发表在1945年5月，离日本投降不到三个月。"将来的平安，来到的时候已经不是我们的了"，张爱玲有这个预感。

苏青却一点都没有。

在张爱玲的"朋友"中，与苏青相映成趣的，是另一个女作家——潘柳黛（1920—2001）。

潘柳黛的成名也比张爱玲略早，两人一度走得较近，据推测，她与张爱玲的相识，应是出于苏青的介绍，但后来，她对胡兰成在《杂志》

上公开吹捧张爱玲有气，便写了文章大加讽刺，从而与张爱玲结怨。日后在她回忆张爱玲的文字中，对张也多有不敬。

她所描写的张爱玲，比较夸张——

比方与人约会，如果她和你约定的是下午三点钟到她家里来，不巧你若时间没有把握准确，两点三刻就到了的话，那么即使她来为你应门，还是照样会把脸一板，对你说："张爱玲小姐现在不会客。"然后把门嘭的一声关上，就请你暂时尝一尝闭门羹的滋味。万一你迟到了，三点一刻才去呢，那她更会振振有词地告诉你说："张爱玲小姐已经出去了。"她的时间观念，是比飞机开航还要准确的。不能早一点，也不能晚一点，早晚都不会被她通融。所以虽然她是中国人，却已经养成了标准的外国人脾气。

张爱玲喜欢奇装异服，旗袍外边罩件短袄，就是她发明的奇装异服之一。有一次，我和苏青打个电话和她约好，到她赫德路的公寓去看她，见她穿着一件柠檬黄袒胸露臂的晚礼服，浑身香气袭人，手镯项链，满头珠翠，使人一望而知她是在盛妆打扮中。

我和苏青不禁为之一怔，问她是不是要上街？她说："不是上街，是等朋友到家里来吃茶。"当时苏青与我的衣饰都很随便，相形之下，觉得很窘，怕她有什么重要客人要来，以为我们在场，也许不太方便，便交换了一下眼色，非常识相地说："既然你有朋友要来，我们就走了，改日再来也是一样。"谁知张爱玲却慢条斯理地道："我的朋友已经来了，就是你们两人呀！"这时我们才知道原来她的盛妆正是款待我们的，弄得我们两人感到更窘，好像一点礼貌也不懂的野人一样。

还有一次，张爱玲忽然问我："你找得到你祖母的衣裳找不到？"我说："干吗？"她说："你可以穿她的衣裳呀！"我说："我穿她的衣裳，不是像穿寿衣一样吗？"她说："那有什么关系，别致。"张爱玲穿着奇装异服到苏青家去，使整条斜桥弄（苏青官式香闺）轰动了，她走在前面，后面就追满了看热闹的小孩子。一面追，一面叫。

她为出版《传奇》，到印刷所去校稿样，穿着奇装异服，使整个印刷所的工人停了工。她着西装，会把自己打扮成一个十八世纪少妇，她穿旗袍，会把自己打扮得像我们的祖母或太祖母，脸是年轻人的脸，服装是老古董的服装，就是这一记，融合了中外古今的大噱头，她把自己先安排成一个传奇人物。有人问过她为什么如此？她说："我既不是美人，又没有什么特点，不用这些来招摇，怎么引得起别人的注意？"（《记张爱玲》，载于香港《南北极》杂志第58期，1975年3月出版）

这些描述，有掩饰不住的挖苦，也有皮里阳秋，特别是最末一句话，素质低得可以，不大可能是出自张爱玲之口。但其中大部分多少也可看出：这只能是张爱玲才有的"特异"。

在这篇文章中，她对张爱玲进入文坛的介绍人、张爱玲与李鸿章的关系这类重要情节，都有很严重的"误记"。比如她把介绍人说成是苏青，而不是周瘦鹃。

我以为，从这些"误记"来看，上面所摘引一些描述，也很可能是故意夸张，而原本面貌，并非她说的这个样子。

这个潘柳黛，笔名南宫夫人，也是个靠文字打天下的新女性。她出身于北京一个旗人家庭，受过良好教育，18岁时只身南下到南京报馆求职，由誊稿员晋升到采访记者。后来到上海发展，逐渐崛起于上海文坛，与张爱玲、苏青、关露并称为"文坛四才女"。

她的婚恋经历，亦颇多坎坷。一次酒醉后，她糊里糊涂地失身于人，从此走上了脱离常规的人生之路。

她的追求者不少，却没有一个能让她心动的，后来遇到了一个叫"阿乘"的男人，以为可以托付终身。但这位极善于哄女人的男人，却是个极端自私之徒，本误以为她身家富裕而靠近她，一旦发现了"真相"就背叛了她。此后，潘柳黛结婚又离婚，尝尽了苦头。

她后来去了香港，具体情况不详，只知道她上世纪70年代还在刊物上发表文章。她的成名作《退职夫人自传》，近年来大陆也有出版①。

她当年写的讽刺胡兰成的文章，题目是《论胡兰成论张爱玲》，虽然她自称这不过是"游戏文章"，但挖苦得未免太过刻毒。

比如，她不怀好意地问："胡兰成对张爱玲的赞美'横看成岭侧成峰'，是什么时候'横看'？什么时候'侧看'？"这基本上就不是文学评论了，且语涉下流。

对她的评价，历来不一。有人夸赞她"是个心直口快、幽默、尖

①新世界出版社2003年出版。

刻，能一针见血戳到某些人痛处的人。因此得罪了不少人，包括胡兰成和张爱玲。”①

也有人由于她对张爱玲不恭而对她切齿痛恨。

不过潘柳黛的上述回忆文章，确实是有些问题。

比如她说：“当时张爱玲在发表文章之余，对于她自己的身怀‘贵族血液’却是‘引以殊荣’，一再加以提及，裨众周知。”此说仅见于她的一家之言，与其他一些人士的说法正好相反，其真实性令人怀疑。

她在文章中，还弄错了张爱玲和李鸿章的辈分及关系。

她敢于撰文直刺当时颇有权势的胡兰成，却似乎比较怕苏青。她腰身较粗，苏青因为看不惯她的做派，曾当着友人的面笑谑她：“你眉既不黛，腰又不柳，为何叫柳黛呢?”这幽默也是够损的，但并不见她反唇相讥。

据潘柳黛自己说：她因为写讥讽文章而与张爱玲疏远，后来张爱玲从内地到香港，有人对张说潘柳黛也在香港，张爱玲余怒未消，反问道：“潘柳黛是谁？我不认识!”

对于潘柳黛的发难，张爱玲的确从未回应，只一个不理就是了。

这一段张、潘之间的恩怨过节，只能说是文人反目的一段逸事。

近代以来的名作家，特别是那一时期上海的一批“小姐作家”，喜欢以大言抬高自己，比方说声称“从不看别人的小说”云云。

张爱玲公开说“近代最喜欢苏青”，苏青也曾在《传奇》座谈会上宣称：“张女士真可以说是一个‘仙才’了，我最钦佩她，并不是瞎捧。”两人简直视文坛为无物。

无怪潘柳黛要恼，要发难，直到30年后还要放冷箭。

此为典型的“三个女人一台戏”。

不过，细心的读者一定注意到了，在这台戏中，还牵扯到一个名人胡兰成。

这个张爱玲命中注定绕不开的男人，就要出场了。

——张爱玲此刻御风而上、恣情飞扬，一个潘柳黛是绊不住她的，却有人能够一把抓住她的命运之索！

---

①见周文杰《文坛四才女》，黑龙江人民出版社2005年出版。

12. 热恋恰似飞蛾扑火

说到这个人——胡兰成（1906—1981），我想到的只能是“魏晋人物”。这是乱世里才有的极聪明的人。

有才气，有性格，在乱世里，想到即便是循规蹈矩地活，怕也是活不多久，于是就恣情放任地活。果然，也就活出了个模样。

这样的人物，隋唐以来就不多了。

民国是乱世，于是民国就多有这样的人。

从陈独秀起，到闻一多止，成为一个谱系。他们的为人、品质，其实很不一样，有的如阮籍，有的如王戎，有的极刚烈，有的善阿附，惟有才气饱满这一点相似。

但是那些人们，如陈独秀等，是可以归类的，而胡兰成则不能。

一个知识分子，却不是思想的人、不是学术的人，亦不是文学的人——来无源流，去无归属，是乱世里的一粒灰尘在飘荡。

民国的人物恒河沙数，偏偏就是他，撞上了张爱玲。

胡兰成，原名蕊生，生于1906年，是浙江嵊县人，家在距县城几十里的下北乡胡村。他是个农村苦孩子，家境贫寒，随母长大，自幼喜读书。论起他的学历，其实只有中学二年级。

如果在盛世里，这样的根苗是基本长不起来的，无论哪个科层系统，都不可能接纳他。然而在乱世里，他就有了缝隙，钻了出来。

他有著作留下来，洋洋洒洒几大本，其中最著名的是《今生今世》。有了这一本，其他的人就再无须再做《胡兰成传》了，他把一切都已写尽，没人可以比他自己写得更好。

无数的张迷，无数的张学研究者，面对他，只有尴尬。

在《小团圆》问世之前，如果没有《今生今世》，那么他与张爱玲的一段婚恋，具体是如何，就再也无人可证了。

正如止庵先生所说：胡兰成有负于张爱玲，张迷们恨他。可毕竟是他，给我们描述了这段姻缘，因此张迷们又私心有所感激，否则，张爱玲人生中最重要的一段，在资料上将付阙如。

胡兰成在《今生今世》里的描绘，时有至情至性处，不由得人们不信。可是，那能是真的么？假如不真的话，又何以为真呢？

张爱玲传记的编写者们，也是痛苦。有的只好声明：本节“胡张恋”之情节，系胡兰成一面之辞，真假难判。

其他所有的亲朋，都没有提供细节，炎樱没有，姑姑没有，苏青也没有。她们三人没说话，真相就永远也无法得知了。

而当事人之一的张爱玲，在1966年看了《今生今世》之后，给好友夏志清写信，说：“胡兰成书中讲我的部分，缠夹得奇怪，他也不至于老到这样。”

“缠夹”，是方言，意谓头脑不清，举措多有误。

这里面传达出的意思明白无误：胡兰成是在胡说八道。

直到2009年初《小团圆》横空出世，世人才得知——《今生今世》里并没有撒谎。

“胡张恋”的真相，不仅基本如胡兰成所述，而且《小团圆》还爆出了许多令人瞠目的细节。

我们还是从胡兰成的身世讲起。

他的祖父胡载元，是茶栈老板，为当地一大富户。父亲胡秀铭继承家业后不知怎么搞的，破了产，沦为普通农民，但却喜爱摆弄乐器，乐于帮闲，绝非闰土式的愚蛮人物。

胡兰成的求学之路颇不平坦，高小毕业后先上了绍兴第五中学，只读了一个学期，就因学生闹学潮而辍学，后又考入教会学校杭州惠兰中学。

在惠兰读了四年后，又因编辑校刊与教务主任起了冲突，被开除，后来考取了杭州邮务局的邮务生，从此就没再接受过常规教育。

邮政人员在“旧社会”是个铁饭碗，地位是令人欣羡的，可惜只干了一个月，他又因指斥局长“崇洋媚外”而被开除。

这年他21岁，为谋出路，毅然去了北平，在燕京大学校长室做抄写文书，同时旁听学校的课程。

这一步，是他蛹化为蝶的关键一步。在燕京的时间虽不长，却大大开了眼界。北伐军兴起后，他回到了浙江，先后在杭州、萧山两所专科学校任教，成了知识分子。

1932年，他返回家乡，发妻唐玉凤恰在此时去世，家中无力下葬。

他四处苦苦告贷，竟求助无门，最后在干妈那里借得60元，还招来一通奚落和鄙夷。此事对他刺激甚深，从此放弃了任何正义感，一心只想向上爬。

他后来回忆说："我对于怎样天崩地裂的灾难，与人世的割恩难爱，要我流一滴眼泪，总也不能了。我是幼年时的啼哭，都已还给了母亲，成年的号泣，都已还给了玉凤，此心已回到了如天地之不仁！"

如此冷血的人，日后在政治上的表现种种，也就可以索解了。

之后，他又南下广西，辗转于南宁、百色、柳州，做了5年的中学教师。此间他不安于三尺讲台，常有大言，写东西也爱用"兵气"、"民间起兵"、"开创新朝"等等字样，显是以刘伯温、李善长一类人物为楷模，要在乱世里做个摇羽毛扇的人。

1936年，"两广事件"发生，广西的桂系第七军发动兵谏，要求中央政府抗日。胡兰成受第七军军长廖磊之聘，兼办《柳州日报》，在报纸上发表鼓吹兵谏的文章，开始崭露"政论一支笔"的头角，引起各方注意。

可是，"两广事件"旋即受挫，胡兰成脱不了干系，被抓到桂林第四集团军司令部，受军法审判，监禁了一月有余。后来因白崇禧惜才，才没有再为难他，给了他500元，算是礼送出境。

没想到，这次的文字贾祸，反而给他带来更大的"上行空间"。当时，具有汪派背景的《中华日报》邀他为撰稿人，他便奔赴上海就职。不久，他有两篇经济文章被日本《大陆新报》译载。这一来，引起汪系高度重视，遂将他擢升为《中华日报》的总主笔。

自此他成了汪系的干将，且日益扶摇直上，再回首乡村"惨绿少年"的种种，则如同隔世。

沪战爆发后，汪系将他调到香港的《南华日报》任总主笔，以笔名"流沙"撰写社论，其中最有名的一篇，是卖国高论《战难，和亦不易》。

不过，此时胡兰成的名气虽大，却无任何政治实力，经济收入也很可怜，月薪只有区区60元。

就在他弹铗抱怨之时，机会又来了！

汪精卫这时，叛国已是箭在弦上，急欲组织伪政府，有意延揽胡兰成做他的"文胆"。他通过亲汪的《南华日报》社长林柏生从中引线，派亲信陈春圃带了亲笔字条给胡兰成："兹派春圃同志代表汪兆铭向胡兰成先生致意。"

汪精卫的老婆陈璧君不久后来到香港，也想顺便一见胡兰成。经打听，方知胡兰成月薪微薄，生活艰难，且患有严重眼疾，无法面见"夫人"。陈璧君严厉斥责林柏生埋没人才，亲自将胡兰成的月薪，由60元一下加到360元，还附送了2000元的"保密费"。

对这些笼络，胡兰成心领神会，欣然受之。自此，正式上了汪记贼船。

这以后，汪精卫开始鼓吹"和平运动"，最需要的是吹鼓手，胡兰成的地位随之急剧上升。《中华日报》专门成立了社论委员会，为汪伪宣传定调。委员会主席是汪逆本人，总主笔是胡兰成，他手下的一批撰述，个个都是"名流"，有周佛海、陶希圣、林柏生、梅思平、李圣五等。

汪伪政府在南京成立后，他先后担任"中央执行委员"、"宣传部政务次长"、"行政院法制局局长"，还短暂地担任过汪精卫的侍从秘书，可直接向汪本人进言。汪很赏识他，呼为"兰成先生"，常向他"殷殷垂询"。

其时，他俨然是汪精卫嫡系"公馆派"中的栋梁，在汪政府中的位置，要远远高于著名"文胆"陈布雷在蒋介石那里的分量。

他直把汪伪当做"新朝"，以"布衣卿相"而沾沾自喜，在上世纪70年代写《今生今世》时，还津津乐道于"和平运动时位居第五"的荣耀。

他这一生，颇多荒谬。最为荒谬的，是他自己后来曾说，解放初一度化名留在大陆，还差一点经梁漱溟引介去见毛泽东。

到1980年代初，在邓小平访问美、日之后，他还在日本写了一封致邓小平的万言书，纵论天下大势、中西文明优劣和中国经济问题，洋洋洒洒一大篇"之乎者也"——当然不会有人理睬他。

不过，当时胡兰成在汪伪政府里的好日子，并不持久。傀儡政府成立后，造舆论就不是最重要的了，他的地位自然下降。加之胡一贯恃才傲物，得罪人甚多，渐渐地，也不讨汪精卫的喜欢了，至1943年，实际上已被冷落。

他这个人，坐不得冷板凳，旋即通过日本使馆的官员清水、池田笃纪，与日本军界对战争前景不乐观的少壮派频繁接触，又把他攻击汪伪、预言日本必败的文章翻译成日文发表，引起了一些日本军人的瞩目。

此时，汪精卫因日军在战场上已渐露战败之象，与日本人正在互相猜疑之间，见这些文章发表，也不知是什么来头，大为紧张。大概是怕日本人"换马"吧，汪精卫一怒之下，将胡兰成逮了起来。

胡兰成入狱后，一度绝望，以为此番性命将不保。后来在日本军人的强力干预下，方获释放。

他与张爱玲的相识，就在这之后不久。那时，他行动尚不自由，正在南京的家里休养。

顺便提一句，遇见张爱玲的时候，胡兰成是"已婚"状态，第二任妻子全慧文，是个教师。这段婚姻尚未了，又有第三个女人应英娣在身边。英娣原是上海百乐门当红歌女，艺名小白云[①]，算是胡的姨太太，一如今日之"二奶"。

胡兰成与张爱玲的"迎头相撞"，并非偶然。在此之前，彼此就已耳闻对方大名。

而且在张爱玲这一方面，实际上距胡兰成要更近一些。

彼时苏青很推崇胡兰成，听说胡被拘捕，就跑到周佛海家，去为胡兰成说情。陪她一起去的，就是张爱玲。

周佛海是汪伪政府中与"公馆派"相抗衡的另一派势力，对胡兰成早就嫉恨在心，所以这次说情是不可能有效果的。不过张爱玲此行倒是很不寻常，她平日是根本不可能做这类事的，即使这次是个陪伴，也说明她对胡兰成的才名起码是认可的。

这时的胡兰成，并不知世上还有个张爱玲。他热衷仕途，不好文艺，对走红了一年多的女作家张爱玲毫无所知。

命运之枢，打开在1944年1月24日。

这是旧历的除夕，胡兰成刚出狱，有关方面不许他与外人接触，即使是旧历新年，他也只能带着妻小，以及他的画家朋友胡金人、殷萱夫妇去逛夫子庙而已。

这天，胡兰成在南京石婆巷20号家中闲得无事，见有一位叫冯和

①一说为小白杨。

仪的主编给他寄了两本《天地》杂志来。他本无心浏览，但又觉得“冯和仪”这名字好，便在院子里的草地上，搬了一把藤椅坐下，晒着冬日的太阳，翻开杂志读起了发刊辞。

这一读，才知道，这冯和仪的笔名叫苏青，是个女文人。他心想：“女娘笔下这样大方利落，倒是难为她。”

接着又翻，在第2期上看到了《封锁》，看看作者的名字，叫张爱玲。

胡兰成是个有天赋的人，才看了一二节，就觉张爱玲的这一篇不同凡响，连忙坐直身体，读完第一遍，又读第二遍，心里大起震动。过后，见到胡金人来，便推荐给他看。胡金人看完了也称赞好，但胡兰成仍感意犹未尽。

《封锁》中所流溢出的无奈感，也许正契合他此时的心境。小说娴熟的文字、幽微的心理描写，也使胡兰成有似曾相识的亲切感。由文及人，他浮想联翩，起了要结识张爱玲的念头。

在那个年代，常有男子化名为女士发表作品的，胡兰成忍不住写信给苏青，问：“这张爱玲果系何人？”

苏青回信说：“是女子。”

自此，胡兰成心里便放不下，只要是张爱玲的，看着“便皆成为好”。不久，又有新的《天地》陆续寄到，内有张爱玲的散文《公寓生活记趣》、《道路以目》，还刊登了张爱玲的一张照片。

这照片，是张爱玲本人也很满意的一张。胡兰成见了，好似得了实证一般，心里踏实了。

文是这样好，已经令人难以置信；现在知道了，人又是这样不错，胡兰成不由发了痴，“一回又一回傻里傻气地高兴”。

从《小团圆》里的情节看，张爱玲从苏青那里，此时也知道了胡兰成的态度，心中很有些暗自得意。

一天炎樱来看她，爱玲把这事当做“这时代的笑话”说了。

2月初，胡兰成的事情了结，获得了完全自由。他立刻就动身去上海，一下火车，就去编辑部找苏青。

苏青见到胡兰成，很高兴，正好碰上饭时，便陪他去街上吃蛋炒饭。

胡兰成此来，其实只为见张爱玲，所以话题马上转到这个上。

苏青说:“张爱玲不见人的。”

胡兰成不肯罢休,想想,就向苏青要张的地址。苏青迟疑了一会儿,最后还是给他写了出来。

——命运之诡异,人实不能左右之。

这一餐蛋炒饭,彻底扭转了张爱玲的一切:从情感,到创作,一直到晚年的归宿!

那胡兰成是个狂狷的人,政治上的失意,他不会撕心裂肺地痛,现在他满心期待的,就是桃花运!

翌日,胡兰成便去拜访张爱玲。

他一袭长袍,彬彬有礼,站在赫德路公寓 65 室紧闭的门外——张爱玲难道真的不见?

门里是一个温厚沉静的女声:“你找谁?”

胡兰成说:“想见张爱玲小姐,是从南京慕名而来的读者。”

门里迟疑了一阵,说道:“张爱玲身体不适,不见客人。”

这是姑姑,她替爱玲挡了陌生人的驾。

这个闭门羹,浇不熄胡兰成的热情,他没有带名片,便从公文包里摸出纸笔,写下了自己的名字和电话号码,从传信口里把字条递了进去,里面有人接过。

胡兰成知道急不得,便缓缓离开,下楼去了。

张爱玲从姑姑手里接过纸条,不由一愣:胡兰成?

没想到,慕名而来的读者,竟然是他!

见还是不见,24 岁的姑娘,拿不定主意了。

她和姑姑商量。姑姑到底还是老练得多,觉得这个人有些背景,应该谨慎处理。她认为,本没有必要趋炎附势,但是假如不见,会不会招来不必要的麻烦?

张爱玲也是犹豫。

不过,这个犹豫没有持续多久,只隔了一日,张爱玲就打电话给胡兰成,说要到他的家里来回访。

胡兰成在上海也有一个家,由他的侄女青芸打理,他的正妻全慧文,平日也在这边。这位太太只求丈夫按时供给家用,对胡的行为不加限制。二奶英娣则一般在南京,常陪着胡兰成。

胡兰成上海的家,位置就在大西路美丽园,与赫德路公寓相距不远。也就是说，张爱玲电话一放，马上就要到了。

——张爱玲素来孤傲，成名之后更是闭门谢客，连弟弟想见上一面都不容易，她为何要屈尊来看胡兰成？

这是她生命史上的又一个谜。

我以为，张爱玲之所以“屈尊”，只可能是两个因素：一是，苏青先已把胡兰成激赏《封锁》的事，转告给了张爱玲；二是，张爱玲对胡的“文才”极为推崇。

现在胡兰成出来了，她出于感谢和钦佩，自然要前来见一面。

两人的见面，是在美丽园三层楼上胡兰成自己的房间里。

胡兰成对这次见面，肯定有一种期待，他潜意识里，想见的是一个窈窕美人，可是一见之下，却大为惊异：“一见张爱玲的人，只觉得与我所想的全不对。她进到客厅里，似乎她的人太大，坐在那里又幼稚可怜相，待说她是个女学生，又连女学生的成熟亦没有。”

那小女生似的特别神态，即便胡兰成阅人多矣，也不由感到好奇：“她的神情，是小女孩放学回家，路上一人独行，肚里在想什么心事，遇见小同学叫她，她亦不理，她脸上的那种正经样子。”

胡兰成以名士风流自居，见过的女人多，随处留情的事也多。但是，张爱玲，这样一个旁人不可比拟的女子，他没见过。

张爱玲的气质，是从内在里溢出来的，要把人慑住。

她不漂亮，并无妩媚姿容；她高大，令男人无所措手足；这都无关紧要了，惟有这无形无声的气质，充满了整个房间。

据胡兰成后来的回忆，征服他的，不知道是张爱玲身上的什么东西，既不是青春活力，也不是女性魅力，只觉得她已遮蔽了眼前一切万物。

张爱玲的出现，把胡兰成过去对女性的审美，完全给打乱了：“我常时以为很懂得了什么叫惊艳，遇到真事，却艳亦不是那艳法，惊也不是那惊法。”

片刻之间，胡兰成完全被迷倒：“张爱玲顶天立地，世界都要起六种震动，是我的客厅今天变得不合适了。”

胡兰成的侄女胡青芸，是他们初识的见证人。多年以后，她说起过当年的印象：

“张爱玲长得很高，不漂亮，看上去比我叔叔还高了点。服装跟人家两样的——奇装异服。她是自己做的鞋子，半只鞋子黄，半只鞋子黑的，这种鞋子人家全没有穿的；衣裳做的古老衣裳，穿旗袍，短旗袍，跟别人家两样的……”

在胡兰成面前的这个女性，是独一无二的。

他马上就意识到了。

他不会一下就喜欢上这样的女人，也不认为她有什么美，但他知道这个女子有多么难能可贵。

胡兰成是从乡间底层挣扎上来的，对张爱玲身上的“贵族气”很敏感。他又是杂七杂八读过很多书的人，知道有内涵的女子在世间实在太罕见。

于是，他内心激起了要与张爱玲较量一下的愿望——“我竟是要和爱玲斗”。接下来就夸夸其谈，把自己头脑中最过硬的货色拿出来。

他谈了对当时流行作品的批评，谈了张爱玲的作品好在哪里，又谈了他自己在南京的事情。在这种知己气氛的叙述中，胡兰成忽然找到了真正的自我——这是别的女人不会带来的。

他这时候对张爱玲所抱有的，还只是爱怜之心。他知道战时文化人生活苦，怕张爱玲生活贫寒，但面对这样一个小女生，怎么也不能当她是个作家。

他终究还是问了张爱玲每月写稿的收入，张爱玲也老实地答了。胡兰成晓得问人家年轻小姐的收入是不礼貌的，但爱怜之心涌起，总忍不住……

这一谈，竟然就是5个小时！

这其间，是胡兰成说得多，张爱玲只是很有兴趣地听着。

这5个小时，彻底改变了他们的关系：从以前的慕名，到现在的知音。

在张爱玲看来，胡兰成“眉眼很英秀，国语说得有点像湖南话。像个职业志士”。——完全符合她的想象和期待。

以张爱玲的性格，与一个初次见面的陌生男人可以畅谈5个小时，不可想象，恐怕不是仅以“欣逢知音”就能解释的。

——他们一见钟情！

也不能指责胡兰成一开始就居心不良，他大概也是真诚的：想见，

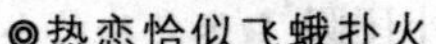

见了便有了爱意。

可是，这毕竟是他风流史上的又一个“新篇”而已，不大可能有他后来渲染的那样惊天动地。

在人间，痴情女子薄情郎的故事太多了，这不新鲜。重要的是，这是张爱玲的第一次恋爱。

——这段故事，之所以被无数的作家演绎，就是因为这个。

话，终于说够了，张爱玲要走，胡兰成送她到弄堂口。巷子长长，两人并肩而行。

这时候的感觉，无比之好。

胡兰成竟然脱口而出：“你的身材这样高，这怎么可以？”

这话里的潜台词，这里边的亲昵，就是少女也听得出来。

张爱玲一怔，几乎要起了反感，但却也没说什么。在这样温馨的氛围中，就算是对方有一点不得体，也是可以原谅的吧。

不可言说，不可言说呀！

这时刻弄堂里凛冽的风，也都是温暖的。

回到家里，姑姑有些诧异：“谈了这么久？”

张爱玲故意淡淡地答：“是谈了很久。”

姑姑是受过欧式熏陶的人，她只是暗示，不会立刻就干预。

第二天，胡兰成又去见张爱玲。

姑姑是第一次正式面对胡兰成，她忽然恶作剧似地问：“太太一块儿来了没有？”

爱玲被惹得笑了：中国人到了这个年纪，哪有没结婚的？姑姑的这个提醒，也未免太露骨了。

胡兰成回答的时候，也忍不住笑。

张爱玲屋中陈设的优雅，令胡兰成惊诧。家具很简单，可是颜色却又鲜亮而刺激。“阳台外是全上海在天际云影日色里，底下电车当当地来去”。

这一切烘托的是一个优雅的主人。

张爱玲今日华服恭迎，穿了宝蓝色绸袄裤，戴了嫩黄边框眼镜，脸庞越显丰满。

胡兰成忽然不很自信了——

这人，这屋！

他想到《三国》里讲的，刘备到孙夫人房里竟然胆怯，不由觉得，张爱玲的房里也有这样的“兵气”。

胡兰成回忆，张爱玲后来告诉他，这房间还是母亲出国前布置的，如果是她自己来布置的话，可能颜色还要更刺激些。她是喜欢火红刺激的颜色的，小时候作画，亦是爱用橙色做背景，虽不合道理，却让人感到暖和与亲近。

《小团圆》也证实了这一点。胡兰成当时说：“你们这里布置得非常好，我去过好些讲究的地方，都不及这里。”

张爱玲说：“这都是我母亲跟姑姑布置的，跟我不相干。”

胡兰成稍稍有些吃惊：“你喜欢什么样的呢？”

张爱玲想：是深深的洞窟。

任何浓烈的色彩她都喜欢，但是没见过谁家有深紫的墙，除非是舞厅。最好是要个没有回忆的颜色，回忆总有点悲哀。

胡兰成这一坐，又坐了很久。他滔滔不绝，讲理论，讲自己的生平，张爱玲依旧只是听。

在张爱玲面前，胡兰成仍是想炫耀，炫耀自己的才情与见识。他觉得男女欢悦，既似舞，又似斗，双人舞需要协调，阵上相斗也须要棋逢对手。

他又想到，唱民歌的风俗里有男女相难的惯例，说书里有苏小妹三难新郎的段子，民间亦有王安石智斗苏学士的传说，无非都是比聪明。

他平日在官场，所遇者都是浊世的人，不可能有灵气，所以他“向来与人比也不比，斗也不斗”，如今遇到张爱玲，却不由自主地想斗一下。

但是张爱玲并没有像他那样应战，胡兰成这里是使尽武器，那么张爱玲就好比是徒手，只淡淡地一来一往而已。

张爱玲又提起，前阵子听说胡兰成在南京下狱，不由动了“怜才之念”，才甘愿与苏青一同去奔走的。

胡兰成听了，顾不得感激，只是惊诧，觉得张爱玲实在是幼稚得可爱。

如此一坐，又是半日过去，胡兰成告辞后，姑姑便笑爱玲，好似无意地说了一句：“他的眼睛倒是非常亮。”

爱玲也只笑笑，没做辩解。

如今的读者，还能够看到胡兰成年轻时的照片，似乎豪壮有余，但缺少一些英气，而且也没有晚年的那一副儒雅模样。不过，他虽在官府里混，毕竟中西书籍涉猎了不少，还没有彻底地油滑，谈吐举止想必是不讨人厌的。

此前，张爱玲能近距离接触的男人，无论是父亲、舅舅，还是弟弟，都无一个是像样的。待到情窦初开时，忽然遇到一个倜傥之至的胡兰成，免不了先就乱了阵脚。

两个人都多才，且又离经叛道。特别是胡兰成对文艺、人生的看法，全无既定成说，有他自己的一套，知识来源多属“旁门左道”。

张爱玲就欣赏这个。

这就是机缘，不过——

为何偏偏是这个胡兰成！

回到家，胡兰成再也把持不住，叫侄女青芸为他准备好纸笔，给张爱玲写了一封信，一诉倾慕之情。这信，竟写成了像他素所鄙视的“五四”新诗一样，连他自己也觉幼稚可笑。

张爱玲收到读了，也不免诧异。信里，胡兰成还说了一些，比如说到张爱玲很谦逊。对这个恭维，张爱玲感到很受用，回了信，说“因为懂得，所以慈悲”。

这句话的意思，在原文语境中出现，说得朦胧，多数张迷大概都不甚了了。胡的行文，在这里很含糊，要靠读者自己去悟。其实他是说张爱玲骨子里是并不张扬的，能体会到众生的不易，所以能对俗世报以宽容。

——心有灵犀吧，也许他们确实是互相懂得。

自此，从美丽园到赫德路公寓，就等于无距离了。胡兰成把“正事”全抛开，每隔一天必去看一趟张爱玲，坐在那个颜色刺激的小房间里，喝红茶、吃点心、谈文艺。

张爱玲对此，毫无不妥的感觉。人一相投，就像认识了几十年一样。她天天在家中恭候，连炎樱来约她看电影，也要等胡兰成来过以后再去，或者索性三人一起去。

如此三四回，姑姑就是再宽容，也看出不对来了。她很不安，找爱玲深谈了一回。

沦陷时期的上海市民，对日寇的横暴大多怀有仇恨，且都坚信“小鬼子长不了”。姑姑大概是从两件事上，谈了与胡亲近的不妥：一是此人背景不干净，还是敬而远之为好；二是此人已有妻室家小，一个清清白白的大小姐与他交往，所图者何？

姑姑的话，是“现实”的，爱玲不能置之不理，她陷入了恋爱不成的痛苦。事情如此不圆满，她感到凄凉。

无奈中，张爱玲给胡兰成送去了一个字条，人也没见，纸条上只几个字：“你不要来见我了。”

胡兰成不知原因，但知道这是恋爱中的女人才有的举动，于是也不理，当天还是照常去了张爱玲那里。

张爱玲正在恍惚中。忽听得电梯“空通空通”一阵响，有人走过来敲门。

她犹豫着，开了门。

是他呀！张爱玲见了胡兰成，仍又是欢喜，掩饰不住的。

男女相悦，到了这一步，是无人能阻挡了。此后，胡兰成索性天天都去张爱玲那里，两人关系等于公开化。

胡兰成来了就在客室里关着门和张爱玲聊天，虽然姑姑这里的习惯是每间房门都关着，但张爱玲还是感到窘。

姑姑也是皱着眉，半笑着轻声说“天天来——！”

爱玲坐在胡兰成的一侧，隔得远远地听他讲，因此“永远看见他的半侧面，背着亮坐在斜面的沙发椅上，瘦削的面颊，眼窝里略有些憔悴的阴影。弓形的嘴唇，边上有棱”。

这期间，他带她去参加过一次某文化名人的沙龙。爱玲终不是红尘中人，“穿着件喇叭袖孔雀蓝宁绸棉袍，整个看上去有点怪，见了人也还是有点僵，也不大有人跟她说话”。

她正自无趣，偶然看见胡兰成跟别人说话时，眼睛里有轻藐的神气，于是感到很震动。

每次胡兰成走后，都要留下一烟灰盘的烟蒂，爱玲便把烟蒂都收集起来，装在一个旧信封里。下回胡兰成再来，爱玲就拿给他看。胡兰成自是会心一笑。

胡兰成在张爱玲那里信马由缰地聊时，提起了登在《天地》上的那张照片，大约赞美了几句。

第二天，张爱玲就准备了一张，送给了他。翻过背面来，有张爱玲写的话：

> 见了他，她变得很低很低，低到尘埃里，但她的心里是欢喜的，从尘埃里开出花来。

这是无可救药了。

——飞蛾扑火！

旧时男女间赠照片，大多是明明白白的示爱，张爱玲的那一段话，就更是无保留的表白。

胡兰成说，对这照片，他“端然地接受，没有神魂颠倒”。为什么？因为这样的结果，他早就了然于心：不可能有别的结局！

这件事，在《小团圆》里也得到了印证：这张照片，是在一个德国摄影师那里照的，特别贵，所以只洗了一张。

当时爱玲手头有两张新照的相片，拿给胡兰成看。因为照的时候没戴眼镜，所以爱玲觉得这才是自己的本来面目。见胡兰成喜欢，就送了他一张。

胡兰成起初还是小心翼翼的，每次来都问：“打搅了你写东西吧？”

他看见爱玲吃住都在这间房里，太过简朴，就笑：“你还是过的学生生活。”

由此两人扯到了生活贫富的问题，爱玲申明：“我不觉得穷是正常的。家里穷，可以连吃只水果都成了道德问题。”

胡兰成叹道：“你像我年轻的时候一样。”

他说起年轻时，爱过一位同乡的“四小姐”，她要去日本留学，本来可以一块儿去，可是……胡兰成一笑：“要四百块钱——就是没有。”

几天来，胡兰成不光是跟她讲生平的小事，也讲理论。不过，爱玲觉得他的理论往往会有“愿望性质的思想”，一厢情愿地把事实归纳到一个框框里；对中国农村也有太多的理想化，不过是怀旧而已。所以爱玲也不大注意听。

每天晚上胡兰成走后，爱玲都“累的发抖，整个人淘虚了一样”，坐在姑姑房间里俯身向着小电炉，抱着胳膊望着红红的火。

姑姑也不大说话，像大祸临头一样。

胡兰成的造访，姑侄俩其实都各有尴尬。爱玲一向是不留朋友吃饭的，因为做饭要姑姑动手。可是胡兰成来，一坐就坐到晚上七八点钟，不留吃晚饭，也成了一件窘事。

再加上面对姑姑的窘，两面夹攻，简直让爱玲承受不了。她很想秘密出门旅行一次，稍作缓解。可是时局不靖，日本兵到处发威，可不是旅行的好时候，再说也没有这笔闲钱。

有天晚上胡兰成走，爱玲站起来送他出去。胡兰成灭掉了烟蒂，双手按在爱玲的手臂上笑道："眼镜拿掉它好不好？"

爱玲会意，笑着摘下眼镜。胡兰成吻了她，她感觉到他的胳膊有一阵强烈的痉挛向下流去，也感觉到他袖子里的手臂很粗。

爱玲想道："这个人是真爱我的。"①

第二天，胡兰成在外面有饭局，吃过了晚饭才来，爱玲给他端茶的时候闻见有酒气。

谈了一会儿，胡兰成就坐到了爱玲身边来，直通通地问："我们永远在一起好不好？"

昏黄的灯下，爱玲靠在沙发背上，转过头微笑地望着他："你喝醉了。"

"我醉了也只有觉得好的东西更好，憎恶的东西更憎恶。"他抓过爱玲的手，看了看两个手掌心的纹路，笑道："这样无聊，看起手相来了。"而后，又说了一遍，"我们永远在一起好吗？"

爱玲问："你太太呢？"

胡兰成不假思索就答："我可以离婚。"

爱玲想，那不知道要花多少钱？于是说："我现在不想结婚，过几年我会去找你。"

不想结婚，也是因为时局不靖，谁说得清楚战后会怎样？胡兰成也明白，微笑着没有做声。

话题又说到了张爱玲的名字，胡兰成说："你这名字脂粉气很重，也不像笔名，我想着不知道是不是男人化名，如果是男人，也要去找他，所有能发生的关系都要发生。"

---

①《小团圆》里的这句话，和《色·戒》里王佳芝在关键时刻的那句话一字不差。

临走，胡兰成把爱玲拦在门边，一只胳膊撑在门上，喜滋滋地久久望着爱玲。

他的脸，正面比较横宽，有点女人气，而且是个市井的泼辣的女人。

爱玲不去看他。

他终于只说了一句："你眉毛很高。"

胡兰成走后，爱玲对姑姑说了他求婚的事——关起门来单独相对了那么长时间，总要对姑姑有个交代。

姑姑说："当然你知道，在婚姻上你跟他情形不同。"

爱玲说："我知道。"

第二天，胡兰成破例没来。又过了一两个星期，连姑姑也发觉了："有好些天没来了。"这正是早春时节，马路上两行洋梧桐树抽出了新叶，每一棵都像高举着一盏绿点子的碗。爱玲独自在这路上走着，心情非常轻快。这件事，该就这么圆满结束了吧？

——不过，也有点怅惘。

张爱玲此时的想法，很简单。她在这一时期写的一篇小说《年轻的时候》，有一句话，多少透露了个中消息——"谁不喜欢同自己喜欢的人来往呢？"

《小团圆》里说得就更明白："她崇拜他，为什么不能让他知道？等于走过的时候送一束花，像中世纪欧洲流行的恋爱一样绝望……"

张爱玲怎么会爱上这样一个人？

无数她的传记作者，都不吝笔墨，渲染了两人的这段"执手"之爱。

——其实，这只是胡兰成司空见惯的一段风流史。

很多传记作者，也都为张爱玲做了辩护，大概都是说：乱世里，谁还能顾忌那么多呢？

——不对，这是张爱玲一生中最大的错误。

张爱玲个性特异，看人一贯将情趣与气质放在首位，对胡兰成的污浊背景竟然毫不以为意。这是错其一。

她自小与父亲不睦，又受五四之后青年们普遍的"弑父"思想影响，有叛逆倾向。而这叛逆恰恰又针对着五四以后的新文化主潮，凡主潮主张的，她都充耳不闻。因此，在对胡兰成的认识上，远不如姑姑那样警觉。这是错其二。

甚至，她在《花凋》里讥讽过的自民国纪元起“就没长过岁数”的舅舅，在看待张爱玲与胡兰成恋爱问题上，也曾忧心忡忡：“小煐怎么会和胡兰成在一起呢？”

张爱玲不问政治，但日后政治却要来问她。

如果没有这场恋爱，那么张爱玲无论怎样我行我素，外部世界都奈何不得她。但是，一和胡兰成有了关联，她就必须接受舆论最严厉的评判。

她的成功与人生价值，是建立在现实基础上的，一旦想以自己的率性与整个现实对抗，那就只有身败名裂。

可惜张爱玲在意气风发之际，毫不理会这一点。

她不相信谁还能把她击败！

苦酒就是这样在最甜蜜时酿成。她的“倾城之恋”，要付出的是一生一世的代价！

13. 动荡岁月的倾城之恋

高雅的女人一般不懂男人看女人的标准，她们自视过高是常有的事。

其实男人看女人，大多只要个“女人味”。女人味这东西，可以是妩媚，可以是贤惠，也可以是小鸟依人，但就是与气质高雅不高雅无关。

尤其胡兰成是个风流种子，张爱玲在他的一系列“美人图谱”里，不过就是多页中的一页，固然很别致，但也并没有多少优势。

张爱玲是初恋，对此毫无察觉。

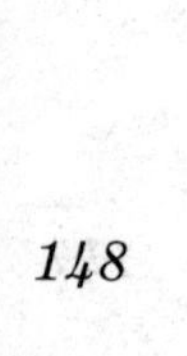

她写过很多充满势利的俗世婚恋，却把自己排除在外，认为上帝肯定能眷顾自己，能发派一个海枯石烂的经典恋爱给她。

胡兰成有过很多女人，她是知道的。胡兰成现在还有妻室，她也知道。但她过于自信，只认为她们都是过客，自己才是最后常驻的一个。

“于千万人之中遇见你所遇见的人”，热恋中的女人，没有一个不是这样认为的。而正确的几率有多高？不知道。

她也确信“有目的的爱都不是爱”，她现在遇到的爱，是纯粹的爱，因此用不着想那么多。

没有人去点拨她。

不过从《小团圆》中的情节看，命运还真的差一点就挽救了张爱玲。

胡兰成一连几天没有来，张爱玲正以为“其患遂绝”——他又来了。

为什么不来，爱玲也没问。

后来胡兰成才说：“那时候我想着真是不行也就算了。”又有一次他说：“我想着你如果真是愚蠢的话，那也就是不行了。”

——要是真的“不行了”，张爱玲也就得救了。

在这以前，胡兰成不止一次地说过：“我看你很难。”意思是，张爱玲很难找到能够喜欢她的人。

爱玲听了，只是笑道："我知道。"

寂静中，能听见别处有收音机在播放流行歌曲。在这个时刻，听见那些"郎呀妹呀"的曲调，两人都会心地笑起来。

高楼上不会有人放这个，是从下面街上的人家传来的，但这歌词里的套语此时也都变得饶有意味。

胡兰成也在仔细听："嗯，这流行歌曲也很好。"

爱玲听不大清楚歌词，只觉得很像小时候听母亲和姑姑常唱的一首英文歌：

泛舟顺流而下
金色的梦之河，
唱着个
恋歌。

张爱玲，彻底陶醉了。"她觉得过了童年就没有这样平安过。时间过得悠长，无穷无尽，是个金色的沙漠，浩浩荡荡一无所有，只有嘹亮的音乐，过去未来重门洞开，永生大概只能是这样。这一段时间与生命里无论什么别的事都不一样，因此与任何别的事都不相干。她不过陪他多走一段路。在金色的梦的河上划船，随时可以上岸。"①

胡兰成望着她，想到自己年华已逝，不知不觉 39 岁了，便有些感慨："一般到了这年纪都有一种惰性了的。"

爱玲听出，他的口气里也有畏难的意思，虽然是在下决心从头再来。爱玲自己呢，"她也知道没有这天长地久的感觉"，所谓金色的永生，只是虚幻罢了。

胡兰成算了算鲁迅和许广平的年龄差距，说："他们只在一起九年，好像太少了点。"

他又说起，汪精卫的妻子陈璧君，当年是猛追汪精卫的。然后说："我们这是对半，无所谓追求。"见爱玲只笑不应，便又说："大概我走了六步，你走了四步。"

这不是像讨价还价？爱玲笑起来。

---

①见《小团圆》。

胡兰成不喜欢女人太主动，他说："太大胆了一般的男人会害怕的。"

爱玲听明白了，辩解似地说："我不过是对你表示一点心意。我们根本没有一点前途，能走到哪里去？"

她知道这话似乎说得不是时候，但以后他自然会理解，他们还能有多少时候？

张爱玲对这段恋爱，其实是再清醒不过的了——不可能是别人，但也不可能长久。

她用指尖在他的眼睛鼻子上勾画着，看着他的半侧面，看他那微笑中却有一种凄然，于是说道："我总是高兴得像狂喜一样，你倒像有点悲哀。"

胡兰成连忙掩饰："我是像个孩子哭了半天要苹果，苹果拿到手里还在抽噎。"

爱玲知道，他是说，他一直就想遇见像她这样的女人。

张爱玲也完全陷入了热恋，只希望"能在这金色的永生里再沉浸一会儿"。

炎樱一开始几乎不能接受这个事实。最初爱玲告诉炎樱，自己爱上了那位有妇之夫胡兰成，胡先生要离婚。当时两人在电车上，炎樱正在说笑，忽然笑容里就有了一种恐惧。

而后，炎樱气愤地说："第一个突破你防御的人！你一点女性本能的手腕也没有！"想想又笑，"我要是个男人就好了，给你省多少事！[1]"后来在爱玲那里遇见胡兰成，炎樱当然还是有说有笑地敷衍。

胡兰成有女人缘，他也很喜欢炎樱，"觉得她非常妩媚"。有时三人在一起说笑，使张爱玲更觉得自己并没看错人。

张爱玲到炎樱家去，有时也要胡兰成陪着，她觉得很自然。

胡兰成是见了漂亮女人就会讨好的。炎樱说话机锋百出，胡兰成偏偏要辩。他和炎樱斗嘴，甚至调情，张爱玲坐在一旁听着，只是笑，没有什么不快。

炎樱后来也给胡兰成写信，她称张爱玲为"张爱"，称胡兰成为

---

①言外之意，即用不着离婚。

“兰你”，两两相对，有趣得紧。她写给胡兰成的信，也都是张爱玲给翻译的，口气完全是和知己在说话。

但张爱玲有充分的自信——以胡兰成的眼光，他心里不会再装得下别的女人了。

所以胡兰成后来说：“我已有妻室，她并不在意。我有许多女友，乃至挟妓游玩，她亦不会吃醋。她倒是愿意世上的女子都欢喜我。”①

很多张迷看到这一段，都难掩惊异：这怎么可能？

于是，都叹息张爱玲的痴。

现代社会，怎能有这样的女性？

胡兰成旧书读多了，自以为是士大夫，把张爱玲当成了旧时的三妻四妾之一。

我以为，这是他自说自话了。张爱玲与胡兰成，终不是同一流人。张爱玲的“不妒”，是她正在陶醉中，是她身上的“贵族气”，胡兰成从底层爬上来，确实没见过“大家闺秀”，于是受宠若惊了。

这段话，大可以弃之不信。实际上，张爱玲在看了《今生今世》后所说的：“胡兰成会把我说成他的妾之一，大概是报复，因为写过许多信来我没回信”，就是指此。

两人明确了恋爱关系后，胡兰成的情况好转，又需要回到南京去官场奔走，两人之间依靠通信来联系。

张爱玲在信里说：“我还是担心我们将来怎么办？”

她还写了一首诗寄给胡兰成：

他的过去里没有我，
寂寂的流年，
深深的庭院，
空房里晒着太阳，
已经是古代的太阳了，
我要一直跑进去，
大喊“我在这儿，
我在这儿呀！”

---

①见《今生今世》。

接到张爱玲的信，胡兰成感觉分量很重，他知道是怎样一个女人爱上了他，但是他并不是因此而担负了沉重的责任感。当了汉奸的人，想不到那么远。

他每次回到上海，都不先回家，而是先到张爱玲那里去，一进门就说："我回来了!"

两人卿卿我我，要到黄昏尽了，胡兰成才回美丽园去。

《今生今世》在写到这里时，有一段很诗意的描写：

"牵牛织女鹊桥相会，喁喁私语尚未完，忽又天晓，连欢娱亦成了草草。子夜歌里有'一夜就郎宿，通宵语不息，黄蘖万里路，道苦真无极。'我与爱玲却是桐花万里路，连朝语不息。如此只顾男欢女爱，伴了几天，两人都吃力，随又我去南京，让她亦有工夫好写文章。而每次小别，亦并无离愁……"

诗意是美丽的，而实际上说的是，两人由热恋而同居，已成了情人。

"伴了几天，两人都吃力"，为什么吃力？没日没夜腻在一起，一下子不能适应。

《小团圆》是这样描述他们的同居生活的：

胡兰成在张爱玲的屋里过夜，第二天早上出去，张爱玲怕他走路的声音大，叫他提着鞋子出去。

但是胡兰成不干："还是穿着，不然万一你姑姑开了门出来，看见了会很窘。"

他从过道走出去，皮鞋声音很响。张爱玲在床上听着，走一步心里一紧。

"你姑姑一定知道了。"胡兰成好几次这样猜测。

她也知道姑姑一定是知道了，想到这儿，心就往下沉，但仍强作笑颜答道："她不知道。"

后来她送他从后门出去，走的路要短一些，而且用不着关大门，动静要小得多。厨房有扇门对着后阳台，阳台上有一道木栅门，就是后门。

他走后，她把木栅门钩上，再回房间去。

阳台的铁栏杆外一望无际，是上海的远景。晨风披拂中，她只穿着一件长长的墨绿绒线背心……

张爱玲是个内向的人，不喜热闹，因此他们两人的活动，也就多在室内交谈。开始时，他们还常去静安公园走走，后来胡兰成的姨太太英娣在公园遇见过他们，大吵过一次。以后，他们就再不出门了。

两人在一起，有说不完的话。

与张爱玲谈天说地，胡兰成渐渐地不敢放肆了，不像是在其他人面前。他总是小心着不要出错，感觉“说些什么都像生手拉胡琴，辛苦吃力，仍道不着正字眼”，每每说了又改。

可是，张爱玲喜欢这种话锋，觉得刺激，就像“听山西梆子似地把脑髓都要砸出来”。据胡兰成讲，不管他说什么，张爱玲都觉得好像“攀条摘香花，言是欢气息”①。

胡兰成也非常喜欢张爱玲的离经叛道，对于她的言或行，在尚未判定是非之前，就觉得新鲜惊喜。

比如张爱玲的绘画，和他先前预想的风格完全对不上，但他觉得里面有叛逆，于是就说喜欢。张爱玲听了高兴，还去告诉了姑姑。

胡兰成起初觉得，张爱玲行事与说话，与他是冰炭不相容的，但是，张爱玲能够说服他：“我给爱玲看我的论文，她却说体系这样严密，不如解散的好，我亦果然把来解散了，驱使万物如军队，原来不如让万物解甲归田，一路有言笑。”

——如此的相知，怎能做第二人想？

这样的“错”，直如前世注定！

胡兰成去南京的时候，那就是格外漫长的小别，张爱玲忍不住要给他写信。一次信里说：“你说没有离愁，我想我也是的，可是上回你去南京，我竟要感伤了！”她后来又写信说：“我想过，你将来就只是在我这里来来去去亦可以。”

《小团圆》里描述，胡兰成说：“我不喜欢恋爱，我喜欢结婚。我要跟你确定。”

可是爱玲搞不懂，不先离婚怎么结婚？她不想催他离婚，而且知道没有很多钱是办不到的。不过爱玲听他讲的“结婚”有些刺耳，好像他的所谓结婚是另一回事。

---

①见《乐府诗·孟珠》。

说过两次，见爱玲没有反应，有一天胡兰成便说："我们的事，听其自然好不好？"

"好。"爱玲有把握随时可以停止。

张爱玲现在没有任何名分，她也不去想，她相信只要是爱，就值得。

但是在胡兰成这一边，这样的状态当然长不了。姨太太英娣知道了内情，就从南京赶过来大闹，提出要离婚。

胡兰成此时的心情很奇怪，居然感到惊诧！

也许他认为这样的"一拖三"是再正常不过的？

恰好在那几天，爱玲约炎樱到一位文化人家里去看画，不期然碰见胡兰成也在。有点奇怪的是，说话间他脸上似乎带着窘意。

欣赏完了画，爱玲和炎樱向主人告辞，胡兰成也出来送她们。爱玲看见，通向厨房的小穿堂里，有几位太太在打麻将。

第二天，胡兰成到爱玲这里来，爱玲才知道，当时胡兰成的"太太"英娣就在那里打牌。

胡兰成说："偏你话那么多，叽哩喳啦说个不完。"

爱玲笑着叫了一声："真糟糕！"

她这才想起，迎面坐着的一个女人满面怒容，只觉得她个子仿佛很高，年纪不大。

胡兰成说："她说：'我难道比不上她吗？'"他接着又补充道："不过，我太太倒是说你漂亮的。"

爱玲见过英娣一张小照片，的确照任何标准都是个美人，较近长方脸，身材颀长、有曲线，看上去气性很大。

英娣嫁给胡兰成的时候，只有15岁，小小年纪就是秦淮河的歌女。

胡兰成说，自己出狱后，英娣好像变得冷淡起来。现在呢，又像是要讲离婚条件似的。

其实，头一天在张爱玲走后，英娣当场就打了胡兰成一个耳光，不过胡兰成没提起。

偏偏昨天张爱玲穿了一件古怪衣服，是用民初的枣红大围巾改成的长背心，下摆还垂着穗子，非常惹眼。

听胡兰成的意思，他很不喜欢这副模样，嫌爱玲给他丢了脸。

张爱玲顿时生了气，想就此拉倒，本来她和胡兰成早就该散了！可是转念一想，如果被英娣这么一闹就散场，那也太可笑了。

于是，爱玲心里又坦然了，反正没有什么对不起英娣的，并没有拿走她的什么，因为自己和胡兰成的关系很特殊。

而胡兰成那一方面，不管怎么说，毕竟是一场婚姻将再次破裂，大概触动了旧日伤痛，他竟当着张爱玲的面委屈得流了泪。

张爱玲正处在“新人笑”的时刻，哪里能体会“旧人哭”的滋味，再说此种结果大概也是她早有预料的，于是不劝、亦不怜。

英娣这个二奶倒是挺有个性的，不能“空前”，但要“绝后”。她不能容忍自己后面再来一个“新人”，拿了胡兰成的“遣散费”，气昂昂地走了。

“新贴绣罗襦，双双金鹧鸪。”余下的，自然是水到渠成了。

从《小团圆》里的情节看，胡兰成借来了一大笔钱，交给英娣，算是离婚补偿，另外还给英娣买了一辆卡车，可以跑运输用。

“她的事情解决了。”胡兰成告诉张爱玲。

张爱玲提醒他：“还有你的第二个太太①，因为法律上她是你正式的太太。”

胡兰成不想触及这个问题：“大家只承认英娣是我的太太。”

爱玲却不肯含糊：“但你跟英娣结婚的时候，并没有跟她离婚。”

胡兰成摇头：“要赶她出去是不行的。”

爱玲笑笑说：“不过是办一个法律上的手续。”说完，就走开了。

几天后，胡兰成带了两份报来，两张报纸上都并排登着《胡兰成、应英娣协议离婚启事》、《胡兰成、全慧文协议离婚启事》，看起来非常可笑。

他把报纸往茶几上一扔，在沙发椅上坐下来，虽然带着微笑，但脸色好像很凄楚。

爱玲想去抚摸他的头发，但胡兰成怕痛似地躲开了。沉默了一会儿，爱玲忽然笑道：“我真高兴。”

胡兰成这才面露笑容：“我早就知道你忍不住要这样说了！”

爱玲后来告诉姑姑：“胡兰成很难受，为了他太太。”

姑姑皱着眉笑道：“真是——！‘衔着是块骨头，丢了是块肉。’当

①指全慧文。

然这也是他的好处，将来他对你也是一样。”

两则启事一出来，报纸上自然推测：胡、张两人肯定要结婚了。

姑姑这时已接受了这个事实，而且从某种角度讲，还感到很高兴。原来，在亲戚之间早就有一种议论，说爱玲跟姑姑住在一起，怕是也传染上了独身主义。

“那什么时候结婚？”姑姑问。

“他也提起过，不过现在时局这样，还是不要操办，对我好些。”爱玲说。

胡兰成说过，只是宣布一下也好，请朋友喝酒也好，都不错。爱玲知道他要还债，办个酒席都不容易，觉得有点凄惨。

姑姑对他们要低调结婚倒是很理解，但担心要是有了孩子怎么办？

爱玲笑道：“他说要是有孩子，就交给青芸带。”

据《小团圆》里透露的信息，姑姑在感慨之下，说了爱玲母亲曾经多次为那位外交部的年轻人打过胎，还讲了很多关于爱玲母亲和年轻情人、年轻晚辈的情感风波，以及那位年轻人和姑姑本人之间的纠葛。

这些事，令爱玲十分震惊。

1944年8月间，胡、张二人结婚了，具体日期不可考。

据胡兰成自己讲，因考虑到日后时局变动也不至连累到张爱玲，就没有举行任何仪式，也没有办理任何法律手续，只写下一纸婚书为定：

胡兰成张爱玲签订终身，结为夫妇；愿使岁月静好，现世安稳。

前两句是张爱玲写的，后两句是胡兰成续写的。

《小团圆》里讲，买婚书是胡兰成提议的。张爱玲本不喜欢这种秘密婚约，觉得是自骗自。但是，想到以前和炎樱到四马路绣货店买绒花，看见过有卖大红龙凤婚书的，她很喜欢那条街的气氛，于是就独自去了四马路，选了一张图案最古香古色的。

买回来后，胡兰成很奇怪：“怎么只有一张？”

爱玲根本没有想到，婚书是需要“各执一份”的。路远，也不可能再去买一张回来了，只能如此了。

胡兰成写好后，说：“因为你不喜欢琴，所以不能用‘琴瑟静好’。”

因为只有一张，只好由爱玲收起来。因为太大，没处可以搁，后来就干脆压在箱底。

炎樱也来参加了签约，作为媒证，也写下了自己的名字。然后她把象征祝福的米粒，撒在两人身上。

到场的，还有一个青芸。喜事爱玲没有通知弟弟，姑姑不知何故也不在场。

写完婚约，他俩与炎樱一道，去百老汇大厦吃了西餐，以示庆祝。是年，胡兰成 38 岁，张爱玲 23 岁。

在胡兰成，他早知道日军占领的日子已是屈指可数；而张爱玲虽一点也不研究时事，却也说过日本的流行歌非常悲哀，意即说日本将亡。

但是两人全不顾了，只觉人生苦短，要在动荡之中仓促成婚。

在这个日子里，不知道张爱玲是否还能记得起，她自己在《倾城之恋》里所写："'死生契阔——与子相悦，执子之手，与子偕老。'我看那是最悲哀的一首诗，生与死与离别，都是大事，不由我们支配的。比起外界的力量，我们人是多么小，多么小！可是我们偏要说：'我永远和你在一起；我们一生一世都别离开。'——好像我们自己做得了主似的！"

失舵之舟，又能驶到哪儿去呢？

如何"静好"？怎能"安稳"？痴人之梦，往往做得比常情还要美妙！

命运赐给他们的欢悦日子，仅仅也就一年了。

婚后，他们的生活也没有多大变化，一切还是照旧。张爱玲并没搬到美丽园去。

据胡兰成讲，因为张爱玲版税高，经济上能自立，他只给过张爱玲一点钱，张爱玲去做了一件皮袄，式样是别出心裁，做得很宽大，她很喜欢。因为人家丈夫都是给妻子钱，她也要，所以她高兴。

这应该不是臆说，那之后，张爱玲曾在《小天地》杂志上发表散文《气短情长及其他》，里面有一段是说，冬天她第一次穿皮袄，摸着里面柔滑的皮，自己觉得像只狗，偶尔碰到鼻尖，也是冰凉凉的，像狗。

这描写，同样是俏皮的形容，却一点没有一贯的刻薄感，想是真的陶醉了！

胡兰成也陪张爱玲去静安寺街上去买小菜，到冷清清的西式食品店去看鸡蛋牛肉之类，只觉得和刚才聊天的气氛全然不符，可是张爱玲只觉得亲切，没感觉有什么冲突。

这些，都足以见出，张爱玲纵是天才，在婚姻上的要求也有极普通的一面，只不过她是要嫁一个“能对话的人”。

可是胡兰成有鬼胎——这日子长不了，他很清楚。因此，他不想使张爱玲因为他而有什么改变。“我们虽结了婚，亦仍是像没结过婚。”

两个人，怎么看也不像是夫妻。

张爱玲毕竟还是天真——她观念里的婚姻，本质就不是世俗的。

胡兰成说：“张爱玲是民国世界的临水照花人。看她的文章，只觉得她什么都晓得，其实她却世事经历得很少，但是这个时代的一切自会来与她交涉。”

不错，新婚燕尔的言笑，她一点听不出有哀音来！

胡、张在恋爱时和成婚后，有过大量的思想交流，那些对话及场景，《今生今世》里都有描写。

胡兰成毕竟是有才气的，他受的训练其实并不严格，思想来源也驳杂，但人极聪明，他这一大段“赌书赢得泼茶香”式的描写，在全书中堪称华彩乐段，好一派锦绣气！

现代以来，中国作家情侣间的佳话，惟有《两地书》或在此之上。

从《今生今世》看，胡兰成共写了他的“八个女人”，对最主要的几个是平均用力，除了佘爱珍的篇幅较多外，其他的都差不太多。但是关于张爱玲的一段，那种情趣与机锋，古今难觅。若想了解，我以为，最好去看原书，任何传记作家的转述或发挥，都不免化橘为枳。

“照花前后镜，花面交相映”，两人由热恋而蜜月，所有的积累都恨不能向对方倾倒出来。

胡兰成从几个方面描述了他们的交流，首先一方面，是关于文学艺术的。

他以夸夸其谈吸引了张爱玲，可是交往一深，才知道对方的分量。他对西洋文学知之不多；而张爱玲，用他的话说是“西洋文学的书她读得来像剖瓜切菜”，因此他愿听张爱玲谈论。

胡兰成在《今生今世》里写道，张爱玲给他讲萧伯纳、赫克斯莱[1]、桑茂忒芒[2]以及劳伦斯的作品，讲了之后总说："可是他们的好处到底是有限制"，很小心地，不愿意伤了他的自尊。

但是张爱玲对莎士比亚、歌德、雨果等巨匠都不爱，西方文化凡是隆重宏大的，都不爱，如对壁画、交响乐等都感吃力，只喜欢有平民精神的东西。胡兰成对这很惊讶。

一次，胡兰成壮着胆子说，《红楼梦》、《西游记》要胜过《战争与和平》或《浮士德》，说完又觉冒失，张爱玲却只平淡地说："当然是《红楼梦》、《西游记》好。"他这才觉释然。

胡兰成在回忆录中，数次说到张爱玲"理性"，实际上是指张爱玲的审美观已经定型，轻易不改，反倒是涉猎甚广的胡兰成，潜移默化中被张爱玲所左右。

在音乐和美术上，"胡说"也是服从"张说"的。

胡兰成曾在香港买了贝多芬的唱片，一听之后不喜欢，但他想，贝多芬被人称为乐圣，想必是自己不行，于是就天天刻苦地放来听，努力要使自己懂得。忽听得张爱玲是9岁起学钢琴，学到15岁，他兴奋起来，正待要抒发一下对古典音乐的感想，不料张爱玲却说不喜钢琴，一言又说得胡惘然若失。

胡兰成自中学读书以来，就不屑于京戏、绍兴戏、流行歌之类，经张爱玲指点，他才晓得它们的好，且发现自己原是喜欢这些东西的。

两人同看西洋画册，拉斐尔与达芬奇的作品，张爱玲只一页一页地翻过，翻到米开朗基罗雕刻的人像《黎明》，张爱玲便停下来细看一回，道："这很大气，是未完工的。"

而看塞尚的画，却有好几幅张爱玲详细讲解给胡兰成听。胡回忆说："画里人物的那种小奸小坏使她笑起来。爱玲自己便是爱描写民国世界小奸小坏的市民，她的《倾城之恋》里的男女，漂亮机警，惯会风里言、风里语，作张作致，再带几分玩世不恭，益发幻美轻巧了，背后可是有着对人生的坚执……"

他说的这个"小奸小坏"，即是普通人的欲望，并不去论"正当"

---

①即《美妙的新世界》作者赫胥黎。

②即萨默塞特·毛姆。

与否、或与主流贴合与否。胡兰成还就此衍生开来说：

现代大都市里的小市民不知如何总是委屈的，他们的小奸小坏，小小的得意，何时都会遇着大的悲惨决裂。现代的东西何时都会使人忽然觉得它不对，不对到可怕的程度，连眼前那样分明的一切，都成了不可干涉。爱玲与我说："西洋人有一种阻隔，像月光下一只蝴蝶停在带有白手套的手背上，真是隔得叫人难受。"又一次她告诉我："午后公寓里有两个外国男孩搭电梯，到得那一层楼上，楼上惟见太阳荒荒，只听得一个说再会。真是可怕！"

这种议论和描述，形象而又精当；读了，只能令人叹。对都市普通人心态的窥见、对中西文化在心理上的隔膜，两人的见解，都是一语中的。

胡兰成说，他与张爱玲在一起欣赏日本的版画、浮世绘、朝鲜的瓷器，及古印度的壁画集，"都伺候看她的脸色，听她说哪一幅好，即使只是片言只语的指点，我才也能懂得它果然是非常好的"。

这种启蒙式的调教，对胡兰成作用甚大。胡兰成直言，若无张爱玲，他后来断写不出像《山河岁月》那样纵论中国文化与天下大势的书。

第二方面，胡兰成描述了张爱玲的个性特色，也都件件事具体而微，把个张爱玲描画得呼之欲出。

他对张爱玲的性格有一个评价，现在，常被研究者反复引用，当成了不移之论：

"她从来不悲天悯人，不同情谁，慈悲布施她全无，她的世界里是没有一个夸张的，亦没有一个委屈的。她非常自私，临事心狠手辣。她的自私是一个人在佳节良辰上了大场面，自己的存在分外分明。她的心狠手辣是因她一点委屈受不得。她却又非常顺从，顺从在她是心甘情愿的喜悦。且她对世人有不胜其多的抱歉，时时觉得做错了似的，后悔不迭……"

胡兰成的《今生今世》在写张爱玲时，用语不仅华丽而且超级夸张，有的需要细心去体会，才知道他在说什么。

他所说的"自私，临事心狠手辣"，实际是指张爱玲非常"自我"，不见得就是冷酷、冷血之意。看紧接着后面他说，张爱玲常对世人抱有歉疚之心，就可理解了。

以我之见，胡兰成说张爱玲“自私”、“心狠手辣”，很可能缘于张爱玲不因英娣的事而陪他哀伤，其实两人在这个问题上，感受怎能相同？

他还谈到，张爱玲有很多观念与众不同。他因听别人常说学生时代最幸福，就去问张爱玲，张爱玲却说，很不喜欢学校生活。他认为童年是可怀恋的，张爱玲也不怀恋。“在我认定是应当的感情，在她都没有这样的应当。”

而且，张爱玲还理直气壮地说，她不喜欢她的父母。对弟弟张子静，也缺少应有的问顾。胡兰成也亲眼见到：“她一人住在外面，她有一个弟弟偶来看她，她亦一概无情。”

这些，与张子静的回忆是吻合的。张子静的回忆录里有专章谈到这个，即“姊姊成名后我去看他，十有九次看不到”。

胡兰成说：“她看《金瓶梅》，宋蕙莲的衣裙她都留心到，我问她看到秽亵的地方是否觉得刺激，她却竟没有。她爱看小报，许多恶浊装腔的句子她一边笑骂，一边还是看……”

——无疑，这些说的也都是“自我”。

也正因她的这种“自我”太强烈，别人初看她诸般不顺眼，她也决不迎合，别人要想迎合她，那更是休想。用一般的美丑善恶观去看她，总让人看她不透。

胡兰成说，张爱玲品评人也非常苛刻，“像穿的新衣服对于不洁特别触目，有一点点雾数或秽亵，她即刻就觉得”。

他和张爱玲闲话所认识的几个文化人，张爱玲只要看过一眼的，就能看出人家“又不干净，又不聪明”。胡兰成听她这么说，不禁要将人比已，不免心惊，但却觉得自己无从检点起。

以一般人常情，往往姑息君子，不姑息小人，可是张爱玲对好人、好东西却非常苛刻，而对小人与普通的东西，也不过如此，算是一律平等了。

张爱玲这样地不通融，偶有文化人来到她这里勉强坐一回，只觉对她不可逼视，不可久留。

对于胡兰成所结交的一班日伪权要，张爱玲也是不给面子的。1944年7月，日本军人宇垣大将到上海来，胡兰成对他说起张爱玲，宇垣很感兴趣，想请张爱玲来见见，胡兰成即答道：“不可招致，去见她也还要先问过她。”

张爱玲当然是不见。

熊剑东几次要宴请张爱玲，并邀胡兰成作陪，胡兰成自知不可能，都替张爱玲回绝了。

胡兰成只给张爱玲介绍了日本使馆负责文化事务的书记官池田笃纪。池田对张很尊重，每次见面都郑重其事，请胡兰成陪同。

张爱玲喜欢胡兰成从池田那里借来的日本版画、浮世绘，还有塞尚的画册，池田知道了，说：“那么送给她吧。”但是张爱玲却不要。

张爱玲写小说，人显得老到、深邃，其实天性还是如孩子般天真，所以也不喜欢小孩，小狗小猫她都不近，连对西俗里的所谓“小天使”，她也没有好感。

胡兰成说了一件事，也透露出她对世事孩子似地“涩”：一次，张爱玲搬运印书的白报纸回来，到了公寓门口要付车夫小账，她觉得非常可耻又害怕，宁可多些，把钱往那车夫手里一塞，赶忙逃上楼来，甚至不敢去看那车夫的脸。

张爱玲是那种沉浸在自己世界里的人，在日常的生活中，则诸事不娴熟。她不管做什么，都好像在承当一件大事。胡兰成说，“看她走路时的神情就非同小可，她是连拈一枚针，或开一个罐头，也一脸理直气壮的正经”。

别人所习惯做的事，甚至心不在焉也可做妥的事，在她都十分吃力，且又不肯有一点迁就。

但是，在经济上又并不糊涂，在接洽写稿的事上，居然能做到与书商两不吃亏，用钱也预算得好好的。

她处理事情有自己的条理，且不受欺侮。一次，路遇瘪三抢她的手提包，争夺了好一回没有被夺去；又一次，瘪三抢她手里的小馒头，一半落地，一半她仍拿了回来。

胡兰成说：“我在人情上银钱上，总是人欠欠人，爱玲却是两讫，凡事像刀截的分明，总不拖泥带水。”

张爱玲与姑姑分房同居，两人花费是明算账的，锱铢必较。她自己也知道有点过分，对胡兰成说：“我姑姑说我财迷。”说着笑起来，很开心。她与炎樱难得一同上街去咖啡店吃点心，也要先言明谁付账。

张爱玲的《小团圆》也提到了这个问题。有一天，她对胡兰成讲起，她要钱出了名，对稿费斤斤计较。并且解释说："我想多赚点钱，我欠我母亲的债一定要还的。"

说了这些，张爱玲就想，胡兰成过去恐怕经常为英娣还债，听了这话会不会耳熟，以为是"开出条件来了"。

胡兰成果然神色稍动，但马上微笑着应了一声。

第三个方面，是胡兰成在《今生今世》里描绘了他们两人之间的卿卿我我。这些，也是妙语连珠，不由得张迷们不信。

胡兰成在写这些的时候，已是六十老者，张爱玲也五十多岁了，他把年轻时的欢爱都写出来，张爱玲看了，恐怕只觉得肉麻。后来胡兰成把《今生今世》寄给张爱玲看了之后，又给张爱玲写信，张坚决不回信，因为一回信"势必出恶声"。

但是胡兰成的这些描述，实在精彩。推测起来，总还有几分是真，假设单凭想象，应是绝想不出来的。

他说："我与爱玲亦只是男女相悦，子夜歌里称'欢'，实在比称爱人好。两人坐在房里说话，她会只顾孜孜的看我，不胜之喜，说道：'你怎这样聪明，上海话是敲敲头顶，脚底板亦会响。'"

后来胡兰成亡命雁荡山，曾读到古人有一句话"君子如响"，想起来，不觉笑了。

张爱玲有时对这一段日子，觉得如梦，会问："你的人是真的么？你和我这样在一起是真的么？"还必定要胡兰成回答，弄得他不知所措。

一次，胡兰成听张爱玲说，旧小说里有"欲仙欲死"的句子，他一惊，连声赞道是好句子，问她出自哪一部旧小说。

张爱玲也感奇怪，说："这是常见的呀。"其实旧书里哪里有？是张爱玲自己这样地感觉罢了，竟糊涂到以为早有这样的现成语。

两人的调情一如小儿女，张爱玲遂又说："你这个人嗄，我恨不得把你包包起，像个香袋儿，密密的针线缝缝好，放在衣箱里藏藏好。"

夏天的一个傍晚，两人在阳台上眺望红尘霭霭的上海，西边天上余晖未尽，有一道云隙处清森遥远。胡兰成对张爱玲说时局不好，来日大难，她听了很震动。

《汉乐府》里有"来日大难，口燥唇干，今日相乐，皆当喜欢"的

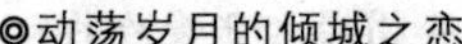

句子，张爱玲想起来，于是说："这口燥唇干好像是你对他们说了又说，他们总还不懂，叫我真是心疼你。"

——来日是来日，恋爱的人实际上是不相信来日会恶劣的，怎么也挡不住"今日相乐，皆当喜欢"。

一日午后好天气，两人同去附近马路上散步。张爱玲穿一件桃红单旗袍，胡兰成说好看，张爱玲便道："桃红的颜色闻得见香气。"

有时晚饭后，两人在灯下相倚，挨得很近，脸对脸看着。张爱玲的脸，很明朗的。胡兰成看去，"好像一朵开得满满的花，又好像一轮圆得满满的月亮"。

张爱玲平时是做不出微笑样子的，要笑，就是满脸的开心。胡兰成抚着她的脸，说道："你的脸好大，像平原缅邈，山河浩荡。"

张爱玲笑起来，说："像平原是大而平坦，这样的脸好不怕人。"

她接着说，《水浒》里写宋江见玄女，有妙句。胡兰成看过《水浒》无数遍，惟有这种地方偏记不得，就央她说出来，却是"天然妙目，正大仙容"八个字。

胡兰成一听当下呆住，岔开话去没再说了。到第二天，才对张爱玲说："你就是正大仙容。"

亲昵的时候，张爱玲只管看着爱人，不胜之喜，用手指抚着胡兰成的眉毛，说："你的眉毛。"抚到眼睛，说："你的眼睛。"抚到嘴上，说："你的嘴。你嘴角这里的涡我喜欢。"

张爱玲叫他"兰成"，他竟不知如何应答。

胡兰成总不当面叫她名字，在别人面前则是叫"张爱玲"，张爱玲却非要胡兰成叫一声名字来听听，他十分无奈，只叫得一声"爱玲"，顿时觉得很狼狈，张爱玲听了也诧异，应道："啊？"

一次，两人去看朝鲜舞蹈家崔承禧的演出，回来时下雨，从戏院门口叫了一辆黄包车，雨蓬放下，张爱玲坐在胡兰成的身上。胡兰成的感觉是，"可是她生得这样长大，且穿的雨衣，我抱着她只觉诸般不宜，但真是难忘的实感"。

这样的欢爱，不应有假，也与是非对错无关，但毕竟是来日无多。后来胡兰成在描述时，不无炫耀，而张爱玲看了，则恐怕惟有心痛。

一生的爱意，都在此时抒发尽了，实不应该是对着"他"；可是，不是"他"又能是谁？

“一见君子终身误”——难道，这就是传说中的蛊？

《今生今世》中对张爱玲的一整章描写，章节标题为“民国女子”。何以为“民国女子”？不甚清楚，似看不出有什么特别的深情；且篇幅也不太长，仅有二十多页，比后面写佘爱珍的要少得多。但是全书中，惟有这一部分可称为“字字珠玑”。两人有关文、字、词的那些对话，都精妙之极。

我在这里单独把它们归为一类。

这些对话，宛似禅宗里的机锋，又似诗话里的点评。这些，本是中国文化中最有灵性的部分，可惜在《人间词话》之后，源流不继。近代以来的文人从西方抄来的文论方法，大多是“甲乙丙丁、一二三四”，大而无当，看似洞彻一切，其实没多少真知灼见。

所以，看到张、胡的机巧，令人惊喜，叫人如饮醇酒。

胡兰成的学识，本是由古典文化养成，但是在这上面，他对张爱玲也是折服的：

我以为中国古书上头我可以向她逞能，焉知亦是她强。两人并坐同看一本书，那书里的句子便像街上的行人只和她打招呼，但我真高兴我是与她在一起。读诗经，我当她未必喜欢大雅，不想诗经亦是服她的，有一篇只念了开头两句。“倬彼云汉，昭回于天”，爱玲一惊，说：“啊！真真的是大旱年岁。”又古诗十九首念到：“燕赵有佳人，美者颜如玉，被服罗裳衣，当户理清曲。”她诧异道：“真是贞洁，那是妓女呀！”又同看子夜歌：“欢从何处来，端然有忧色。”她叹息道：“这端然真好，而她亦真是爱他！”我才知我平常看东西以为懂了，其实竟未懂得。（《今生今世》）

还有一次，胡兰成想要形容张爱玲行坐走路的样子，总觉得想不出合适的比喻。张爱玲聪明会意，就代他说了：“金瓶梅里写孟玉楼，行走时香风细细，坐下时淹然百媚。”

胡兰成惊喜，觉得“淹然”两字真是好，要张爱玲把意思说来听听，张爱玲道：“有人虽遇见怎样好的东西亦滴水不入，有人却像丝棉蘸着了胭脂，即刻渗开得一塌糊涂。”

胡兰成又问："我们两人在一淘时呢?"

张爱玲道："你像一只小鹿在溪里吃水。"

他又问张爱玲：是否也有写东西时感到滞涩的时候？张爱玲答说：还没有过何种感觉或意态形致，是她所不能描写的；只要存在心里过一过，总可以说得明白。

胡兰成对此的评价是："她是使万物自语，恰如将军的战马识得吉凶，还有宝刀亦中夜会得自己鸣跃。"

比如，胡兰成说苏青的脸美，张爱玲就说："苏青的美是一个俊字，有人说她世俗，其实她俊俏，她的世俗也好，她的脸好像喜事人家新蒸的雪白馒头，上面点有胭脂。"

这种描述，匪夷所思！但，又很近情理，胡兰成只能心悦诚服。

两人都觉得，中国文明就是能直见性命，所以无隔。这个"直见性命"，就是"能说到要害处"。

两人并坐着看诗经，能发现，这里也是"既见君子"，那里也是"邂逅相见"。张爱玲便很高兴，说："怎么这样容易就见着了!"

而庾信的赋里更有：

树里闻歌，枝中见舞，
恰对妆台，诸窗并开，
遥看已识，试唤便来。

胡兰成读了更是会心，他觉得张爱玲与阳台外的全上海，就是这样的相望相识，叫一声，外面的景物就都会来到房里似的。

张爱玲喜欢在房门外悄悄窥看胡兰成在房里。她写道："他一人坐在沙发上，房里有金粉金沙深埋的宁静，外面风雨琳琅，漫山遍野都是今天。"

——没有挚爱，哪里体会得到这种"金粉金沙深埋"?

胡兰成说张爱玲是"锦心绣口"，处处透着机智与博学。两人并排坐在沙发上，又说起姓氏的妙趣。

张爱玲说："姓崔好，我母亲姓黄亦好，红楼梦有黄金莺，非常好的名字，而且是写的她与藕官在河边柳荫下编花篮儿，就更见这个名字好了。"

张爱玲又说姓胡更好，胡兰成问姓张呢？她道："张字没有颜色气味，亦还不算坏。牛僧孺有给刘禹锡的诗，是这样一个好人，却姓了牛，名字又叫僧孺，真要命。"

胡兰成说胡姓来自陇西，称安定胡，他自己的上代也许是羌人，羌与羯、氐、鲜卑等都是五胡。张爱玲就说："羌好。羯很恶，面孔黑黑的。氐有股气味。鲜卑是黄胡须。羌字像只小山羊走路，头上两只角。"

这趣味，真是雅人没有，俗人亦无。

——天造地设，就为他两人相撞见，然后斗机锋的。

可是，他们的小日子固然"淹然百媚"，大历史却是咆哮奔突，要摧枯拉朽。胡兰成在欢爱中也有所感："有朝一日，夫妻亦要大限来时各自飞。"

于是，他说："我必定逃得过，惟头两年里要改姓换名，将来与你虽隔了银河亦必定我得见。"

张爱玲道："那时你变姓名，可叫张牵，又或叫张招，天涯地角有我在牵你招你。"

哀音毕现啊！读"民国女子"一节到这最后，真是不忍。

张爱玲还对胡兰成说起过李商隐的两句诗，这又是胡兰成起先读过而没有留心的。诗曰：

星沉海底当窗见，雨过河原隔座看。

这两句诗，他当忘不了！

滂沱大雨就要铺天卷地而来了！

多年以后，胡兰成说："我是从爱玲才晓得了汉民族的壮阔无私，活泼喜乐，中华民国到底可以从时代的巫魇走了出来。爱玲是吉人，毁灭轮不到她，终不会遭灾落难。"

可是，时势移矣，伊人不再，说这些还有什么用！

无怪有张迷们在道德上鄙视胡兰成，多半是看他这类话不真诚。——他这是"得了便宜又卖乖"。

他在写《今生今世》的这一章时，不知是何心情？

当代有不少女作家对他也鄙视，以亦舒、李碧华为最，简直要说胡兰成一点内囊没有，有了点文名，全是在沾张爱玲的光了。

对张爱玲，她们哀其不幸。

然而张迷中也有一派认为，过分鄙视胡某人其实不必。情爱这东西，是“围城中人”专有的，外人不必打抱不平。

有人曾说，原先以为胡兰成不配张爱玲，待看到《今生今世》的第一句“桃花难画，因要画得它静”，就知这胡某人决非等闲之辈，张爱玲爱上他，许是有道理的。

这样的看法，可以聊备一说吧。

其实，世界上道理达不到的地方，多的是。“锦瑟无端五十弦”，不就是“无端”么？

且世上可有过完完美美的爱？

——张爱玲“星沉海底”的那些事，不可说，也说不得了！

14. 尘埃里的花凋落了

张爱玲爱错了人，这是不争的事实。有的“张传”作家把胡张恋写成了“宝黛爱情”，这是因为他们不会用别的手法写爱情，只能以才子佳人做比。

这一段乱世姻缘，实是复杂得很。

胡兰成的闯入，对张爱玲来说，并非像流星那样倏忽而没，而是对她后来的人生产生了深刻的影响。

首先一个，就是导致张爱玲创作势头的明显减弱。

前面提到过，两人的热恋、同居，其情也炽，结果弄得“两人都吃力”，胡兰成只好回南京去，让张爱玲有时间写作。

这之后，张爱玲的写作仍然勤奋，重头散文联翩而出，蔚为大观。但在小说创作上，则明显衰退。虽有《红玫瑰与白玫瑰》等出来，但丰瞻华丽的高峰期已过，无法与《金锁记》、《倾城之恋》等相提并论了。

特别是从 1944 年 1 月在《万象》连载的长篇小说《连环套》，就更为粗糙。连载 6 期后，不得不自行“腰斩”。

她在香港时曾听炎樱讲过麦唐纳太太的故事，加之她在上海又认识了麦唐纳太太，《连环套》就是根据这位太太的经历而写出，主人公霓喜也即麦唐纳太太的化身。素材用得不错，不过，故事和人物对话却是用了酷似章回小说的语言写出，有人觉得不伦不类。

就在这年 5 月，文坛中有一位“大将”，匿名给了张爱玲一记迎头闷棍。这位大将，就是当时蛰居上海的大翻译家傅雷。

傅雷先生翻译的巴尔扎克小说，和在战前就开始翻译的《约翰·克利斯朵夫》，文笔美轮美奂，后人恐再不可企及。

他对张爱玲的崛起，也一直关注着，深为张爱玲出头过早而惋惜。直到《连环套》出来，见竟是沿用旧小说的腔调来写现代故事，觉得不能忍了，要当头棒喝一声。

他以“迅雨”为笔名，写了一篇批评文章，题为《论张爱玲的小说》，交给了柯灵，就在 5 月的《万象》上登出。

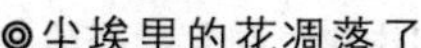

这篇万字长文一出，立刻引发诸多猜测——“迅雨”是谁？

众人都知道肯定是个大手笔，但怎么也没法从“雨”猜到“雷”上去。倒是因为文中多次引用法国作家的掌故，所以有人怀疑是大名鼎鼎的作家、法国文学翻译家李健吾，但看文风又不像。

傅雷的这篇“砸砖”文章，首先还是肯定了张爱玲的好，说张爱玲的出现，是让人始料不及的“奇花异卉”，特别《金锁记》“该列为我们文坛最美的收获之一”。

而后就抡开了“政治正确”大棒，说张爱玲的作品，主人公全都是遗少和小资，“全都为男女问题这恶梦所苦”。

接着是对《连环套》集中开火，说这篇小说不仅放弃了有意义的主题，还放弃了作者最擅长的心理描写，单凭想象的技巧编故事。这是“熟极而流”，跟读者打哈哈。这种不负责任的写作，发生在《金锁记》的作者身上，太出人意外。

傅雷断言：“《连环套》逃不过刚下地就夭折的命运。”他警告张爱玲不要太醉心于玩技巧，尤其是用旧小说笔法，如同玩火，弄不好会把自己的才华给烧掉了。题材方面也要更宽一些，因为“除了男女之外，世界毕竟还辽阔得很”。

全文结尾，仅有两句：

一位旅华数十年的外侨和我闲谈时说起：“奇迹在中国不算稀奇，可是都没有好下场。”但愿这两句话永远扯不到张爱玲女士身上！

文章是好意，技巧问题说得也对，但是对张爱玲基本没有正面效果。她大受刺激，不仅不听，反而决定立即出版小说集《传奇》，公开申明，就是要“在普通人里寻找传奇”。

但是对《连环套》，她本人也不满意，决定在当年《万象》第6期后中断连载，此后就再也没给《万象》稿件了。

两个月后，张爱玲有《自己的文章》一文在《新东方》杂志发表。这可以说是对“迅雨”文章立刻做出了回应。

大家都晓得，吾国吾民，有一句流行的俗语：“老婆是别人的好，文章是自己的好。”张爱玲此文的标题，就是取自此意。

她说：“我发现弄文学的人向来是注重人生飞扬的一面，而忽视人生安稳的一面。强调人生飞扬的一面，多少有点超人的气质，超人是生在一个时代里的，而人生安稳的一面则有永恒的意味。”

张爱玲主张写小人物，她声称：“一般所说的‘时代的纪念碑’那样的作品，我是写不出来的，也不打算尝试……”

在这里，她是把傅雷的“主题狭窄论”完全驳回，坚信自己的小说“永恒”。

张爱玲虽然在文艺观上不接受傅雷的批评，但潜意识里自信心大为受损，主动对《连环套》“腰斩”，其实就是默认了批评；并且“腰斩”后没再续写，也没收进作品集里。

当今有人评价，《连环套》其实是张爱玲小说中结构最严谨的一部，环环相扣，少一环都不行，每个人物都不是多余的，每处伏笔都是精心设计过的，可见她用功之大。

原以为必得喝彩，却不料横遭狙击，她怎能不黯然！

至于“迅雨”究竟是何方神圣？张爱玲则长期蒙在鼓里，直到1952年，她去了香港，结识了宋淇[①]夫妇，才从他们口中知道“迅雨”原来是傅雷。

张爱玲听了，很惊讶，但也没说什么。

傅雷先生才华横溢，著作等身，其译著《约翰·克利斯朵夫》1936年由商务印书馆出版，前后不知影响了多少“时代青年”的世界观。可惜，在1966年9月文革爆发之初，他遭遇了红卫兵更为严酷的“政治正确”大棒，夫妇俩含冤自尽。

他对张爱玲，其实还是很爱惜的。其子傅聪后来回忆说：在他10岁左右的时候，整天听父母议论张爱玲长张爱玲短的，可谓“念念在兹”！

无独有偶，就在傅雷文章发表的当月起，胡兰成也有文章《论张爱玲》在《杂志》上分2期发表，高调热捧张爱玲。这篇文章，应是在三四月间写的——正是胡、张热恋时。

他将张爱玲定位为“个人主义者”。这个表述，误导了后来的一些张传作家，把张爱玲的创作界定为“个人主义写作”；而且，这个词完全被他们误读，成了“自私自利”、“冷酷无情”的代名词。

---

①笔名林以亮。

其实胡兰成的意思是：张爱玲的写作，是以人为本位的写作，探究作为个体的人不幸命运的根源，揭示“时代的阴暗”对个人的摧残，诉说老百姓寻求安稳的愿望。

胡兰成对张爱玲的这些评价，极为精当，迄今很少有人能超越。

比较诡异的是，胡兰成与傅雷一样，也对张爱玲未来的“江郎才尽”有隐忧：“她对于人生的初恋将有一天成为过去，那时候将有一种难以排遣的怅然若失，而她的才华将枯萎。”

——这两个最早评论张爱玲的人，都“不幸而言中”!

胡兰成初识张爱玲之时，就已是官场失意人，宣传部政务次长之职在前一年就已失去，这时百无聊赖，对文学也有了兴趣。

1944 年秋，由日本人出钱，他去南京出面办了一份文艺刊物《苦竹》。这期间，张爱玲也曾经去南京暂住，全力支持，将《桂花蒸——阿小悲秋》等 3 篇重要作品交《苦竹》发表，反倒冷落了她的老东家《杂志》。

不过，《苦竹》在办了两期后，主旨转向时政。原来是胡兰成预见时局要变，想为自己留后手，要先造一些舆论。张爱玲也就把阵地转回了《杂志》和《天地》。

《苦竹》在上海印行，一共出了 4 期。在此期间，胡兰成野心复萌，又办了一份政论性刊物，叫《大公周刊》，在南京发行。

他与一批“持不同政见”的日本军人交往颇深，所以这个刊物上连续发表主张日本撤兵的政论文，还刊登了延安、重庆的电讯，显出了与南京伪政府很不同的立场。

这一年夏秋，还是张爱玲的好日子，创作势头虽然减弱了，但因有《传奇》出版，外面一时还很热闹。

《传奇》的封面，是她亲手设计的——“整个一色的孔雀蓝，没有图章，只印上黑字，不留半点空白，浓稠得使人窒息。”①

8 月 15 日，也就是她结婚前后，《传奇》出版，4 天内一销而空。9 月，又趁势再版，封面特意请炎樱重新设计，由张爱玲自己临摹而成。

盛名之下，张爱玲踌躇满志。其时，弟弟张子静不安于室，与几个同学合办同仁刊物《飙》。几个小孩子也是了得，居然拉到了唐弢、董

---

①见《对照记》。

乐山、施济美的稿子。大家都知道张爱玲的名声如日中天，就鼓动张子静去找他姐姐索稿。

张爱玲听弟弟讲完来意，一口回绝："你们办的这种不出名的刊物，我不能给你们写稿，败坏自己的名誉。"

说完，又略有些歉意，随手拿了一张她自己画的素描，交给弟弟，允许他拿去做插图。

张子静失望之余，在同学的怂恿下，斗胆写了一篇千字文《我的姊姊张爱玲》，发表在自己的刊物上，里面说了一些姐姐的小掌故。好在张爱玲后来看了也没有生气，一笑置之。

这一时期，又发生了一个"灰钿"事件，宣告张爱玲与《万象》的关系公开破裂。

张爱玲7月份腰斩了《连环套》，《万象》编辑室很被动，连续两期不得不向读者再三解释，但是始终说不出个所以然来。

再加上《传奇》没给中央书店做，而给了《杂志》出版，老板平襟亚有气，于是，在一份小报《海报》上，发表署名"秋翁"的文章《一千元的灰钿》，称张爱玲在1943年底预支《连环套》稿费时，双方讲好每期1000元，先交两期稿件，第一笔预支2000元，下年1月开始连载，以后每月预支1000元。依此累计预支了7000元，到5月份时已将第7期稿费支走，可是第7期的稿子没有交，就此腰斩，这就等于多支了1000元未退还。

张爱玲不认这个账，先是去信辩白，后来又写了《不得不说的废话》，寄给《语林》杂志主编钱公侠，钱主编又请平襟亚也写一篇《一千元的经过》，两篇在《语林》第2期上同时刊出。

据张爱玲说："三十二年①十一月底，秋翁先生当面交给我一张两千元的支票，作为下年正月份、二月份的稿费。我说：'讲好了每月一千元，还是每月拿罢，不然寅年吃卯年粮，使我很担心。'于是他收回那张支票，另开了一张一千元的支票给我。但是不知为什么账簿却记下的还是两千元。"

平襟亚话说得也很硬，说一共领取了7期的稿费，都有张爱玲的收

①指1943年。

据在："当时曾搜集到张小姐每次取款证据[①]，汇粘一册……物证尚在，还希张小姐前来查验，倘有诬陷张小姐处，愿受法律裁制，并刊登各大报广告不论若干次向张小姐道歉。"

该文还附了稿费清单，笔笔清楚。特别是有异议的第一次预支的2000元，"秋翁"先生写明，是"永丰银行支票，银行有账可以查对"。

在发表两方声明的同时，钱公侠做了和事佬，以编者身份称："深信此一千元决为某一方面之误记，而非图赖或有意为难，希望此一桩公案从此不了了之，彼此勿存芥蒂。"

这笔"灰色钞票"，张爱玲到底拿了还是没拿，当时就这么以糊涂官司收场。

在"争吵"中，张爱玲的文章题目很冲，可见火气很大，除了对秋翁小题大做有气外，估计也是对《万象》登载了"迅雨"的文章耿耿于怀。

平襟亚也是有气难消，后来有刊物约请10位文人写一篇"接力"小说，题目为《红叶》，轮到平襟亚，他便借题发挥，写了一对年轻夫妇在自家园中观赏花树。那女子忽发奇想，问老园丁："这里有没有狐仙?"老园丁答："这里是没有的，而某家园中，每逢月夜，时常出现一妖狐，对月儿焚香拜祷，香焚了一炉，又焚一炉，一炉一炉地焚着。直到最后，竟修炼成功，幻为婵娟美女，出来迷人……"所指再明白不过。

"灰钿事件"后来经人考证，曲在张爱玲，直在平老板，大概是张爱玲少年时"我忘了"的毛病又犯了。不过至今也有一些"张传"作家坚信张爱玲无辜，认为她"平白无故地受了平襟亚的信口雌黄的诬蔑"。

当此大红大紫之时，忽然受到这许多"攻击"，张爱玲虽还不至于睚眦必报，但也一句软话没说。她生性冷傲，现在更不管是什么大人物，都一概回敬了过去。

不过，此期间也有两件事，可说明她并非一味地"冷"或"傲"，知遇之恩，她还是念念不忘的。

张爱玲的中学老师汪宏声，于1944年12月，在《语林》杂志创刊号上发表了长文《记张爱玲》，回忆中学时代张爱玲的趣事种种。文字

---

①收条与回单。

浅白，但深情可感。

就在这期杂志还在印刷时，张爱玲在路上偶遇《语林》主编钱公侠。钱主编告诉了她此事。

张爱玲等不及杂志付印，立即跟钱主编去印刷厂看了清样。看后“万感交集”，特地写了一大段话作为该文的“附记”，称“中学时代的先生我最喜欢的一个是汪宏声先生，教授法新颖，人又是非常好的”。

张爱玲平生不大“尊师”，直接对老师进行正面评价的，唯此一例。

可惜，这位仁厚的汪宏声老师，后来竟不知所终。

另一件事，是柯灵曾两次被日本宪兵队逮捕，张爱玲主动施予援救。

柯灵被捕的原因，是由于“文字狱”。日本宪兵队发现柯灵接办之后的《万象》上，经常以曲折、暗示的方式，揭露日军在各地的暴行。比如，其中一个游记栏目叫“屐痕处处”，这个“屐”，就是日本人爱穿的木拖鞋，暗喻日军铁蹄到处践踏。

宪兵队先是在1944年6月把柯灵抓进去了一个星期，因“查无实据”不得不放了；后来到1945年6月又抓了一次，并迫使《万象》停刊。

当柯灵第二次被捕时，张爱玲闻知，觉得不能坐视，带着胡兰成一同去柯灵家询问了情况；而后，又由胡兰成出面，去向日本宪兵队打招呼，要他们能释放则释放。

柯灵脱险后，回到家中，见到张爱玲留下的字条，知道是她来问过了此事，不禁感动异常，立即用文言写了一个表示感谢的短笺，寄给张爱玲。柯灵后来回忆，这个短笺“在记忆里是我最好的作品之一，很难有这种激动的心情”。①

这事有胡兰成参与，柯灵却一直不知道，直到40年后，柯灵在读《今生今世》时，看到有这一节，才恍然大悟，一时竟产生了“难分难解的复杂情绪”。

在《小团圆》里，关于这件事的叙述，则与我们已知的相距甚远。《小团圆》里，也有一段胡兰成从宪兵队里救出一位编辑荀桦的情节，可是荀桦被释放后，是曾经三次到过张爱玲家登门道谢的。对这个人物

①见《遥寄张爱玲》。

的言行，也描写得比较不堪。

因此这个“荀桦”的原型究竟是谁，有待考证。

在张爱玲的散文《更衣记》里，有个很别致的结尾：“……秋凉的薄暮，小菜场上收了摊子，满地的鱼腥和青白色的芦粟[①]的皮与渣。一个小孩骑了自行车冲过来，卖弄本领，大叫一声，放松了扶手，摇摆着，轻倩地掠过。在这一刹那，满街的人都充满了不可理喻的景仰之心。人生最可爱的当儿便在那一撒手吧？”

她在 1943 年底写的这段话，写尽了属于她的 1944 年——

绚烂恣肆，不守常规，飞扬高张，惊世骇俗！

她一点没有意识到，她的创作力正在衰退；更没意识到，胡兰成介入她的生活，会给她带来怎样的危险！

就这样轰轰烈烈地到了 1944 年底，正合着中国一句“盛极而衰”的老话，张爱玲万没料到的转折发生了。

她很快就再也不能这样痛快地“撒手”了！

1944 年底，汪精卫因枪伤复发不治，死在日本名古屋帝国大学附属医院。南京伪政府一片哀鸣。大小汉奸们都知道，路已经走不多远了。

不甘寂寞的胡兰成，在池田的斡旋下，于当年 11 月前往武汉，接手主持《大楚报》。同时还带去了三个人，一个沈启无，任副社长；一个关永吉，为总编辑；一个潘龙潜，为编撰主任。

这次他关注的，其实并不是新闻事业，而是打算在日军势力扶植下，成立一个有别于南京伪政府的傀儡政权“大楚国”，再办一个军政学校，以备在将来时局变化时，占一个山头，捞一笔政治资本。

据《小团圆》中透露出来的细节，胡兰成这次去武汉之前，提了一个大手提箱，放到了张爱玲住处，里面是满满一箱子钱。

起初爱玲只当是办报的经费，没有在意，可是胡兰成并没有带走，爱玲这才领悟到，这是胡兰成为她筹集的钱。

爱玲把箱子拿去给姑姑看：“胡兰成拿来给我还母亲的钱。”

姑姑只是笑道：“他倒是会弄钱。”

---

①笔者注：甜玉米秸秆。

这个细节，解开了无数张迷心中的一个谜团——为什么后来张爱玲决定和胡兰成分手了，却还是照常给他寄钱。

张爱玲不想欠胡兰成的这个情！

胡兰成在风雨飘摇中到了武汉。

大楚报的社址在汉口，而胡兰成一行四人，则由汪伪汉阳县县长张人骏安排在县立医院暂住。汉阳医院与大楚报社之间，隔着一条汉水，胡兰成每天须过江去上班。

新婚还不到一年，夫妻就两地分居，张爱玲自然不免寞落。不过她这一时期忙于《倾城之恋》的改编、上演，倒也冲淡了思念。

这出戏，在兰心大戏院排练，张爱玲甚为挂心，几乎天天到场，旁观导演选演员。

排练的动静之大，闹得苏青也向她打听选角内幕。当苏青听说白流苏由名角罗兰饰演时，长舒一口气道："这最合适不过了。"

张爱玲第一次去看罗兰排戏，见她一身蓝旗袍，怯怯的身材、红削的脸颊、幽咽的眼睛，说起话来如风振箫，不由大起惊动，认为这活脱脱就是真的流苏。张爱玲甚至想：如果早些看到罗兰，也许小说还可以写得更好些。

罗兰不愧是大牌演员，颖悟力极强。张爱玲看了，大受鼓舞，回家后立即写了《写〈倾城之恋〉的老实话》和《罗兰观感》，掩饰不住成功在即的喜悦："我希望《倾城之恋》的观众不拿它当个遥远的传奇，它是你贴身的人和事。"

到 12 月 16 日这天，在上海新光大戏院举行首场公演，门票销售一空，连后面几天的也都卖光。

首演当晚天气奇寒，场内观众都不敢脱掉大衣外套，但丝毫没能影响众人的热情。

电影导演桑弧观看了首演后，决意要与张爱玲进行合作。

著名报人、影人陈蝶衣看完演出，回家时不慎跌了一跤，他不久后撰文说"这冷与跌并没有冷掉或跌掉我对于《倾城之恋》的好印象。

著名汉学家柳存仁①本来已获张爱玲赠的 17 日的夜场票，结果 16

①华裔澳大利亚学者。

日就按捺不住，自掏腰包购票入场，要先睹为快。

报纸上也是一片好评如潮。

当时上海话剧剧本奇缺，能够在那种政治高压下演出的剧目太少，《倾城之恋》生逢其时，连演80场，也算是一个“传奇”了，可惜现代戏剧史上，完全忽略了这一幕。

就连一向对张爱玲的写作不予置评的姑姑，也以“张爱姑”为笔名撰文，假借白流苏和范柳原的口气，把话剧《倾城之恋》大大夸赞一番。

这个严冬，张爱玲大概有过无数次难捺的心花怒放，但是，她不知道——这已是她最后的辉煌了！

从这以后，她所有的新作，就再没能获得如此一面倒的好评。

小说《倾城之恋》的末尾，有一句话：“谁知道呢，也许就因为要成全她，一个大都市倾覆了。成千上万的人死去，成千上万的人痛苦着，跟着是惊天动地的大改革……”

后来的好多研究者和“张传”作家都说，这是她“一语成谶”。

漏尽更残，天明时就是她凋落季节的开始，她是否能有一点点预感呢？

张爱玲万没料到的事情还多着呢。

她的“赌书泼茶”的夫君，就在短短的几个月间，竟然在武汉又有了新欢！

这个胡兰成，实在是个滥情的种子，到武汉不过一个月，就盯上了一个刚满17岁的女孩子。

这段新鲜的故事，套路却不新鲜：几个报社的“老男人”，住的地方恰与汉阳医院的几个女护士为邻。女护士们有六七个，都是花样年华、活泼无羁，撩得胡兰成坐立不安，一下班就去病房与小护士们厮混。

女孩子中的一个叫周训德，是见习护士，学产科的，聪明调皮，但人很有志气。胡兰成说她“虽穿一件布衣，亦洗得比别人的洁白，烧一碗菜，亦捧来时端端正正”。

胡兰成盯上的，就是这个小周，他起先还一本正经，教她背唐诗宋词。小周待人热心，经常帮他抄写文章，两人搞得形影不离。

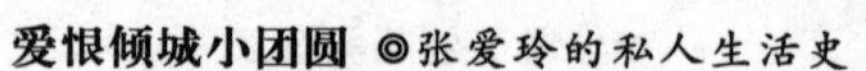

这女孩其实是良家之女，家境贫苦。父亲原是银行秘书，因病早死，母亲是妾，嫡母也不在世了，家中还有弟弟、妹妹。胡兰成这个情场老手，见到这样的猎物，焉能不抓？于是连连献殷勤，请吃饭，约去江边散步，后来索性赤裸裸地求爱。小周起初并未答应，但两人关系开始暧昧。

小周送给他一张照片，他要小周在后面题字，小周写了。胡兰成拿过一看，原来就是他刚刚教她的隋乐府诗：

春江水沉沉，上有双竹林。
竹叶坏水色，郎亦坏心人。

他看了，心中有数，越发厚起脸皮来追。他的步骤，还是老一套，并不讳言张爱玲的存在。

小周起初不愿做“小三”，怕人议论，后来禁不起胡兰成的甜言蜜语，一来二去，也就成了胡的情人，两人公开同居。

这过程中，胡兰成也曾“憬然思省”，想刹住车，反省自己这样做，是否对得起张爱玲。不过，也就是一闪而过的犹豫而已，他的本性，是一定要将艳遇进行到底的。

小周方面，先是顾忌胡兰成比她大 22 岁，又因为自己的娘是做妾的，她不愿再做“妾”；胡兰成却有耐心，只是慢慢地磨，终于等到了小周心甘情愿，不再计较什么名分。

胡兰成的这个搞法，闹得跟他一起来的沈启无也看不下去了。

沈启无是个著名的学者兼诗人，与俞平伯、废名、江绍原并称“周作人四大弟子”。他在北平沦陷后，先于他的老师“落水”。

他看小周这样懵懂，深为惋惜，找了个机会对她说：“胡社长是有太太的，你这样好比是桃树被砍了一刀！”

小周听了，闷闷不乐，回来后对胡兰成讲了。胡兰成闻言大怒，险些当场就去找沈启无算账，被小周死活劝住。

小周是下层出身，心地纯良，见胡兰成这样一个“有权有势”的人对她好，她和她的母亲便都有感恩之心。连胡兰成平时给她一些钱物，她都不要，只以为遇到了君子。哪里知道，她不过是人家又集了一张“珍稀邮票”而已！

这时候张爱玲也有信来说，上海亦和武汉一样，有了防空灯火管制。她与姑姑做了黑灯罩，爬上高高的桌上去把灯遮好。一边动手，一边还念起了沈启无的诗：“我轻轻地挂起我的镜，静静地点上我的灯。”

信上写道：“这样冒渎沈启无的诗真不该，但是对于世界上最神圣的东西不妨开个小玩笑。”

胡兰成读了，尽管也觉得有趣，可是却不能像过去那样，觉得世界都要起诸般震动了。

旧历春节到了，因为各种事务脱不开，胡兰成就在武汉过的年。小周在除夕日回家去看了一下，便又回医院来陪胡兰成。

下午，两人去汉口街上买了年画，一张门神，一张和合二仙，傍晚就拿来在胡兰成的房间里贴好。两人并肩而立，把那和合二仙看了很久。

“和合二仙”是中国的民间神，主婚姻。年画上画的是唐代诗僧寒山、拾得二人的形象，一个手持荷花，一个手捧圆盒，取“荷”、“盒”二字的谐音。婚礼之日，民户必将这神像挂悬于花烛洞房中。

胡兰成与小周，在这除夕之夜，感觉像是有新婚样的喜气，但又无比凄凉。

3月里，胡兰成因和汪伪新任的湖北省长叶蓬不睦，要去南京斡旋，而后顺便回一趟上海。

他跟小周说了，小周也不多想，只笑吟吟地说：“你回去也该看看张小姐哩!”又半真半假地说：“你此去不必再来了的……你走后我就嫁人。”

出发的前一天，胡兰成一整天没出医院。小周只是一心为胡兰成洗衣服，到下午，衣服洗好晾出，两人就到江边去散步。

胡兰成说起此行的一些事，小周光听不说话，到后来，却唱起了一支流行歌：“郎呀，郎呀，我的郎……”

晚饭后整理行装，都是小周一手包办。因为飞机要避开盟军战机，所以在黎明前起飞，胡兰成就与护士长她们闲谈，打发时间。小周因为白天辛苦，说了没几句，就在床上和衣睡着了。

到后半夜要动身时，胡兰成不忍叫醒她，可是护士长说：“小周醒来见你走了，她会哭的!”胡兰成便走近前去，看了一会儿小周熟睡的脸，俯身叫醒她。

小周一惊坐起，身体上还有睡香，迷迷糊糊地爬起来。她和护士长打着手电筒，把胡兰成送到了大门外。

回到上海，一住就是月余。胡兰成对张爱玲说起了小周。一向花言巧语的他，这次却不知怎么表达好，勉强说了个大概。

据《小团圆》里描写，胡兰成从一开始就没有向张爱玲隐瞒小周的存在，在到武汉后写回的第一封信中，就提到了小周。

他说小周这人非常好，大家都称赞她，他也喜欢和她开玩笑。

张爱玲没当回事，回信还问小周好，只轻飘飘地说了一句："我是最妒忌的女人，但是当然高兴你在那里生活不太枯寂。"

《小团圆》里透露，胡兰成曾经承认，在出狱后去见苏青时，两人有过一次鱼水之欢。完事后两人还互相问道："你有性病没有?"

但张爱玲知道后也没嫉妒，认为这是胡兰成出狱后一种反常心理所致。而且胡兰成以前也有过许多"很有情调的小故事"，张爱玲都认为是他感情没有寄托才会发生的。

张爱玲以为，胡兰成对小周大概是"止于欣赏"——跟一个16岁的正经女孩子还能怎样?

于是张爱玲在信上就常问候小周，胡兰成也时不时地提起小周，经常引用小周的话，像新做父母的人喜欢转述小孩子的妙语一样。

张爱玲这才感觉到，小周在胡兰成的精神生活中是多么重要。

可是，张爱玲实在太了解胡兰成了，"他对女人太博爱，又较富幻想，一来就把人理想化了，所以到处留情"。这样一个人，有什么办法，如果他是真爱了别人，那就像树上长出一个枝干，还能把它砍掉吗?

胡兰成这次从武汉回来，又给了张爱玲一笔钱，仍是说让爱玲拿去还母亲的"债"。可是爱玲的感觉就不大对了，因为胡兰成说："你这里也应该有一笔钱。"

"你这里"三个字，爱玲听起来非常刺耳。

她忍不住问："小周小姐是什么样子?"

胡兰成有些心虚，声音很低，怎么也说不清楚，只说是"一件蓝布长衫穿在她身上也非常干净"。

爱玲问："头发烫了吗?"

"没烫，不过有点……朝里弯。"胡兰成挺费劲地比划了一下。

他也是被女人宠惯了，潜意识里，觉得自己是可以享有"一妻一妾”的士大夫，完全顾及不到这对张爱玲会有多大伤害。据他讲，张爱玲听了，居然“糊涂得不知道妒忌”。

有意思的是，过了几天，张爱玲也对他“无心地”提起一件事，说有个外国人通过姑姑转达意思，想和张爱玲发生关系，条件是每月可贴补一点零用小钱。

这事情，究竟有或没有，不好分辨。只是张爱玲说起时，竟然心平气和，没有一点气恼。这倒把胡兰成气了一气。后来他想，也许是张爱玲在编故事吧。

考究张爱玲这时的态度，可能是想忍耐一下，等事情慢慢过去再说。

当月，在《天地》上有她的一篇《双声》，是她与炎樱的谈话录，里面恰好提到了女人的嫉妒心问题。张爱玲的观点是，自己的男人夸别的女人好，“听着总有些难过，不能每一趟都发脾气。而且发了脾气，他什么都不跟你说了……我想还是忍着的好”。

《小团圆》里也印证了她的这个想法。

只是张爱玲想错了！像胡兰成这种男人，滥情不说，而且很在乎女人的“颜色”、“淘气”、“玲珑”之类，思想上的琴瑟和谐，远抵不上一个“淹然百媚”的笑。小周的事情，哪里能就这样淡出？

《小团圆》里透露，张爱玲一直以为胡兰成和小周并没有“发生关系”。她大概认为，如果没有肌肤之亲，也就可以挽回。

胡兰成这人，也是毫无心肝，在上海的一个月，又是带着张爱玲到处炫耀。与人交往，也不忘记借机夸老婆。见着文化人，就说张爱玲的英文无与伦比，对西洋文学了若指掌；见着官宦太太，就说张爱玲家世高贵，9 岁就学钢琴，母亲是留洋的；见着当“军长”的朋友，就拿出张爱玲珠光宝气的照片，给人家看……总之，务必要让人惊讶、让人叹。

张爱玲被胡兰成一哄，心也就软了，仍是喜欢在众人面前欣赏自己的丈夫。

一次，胡兰成要去出席一个座谈会，张爱玲一反常态也愿意跟着去，两人就同乘三轮车去了法租界。

当时是旧历 3 月艳阳天，一路柳絮飞舞，如漫天大雪。胡兰成又使出温柔手段，在张爱玲的发际和膝盖上捉柳絮，恩爱一如往常。

这个“捉柳絮”的场景，至今还被一些张迷们津津乐道，甚或很向往。

在上海期间，胡兰成还抽空送侄女青芸去杭州旅行结婚。青芸年已三十，一直伺候着他的生活；现在，嫁的是老家胡村附近的一个木材商人。这汉子现在是出来跟着胡兰成做事的，跑跑腿而已。

完婚后，青芸还是继续打理胡兰成在上海的那个家。

动身回武汉的前一夜，胡兰成邀张爱玲去了他在美丽园的家。

这是个面积相当大的弄堂房子，胡兰成把张爱玲领到三楼一个房间里，就出去了。一会儿，一个高个子女人开门探头看了看，又悄没声息地掩了门。

爱玲只见到一张苍黄的长方脸，仿佛长眉俊目，头发正中有个波浪卷。她猜想，一定是那位有点神经质的第二任太太全慧文，以前胡兰成写信提到过，说是“有沉默的夫妻关系”。

爱玲想起《简·爱》的故事，不禁毛骨悚然。

胡兰成很快就进屋来了，给她拿来一本埃及童话书，说是里边有个没心肝的小女孩很像炎樱。张爱玲也没提刚才有人来过。

这一晚，两人就住在了美丽园，这是他们仅有的一次。床不大，似乎有灰尘，两人都有点不大自在。

这是仅有的一次。一个充满肉欲的狂乱之夜。

第二天一早，爱玲带着童话书回家，路上惟一想的，是进门时该如何不要吵醒了姑姑。

胡兰成5月回到武汉，一下飞机，见到汉口的万家炊烟，顿觉“真是回来了”。当下归心似箭，渡汉水，回医院，恨不能早一刻看到小周。

他的心内，早就没了张爱玲的“正大仙容”。多情男人的不可靠，万古如此。

两人见面后，一切如旧。小周原是憔悴了几分，现在忽然又容光焕发，只是多了几分心事，听胡兰成说起在上海和张爱玲的事，便有几分不高兴：“你有了张小姐，是你的太太？”

胡兰成诧异道：“我一直都跟你说的。”

小周到底还是小，面露惊痛之色：“我还以为是假的！”

她痛是痛，但还是接受了这一事实。谈到结婚之事时，胡兰成认为，与张爱玲尚未举行仪式，与小周则不可先办，只能等；且时局越发不稳，不要再牵连了小周，所以拖一拖也好。

武汉此时受到的空袭愈加频繁。有一次，盟军的飞机在附近扫射，又低空掠过医院，险些把屋顶都掀翻了。生死之际，小周把胡兰成一把拖进厨房里堆柴的地方，又以身遮蔽，自己连性命都不顾了。

但是这样的危局，又能撑多久？胡兰成在上海时所担心的“大难”，终于临头了！

1945 年 8 月 15 日，广播里播出了日本天皇的投降诏书，胡兰成走在汉口街上听到，惊出了一身大汗。

主子倒了，奴才焉附？

他决定做一次政治投机。

蒋介石方面，此时还来不及马上收复沦陷区，就委任原汪伪湖北省长叶蓬为第七路军总司令，暂时控制鄂、赣、湘局势。叶蓬此时正在南京，刚接到新主子的任命，尚未赴任。

胡兰成利用的就是这个空档。他与汪伪第 29 军军长邹平凡联手，连夜将叶蓬的特务营缴了械，宣布“武汉独立”。

这两人挑起大旗，成立了所谓“武汉警备司令部”，以邹平凡为司令，收编了汪伪的另外两个师，又向日军要了一万人的装备，如此拥兵数万，成了一方势力。

这样的逆流而动，怎能有好结果？恰在此时，命运偏也跟他过不去——他不早不晚得了一场登革热，大睡了七天七夜。

待得醒来，他的武汉“独立”大梦已土崩瓦解！那位邹平凡“司令”投靠了蒋介石，还请来了重庆方面的接收大员袁雍。

袁雍倒也没小瞧胡兰成，特地给他送来了“民国政府”的委任状，但胡兰成只是虚与周旋。

他心里很明白：丧家之犬，只有跑掉！

临走前，胡兰成还不忘浪漫，嘱咐小周：“你的笑非常美，要为我保持，到将来再见时，你仍像今天的美目流盼。”

他前几日给了小周一些钱买衣服，小周却给他买了羊毛衫裤、一块浴巾、一只闹钟，自己什么也没买。现在他又给小周留下一些金饰，估计够此后一些年的花费，让小周务必收下。但是小周表示，等局势稍微平静了，就会把这些东西送到上海他的家中。

——这姑娘，太过痴情、也太过可怜了！

一日晚间，她刚睡下不久，忽然惊起，悲恸道："兰成，我爱你！"

胡兰成早料到事有今日，无悲无戚，也不去安慰。

送走胡兰成的那天，小周哭得跟泪人儿一般，怕人看见不好，没法子送出屋门。两人就此诀别——此生再未能相见。

白日晃晃，遍照汉阳。胡兰成惶惶地渡过汉水，跑到汉口。在轮渡上，他把随身带着的一只手枪，悄悄扔到了水里。

几天后，在当地日本军人的帮助下，他装扮成日本伤兵，登上一艘运送日本伤兵的船，逃离武汉，踏上了他的"天涯道路"。

9月5日，船抵南京。与他离开时相比，南京已是换了天地。陈公博逃往日本，周佛海摇身一变，成了蒋介石任命的"京沪卫戍总指挥"。

胡兰成无处可去，只能在日本人的安排下东躲西藏。到第三天，胡兰成改扮成日军少佐，从南京乘火车到了上海，匿居在虹口一个日本军官家里。

日本军中有人劝他转道东北逃往日本，但他执意要隐藏在民间。

这期间，他还鼓动日本军方不要向美军投降，而是把日军与伪军合编起来，形成独立的政治力量，再与美国讨价还价。可是，日军首脑对此议而不决，他也就心灰意冷了。

他给张爱玲写了一封信，告知了自己的行踪，想让张爱玲稍微放心些。

张爱玲此时，也在承受巨变带来的震荡，收到胡兰成的信，真是又惊又喜，也为胡兰成的处境担心。

两个星期后，池田忽然来电话，告诉张爱玲，胡兰成已经回到上海。池田表示，可以马上陪张爱玲去看他。

爱玲这时居然想的是，自己"偏偏前两天刚烫了头发，是最难看的时期"。

两人分坐两辆人力车到了虹口，池田略坐了一下就走了。

胡兰成简单说了一下自己的情况，看看张爱玲，忽然笑道："还是爱人，不是太太。"

爱玲只当这是赞美的话，也笑了笑。

"你能不能到日本去?"爱玲轻声问。

胡兰成摇了摇头，只说要到一个小同乡的家里去，在乡下。

张爱玲想，是自己糊涂了，也许这样最妥当，本乡本土不惹人注意，而日本是美军占领的，怎么能去自投罗网？

她很关切："你想这样要有多久？"

胡兰成想了想："四年。"

她想问他可需要钱，但是想想又没问。因为母亲就要回来，一回来就要还母亲钱，而且香港大学已经给她来了信，催她回去念完学业，这也要用钱。

去香港的事爱玲也不想说，说了胡兰成一定以为她要离开他了。至于胡兰成的家用，有青芸的丈夫负担，应该没问题。

到近午，不方便在日本人家里吃饭，爱玲就先走了。

第二天，她买了一个大盒蛋糕，带去送给主人家表示谢意。可是这家的日本主妇却不领情，一开门脸色就很不愉快。张爱玲觉得可能是嫉妒，于是也没有笑脸，淡淡地把蛋糕交给了主妇。

张爱玲前一天就在想，胡兰成到底是在什么状态下跟小周分别的？

她的预感不好，于是很怕听到真相，幸而胡兰成也没提。但是两人见了面，竟一度无语。看来这个问题绕不过去。

自从胡兰成上次回上海，承认"爱两个人"之后，张爱玲就采取了冷处理的方式，一句没再提小周的事。还是胡兰成自己主动答应放弃小周的。

张爱玲已经学会了忍耐，现在，她不再像以前提醒他和英娣离婚那样了，而是要看他自己怎么做。

胡兰成去关房间的门，张爱玲知道他又想亲热，觉得这太唐突了：一是在危难的时候，二是在别人家里。胡兰成却不管那些。

床很大，但是张爱玲觉得还不如她自己狭窄的小床舒服。

她蜷缩在胡兰成怀里，忽然幽幽地说了声："我要跟你去。"

胡兰成好像感到了一阵恐惧："那不是两个人都缴械了吗？"

张爱玲有些绝望："我现在也没有出路。"

胡兰成安慰道："那是暂时的事。"

张爱玲不能想象乡下是什么样子，她印象中的乡村就是赤地千里。人到了那里，怎么躲，怎么藏？也许胡兰成和青芸有办法联络。

"能不能到英国、美国去？"她轻声问道。

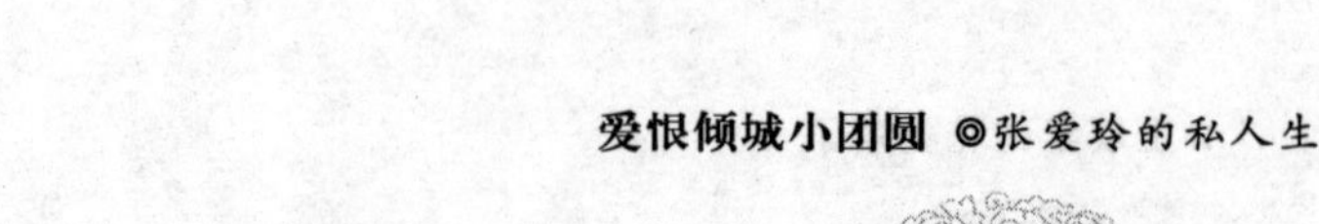

她又感觉到胡兰成涌起一阵强烈的恐惧。

是啊，难道去做华工？一旦被查出来，就是战犯；而且她自己去了也没法谋生。

——所有的路，都已经被堵死了。

张爱玲从胡兰成那里回来，坐电车走到外滩，遇到民众庆祝胜利大游行，过不去，只好下车步行。

回到家里，爱玲精疲力竭，重重地往床上一倒。

不久，“国民政府”开始调查上海的日本人情况，惩治汉奸的风声也日日加紧。胡兰成心知上海不可久留，便决定去张爱玲那里一趟，算是话别。

他连住在美丽园的孩子都没敢见，只差人去美丽园叫了青芸来，让她先去爱丁顿公寓通知一下。

次日晚，胡兰成稍事化装，穿了一件日军的士兵服，由青芸悄悄送到公寓，约好次日一早再来接胡兰成去乡下。

爱玲去告诉了姑姑：“胡兰成来了。”

姑姑在客室接见了胡兰成。

胡兰成换了西装，但还是一副病愈不久的样子。他讲了一些战后的混乱情况，自嘲道：“造造反，又造不成。”

姑姑随后去张罗晚饭，爱玲跟着打下手。姑姑悄悄笑道：“造造反？胡兰成像要做皇帝的样子。”

这天夜里，胡兰成算是第一次公开在公寓里住。晚饭后，姑姑立刻回房，过道上几扇门都关得铁桶似的，爱玲觉得很不是滋味。

胡兰成也一改往日嬉皮，没有多言，只站在窗边，拉开窗帘看下面的动静。

良久，他转过身来，说池田想送他去日本，可是他嫌跟日本人一起走目标太大，因此还在犹豫。

张爱玲听了，不置可否，只说起了曾外祖父李鸿章的一件往事。

李鸿章曾代表清廷与日本签定《马关条约》，深感耻辱，发誓“终身不复履日地”。后来，他赴俄签定《中俄条约》，要在日本换船，日本人早在岸上准备好了住处，可是他拒绝上岸。

次日，要换的轮船来了，他又不肯登上过渡的日本小艇，人家只好在两船中间搭起桥来，让他过去。

爱玲只是慢慢地讲来，与今日事毫不相干的样子。讲完，轻笑一声，说：“那年他已七十二高龄了，倒恁的倔犟！”

胡兰成听了，半晌不语。

他当然听出了话外之音。不过此时哪是讲掌故、说气节的时候，想想不禁要恼怒起来，只说：“明天还有得忙呢！”

睡下后，胡兰成终于讲起小周：“我走的时候她一直哭。她哭也很美的。那时候院子里灯光零乱，人来人往的，她一直躺在床上哭。她说：‘他是有太太的，我怎么办呢？’”

原来是跟小周生离死别来的！

“躺在床上哭”——是什么地方的床？护士宿舍的寝室里？他可以进去？

爱玲总不愿意正视现实，所以老往好一些的地方想。

可是，真相就是严酷的。当然是在他床上。他要走，当然是在他屋里，是躺在他床上哭。

“发没发生关系”呢？他没说，其实也说到了边缘上。

不过爱玲还是相信，小周是个有心机的女孩子，早熟，又在外面历练了好几年，不会轻易就范的。

张爱玲此时的心态很奇怪，执着于这样具体的细节。实际上她是不愿、也不敢承认现实。她不再追问胡兰成，宁愿就这么自己折磨自己。

她的那张小床，就在L形房间的拐角里，以前两人睡，并不觉得狭窄，这一夜却显得非常挤。

这个角落里的回忆太多了，不想起它们，就会感到窒息。壁灯照在砖红色的床脸上，似在红灯影里。

胡兰成觉得气闷，提议到阳台上去站一会儿。还是灯火管制，四周一无所有，爱玲不能想象，自己在绝望时，曾经想在这儿跳楼。

两个人好像无话可说了。回到房间后，爱玲恍惚看到，胡兰成从前的五六个女人好像都裹着长袍，像一些剪影。又想起有两个外国作家都说过性爱的姿势滑稽，想着想着忍不住大笑起来，弄得胡兰成也泄了气。

……后来，他睡着了。她看着他的脸，黄黯的灯光里，是她不喜欢的正面。

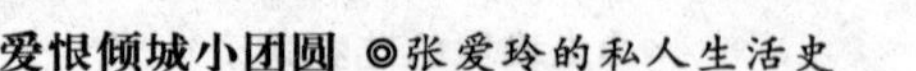

她有种茫茫无依的感觉。

其实，抗战胜利，她也高兴，诸般禁忌与愁苦总算是消散了！她曾和炎樱一起，挽了手上街去逛，体会自由的空气。

她们看见，从前沿街的栏板上，原都是女明星的照片，人称“招贴女郎”，现在则一律换成了蒋介石像。

炎樱俯耳对她说：“看，招贴男郎！”说得爱玲大笑。

今夜，她才真切地感觉到，她原是没有资格这样笑的！她很茫然，对命运完全失去了自信。

在这个逃亡的前夜，他睡着了，正好背对着她。

爱玲在胡思乱想——厨房里有一把斩肉的刀，不过太重了，还有一把切西瓜的长刀，比较顺手。

对准了他狭窄的脊背一刀！

他现在是不受法律保护的人了，宰了他，拖下楼梯往街上一丢，看青芸有什么办法？

但是爱玲看过侦探小说，知道凶手永远会有疏忽的地方，或是一个不巧，碰见了人。

“你要为不爱你的人而死？”她这样问自己。

是啊，为他坐牢、丢人出丑，都犯不着。

——这是张爱玲一生中，最辗转难眠的一夜！

胡兰成似乎意识到了什么，转过了身来，但是并没有醒。爱玲不愿和他面对面，于是也翻了一个身。

还是让他远远地走吧！早上一起来，她就去为胡兰成测了字。

测字的结果，是朝东为吉。

白天，青芸和丈夫沈凤林也来了，听了测字的结果，都默然不语。

最后，沈凤林说：“那便去我姐姐家躲躲吧，她家在东关。”

胡兰成要的只是离开上海，去哪里都无不可，便说：“也好。”

事情就这样定了，由沈凤林护送他去绍兴皋埠。青芸把他们送到码头，胡兰成把一张小周的照片交给青芸保管，就仓皇离去了。

送走胡兰成一行人，张爱玲在大门前怔了一会儿。秋空晴明，街道寂寂，仿佛人都走空了。

她转身进去，邻家的一个犹太小女孩在楼梯上唱着“哈罗！哈罗！再会！再会……”

一个男人远行了，可他并不是张爱玲满心向往的“良人”，他负心在前，很可能又要绝情在后，给风雨飘摇中的女人留下伤痛，就转身遁去了。

从去年的2月份相识到现在，不过才一年半，刨除在武汉半年的“金屋藏娇”，胡兰成对张爱玲的感情，仅仅才维持了一年左右。

胡兰成后来在写他与小周的一段缱绻之情时，所用标题极富诗意，乃是“汉皋解佩”。这是用了西汉刘向《列仙传》[①] 里的典故。

所谓“汉皋”，就是“汉江之岸”。《列仙传》里说：有江妃二女，不知是何方神仙，常出游于江汉之畔。二女皆丽服华裳，佩有明珠，大如鸡卵。浮浪公子郑交甫“见而悦之，不知其神人也”。

郑公子遂起意想勾搭，便厚着脸皮向二位美女索要明珠，两个女子居然也就解下来给了他。郑公子大喜，将明珠捧在心口，走了几十步，却见怀中已空，明珠不见了，再回头看，美女忽然也没了。

这个“人神之恋”的典故，曹植在《洛神赋》里就曾经引用过。

“灵妃艳逸，时见江湄。”——胡兰成对小周，才是真正的仰之若神。

就连《今生今世》这个书名，也有人发现：书中惟一的一次点题，“今生今世呵，端的此时心意难说”，也是针对周训德而发！

西谚云：爱人的誓言，是写在水上的。现在再想，什么“岁月静好，现世安稳”，能有几分是实！

张爱玲过于沉迷于个人的小世界，过于强调小人物与大历史的分离，不睁眼去看更广大世界里的黑白正邪，执意要把命运与这个不清白的男人拴在一起。那么，欠债还钱，从眼下起就要开始付代价了。

9月里，是上海少见的艳阳天，人人都在喜庆太平的重临，张爱玲却是心情黯淡：今后所有的事，都是未知的。

那朵从尘埃里开出的花，说碎落就碎落了么？

---

①疑为东汉人伪托之作。

15. 为这个男人值吗?

一个人，最感到悲哀的恐怕就是：人人都在升腾的时候，自己却在向深渊里坠落。

胡兰成，他掉下了万劫不复的深渊，这是他咎由自取；而张爱玲，却是糊里糊涂牵着胡兰成的衣角跌下去的，所幸，跌得还不算深。

——我们惟有替她庆幸!

胡兰成离开上海仅 10 天，大风暴就到来了，重庆“国民政府”公布并实施了《处置汉奸条例草案》。

痛打落水狗的时候到了——周佛海在重庆被软禁，陈公博在日本自杀未遂，汪政府的大小汉奸被抓起来的有一万多名。就连埋在南京梅花山的汪精卫墓，也被蒋介石下令炸掉……

在当局公布的汉奸名单上，胡兰成榜上有名，且排名很靠前。路上，他还看到通缉令上也有他的名字。

胡兰成身上只带了一点钱和一包换洗衣服，如惊弓之鸟。不过，他也暗自庆幸自己没有对重庆方面抱什么幻想，溜得快。

抵达杭州之后，胡兰成才惊魂稍定，这里是他年轻时生活过的地方，心理上能获得一种安全感。他在杭州惠兰中学念过书，又在杭州当过邮务生，同学、故交都还有一些。其中有一位已故的中学同学，叫斯颂德，当年与他私交甚好。

离开杭州，侄婿沈凤林带他到了绍兴皋埠，在沈凤林的姐姐家暂时落脚。

勉强待了两天，胡兰成就想去往诸暨，到同学斯颂德的老家去避风头。他让沈凤林返回，自己一人上路了。

9 月 30 日，终于来到斯家大宅，胡兰成这才算喘上来一口气。

斯家原来住在杭州金刚寺巷，抗战期间才搬回乡下。斯家的老爷，也就是斯颂德的父亲，是辛亥革命时发迹的一个军阀，曾任浙江军械局局长。斯家大宅是一座豪华洋房，还是老爷子生前在家乡盖的，花费了 2 万银元。

老宅坐落在五指山下，紧邻溪畔，在村中最为气派。胡兰成进村一打听，很容易就找到了。

他与斯家的关系，非同寻常。斯家有子女 6 人，斯颂德是长子，与胡兰成同年，但在中学里比胡高两级，后来曾入光华大学学文科。

这个斯同学，是罕见的思想执著之人，有过远大的社会抱负。他在中学时偶尔与好友一道嫖妓，不慎染病，因过于自责，竟决心不结婚，从此亦不近女色。到后来，精神上竟然也出了问题。

18 年前，胡兰成在杭州丢了邮政局的饭碗后，曾在斯家住过一年。

这一年中，也许是实在无聊，已婚的胡兰成竟然对人家的妹妹雅珊，动了非分之念，多有挑逗。斯家没有办法，只好将他礼送出门。

这以后，他与斯家仍有来往，抗战爆发后，他曾一度把斯颂德招到香港协助办刊物。后来，他还资助过到上海跑生意的斯家老四、老五，并承担了斯颂德在精神病院的医疗费。

斯颂德不幸没有治好，终是死了。

那位曾使胡兰成心旌摇动的雅珊，也经历了结婚、丧夫、丧子的波折，身边带着一个小儿子，在一所中学里教书。

现在的斯家，住有斯颂德的母亲——斯老爷的大太太袁培、姨太太范秀美，以及斯家老四颂远一家。另外几个子女，除了三子战死外，其余皆在重庆任军职或求学。

大太太袁培——胡兰成叫做“斯伯母”的，是淳厚知礼之人。她知道了胡兰成的处境后，就打扫好了一间房，叮嘱道：“胡先生你住在这里，不要紧的。”对邻里，只说是来了朋友张先生。

那位范秀美，原是斯家大太太的丫头，因伶俐能干，就被“收了房”——给老爷做了小老婆，生了一个女儿。按辈分，胡兰成应称她姨奶奶，但他也跟着斯家人的习惯，只称她为“范先生”。

老爷子死那年，范秀美才 18 岁，从此守寡。但她有志气，几年后去杭州读了蚕桑学校，毕业后，在临安蚕种场当技师。杭州沦陷后，才回家来，与雇工一样下田种地，间或也跑跑单帮，给这个大家庭挣点零用钱。

她吃苦耐劳，阅历也多，在当地很有人缘。年纪虽比胡兰成还大 1 岁，可是看起来却非常年轻。

胡兰成很快注意到了这个以前忽略了的女人，看见她“那样沉静，也是一种风流”。起初还没有什么想法，“只是分明觉得有她这人”。

——风流种子，到哪儿都不会老实。

只要他“觉得有这个人”，言外之意，就是又发现了猎物。

在斯家只待了七八天，因江浙一带查汉奸查得紧，斯家人安排他四处躲藏，但觉得哪里都是不妥。

不久后，斯家宅院里忽然驻进了“国军”的一个团部，这一来把胡兰成吓得不轻，连忙跑到雅珊的奶妈家躲避了两个月。

其间，胡兰成在报上看到，周训德因他之故被捕，心里大为震动，曾起了念头要去武汉自首，换小周出来。但自私怯懦的他，终是觉得这样做不值，只想反正小周无罪，迟早都能够获释。

老四颂远来看过他一次，他准备出路费，请颂远到武汉去找“国府大员”袁雍讲情，将小周营救出来，并接来此地，但还是怕暴露自己的行踪，最终未能成行。

时已冬令，胡兰成又在报上看到，汉奸吴四宝、李士群的遗孀都被拘押，周佛海也被捕入狱，只感到外面的世界一片“兵气”，简直是末日将临的样子。

12月初，胡兰成在诸暨待不住了，决定到金华去，那里有斯家的一个亲友。陪他上路的，是老四颂远和那位“范先生”。

本来可以乘长途汽车去，但他们怕车站上有人检查，就雇人挑了行李，颂远骑自行车走在前面，胡兰成和范秀美一路徒步，每天跋涉六七十里，穿过义乌地界，来到了金华。

谁知到了金华，却发现在隔壁楼上，住的是国民党特工机构蓝衣社金华站的主任。

这简直是蹲到了虎口旁！

颂远便和范秀美商量，建议由范秀美送胡兰成到温州去躲避。因颂远的丈人家和范秀美的娘家都在温州，找个栖身之处很方便。

一开始胡兰成担心，范秀美可能要避男女之嫌，不肯去，没想到她坦然答应。12 月 6 日，他们便雇了两辆黄包车，各乘一辆，上了路，颂远自回诸暨不提。

此去温州，要从陆路先到丽水，途中走 3 天。他们坐在车上走一段路，就要下来徒步走一段，以活动一下腿脚。

看着范秀美沉静端庄的样子，胡兰成早就把持不住，现在没有了旁人，便顾不得什么名义上的辈分，开始勾引。

他故伎重演，又跟范秀美大谈他的情史，张爱玲、小周，桩桩件件都说得很详细。

说到得意时，还把他早年在广西一中任教时的往事也端了出来。那时，有一女子李文源爱上他，但因有同事说李“不宜于室”，意即不是贤妻，于是他才放弃，另娶了别人。

胡兰成遇到的这几个女人，不知怎的，都不大在乎他过去的女人。说了这些，范秀美也不厌恶，胡兰成见此，便更加得寸进尺。

那范秀美很早就认识他，一直把他当做“好官人”，现在见他有意，也唤醒了心中长年的渴望。她是过来人，没那么多欲迎还拒，等3天之后抵达丽水时，两人已是“遂结为夫妻之好”了！

想那已故的斯颂德，也真是够冤的，有了这么一个同学，妹妹虽侥幸没被勾引，却终究把“小妈”给勾了去。

在中国，历史上的恶棍成千上万，留有文字的也不少，多少都还要为自己掩饰一下。惟有胡兰成，赤裸裸地卖国毫无愧悔不算，还把私德上的一塌糊涂，拿来在书里津津乐道。

他对张爱玲曾立过山盟，说是要“同修同住，同缘同相，同见同知”。这话说了还不到一年。

他对周训德也发过海誓，说是“我与你只相聚九月，但好像从开天辟地起已有我们两人”。这话说过，还未逾3个月。

到此时一概全抛！

可怜张爱玲一世才情，遇到这样浮浪的男人，先输给17岁青涩少女，后输给乡间桑田中的半老寡妇。什么“岁月静好，现世安稳”？嫁与这样的男人，完全是一生中最大的屈辱！

胡兰成的迅速移情，除了花心之外，功利主义也是一个因素。他自己也承认：“与秀美结为夫妇，不是没有利用之意。”

对全慧文之后的几个女人，他无一不是在利用。抓住范秀美，是因在逃亡中要有个庇护；勾引周训德，是因在异地苦闷中要有个安慰。说来，张爱玲也真够可怜，胡兰成搭上她，在实质上可能只为炫耀！

胡兰成与范秀美到了温州后，先是在颂远的岳父家住了一月余，两人不敢暴露暧昧关系，互相只以“先生”相称。因为范秀美多年未回娘家，又花了一阵工夫，才找到仅剩孤身一人的老母。

胡、范两人私下里算是已正式“结婚”，就搬来老太太这里，以夫妻名义同住。胡兰成按照范秀美孩子的口气，称老太太为外婆。

狼狈逃窜的日子结束，身边有“熟妇”伺候，胡兰成又开始洋洋得意。

他这样拖泥带水地有了3个女人，将来怎么办，也不去想，只隐隐地做着“数美并陈”的好梦。还曾试探性地问过范秀美：小周有种种好处，连张爱玲那样的自信，都会嫉妒，将来合到一起住，怕不怕被小周比落？

——也只有全无心肝的人，才能说出这样全无心肝的话来！

他在温州时，就谎称是斯颂远的表兄，化名为张嘉仪。“嘉仪”是范秀美为自己一个女友的孩子取的名字，胡兰成借来用了。在后来匿居民间时，胡兰成一直用的是这个名字，还进一步谎称是张佩纶的后人——他不能给张爱玲以任何庇护，却要张爱玲的祖先之灵来庇佑他了。

现在来看，张爱玲先前所说的“张牵”、“张招”，不过是痴情女子的呓语罢了。人世险恶，人心难测，她在写小说时全能想得到，但在现实中，却幼稚得难以原谅！

胡兰成如此苟且了2个月，一个令他意想不到的人，突然出现在他面前——是张爱玲！

张爱玲此时已有半年未见胡兰成。其间，斯家的老四颂远经常去上海，给爱玲带去胡兰成的一封长信，算是报平安，但文字晦涩，难知详情。

“乡下现在连我也过不惯了。”他在信中写道，情绪很沮丧的样子。

爱玲对姑姑说：“胡兰成在乡下闷得要发神经病了。”

姑姑皱起眉头：“又何至于这样？”

等到颂远再次来，说在乡下多一张陌生的脸，就会引起注意，所以已经把胡兰成送到温州亲戚家去了。

这期间母亲也有信来，说她已经离开了印度，本来想回国，可是又在马来亚耽搁了下来。爱玲去信告诉母亲，自己没去港大复学，还是想继续写作。母亲回信骂她“井底之蛙”。

姑姑倒也不赞同爱玲出国去读学位。爱玲只是把留学当做最后一条路，眼下看英国正在战后恢复中，情况不大好，不宜去，去美国就更没有把握了。

她还是决定稳扎稳打，在家里给国外报刊投稿，但是总摸不着门路。

爱玲还去过一趟美丽园，看看胡兰成家中有什么情况。她对青芸说："我看他信上非常着急，没耐心。"说着，竟流下眼泪来。

青芸沉默片刻，说："他没耐心起来就没耐心，可是耐心起来也是非常有耐心的呀!"

日子就这样一天天过去。爱玲手头那点钱，在战后已经在不断贬值，只能俭省着过，留学根本不能想了。除了在创作上闯不出一条路来的苦闷之外，她终日足不出户，倒也过得安心。

等颂远再次到上海来，提起胡兰成，爱玲又流下泪来。

颂远轻声说："想念得很吗？可以去看他一次。"

爱玲只是淡淡一笑，把话岔开了。

可是过了一会儿，又说到了胡兰成，颂远忽然不经意地说："听他说话，倒是想起小周的时候多。"

爱玲"哦"了一声，没动声色。

是啊，她一直没问小周究竟怎样了，但是现在她忽然决定，要去当面问一问胡兰成，究竟想怎样？

胡兰成的态度老是不确定，爱玲觉得一刻也不能再忍耐下去了。写信没用，他现在什么话都不敢清清楚楚地说。

姑姑不赞成她去找胡兰成，但是也没阻拦，只劝爱玲做一件蓝布棉袍上路，要特别加厚。

爱玲就拣了最刺目的一种翠蓝布料，做了一件棉袍。

颂远是年底回浙江，正好带她一同走，在家乡过了年就可以带她去温州。

姑姑很不以为然，打趣道："你给人卖掉了，我都不知道。"

爱玲说："我一到就写张明信片来。"

这一路，走得很辛苦。一出上海，就坐运货的列车，旅客都坐在行李上，没有车门，一路上朔风呜呜地吹进来，把头发吹成一块灰饼，用手梳都梳不开。

后来又乘船、乘独轮车，在一无遮拦的旷野上一走就是一整天。不过，天气很好，江南的田野也很美，有碧绿的菜畦、亮蓝的水塘……

就这样，年后，颂远特地带上夫人、孩子，陪她找到这里。

胡兰成见到张爱玲，大吃一惊，立刻就不高兴了，几乎要骂出口来，怒叱道："你来做什么？还不快回去！"

他之所以有这种反应，一是不愿张爱玲来搅他的好梦；二是不愿张爱玲看到他落魄乡间的样子；三是怕政府缉查人员跟踪而来。一般的"张传"作者，都认为是第一种原因，胡兰成自己的解释则是第二种原因。其实，怕暴露行踪，恐怕才是他恼怒的真正原因。

可怜张爱玲，一路艰辛，看到的只是一张冷脸。

此后，张爱玲在城中公园旁的一家旅馆住下，颂远带妻小去了岳父那里。胡兰成只是白天来陪张爱玲，因怕警察查夜，晚上是不敢在旅馆留宿的。

胡兰成来的时候，有时范秀美也一同来。与范秀美"结婚"的事，胡兰成没告诉张爱玲，他后来解释说，是因为心中无愧，所以没有必要告之。

但是，女人的感觉是敏锐的，张爱玲应该是有一点察觉，只不过她没想到胡兰成会滥情到如此程度，所以忽略过去了。

范秀美基本是旧式女人，对张爱玲这个"大老婆"恭恭敬敬，招待甚殷。而张爱玲只看了她一眼，就对胡兰成说："范先生是美的。"

胡兰成到底不想在此时得罪张爱玲，又开始施行温柔术。两人有时并枕躺在床上说话，脸凑着脸，四目相对。张爱玲又被哄得开心，"眼睛里都是笑，面庞像大朵牡丹花开得满满的，一点没有保留"。

白昼日长，两人无事，张爱玲又跟他说起西洋的种种事情。

胡兰成是愿意听这些的，爱丁顿公寓的日子，像是一瞬间又回了来。

这时候，两人讨论诗文，与过去已有所不同，虽然各自都还坚持自己的是非标准，但爱憎已不那么强烈，"心思很静"。胡兰成再也没有什么"斗意"了。

张爱玲出行，向来不带一本书。胡兰成到温州来，也只买了一本清人顾禄的风俗笔记《清嘉录》和一本《圣经》，他就把《圣经》留给张爱玲在旅馆里看。

第二天早上去，想不到张爱玲已把《旧约》看完了一半。她叹息道："以色列这个民族真是伟大的！"

张爱玲把读了各章后的感想逐一说来，特别对《传道书》感到吃惊，认为是有史以来最厌世的文辞。她念道：“金练折断，银罐破裂，日色淡薄，磨坊的声音稀少，人畏高处，路上有惊慌。”又道：“太阳之下无新事。”

这些文字，是写于以色列历史上3次亡于异族之前，那时，这个民族就已感到人世的飘忽无常。

胡兰成当年读的中学也是教会学校，他后来还研究过考茨基的《基督教的起源》，但是枉有这些阅历，还不如听张爱玲对基督教的谈笑来得有收获。

这时候，他又感觉到张爱玲的好了，觉得真是——“这般可喜娘罕曾见”!

但是谈笑归谈笑，张爱玲此来，不是一时冲动，而是要来“解决问题”的，因此这时便不经意地说了出来：“我从诸暨丽水来，路上想着这里是你走过的。及在船上望得见温州城了，想你就在着那里，这温州城就像含有宝珠在放光。”

这姿态，是低下的；这口吻，是至诚的。但是现在，就是再怎么掏心掏肺，也打动不了胡兰成了。现在，他们之间，不仅隔着范秀美，还隔着一个身陷囹圄的小周。回味一下往日的情景，还可以；想再回到爱丁顿的岁月，那是决无可能了……

这一层，胡兰成不可能点破，因此他只是不搭话。

胡兰成在乡间郁闷已久，见到张爱玲来，也就不管场合，又滔滔不绝谈起来。

一对外乡男女，这样子讲话当然十分惹眼。一天，他们听到隔壁两个男住客在议论，好奇他们是哪里来的。

两人便都有些紧张。这以后出去散步，若是张爱玲要涂唇膏，胡兰成就要劝阻。

天气热了棉袍不能穿，爱玲穿着一件乌梅色窄袖棉衣，袖口上钉着一颗青碧色的核桃纽。胡兰成又嘲笑说，这是“舞剑的衣服”，太惹眼了。

爱玲这才想到，幸亏没跟着胡兰成跑出来，否则一定会惹出麻烦来。

有时范秀美也来，三人就在晚上一同去逛街。那时正值农历正月十五前后，店家的门口都插着香，张爱玲就走近去闻一闻，很开心。她在大都市里，是喜欢都市的时尚；到了这种地方，又很喜欢这充满市井味儿的民俗。

这是她的奇特之处——所思很深邃，所好却很形而下。

张爱玲起初并不怀疑胡兰成与范秀美之间有什么，她看见的只是乡妇淳朴，大家都好。可是，有一天清晨，在旅馆里，胡兰成躺在床上和张爱玲说了很久的话，一直隐隐腹痛，可是却忍着没说。

待到过了一会儿范秀美来了，他一见，就诉说自己身上不舒服。范秀美便仔细来问，又劝慰道："等会儿中午喝杯热茶，就会好的。"

张爱玲这才恍然大悟，立刻就很惆怅——知道了范秀美与丈夫的关系决非寻常。

且嘘寒问暖之间，亲疏已很分明！

听到胡兰成与范秀美说话时，那种很大声的笑，张爱玲也感到受刺激，觉得是不是自己穿了一件臃肿的棉袍，鼻子也晒脱了皮，又让胡兰成感到丢面子了……

有时三人在房间里，一坐也是大半天。胡兰成就问范秀美，一个单身女子，被派到乡下指导养蚕，是否有男人打过她的主意?

范秀美想想便说："一次到乡下住在一乡绅家，那乡绅年近五十，午饭吃过，请我到堂客间坐一回吃茶，说话之间，那人坐又立起，停停又走走，像老鹰的旋着旋着，向着我要旋过来了，我见势头不对，就逃脱身……"

范氏的这番描述，绘声绘色，讲的时候脸都涨红了。张爱玲望着她，听得入神，直佩服她讲得好。

范秀美是中等身材，穿着很朴素的旗袍，外面套着深色绒线衣，看上去好像还不到30岁。

张爱玲就这么望着范秀美好久，赞叹道："范先生真是生得美的，她的脸好像中亚细亚人的脸，是汉民族西来的本色的美。"当下就要给范秀美画像。

范氏坐下来，让她画，胡兰成在一旁看。

张爱玲一笔一笔勾勒出了脸庞，画出了眉眼鼻子，正待要画嘴角，胡兰成也正要夸奖她的神来之笔……

张爱玲忽然停笔不画了。

胡兰成奇怪，只是问为什么不画了。

范秀美一直不说话，又坐了一小会儿就走了。

范秀美离去后，张爱玲说："我画着画着，只觉她的眉眼神情，她的嘴，越来越像你，心里好一惊动，一阵难受，就再也画不下去了，你还只管问我为何不画下去！"

言罢，张爱玲只是望着这负心的男人。

这一番话，说得凄凉、哀痛。不被伤到极致，怎能有这种幻觉？

胡兰成听出张爱玲言下的"不胜委屈"，看着眼前这个女人在这一刻也是够可怜的。

可是他没有说出安慰的话，哪怕一句。

他其实并不是个浪漫的人，他知道张爱玲真正在乎的不是范秀美，而是小周。他认定了张爱玲此番找到这里来，为的还是小周的事。

先前在上海，胡兰成曾经两次跟张爱玲说起小周的事，张爱玲听了，"愁怨之容动人，当下却不说什么"。那时胡兰成就心狠如铁，一点怜悯也没有。他说他自己只是诧异，很奇怪张爱玲怎能为小周吃醋？

这个男人，不断在抛弃旧人，迎娶新人，却一点也不顾惜旧人的心头之痛！前头已经伤害了全慧文和英娣，而对张爱玲，他嘴上说她的地位是"绝对的"，谁也不能比，而实际上却是伤得更狠！

为何要如此？

张爱玲有何事负于他？

研究者们和"张传"作家们，大多没有对此深入探究过。

以我看来，在潜意识里，他是对张爱玲的才气感到嫉妒。与张的恋爱，其实也是虚荣的成分居多，感情的成分较少。一旦那一点感情冷淡下来，他就要报复。

不过，他没有想到，这次张爱玲是下了最后的决心的。

她只要他一句话！

那一天，也是在逛街，两个人只拣曲折的小巷走。张爱玲终于开口了："你决定怎么样？要是不能放弃小周小姐，我可以走开。"

胡兰成感到很意外，顿了顿说："好好的牙齿为什么要拔掉？要选择就是不好……"

这是什么话？爱玲听不懂，觉得要么就是诡辩，要么就是疯人的逻辑。

她只问小周，不问范秀美，是因为她心软——范秀美现在好歹是胡兰成的一个掩护，也是胡兰成生活中惟一的一点安慰。

后来胡兰成也说，当时不是不可以敷衍一下张爱玲，随口应承一下就算了。可是他却不——他宁肯伤害眼前的张爱玲，也不愿伤害千山万水之外的小周！

孰轻孰重，已不言自明！

他还是花言巧语："我待你，天上地下，无有得比较，若选择，不但与你是委屈，亦对不起小周。"

他接着又说了一番话，说得很堂皇，实质却非常冷酷。意思是说，齐人有一妻一妾，都好，这中间是无法做选择的，这些其实都是小事，但即便这样的小事，也是天命注定。你要么承认现实，要么放弃我。

张爱玲当然一点就明，她心里痛，但原则却不能放弃。她说："你说最好的东西是不可选择的，我完全懂得，但这件事还是要请你选择，说我无理也罢。"

她还第一次表示了她的愤怒："你与我结婚时，婚帖上写现世安稳，你不给我安稳？"

胡兰成被逼到死角，但还是坚持，只说："其实我与小周有没有再见之日，都不可知，你不问也罢了！"

张爱玲说："你是到底不肯。我想过，我倘使不得不离开你，亦不致寻短见，亦不能再爱别人，我将只是萎谢了。"

这诀别之意，胡兰成听明白了，心里也是难受。

在离开温州回上海的前一晚，张爱玲第一次去了胡兰成和范秀美同居的地方。

事先，范秀美要求胡兰成不能对外说是妻子来了——"张小姐若来，此地邻舍会把我如何想法，惟有这点，要请你顾我的体面。"

胡兰成答应了，对邻居只说张爱玲是自己的妹妹。

张爱玲当然心酸，胡兰成没办法做解释，但也不愧疚。他自有一套道理，说张爱玲与自己如同一人，委屈一点可以，但不能委屈小周和范秀美。

不知张爱玲此时，是否还能想起英娣闹离婚时。那时，胡兰成毕竟还流下了泪。可是现在……

这样的男人，值得为他"萎谢"吗？

在范秀美家里，外婆来倒过了茶水，就到邻居家去了。

这一小间侧屋很简陋，犹如柴房。胡兰坐在床上，张爱玲和范秀美各端了一把椅子，坐在床前，三个人说着话。

临别之夜，张爱玲只是依依不舍，看看这房间，又看看胡兰成和范秀美，直到深夜，还舍不得走——她已有预感，这一离去，再不可能回首了！

张爱玲来了有 20 天了，胡兰成毕竟不能坦然，心下还是希望她早些走了好。可是张爱玲只是一股真心地留恋，本来还想多住些日子的。

第二天下雨，胡兰成送张爱玲上了船。

见张爱玲开口想说什么，胡兰成连忙说："不要问我了好不好？"

爱玲也就不再说什么了。

可怜张爱玲，直到两三个星期之后才回味过来，胡兰成这已经算是作了答复了——要么你就走开，要么就等我回去"三美团圆"。

几天后，张爱玲给他来了一封信，说："那天船将开时，你回岸上去了，我一人雨中撑伞在船舷边，对着滔滔黄浪，伫立涕泣久之。"

这番话，说之无益，本不是应该讲给胡兰成听的。可是，不讲给他，又讲给谁听？

随信张爱玲还给胡兰成寄了些钱去，说是："你没有钱用，我怎么都要节省的，今既知道你在那边的生活程度，我也有个打算了，请不要忧念。"

有人也许要看不明白：胡兰成的绝情，张爱玲是看清了的，也下了决心要诀别，可是事后为何还要寄钱？难道是希图他回心转意？

当然不是。

她对胡兰成之所以要"仁至义尽"，是因为此前胡兰成曾经给过她一大笔钱。这次诀别，是斩断感情，后来仍然寄钱，是出于感恩。

情感与理智，各有完全不同的逻辑。

分别那日的滔滔浊浪，已葬尽了张爱玲年轻时代的天真。

16. 回首看他形同陌路

这是张爱玲一生中最黯淡的时刻。

三十多年后，她在写《小团圆》的时候，笔端仍流露出凄凉，说“那痛苦像火车一样轰隆轰隆一天到晚开着，日夜之间没有一点空隙”。

回到上海后，走在马路上听见店家播出的京剧，唱须生的声音非常像胡兰成，她立刻眼睛里就有泪。

在饭桌上想起胡兰成寄人篱下，在斯家亲戚的大圆桌旁蹭饭吃，立刻吃什么东西都索然无味。

她没有当姑姑的面哭，但是姑姑也知道，劝她说这样下去是会撑不住的。

姑侄俩说起与胡兰成的种种扯不断的牵系，姑姑默然，而后叹道：“他也是太滥了。”

吃不下饭，爱玲有两个月就是靠喝美国大兵的罐头西柚汁维持营养。有一天，在街上的橱窗里看见一个又老又瘦的女人迎面走来——原来是自己！

她在此时的很多举动，只能理解为，一个感情受挫的女人出于绝望的行为。

就在此前不久，和苏青一起接受杂志记者采访时，她还对自己的婚恋信心满满：“我一直想着，男人的年龄应该大十岁甚至十岁以上，大多一点无所谓，我总觉得女人应当天真一点，男人应当有经验一点！”

看似平淡的话，里面其实透着许多快乐。

——出名要早，嫁人也要别具一格。

可惜，这两样恰恰都错了！

在离开温州后的很长一段时间，与胡兰成一直还通着消息，但是长信她再也不写了。

胡兰成不敢写信，怕被追查到，就托颂远给张带去字条。张爱玲有时也回个字条，捎些外国香烟和剃须刀片给胡。

一次在信中，张爱玲忍不住写道：“你居温州，犹如王宝钏守寒窑，

不过虽是在寒窑，但日子过得仍如宝石的川流，有不绝的惬意。”

暗含讽刺，犹带怨幽！

1946年3月，也就在张爱玲走后不久，胡兰成在报上看到，温州行政专员公署发动突击检查，要在城内严格清理人口。

他不禁胆战心惊！

恰在此时，又遇到一个“国军”士兵大概是找路，在范家的门前张望了一会儿，而后穿院而去。

这可把胡兰成给吓到了，他当天就和范秀美坐船离开温州，回到诸暨斯家去躲避。

在斯家，两人不敢暴露关系，但斯家老小都心知肚明，老四颂远甚至还颇有赞同之意。

胡兰成躲进斯家楼上一间房里，平日将房门反锁，四邻皆不知，就在里面写自己与小周的情史《武汉记》。

胡兰成离开温州回杭州乡下之后，颂远又到过一趟上海，对张爱玲说：“他要把小周接来，这怎么行？她一口外乡话，在乡下太引人注意了。他一定要我去接她来。”

爱玲不大相信小周肯过来，团圆的时候还没到呢，于是说：“他对女人不大实际。”

颂远怔了一怔，反驳说：“很实际的哦！”

这下轮到爱玲怔件了，两人就都没再往下说。

爱玲终于明白，胡兰成和小周之间的肉体关系，“至少临别的时候有过”。胡兰成之所以能做“三美团圆”的梦，这是个前提条件，不然再海誓山盟也没用。

张爱玲不是守旧之人，但她就是受不了这个。

偏巧在这时，范秀美又怀了孕！

在这时生下孩子来，是决无可能的，哪怕连迹象都不能暴露。但旧时流产，又不似今日之开通，找医生做手术相当困难。胡兰成无法，只好让范秀美找个借口，到上海就医。

范秀美拿了胡兰成的字条，去上海找到了青芸。

青芸是叔叔的“死党”，所有的事都可以照应。她见纸条上只有一语“范先生来看病，伊带侬去看病”，便问：“你是什么病啊？”

范秀美眼圈一红，忸怩了一回，才说：“我身上有了。”说罢，流下了泪来。

青芸一怔，立刻明白了这女人与叔叔的关系，便也不语，先安排她住了旅馆。——此时大概斯家的老四颂远正临时住在美丽园，范氏不便去那里凑趣。

因为做流产手术在当时为违法，所以一般都是找私人医生。不过，成都路上有一家妇产科医院，是个大医院，有一位男医生表示可以效劳，但要100元手术费。

范秀美大惊："我没钞票哦！"她迟疑了一下，又拿出一张纸条来，却是胡兰成写给张爱玲的。

青芸心里有数，带着范秀美便去了爱丁顿公寓。

张爱玲猛地见到"情敌"，心中一震，却也没说什么。看了字条，转身进屋拿了一只金手镯出来，交给青芸："把它当掉吧，给范先生做手术。"当下就再也无话。

青芸马上出去了，范秀美一人留在公寓吃午饭。看见"范先生"在饭桌上吃不下饭的样子，爱玲心里就腻烦，倒是姑姑与范秀美寒暄了几句。

范秀美走后，姑姑悄声说："她倒是跟胡兰成非常配。"

爱玲只"嗯"了一声，已经毫不介意。

从《小团圆》里看，胡兰成给过爱玲一大笔钱，一直没怎么动用，现在他落魄了，按理说应该给他一点钱用，可是爱玲还惦记着还母亲的钱，所以心里很矛盾。

胡兰成当然不可能出面要钱，但他知道，范秀美的事爱玲不可能不管。

至此，胡兰成已把事情做绝！

胡兰成在斯家楼上，一待就是8个月，把那《武汉记》写了竟有50万字。想想这样下去，也不是办法，料想温州那边风头已过，还不如回温州去住。

于是，在这年年底，胡兰成便由颂远陪同，取道上海，再去温州。范秀美不便马上就跟去，只好暂时别离。

到了上海，因去温州的船要第二天才开，须在上海住上一晚。这一晚，竟是在张爱玲那里住的。

他们是中午到的爱丁顿公寓，青芸闻讯过来看了一下，顺便把颂远带去了美丽园。

客人们走后，胡兰成反倒埋怨张爱玲不会招待客人："斯君也是为我的事，刚才他送我来，你却连午饭也不留他一留。"

本已是恩断义绝，却还要出面来解决这些琐事，张爱玲原本就没有什么好心情。颂远有青芸接待，是再好不过，却不料胡兰成却这样无端地责难。

张爱玲听了很难受，激动起来："我是招待不来客人的，你本来也原谅，但我亦不以为有哪桩事是错了！"

胡兰成的发火，也不是无缘无故的。原来是张爱玲上次去温州，中途在诸暨斯家住了几天，有些生活习惯触犯了乡下人的规矩，比如用脸盆来洗脚等等。颂远是个年轻人，心里装不住事，跟胡兰成说起过。胡兰成听了，就不大高兴。

此外，青芸的丈夫沈凤林是个粗人，护送胡兰成去诸暨，回上海后对张爱玲讲起途中情况，说得过于狼狈，因此，胡兰成也觉得丢了面子。到了此时，就一起都爆发出来。

不想张爱玲却以眼还眼，倒弄得胡兰成瞠目结舌！

张爱玲接着又说："斯君与我说，你得知周小姐在汉口被捕，你要赶去出首，只求开脱她，我听了很气。还有许多无关紧要的话，是他说你的，我都愿他别说了，可他一点不晓事。这斯君，就是不识相，为你之故，我待他已经够了，过此我是再也不能了。"

听了这番话，胡兰成连忙做了些解释。

在他的观念里，夫妻不是冤家不碰头，"本来是要叮叮对对，有时像狗咬的才好"。可是，他和张爱玲之间，就是不能吵架，一吵就要伤感情，势不两立。

也许他认为，张爱玲对他来说，也是"不宜于室"的吧？

这场小风波好不容易过去，晚饭后两人又并膝坐在灯下，本可以心平气和地聊聊，胡兰成却鬼使神差讲起了范秀美，把他的新情史原原本本地道出来。

这是女人爱听的么？张爱玲听罢，心情越发阴郁。

胡兰成偏要再问："《武汉记》的稿子可曾看了？"这稿子，应是先前颂远跑上海时捎来的。

张爱玲淡淡答道："看不下去。"

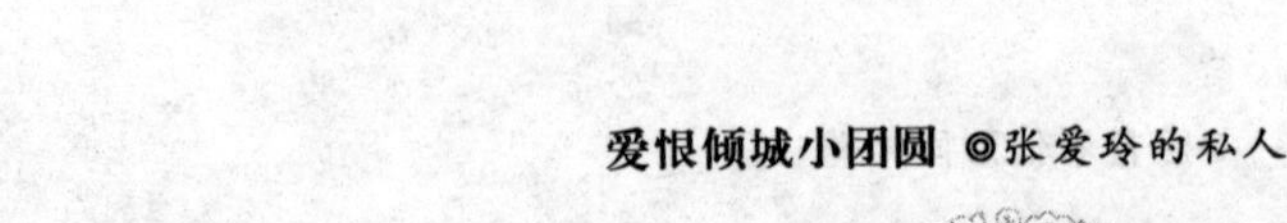

胡兰成一时默然。他完全不顾及张爱玲的心境已被他践踏得七零八落，只埋怨张爱玲辜负了他的信任，稿子竟连看也不看。

想到此，他半开玩笑地打了张爱玲手背一下。

张爱玲不禁骇怒："啊！"

这一叫，胡兰成才明白过来：往事岂可追？旧梦岂可回？两人间已是隔了关山万重！

夜里，两人分房而寝。胡兰成心里什么都清楚了，但也不以为意——张爱玲在他心中的位置，是早就搁置在一旁的了。

第二天天还未亮，胡兰成起来，到隔壁张爱玲睡的房间，在床前俯下身来去亲她。

张爱玲从被窝里伸手抱住胡兰成，忽然泪流满面，只叫得一声："兰成！"

这一声唤，是绝望中的一喊。

她并不是在喊胡兰成，她是在痛惜自己曾经的付出与憧憬！

胡兰成心里也有所震动，但他之心猿意马，已不是谁能唤得回的了。稍后，他回到自己房间，又睡了一会儿，天亮后起来，收拾到中午，就赶去外滩上船了。

——两人从此再未见面！

转眼来到1947年，两人间还是常有一些书信往还。那时胡兰成只是闭门看书和写作，范秀美为了生计，又去了杭州蚕种场做技师。

张爱玲做菩萨做到底，还是照常寄钱过来。胡兰成无言以对，写信时又怕被检查，所以只好写些乡间趣事敷衍，又不肯老老实实写，连"邻妇有时来我灯下坐"这样的无聊话也写，再三地刺痛张爱玲。

张爱玲终不可忍，回信道："我觉得渐渐的不认识你了。"胡兰成自小周之后就看轻了张爱玲，竟也没察觉出这话里面有话。

开春以后，南京、上海两地的汉奸陆续被判决，当局搜捕汉奸的风头已过。胡兰成野心又开始萌动，想以某种方式重出江湖。

他化名张嘉仪之后，自称是跑单帮的生意人，但又对文化不能忘情，以此身份与理由，频繁与当地乃至全国的文化名人交流。

隐伏温州期间，他开始动笔写一部文化专著，名曰《山河岁月》，行文风格多得益于张爱玲。对此他颇为自得。

他还写信给一代鸿儒梁漱溟，与老先生切磋学问。梁漱溟不知这“张嘉仪”是何许人也，读信后大为赏识，回信把他赞扬了一番：“几十年的老友中，未有针砭漱溟之切如先生者。”

胡兰成因此越发得意，索性以“张佩纶后人”作招牌，在温州广交名流，结识了温州“第一名耆”刘景晨，互有诗文往还①。

这个架势，眼看着困龙入水，很有复苏的势头了。

他按捺不住喜悦，以为“再出中原”的机会马上就要到了，忙不迭地向张爱玲炫耀。怎奈虽是化名写信，但还是担心邮检，写得含含糊糊，比如梁漱溟、刘景晨的名字，都以隐语替代。张爱玲看得一头雾水，满腹狐疑，只道他是脱离险情，且前程远大了。

于是，这年6月10日，一封张爱玲写的“最后通牒”寄到了胡兰成手中。他万想不到是这个结果，刚看了第一句，就如晴天霹雳。

信中写道：

我已经不喜欢你了。你是早已不喜欢我了的。这次的决心，我是经过一年半的长时间考虑的。彼时唯以“小吉”故，不欲增加你的困难。你不要来寻我，即或写信来，我亦是不看的了。

信内提到的“小吉”，是“小劫”的隐语，就是指胡兰成被通缉的事。

胡兰成读罢，虽强作镇静，但也不能不有所思。他想起张爱玲来温州时，要他选择小周或者她，现在看来那决不是一时气话。又想起张爱玲离温州时在船上，以及在上海的最后一夜，都曾经哭过。

诀别之念，大概从那时起就有了的！

胡兰成这时候反倒委屈起来，他觉得自己一直是把张爱玲视为知己，《山河岁月》写得顺手，温州的局面渐渐打开，都要急不可待地告诉她。今日做种种努力，还不都是为了将来鸳梦重温？

他以为张爱玲的烦恼，不过是女人要小性子，待到什么时候想通了，他也就可“大美并陈”，坦坦荡荡地有3个妻。哪知道张爱玲迎头给了他这一记！

---

①后又经刘景晨引介，去了温州中学教书，半年后转到雁荡山淮南中学做教务主任。

不过，张爱玲此举，也令他无话可说，毕竟是等到他“灾星退了”，她才来信绝交的。

张爱玲随信还附了30万元，是她写电影剧本《不了情》和《太太万岁》的稿费。在胡兰成逃亡的两年当中，张爱玲一直都给他寄钱。现在是最后一次，还寄得这样多，这显是做到了仁至义尽。

他放下信，心有些乱，就到屋后菜田边，在路上走了走，以平息自己。他想，张爱玲的这种“清坚决绝”也有道理，她是不能忍受自己落到了“雾数”里，也算是一种自卫吧。

此后，胡兰成虽还是如常写他的《山河岁月》，却免不了常常要唉声叹气。

他当然不会去找张爱玲，也不想再写信给她，但是又想，人之常情总还是要有，于是写了信给炎樱，有些话请炎樱转告。

这封信当然是有去无回——炎樱接到信，是一定要给张爱玲看的，而张爱玲也一定是不会理睬的，炎樱本人则不好有什么话说，因此也就无回音。

张爱玲毅然斩断关系，玩世不恭惯了的胡兰成也莫可奈何。他后来说张爱玲“临事心狠手辣”，大概就缘于此。

其实，张爱玲处理这个问题，既有原则，也有分寸，是无可挑剔的。当然，以那些习惯于“大词”思维的人来看，她最正确的做法，应该是把胡兰成立刻拽去衙门“报官”，让他蹲入大牢。

——但这是脱离了具体情境来谈问题了，假如张爱玲真的那样做了，我们对她倒真的不好评价了！

她不是个有泪轻弹的人，但在与胡兰成分手前后，哭了3次，这是因为被伤害得太深。

她一旦决心下定，就不再给对方以回旋的余地，这是为了维护尊严。

胡兰成，渐行渐远了……

而这段乱世情缘，给张爱玲带来了什么样的影响？

真是一言难尽！

1947年后，她不再有任何的意态飞扬。她变得沉默，埋头独行，甚至连文风也开始转变——昔日的丰瞻华丽全收敛起来了，先转向平实，又转向枯瘦。

就个人际遇而言，她自小就向往的“兴兴轰轰橙红色的时代”，与她永远告别了。

她与胡兰成的交往，此后还有无法断绝的余音。

1949 年，大江南北天翻地覆，胡兰成亲眼见解放军进入温州。此后，他仍在中学做他的教务长。

据他自己讲，1950 年代初，他化名张嘉仪议论国事的信函甚至“直达天听”，由梁漱溟送抵毛泽东手中，梁漱溟还正式致函“张嘉仪”，邀他进京共襄国事。

胡兰成竟然又做起了大梦，束装就命。在赴京途中，路过杭州、上海，都有停留。在上海时就住在熊剑东家。

他对张爱玲还是不能释怀，起了念头想去看看，“几次三番思想，想去又不想去”。犹豫再三，觉得还是要尽到世俗人情，便最后一次登上了爱丁顿公寓六楼。

可是，出来开门的是一个陌生女人——张爱玲早就搬走了！

后来他改变了北上的主意，于 3 月底与当年在武汉共事的“司令”邹平凡等人离开上海，取道广州前往香港。

火车经过杭州时，他与范秀美匆匆见了最后一面。后来，胡兰成跑到日本，还给范秀美去过信。

到了香港后，胡兰成恢复本名。立刻打听到了小周的消息，原来小周已移居四川。他写了信去，得回信方知：小周当初被捕，仅两月就被释放，当时为情势所迫，一气之下嫁了原《大楚报》的一个李姓年轻编辑，两人同去了他四川老家。不想李编辑家中早有了正妻，小周大感沮丧，但已经生了孩子，是走是留，正在踌躇间。

接到胡兰成信后，小周大哭一场，回信说：“这回我是决意出走了。”胡兰成又写信并汇路费去，让她来香港相聚，但邮件都被退回，想是已经离开了四川。二人就此断了音信。

50 年代初，胡兰成逃亡到日本，张爱玲也到了香港。其时，池田笃纪有事要去香港，胡兰成便托他去看望一下张爱玲，然而池田到港后，访而未遇，只好在张的寓所留下了胡的地址。

半年后，胡兰成忽然收到张爱玲的一张明信片，上无抬头，下无署名，只写着：“手边如有《战难和亦不易》、《文明的传统》等书（《山河岁月》除外），能否暂借数月作参考？”

此时张爱玲已去了美国，明信片是从美国寄出的。

《战难和亦不易》是胡兰成最早的一部文集，收进了他在1939年为《南华日报》写的社论，而《文明的传统》则是他在武汉主持《大楚报》时写的社论汇编，两书的出版已有十多年之久。而胡兰成自己最看重的《山河岁月》[①]，张爱玲却是根本不要看。

胡兰成此前已知，香港小报上说，有人曾问张爱玲对《山河岁月》的评价，张爱玲不置一词。对张爱玲的学问及文笔，他一直认为自己不及。现在看到张爱玲居然郑重其事地索书，喜出望外。

逃亡日本的胡兰成，改不了滥情的老毛病，在日本曾与他的房东太太一枝发生过一段暧昧恋情。后来，又与汉奸吴四宝的遗孀佘爱珍结婚。这次他在给张爱玲的回信中，仍如情人间的老套，附上了一帧自己新近的照片。信中说：

爱玲：

《战难和亦不易》与《文明的传统》二书手边没有，惟《今生今世》大约于下月底可付印，出版后寄与你。《今生今世》是来日本后所写。收到你的信已旬日，我把《山河岁月》与《赤地之恋》来比并着又看了一遍，所以回信迟了。

胡兰成自认识张爱玲后，就一直在暗中“较劲”，与张爱玲比文章的高下，但往往心虚。张爱玲到香港后，写了小说《秧歌》和《赤地之恋》，他看后，不得不服。原以为《山河岁月》出来，自己写得要比张爱玲好了，可是将这两部小说对比着读，仍觉得不可及。

待到1959年9月，《今生今世》上卷在日本出版，胡兰成想，此书总算可以超越张爱玲了，便急急地寄书去美国，又写了信，“在信里写了夹七夹八的话去撩她”。

胡兰成侥幸逃脱了历史惩罚，在日本乖张狂妄一如往昔，他这时对张爱玲态度的判断，只不过是一厢情愿而已。

张爱玲显然厌恶他的这种不知好歹，没有立即作答，过了许久，才

①在日本出版。

回了一个短笺，叫胡兰成还是把胡思乱想“打住”为好：

兰成：

你的信和书都收到了，非常感谢。我不想写信，请你原谅。我因为实在无法找到你的旧著作参考，所以冒失地向你借，如果使你误会，我是真的觉得抱歉。《今生今世》下卷出版的时候，你若是不感到不快，请寄一本给我。我在这里预先道谢，不另写信了。

爱玲　十二月廿七

寥寥数语，如同陌路。对胡兰成为之得意的《今生今世》，仍是没有评语。胡兰成接到回信后，只能徒唤奈何！

1960年9月，《今生今世》下卷出版，胡兰成马上给张爱玲寄去，但未获任何回音。

早在抗美援朝时期，胡兰成就设法与台湾的国民党方面缓和了关系，曾受嘱写了一份关于“韩战”的意见书转呈蒋介石，颇受蒋的欣赏。

1974年，经蒋介石同意，胡兰成应台湾“中国文化学院”之邀赴台，受聘为终身教授，登台开讲。

同年5月，他的《山河岁月》由远景出版社在台湾出版，引起诗人余光中的愤怒，写了一篇文章《山河岁月话渔樵》予以驳斥，从而引发台湾文化界的“批胡”浪潮。到11月，台湾警总在舆论压力下，查禁了该书。胡兰成在台湾的教职，也不得不黯然收场，于次年返回日本。

在此期间，他结识了台湾作家朱西宁、朱天心、朱天文父女。从文化学院离职后，曾有半年时间暂住在朱家隔壁，埋头写《禅是一枝花》，同时也成了朱西宁两个女儿的“精神导师”。

朱西宁是台湾的“首席张迷”，认识了胡兰成后，对胡兰成也推崇备至。他早年在南京读书时，就是个铁杆张迷，这时便起了念头，要为张爱玲写传。他写了一封热情洋溢的信给张爱玲，表示了写传的意思，同时也为胡兰成曲意辩解，试图令二人重修旧好。

朱西宁的这一动作，使胡兰成也有所心动，便将他新出的《华学、科学与哲学》一书立即寄去美国。但张爱玲在复朱西宁的信中，只是请朱不要写她的传记，对胡兰成则一字不提，而后也再没有与朱联络。至于胡兰成寄去的书，连拆也没拆开，就原封退回了。

——“最高的轻蔑是无言，而且连眼珠也不转过去。”①

这就是胡、张之间数十年恩怨的大结局。

对于张爱玲的“无言”，胡兰成大约是深受刺激。他可能认为，张爱玲的轻蔑，是因为她在学识上仍压了他一头。

于是，他越发刻苦读书，与日本的数学家冈洁、诺贝尔物理奖得主汤村秀树、诺贝尔文学奖得主川端康成频繁交往，以增进自己的“品位”。

上世纪七八十年代之交，他又有《禅是一枝花》、《中国文学史话》在台湾“三三书坊”相继出版。这个书坊，就是他的崇拜者、女作家朱天文开办的。

许是写书写得太辛苦了吧，1981 年 7 月 25 日胡兰成在东京，参加完一个活动回到家，晚上因天热洗了个冷水澡，之后在灯下继续写作，突然心脏衰竭，倒了下去。

尘埃至此全部落下——他再也无法和张爱玲继续“较量”了。

中年之后的张爱玲，只有两次对友人提起过胡兰成。一次是在给夏志清的信中，这已是在《今生今世》出版 9 年之后：

> 胡兰成书中讲我的部分缠夹得奇怪，他也不至于老到这样。不知从哪里来的 quote（引用）我姑姑的话，幸而她看不到，不然要气死了。后来来过许多信，我要是回信势必“出恶声”。
>
> （1966 年 11 月 4 日致夏志清信）

1970 年代某一年过年前后，张爱玲在给夏志清的信中再次提及：

> 三十年不见，大家都老了——胡兰成会把我说成他的妾之一，大概是报复，因为写过许多信来我没回信。

按说在《今生今世》里，提到姑姑张茂渊的地方只有 4 处，比如“与姑姑分房同居，二人锱铢必较”、“爱玲说祖父好，姑姑却不喜”之

①鲁迅语。

类，似并无不敬之处。但张爱玲反应如此之激烈，怕意不是指此，而是想申明全书的不可靠。

很多张迷也据此认为，《今生今世》是掺了许多水分的。而待到2009年2月《小团圆》出版，人们才大吃一惊：原来《今生今世》基本是纪实！

——作家的声明，有时是靠不住的，连张爱玲也在内。

17. 铅华洗尽再出江湖

张爱玲与她同时代的文化人相比，确有很多独特之处，她对五四之后新包装的男权社会一向就很有看法。她的一段名言，至今在女同胞中仍有震撼力：

“女人——一辈子讲的是男人，念的是男人，怨的是男人，永远永远。”①

她的小说，她的散文，有很大一部分，是在替受委屈的女同胞们鼓与呼。

但她自己在婚恋中的遭遇，恰恰也受到了极大的委屈，这不能不说是一种残酷的讽刺！

胡兰成的背弃，是对她的重创，使她从炽热中冷却了下来。

对胡兰成这样的人，她当然在私底下做过分析与反思，以至于许多年以后，在她的短篇小说《五四轶事》里，依然还能找到这段感情生活所留下的痕迹。

她写了一个以自由恋爱为初衷、最后却娶了3个妻的新时代男人，小说的副题就是“罗文涛三美团圆”。

这里，有她辛辣的讽刺！

许多女性张迷，把胡兰成恨之入骨。其实，单单指责某一人的薄幸负心，是不够的，张爱玲为什么会遇到这个问题？是她命不好，是她眼睛不亮？还是有更深层次的原因？

五四以来，人性复苏，伦理上的“封建枷锁”被一些先觉知识分子砸碎，这是好事。但男权社会换汤未换药，恋爱自由成为一些男性青年文士移情不忠或者滥情的通行证。

把小说命名为《五四轶事》，也体现了张爱玲与众不同的思想锋芒——新潮流本身就带有旧时代的阴魂！

而且，胡兰成给她带来的伤害，还不止于情感世界。

---

①见《有女同车》。

就在她承受内心巨大情感波澜的同时，也承受了上海舆论界的一场大风暴。

1945 年，对她来说，是一个突如其来的拐点。

让她惊愕的事情发生了。

抗战胜利后，民众被压抑许久的对敌伪的仇恨爆发出来。其表现之一，就是舆论对沦陷时期汉奸卖国行为的声讨。

民意表达的主要渠道，是市面上林林总总的报刊，尤其是小报。那时，报纸上天天都在点一些人的名，斥之为“漏网汉奸”，要求政府惩办。

张爱玲也在被点名之列！

当初柯灵、郑振铎和傅雷先生的担心，不幸而言中。

张爱玲在《杂志》、《古今》这样背景复杂的刊物上发表过作品，在沦陷时期黯淡的上海文坛不可思议地窜红，还参加过《杂志》社为捧红她而举办的一些公开活动，这些当初的“幸运”，现在就都成了她洗不掉的污点。

当然，在敌伪时期杂志上发表文章的人多矣，并没有人人都遭到清算，但张爱玲是由《杂志》一手捧红的，太过惹眼，因此也就首当其冲。

以现在知道的情况看，《杂志》是个“白皮红心萝卜”，是共产党地下情报人员的掩护机关，作为它的骨干作者也算不得什么问题，但真相是多年以后才解密的，当时的民众不可能知道。

而最成问题的，还是张爱玲与胡兰成的婚姻关系。

中国古代讲“株连九族”，在传统的思维习惯中，坏人的家属也没有好东西。所以声讨文化汉奸胡兰成，株连到家属，是再自然不过的。

舆论来势汹汹，言辞颇不客气。

据陈子善先生的文章说：“先后见到两本小册子，一本是《女汉奸丑史》，另一本是《女汉奸脸谱》，不约而同地把张爱玲与陈璧君（汪精卫之妻）、杨淑慧（周佛海之妻）、莫国康（陈公博外室）、佘爱珍（吴四宝之妻，后与胡兰成结合）、川岛芳子等大小‘女汉奸’相提并论。”①

---

①见《1945—1949 年间的张爱玲》。

这两本书，关于张爱玲的一章，连标题都像同胞兄弟。一个是“无耻之尤张爱玲愿为汉奸妾”，另一个是“‘传奇’人物张爱玲愿为‘胡逆’第三妾”。

更有甚者，1946 年 3 月 30 日上海《海派》周刊，发表了一篇署名“爱读”的短文《张爱玲做吉普女郎》。文章写道：“前些时日，有人看见张爱玲浓妆艳抹，坐在吉普车上。也有人看见她挽住一个美国军官，在大光明看电影。不知真相的人，一定以为她也做吉普女郎了。其实，像她那么英文流利的人有一二个美国军官做朋友有什么希奇呢？”

这里所提到的“吉普女郎”，是指那些专与在华美军士兵勾搭的女人。

语言暴力，蜚短流长，杀伤力甚为巨大。

素有看客心理的读者，尽管不久前还在欣赏张爱玲的小说，现在怕也在津津乐道张爱玲的身败名裂。

——万马齐喑的时代，唯你一个恣意张扬，凭什么？

现在人们要出气，张爱玲不过是这种情绪的承受者罢了。

她不是汉奸，她也没有任何卖国言行，当局并没有将她诉诸法律——这就说明了一切。可是，这都无法让她避免身陷舆论旋涡。

据陈子善先生说，1947 年柯灵为《传奇》增订本的出版，在自己主编的《文汇报》副刊上，以笔名“甲名”发表了一条短文推介，又发表了作家唐大郎读《传奇》增订本后写的一首七律诗，没想到遭到了“左”得可爱的人士的严厉批评，使他承受了很大的压力。此事压在柯灵心头多年，40 年后他旧事重提，仍不胜感慨。

面对这个变局，张爱玲骤然陷入失语状态，只能保持沉默。

与她一起受到舆论指责的，还有苏青、潘柳黛等一批在沦陷时期走红的女作家。

舆论对苏青的攻击，就更加厉害了，大家认定她是陈公博的情妇。还有人说：“敌人投降了，苏青哭了三天三夜。”

1945 年 11 月出版的司马文森编的《文化汉奸罪恶史》，列出张爱玲、张资平、谭正璧等 16 位文化汉奸，苏青亦在其中。

日本投降后不久，当局令苏青填写《敌逆分子调查表》。苏青一看，其中一项是“附敌或附逆经过”，她不禁勃然色变，拂袖而去。

她想回老家去避风头，便去向周佛海借钱。周佛海此时还担任着

“京沪行动总指挥”，他不赞同苏青避走，说：“你又没有做过什么事，若像你这样的人要捉，半个上海的人都要捉光了。”

于是，苏青就没动。但是，在举国检举汉奸的高潮中，她还是被军统抓去审问了一回，虽然没吃苦头，受的惊吓可是不小。

然而，苏青处事与张爱玲不同，她面对舆论，高调反击，索性把敌伪时期自己的形迹写了一本《续结婚十年》，将那段往事全部透明化，看你们还说什么？

在该书的序言中，她为自己做了强力辩护：

是的，我是在上海沦陷期卖过文，但那是我“适逢其时”，盖亦“不是已”耳，不是故意选定这个黄道吉日才动笔的。我没有高喊什么打倒帝国主义，那是我怕进宪兵队受苦刑，而且即使无甚危险，我也向来不高兴喊口号的。我以为我的问题不在卖文不卖文，而在于卖的文是否危害民国。否则正如米商也卖过米，黄包车夫也拉过任何客人一般。假使国家不否认我们在沦陷区的人民也尚有苟延残喘的权利的话，我就是如此苟延残喘下来了，心中并不觉得愧怍。（《关于我》）

她的论辩逻辑当然有问题，但关键是她以眼还眼的凌厉态度。她声称：那些攻击自己的人，即使用了笔名，她也知道是谁，这其中有人比她还要有“落水”嫌疑，还有的干脆就是想把她骂倒，好赖掉所欠她的书款，等等。

这种以攻为守的办法，还真是让一些人住了嘴。

另一位潘柳黛，也是在她的著作《退职夫人自传》中为自己做了强硬辩护，说：“假如我有祸国殃民的罪行，那么任何人都可以到有司去检举我……那些唱高调的人说：‘饿死事小，失节事大。’那是因为他们还不至于‘饿死’，所以才冠冕堂皇唱这种高调。”

她们都特别强调：她们是守住了底线的——虽然“卖文”，但没有“媚日”。

张爱玲其实也守住了底线，可是她没有进行高调反驳，因为她有软肋——那两位女同行，不管怎样，并没有嫁给一个汉奸。

张爱玲确实嫁了胡兰成。于是，她只能沉默。

《杂志》等刊物停刊后，在上海，代表主流的是《文艺复兴》这样的纯文学派刊物，张爱玲素与他们道不同，因此失去了“话语渠道”。另外，一时也没有哪个杂志有胆量、或者肯下气力为她辩白。

从1945年8月到1947年4月，有一年多的时间，她没有发表任何作品。

她在沉默中。

对她这段期间的心态，很多张传作家都进行了渲染，无非是苦闷、消沉、挫折感。其实并非如此。

张子静说：“抗战胜利后的一年间，我姊姊在上海文坛可说销声匿迹。以前常常向她约稿的刊物，有的关了门，有的怕沾惹文化汉奸的罪名，也不敢再向她约稿。她本来就不多话，关在家里自我沉潜，于她而言并非难以忍受。不过与胡兰成婚姻的不确定，可能是她那段时期最深沉的煎熬。”

与胡兰成的关系不确定，以及舆论界的不利形势，都使她认为，搁笔一段时间，是眼下最好的选择。

但是，对有一件事，她觉得涉及到大是大非，不能再缄默，于是公开做了一次惟一的申辩。

事情缘于有人把一条老新闻翻了出来，说张爱玲曾去东京参加过“大东亚文学者大会”。1946年11月，她借《传奇》增订本出版的机会，特别为该书加了一个前言——《有几句话同读者说》，解释清楚了这件事，并对一年来的风波做了一个总的表态。

她说：

我自己从来没想到需要辩白。但最近一年来常常被人议论到，似乎被列为文化汉奸之一，自己也弄得莫名其妙。我所写的文章从来没有涉及政治，也没有拿过任何津贴。想想看我惟一的嫌疑要末就是所谓“大东亚文学者大会”第三届曾经叫我参加，报上登出的名单内有我；虽然我写了辞函去，（那封信我还记得，因为很短，仅只是：“承聘为第三届大东亚文学者大会代表，谨辞。张爱玲谨上。”）报上仍旧没有把名字去掉。

至于还有许多无稽的谩骂，甚而涉及我的私生活，可以辩驳之点本来非常多。而且即使有这种事实，也还牵涉不到我是否有汉奸嫌疑的问题；何况私人的事本来用不着向大众剖白，除了对自己家的家长之外仿佛我没有解释的义务。所以一直缄默着。同时我也实在不愿意耗费时间与精神去打笔墨官司，徒然搅乱心思，耽误了正当的工作。但一直这样沉默着，始终没有阐明我的地位，给社会上一个错误的印象，我也觉得是对不起关心我的前途的人，所以在小说集重印的时候写了这样一段作为序。反正只要读者知道了就是了。

这一则短文，她大约费了些心思。讲的都是事实，逻辑很严密，用语也很谨慎，但照样有她一贯的辛辣词锋。

她不在乎那些“甚嚣尘上”，坚信读者不会抛弃自己。

其实事情也有另一面，抗战胜利后，大批人员从大后方回到南京和上海，欣赏张爱玲的读者群反而有所扩大，张爱玲的潜在影响力仍不可小视。据说，当时南京、上海时兴小棉袄配西装裤的女装，创始人便是张爱玲①。

当时，为张爱玲打抱不平的人也有，那就是左翼文学的元老级人物郑振铎。他出面邀请刚从大后方返沪的女作家赵清阁撰文，正面评价一下张爱玲的创作。

这位才女赵清阁（1914—1999）身兼报人、画家，当年名气极大，是茅盾、老舍的好友，与老舍先生的关系尤为密切，战时写了不少抗战话剧，以她的身份来讲话，当是有相当的分量。

文章写好后，赵清阁交给著名导演、左翼剧作家洪深（1894—1955），在其主编的《大公报·戏剧与电影》版上发表。

这才是侠义之举！张爱玲心怀感激，特地请赵清阁吃了一餐饭，还赠送了她一本《传奇》。

这一桩张爱玲“被围攻”事件，渐渐也就平息了下去。

在沉寂一年半以后，也就是1947年初，张爱玲终于走出低谷，重出江湖。这一次，她涉足的是对大众更具有影响力的电影业，连续编写了几个电影剧本。

写电影剧本的缘起，是在1946年7月，柯灵请张爱玲赴一个饭局，说要为她引见几位电影界的朋友。

---

①见朱天文《花忆前身》。

饭局就在电影导演桑弧的家中。

桑弧（1916—2004）是宁波人，比张爱玲大4岁[①]，当年30岁，正是年轻气盛的好时候，那时正张罗着与电影界的老板吴兴裁合办文华影业公司。吴兴裁性格淡泊，不尚虚名，很少抛头露面，公司的事多由桑弧打理。

桑弧对张爱玲久已仰慕，在观看话剧《倾城之恋》时，就起了念头要与张爱玲合作。现在文华公司想要一炮打响，须得有好的电影剧本，恰好需要张爱玲这样的高手。

他深知张爱玲性格孤傲，因此不敢冒昧，特请柯灵从中牵线，伺机提出请求。

当天受邀赴宴的，还有炎樱、魏绍昌、龚之方、唐大郎、管敏莉、胡梯维等，大家身份不同，但都是文化圈内人。这样一个方式，意在为张爱玲营造一个朋友聚会的气氛。

上海石门一路旭东里，桑弧的家中，这一天很是热闹。

时为金融界人士、后为著名红学家的魏绍昌（1922—2000），多年以后曾回忆道："这一天我初次见到张爱玲，她沉默寡言，带着女性的矜持，大约是她'敏于思而讷于言'吧，这是她给我的第一个印象。"[②]

饭桌上，桑弧等人片言不谈写剧本之事，仅仅是为将来的合作建立一种友谊关系。

龚之方后来也回忆说："吃了这顿饭后，我们和张爱玲的交往合作维持了六年，直到1952年她离开上海。"[③]

之后不久，桑弧就和在文华公司负责宣传的龚之方一起，到张爱玲当时住的派克公寓登门拜访，直接进入主题，请张爱玲为他们写电影剧本。

张爱玲虽然对电影的兴趣由来已久，但写小说和写电影剧本毕竟是两回事，因此不免犹豫。

二位说客却不屈不挠，百般言说，张爱玲终于盛情难却，站起身说："好，我写！"

---

①《我的姊姊张爱玲》误记为比张爱玲小1岁。

②见季季、关鸿编著《永远的张爱玲》，学林出版社1996年出版。

③见《我的姊姊张爱玲》。

她虽然没写过电影剧本，但以前一定也曾留意过电影剧本的写作模式，初次出手，很快就拿出了她的电影剧本处女作《不了情》。

这个剧本，同时也成了文华公司拍片的处女作。

《不了情》由桑弧执导，男主角刘琼、女主角陈燕燕都是当红明星，阵容相当强大。1947 年 4 月，该片在上海公演，果不出其所料，轰动一时！

首战告捷，合作的双方自是心情愉悦。

桑弧又趁热打铁，请张爱玲再来一个。他已经打好了一个腹稿，是个喜剧，便把故事说给了张爱玲听。张爱玲觉得故事好，当下慨然应允，没过多久就完工了。这就是她的第二个电影剧本《太太万岁》。

《太太万岁》写的是一个在家中委曲求全、忍气吞声的“太太”。

这位模范太太陈思珍，费尽心机讨好丈夫、讨好婆家，但丈夫丝毫不领情，仍然讨了一房姨太太，婆婆也对她百般责难。这是男权社会中的女性悲剧人物，即使在五四以后的民国，也并不罕见。

此外，剧本里写的吃软饭的丈夫、冷面婆婆、交际花、骗子、势利鬼，都是都市里常见的众生相。张爱玲对这类人的喜怒哀乐了如指掌，所以写起来惟妙惟肖。

这部电影仍由桑弧执导，演员都是大名如雷贯耳的红角，包括蒋天流、上官云珠、石挥、张伐、韩非等。该片从 1947 年 12 月 14 日起，在上海的皇后、金城、金都、国际四大影院同时上演，连映两个星期，场场爆满。报纸上称之为“巨片降临”，不吝赞美之辞。

这部片子在温州放映时，连胡兰成都去看过。他后来在《今生今世》里说，观众反响很热烈。

不料，这部题材还算不错的电影，又引起了一场舆论界的风波。

公演之前，张爱玲在《大公报·戏剧与电影》上发表了一篇《〈太太万岁〉题记》，目的是为了向公众解释一下本片创作的动机。她说：“《太太万岁》是关于普通人的太太，上海的弄堂里，一幢房子可以有好几个她……她的生活情形有一种不幸的趋势，使人变得狭窄、小气、庸俗。”

也许是预感到“左翼”方面也许会提出异议，她特地声明：“我并没有把陈思珍这个人物加以肯定或袒护之意，我只是提出过有这样的一个人就是了……出现在《太太万岁》里的一些人物，他们所经历的都是注定要被遗忘的泪与笑。”

从这一点看，在一年多的沉寂之后，张爱玲已经谨慎了许多。

《大公报》副刊主编洪深，对这部电影也颇为欣赏，在发文章时特别加了“编后记”。他说，张爱玲是写过《传奇》的，不过现在很可能“将成为我们这个年代最优秀的 High Comedy① 作家中的一人”。

哪知道，即使做了这样的防护，又有“左翼”元老的保驾，从“左”面来的狙击还是应声而至！

就在《太太万岁》上演的前两天，上海《时代日报·新生》副刊上，登出了署名“胡珂”的一篇文章《抒愤》，将一通大棒向洪深和张爱玲抡来。

这个《时代日报》，是以商会性质的“中苏友好协会”名义注册的，其背景不言而喻。

这篇文章的语言，大有几十年后的文革之风——“寂寞的文坛上，我们突然听到歇斯底里的绝叫，原来有人在敌伪时期的行尸走肉上闻到 High Comedy 的芳香！跟这样的神奇的嗅觉比起来，那爱吃臭野鸡的西洋食客，那爱闻臭小脚的东亚病夫，又算得什么呢？……难道我们有光荣历史的艺园竟荒芜到如此地步，只有这样的 High Comedy 才是值得剧坛前辈疯狂喝彩的奇花吗？”

胡珂的文章一出，一些文评家大概发现了这是个好话题，于是纷纷跟进，引发了新一轮批判狂潮。《大公报》、《新民晚报》、《中央日报》等相继发表批评文章，尽管报纸的政治立场各异，作者的持论也不尽相同，但绝大多数是否定《太太万岁》的。好在，这些文章还不至于像胡珂那样破口大骂。

而洪深的态度，最堪玩味。

一开始，他保持沉默。半个月后，《太太万岁》首映告一段落，围绕这部影片的“倒张”舆论也接近尾声，他突然在《大公报·戏剧与电影》上以将近整版的篇幅刊出两篇长文，一篇是署名莘薤的《我们不乞求，也不施舍廉价的怜悯——一个太太看〈太太万岁〉》，另一篇则是他自己写的《恕我不愿领受这番盛情——一个丈夫对于〈太太万岁〉的回答》。

---

①引者按：高级喜剧。

“莘薤”此人，极有可能就是胡珂的另一笔名，立论相似、文风也相似。文章又扣下大帽子，暗讽张爱玲道：

“穿了美国的高跟鞋是否能遮掩得了缠过的小脚，玲珑镂空的花鞋样能够时新到几时？死去的骸骨是否还应该迷恋？拦住路的活尸是否能活一万年?”

这完全是那位“胡珂”语调的翻版。

至于洪深的文章，则更有意思：他的观点来了个180度大转弯，全盘推翻了他原来在“编后记”中的观点，说自己是因为“爱才”而看走了眼。接着，又洋洋洒洒地批判了《太太万岁》一通。

洪深是什么人？“左翼文学”的开山鼻祖之一，又是中国第一个专攻戏剧的留学生。他念过哈佛大学戏剧训练班，是师承戏剧大师奥尼尔的，怎么会看走了眼？

我以为，是洪深自己顶不住压力了，才重新表态自我批评的。他一个先进分子，认识却落后于一般批评家，不仅“影响不好”，面子上也有点下不来。

张爱玲在这场争论中，未置一词。

她当然还是不说话为妙！

自《太太万岁》上映之后到1949年5月上海解放，张爱玲再也没有发表什么作品。此外，文华影业公司本已在积极筹拍《金锁记》，也宣告流产。

她再度尝到了媒体的厉害——可以把你捧上天的人，同时也可以把你砸下地狱。

就在张爱玲与电影人合作的同时，她还借助这些朋友的力量，出版了《传奇》增订本，事情是由龚之方和作家唐大郎一块儿张罗的。

经过一段合作，张爱玲与龚之方已相当熟络。有一天，她忽然抱了一包稿件，跑到龚之方的办公室，几乎是以命令的口吻说：“我要你帮我做一件事。”

出这本书，她选对了机会，也选准了人。

为了让她的书出得漂亮一点，龚之方和桑弧一起去见了书刻名家邓粪翁①，请老人家题写了书名，共计“张爱玲传奇增订本”8个字，字体是隶书，厚重而遒劲②。

书的编排和封面设计，是张爱玲自己操办的，文字也完全由她自己校对。对这一点，龚之方十分佩服，说：“她在这方面是很能干的，我不敢掠美。”

增订本的封面，因为构思很奇特，直到今天，也常为人津津乐道。封面的创意仍是出自炎樱，主图借用了“点石斋”的一幅石印线描仕女图——古香古色的厅堂里，一个穿清代袄裤的太太在玩骨牌，奶妈在一旁抱着孩子看。

这倒也不怪。奇异的是，右上角的窗口却探进了一个巨大的现代女郎上半身，脸上没有五官，大白脸一张，但神态眉目宛然若在，似在凭窗观牌。

这个现代女郎的形象，就是张爱玲本人的样子。她对这个构思非常满意：“很突兀地，有个比例不对的人形，像鬼魂出现似的，那是现代人，非常好奇地孜孜往里窥视。如果这画面有使人感到不安的地方，那也正是我希望造成的气氛。”③

与初版相比，这一本多收了《留情》、《鸿鸾禧》、《红玫瑰与白玫瑰》、《等》、《桂花蒸——阿小悲秋》等进去，另外还有前言和跋。

书后的跋语，题目叫做《中国的日夜》，主要是写她去菜场买菜的一些感受，写得比较晦涩，但结尾的一首诗很有气势。大概是为了反击所谓“女汉奸论”吧，这首诗中流露出来的家国之慨，是她任何其他作品中所不曾有的。不妨照录如下：

《中国的日夜》

我的路
走在我自己的国土。
乱纷纷都是自己人；

---

①指邓散木，粪翁为其一别号。

②《我的姊姊张爱玲》一书中将此误为楷书。

③见《有几句话同读者说》。

补了又补，连了又连的，
补钉的彩云的人民。
我的人民，
我的青春，
我真高兴晒着太阳去买回来
沉重累赘的一日三餐。
谯楼初鼓定天下；
安民心，
嘈嘈的烦冤的人声下沉。
沉到底。……
中国，到底。

她在跋中，反复强调了她的“中国身份”，似乎有些刻意，但说的却是实话。她其实是脱离不了一个时刻存在着“惘惘的威胁”的时代、脱离不了中国整体的人群，一旦脱离，就变得灵气全无。

书是1946年11月出版的，从内到外都很漂亮，一册在手，可堪把玩。她心满意足，算是对以前的创作做了一个精彩的收束。

据龚之方分析，张爱玲之所以要在此时出这本书，目的有三：一是寄给胡兰成30万元后，手头拮据；二是要重振她在文坛的盛名；三是对小报的攻击还以颜色。最后一点，尤为重要。

这期间，她在抗战胜利后的第一篇新作，也趁势亮相。

别的杂志不敢或不屑于登她的作品，这难不倒她，仍是由龚之方、唐大郎出手相助。这两人又搞起了一个通俗文学杂志，叫做《大家》。两位原都是鸳鸯蝴蝶派的干将，现在继续做起来，得心应手。不过，他们与周瘦鹃到底还是有些不同，特别龚之方私下里与左翼的田汉、夏衍也有密切交往。

张爱玲在《大家》上的首部“复出”之作，是小说《华丽缘》。

这篇小说，是张爱玲创作中的一个异数。

前一段张爱玲的状态，正如柯灵在《遥寄张爱玲》中所说：“内外交困的精神综合症，感情上的悲剧，创作繁荣陡地萎缩，大片的空白忽然出现。”

现在，从空白中突围出来，呈现给读者的，是一篇文风骤变的作品。

这篇小说实际上是散文化的东西，并无一个完整的故事结构，而是采用了“戏中戏”的连环方式。写的是乡下演绍兴戏的情景，没有采取第三人称的全知全能视角，而是通过叙述者“我”的眼睛，既看绍兴戏，又看乡下人如何看戏。

她的经验，来自在温州乡下看绍兴戏的经历。小说的精彩之处，不在介绍了一个剧种，或者写了一种民俗，而在于乡民们看戏的心态。

他们也许是日常的生活太拘谨太乏味了，所以看戏是一种释放，谓之“淫戏”。演出的戏，是一出表兄妹相恋的戏，观众既对演员百般挑剔，又急切盼望吹灯上床的那一刻早点到来。

演戏的气氛与场景，似乎又鼓励着人们，可以稍微脱离一下礼教的约束。一个带着孩子来看戏的中年女人，很大方地与许多男子打着招呼，男子们也一反常态亲热地回应她。

张爱玲往日的华丽描述仍然在，但是小说的散点式结构，多少让读者一下子难于适应。

小说发表在《大家》创刊号上，唐大郎在编后话中特地提醒：“《华丽缘》是张小姐在胜利后的‘试笔’，值得珍视。”

还有一部小说《多少恨》，也是在这期间完成的。小说改自于电影剧本《不了情》，发表在《大家》的第 2、3 期上。

小说写的是青年女子夏家茵孤身一人到上海谋职，爱上了有妇之夫夏先生而未果的故事。电影剧本很精彩，改成小说后却很平淡。

至此，张爱玲在抗战胜利后调整风格的努力，我们已经能看得很清楚了。

——但是很不成功!

人们喜欢她的浓烈、喜欢她喜气洋洋的张扬，却不喜欢她的安静叙述。

这没有办法。她跟沈从文不同，她酿不出那种淡酒来。她最拿手的，是一下就要呛你一大口的那种。

只要一平淡下来，她不过就是第二个张恨水，而且又没有张恨水的山高水长。不过，她自己并没有意识到这一点，还要在这个方向上再努力一段时间。

同时“试笔”的，还有一部中篇小说《郁金香》，从1946年5月16日起在《小日报》上连载。这小说是写一个旧式大家庭中，女仆郁金香与大少爷真心相爱，而二少爷也从中插了一腿的故事。中间还穿插了家族内部正室与小老婆的争斗。

——按理说应该很有戏。可惜的是，从情节到对话都缺少一种神采。

这篇《郁金香》，张爱玲本人从未提及，以前也从未编入她的各种集子中，直到2005年，大陆学者李楠在研究1949年以前的上海小报时，偶然发现，这才得以“出土”。

小说重新刊行后，海内外的张学研究者们还有过一番关于真伪的争论，最后由张学权威陈子善拍板，认定为真品。但至今仍有一些张迷以其文笔太差，坚持认为是赝品。

这是张爱玲在民国时期的最后一部作品，能被钩沉出来，应该庆幸。

不过，张爱玲的这次复出，除《太太万岁》几乎赢得满分之外，在小说方面可谓出师不利。这里面的原因很复杂：一是感情挫折影响了创作心态；二是风格转型的方向不对，甚至根本没有必要。

据张子静回忆，张爱玲还曾经向他推荐过丁玲的《太阳照在桑干河上》——连描写解放区土改的小说，她也认真读过，可见固执如她，也逃不脱意识形态的影响。

她陷入了左翼批评给她布下的怪圈。

对来自左边的批评，她很不屑，但内心还是放不下，写作时开始缩手缩脚，企图回避以前易受攻击的“弱点”，复出后便以平实面目出现，结果恰恰示人以弱。

她试图稍稍“普罗大众”一点。

往日旧小说式的铺陈，不敢再有了，往日“陈腐生活”的刻画，也不敢太卖弄了，那么，还能剩下什么呢？

“绮丽不足珍”，但她的长处恰恰就在“绮丽”！

不管怎样，毕竟是小小地上冲了一回，同时电影界的这帮朋友也给孤寂的张爱玲带来了喜悦。

她素来内敛，连胡兰成也觉得她莫测，可是在与电影界朋友交往后，她却一反常态地开朗起来。

一次，她跟龚之方说：“我要向你学习上海话。”

龚之方大感诧异：“我们日常都不是说的上海话吗？”

她说：“我对上海话研究过，有的词汇以及它的发声，很有魅力。你的一口上海话，接近这个标准。”

龚之方不禁莞尔。

张爱玲确实是开心了些，也随和了些。给龚之方所留下的印象，已不是那种动不动就向隅的沉思者：“她喜欢与人聊天，对朋友的态度还是热情的，在许多人在一起的时候，她特别爱听别人的高谈阔论。有的故事很好笑，她也张口大笑。”

唐大郎文笔很好，有“江南第一支笔”的美称，张爱玲与他也很谈得来。唐大才子性格豪放，常常口没遮拦，戏谑人不留余地，但是张爱玲不在乎。

在她的心情调整期间，一些观念崩毁了，内心可能不大有自信，需要来自朋友的温煦之风。

一次，文华公司的老板吴性栽请旗下一干人马，到无锡去游太湖，也请了张爱玲。

吴性栽向来好客，但一般并不请张爱玲，因为知道她不喜交际；而这次是专门庆祝两部片子拍摄成功的，所以礼数上一定要请编剧来。张爱玲也欣然赴约。

到得太湖，大家上了一条船，去吃“船菜”，也就是在船上捕捞鱼虾，当场烹煮。

一群人正在言笑晏晏，忽然对面驶来一船，亦有人在上面吃酒谈笑。吴性栽一听里面有洪深，心中一动，便独自去了船头站立。待两船靠近，他便请船老大去把洪深接到这条船上来。

洪深一见吴老板，大喜，马上跳船过来，加入宴席。

吴性栽有意介绍洪深与张爱玲认识，化解两人间的芥蒂。当时洪深在《大公报》副刊上刚刚发表过批张的文章，见到张爱玲，当然不免尴尬。

两人互闻大名，这还是第一次相见。张爱玲却安之若素，与洪深攀谈起来，一聊之下，发现彼此在文艺观上意见颇接近，于是一笑释前嫌。

张爱玲孤家寡人惯了，这次游太湖是她第一次出来放飞，朋友们的同游同乐，给她留下极深的印象。

这一时期，是张爱玲一生中少有的“艳阳天”。从感情上，她是在忍受折磨，在事业上，她是在忍受失落；可是朋友间诚挚的友情，却令她的性格中多出了几分暖色。而在《小团圆》出版之后，我们就更加明白了，她之所以在这一段心情开朗，是因为有了一段新的恋情。

这一段恋情，因为当事诸人的矢口否认，在以往的60年中，只是一段“绯闻”而已，不能确认。

在当时，最先起哄的又是小报，说张爱玲与桑弧有可能结秦晋之好，言之凿凿！还说张爱玲的第三部电影剧本《哀乐中年》，就是两人合写的。

桑弧原名李培林，原先在银行工作，因偶然机会结识了著名导演朱石麟，试着写了电影剧本《灵与肉》、《洞房花烛夜》、《人约黄昏后》，竟大获成功。此后索性辞了银行的事不做，与吴性栽合伙搞起了电影。

他从影后的艺名“桑弧”，是源自中国上古时的一个风俗：生了儿子，父亲要用桑枝弯成的弓①，向东南西北四方射出用蓬草编成的箭，取“好男儿志在四方”之意。

文华公司的头两部片子在拍摄过程中，桑弧免不了要经常到张爱玲的住处，与她切磋，两人来往也就甚密。

桑弧这人老实忠厚，性格拘谨，他是否对张爱玲有意，当时外界不得而知。也许他曾流露过些什么，于是在朋友间传开来，大家恨不得立见其成。

那时众人并不知道胡、张之间有过婚约，也不知道张爱玲此时正忍受婚姻破裂的伤痛，他们只看见桑弧与张爱玲一个未婚、一个前缘已尽，现在又有共同志趣，这一对人儿，岂不是天作之合！

据龚之方当时公开的说法是：他本人登门去做了提亲者，向张爱玲转达了朋友们的好意，问张爱玲是否可能？

张爱玲对此的反应是略感诧异。据龚之方回忆：

> 她的回答并不是语言，只是对我摇头、再摇头和三摇头，意思是叫我不要再说下去了。不可能的。

①桑弧。

龚之方只好尴尬告辞。自那以后，朋友们都知道是误会了，传言也就自然消失。

据龚之方说，好在这个善意的“绯闻”，并未影响朋友间的关系，他们的友谊一如既往。

这事情真是不能假设，否则，张爱玲后来的命运，将会完全不同。

1949 年以后，天翻地覆，当初的左翼成了文化界的绝对主宰，桑弧也是趁势一飞冲天。他进入上海电影制片厂，开始大显身手。

桑弧的名字，是和中国电影史上的“三个第一”连在一起的：新中国第一部彩色电影戏曲片《梁山伯与祝英台》、第一部彩色故事片《祝福》和第一部立体电影《魔术师的奇遇》，全是他执导。这些成就，足以让他在新中国电影界获得至尊地位。

幸运的是，桑弧熬过文革之后，又再次出山，拍了《子夜》等电影。

据有的张学研究者考证，他和张爱玲后来关系渐淡，在以“叔红”为笔名撰文评论过《十八春》后，就再也没和张爱玲有任何联系；甚至张爱玲逝世以后，他也没写文章表示悼念。

在《小团圆》出版之前，我们对于张爱玲与桑弧之间的事，也就知道这么多了，而《小团圆》一出，则颠覆了这一切。

在这里，需要提一笔的是，1946 年，张爱玲的母亲又从国外回来了一次。

那天，爱玲是和姑姑、还有舅舅阖家一起去码头接的船。

自从爱玲把舅舅一家的事情写成小说、而且写得很不堪之后，双方就没再见过面。现在他们一家仍旧如以前那样热情打招呼，可是明显地流露出一种快意——当然是早就在信中把胡兰成的事告诉给黄逸梵了。

几度沧桑之后的母亲，又黑又瘦，形容憔悴。姑姑几乎是忍不住地喊出来：“哎唷，好惨！瘦得唷！”

爱玲虽没有做声，但眼泪都要涌出来了！

她被舅舅一家人挤在后面，是最后一个上去问好的。

母亲应了一声，只看了她一眼，脸色很严厉。

母亲的男友在新加坡死于战火之后，母亲就一人去了印度，后来居然给印度著名政治家尼赫鲁的两个姐妹做了“社交秘书”。

这次回国，她带回来17个箱子，都是前男友留下的皮货。

母亲回来，先是住在国际饭店。当时张爱玲正值搁笔时期，就经常去陪母亲聊天。母亲知道了女儿已经成名，当然也知道爱玲有过一桩尴尬的婚姻。

后来姑姑和爱玲搬到了重华新村2楼11号。这是一套两室一厅，母亲也就跟着住了过来。

过了几天，母亲的态度才和缓下来，一天饭后，刚巧旁边没人，她似无意地问爱玲："那胡兰成，你还在等他吗？"

爱玲笑了笑："他走了，当然就完了。"

母亲当然很不赞同女儿和汉奸文人的一段婚姻，她的态度之所以缓和，是因为她见到女儿又有了一个不错的新男友。

这是《小团圆》提供的一个新线索，新近在张迷中引起了轩然大波！

在小说中，爱玲这位新男友的名字叫做"燕山"，是电影演员，上海本地人，出身较苦。

"燕山"经常来张爱玲这里，后来两人关系发展成了情人。

张爱玲是这样描写他的："瘦长条子，甜净的方圆脸，浓眉大眼长睫毛，头发有个小花尖。"

这是谁？现实中的原型是哪一位？

据台湾女作家苏伟真判断，这位情人"燕山"，应是和张爱玲合作电影《不了情》的导演桑弧！

在张爱玲研究史上，这也算石破天惊的一句话了。

当时能够经常出入张爱玲居所的单身男子，也就只有桑弧了，有关的"绯闻"也曾有过，而且张爱玲在那一段的心情特别开朗，对外交往异乎寻常地多——这些都是蛛丝马迹！

如果是这样，桑弧后来在张爱玲问题上不近情理的"噤声"，倒也可以理解了。

小说里描述，认识"燕山"是在某电影公司老板的一个饭局上，燕山显然对她感兴趣，特地含笑走来在她身边坐下，"动作的幅度太大了些"，爱玲没有理睬。

后来，她在舞台后看见他匆匆而过，神色很像梅兰芳。

双方都沉默着，可是燕山的沉默最终"震撼了她"。

此后，是3个月没见面，后来燕山和一个朋友一起登门拜访，与张爱玲商谈创作电影剧本的事。

张爱玲此时的心情好多了，如果燕山不来，她大概也会去找人家。因为只要有一个恋爱之梦，那么就可以证实自己还活着。

张爱玲担任编剧的电影公演时，母亲和姑姑都去看了。看过后，母亲才知道燕山原来是电影明星，心知女儿的这个新男友是不可能谈得成的。

这期间，张爱玲终于了了一个心愿。胡兰成留下的那笔钱，她早就换成了3两黄金，其中去温州花去了1两的样子，还剩下2两，于是找了个机会拿给母亲，作为对以前母亲资助她上大学的补偿。

“我不要。”黄逸梵很坚决地说，待了一会儿，竟流下泪来，“就算我待你好，你也不必这样。‘虎毒不食子’啊!”

爱玲想，可能是母亲误会了，以为还了钱，从此母女俩就“井水不犯河水”了。所以母亲坚决不要钱，怎么也要保留住这一点母女情。

这件事，在母亲那一边，确实是个转折点。后来，她不像以前那样对女儿冷冰冰的了，以至在欧洲临终前写信给爱玲，说“现在就只想再见你一面”。

但是爱玲的心已经很硬了，她不会感动。母亲临终时，她也没去。

这一对母女，不知上帝是怎么安排的？一生中聚少离多，在一起的时候就几乎永远是在整理行李。

这一时期，母亲大概对爱玲多有开导；而且，母亲的飘零身世也给了爱玲不小的刺激——不美满的婚姻对一个女人的摧折太大，还是趁早结束了为好。

她下决心与胡兰成彻底分手，也许就有来自母亲劝导的因素。

在上海期间，母亲还几次看到了张子静。有一次，她还专门做了家常饭菜，让张子静过来一起吃。她对儿子，比以前多了些温情。

这时候的张子静，从扬州偶尔回上海，还是住在父亲那里。

父亲张廷重的日子，早已今非昔比，家产挥霍得也差不多了，房子越搬越小，如今住在华山路的一间公寓里，但夫妇俩还是离不开心爱的大烟枪。

张廷重曾经要求儿子调到上海来工作，以便共同负担家用。张子静却坚持要两位老人先把鸦片瘾戒掉，父子间就这么僵持着。

张廷重手头拮据，烟瘾又大，有一次甚至把银行发给张子静的差旅费也给“吞没”了。

听说儿子的处境窘迫，黄逸梵很心疼，但也爱莫能助。

1948 年，一天，张子静回到上海，又去看母亲。

这时张廷重刚卖掉手头最后一处房产，到手了一笔黄金和美钞。本来这些钱也能支撑一阵子，却不料他脑袋一昏，全部拿去兑换了国民政府新发的“金圆券”。不久，金圆券价值一落千丈，几乎等于废纸，让张廷重彻底成了丧家之犬。他只能搬家，搬到了江苏路一间只有 14 平方米的小屋里，厨房、厕所要十几家人共用。

这下子，张子静再回上海，连个栖身之地都没有了，只能借住在老同学家里。

他见了母亲，就忍不住地抱怨。

黄逸梵说：“上海环境实在太坏，也太吵了，老是叫人静不下心来，也让爱玲无法写作。”

张子静以为母亲嫌重华新村的房子太小，就说：“不如好好找所房子，从此定居，可以把姐姐接来一起住，以后我回上海时也有个安身之处。”

黄逸梵淡淡地，没有理这个话头，只是说：“上海的环境太肮脏，我住不惯，还是国外的环境比较干净，不打算回来定居了。”

张子静满腹狐疑。他不明白上海怎么就肮脏了，以为母亲在国外又有了男友，要去结婚了，但又不敢问。

他没有想到，这竟是他最后一次见到母亲。

黄逸梵这次在上海待了两年多，到 1948 年，为了料理前男友在英国的遗物，她又去了英国，从此没再回国。

临离开中国之前，黄逸梵和爱玲有过一番长谈，她建议说：“我听说香港大学已经复课，你不如回去把学业完成，也是找个由头离开这里，待在上海，终不是长久之计。”

爱玲没有应声，只是犹豫。

不过，母亲的这番话，在日后却起了决定性的作用。——这位总是“缺席”的母亲，在张爱玲一生中的几个关键点上，都起到了有力的“推手”作用。命运给了张爱玲这样一个特殊的母亲，也许总有它的用意吧？

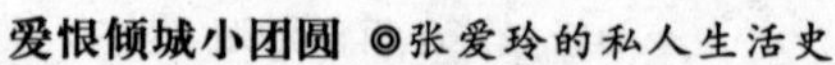

母亲就这样走了，离开了风雨飘摇中的故国。

张子静在回忆录里写道：“一九三八年，我姊姊逃出了我父亲的家。一九四八年，我母亲离开了中国。她们都没有再回头。”

这就是命运。

苍凉从世纪初起，就笼罩了两代人，而且还不止，还没有尽头……

张爱玲还是和姑姑在一起。从1947年起，她们搬出了爱丁顿公寓，两次辗转，最后落脚在黄河路65号卡尔登公寓①，住进了301号。

卡尔登公寓是一栋大型的英国风格的房子，高低错落有致，有四扇摇门、铰链式电梯，还有中央花园。公寓等级森严，设有四个楼梯，供不同层次的人进出。与张爱玲以前住的地方一样，在公寓的顶层，也有一个视野开阔的大阳台。

公寓附近，就是著名的南京路和跑马总会，步行过去5分钟左右是福州路，旧称四马路。这里曾有很多高档的饭馆、书店、戏院，还有妓院。即便在今天，这个地方也仍有独特的魅力——这是张爱玲一向迷醉的大都会的街市。

张爱玲就在这个地方，经历了一个时代的巨变。

从这一年起，国共两党重起战火。国统区状况江河日下，物价飞涨，币值狂贬，老百姓人心惶惶。这种情势下，人们想的是求生和早日尘埃落定，文学成了多余之物，各杂志纷纷停刊。龚之方他们办的《大家》杂志，也因不景气而停刊。

张爱玲在《太太万岁》问题上横遭狙击，又逢世事如此纷乱，更是无心写作。《大家》停刊后，她也没有了合适的发表文章处，大概也懒得去另找，于是干脆搁笔，一直搁到了1950年！

失去了稿费来源，她的经济状况不会太好。以往有的研究者估计，她之所以能挨过第二次搁笔这段时期，大概就是靠着《传奇》增订本的收入。

好在这时候有“燕山”。

他们已进入了热恋期。

燕山对“胡张恋”也是有所耳闻的，但是爱上张爱玲后，看张爱玲

①今长江公寓。

的言行做派似乎又不像“汉奸妻”，曾半开玩笑地试探：“你到底是好人还是坏人?”

爱玲也用开玩笑敷衍了过去：“倒像小时候看电影，看见一个人出场，就赶紧问‘这是好人还是坏人?’”

他会拥着爱玲坐着，喃喃地说：“你像只猫，这只猫很大。”又说，“你的脸很有味道。”

然后，又不甘心，再问：“你到底是好人还是坏人呢?”

爱玲道：“我当然认为我是好人。”说完，忽然看见燕山“眼睛里陡然有希望的光”，知道他对往事还是很计较的，不禁有些烦恼。

战时美国大片进不来，也因为手头拮据，张爱玲已经好些年没看电影了。这时，她跟燕山去看了两次电影。

场内灯光一暗，爱玲看见他聚精会神，以一种很内行的眼光盯着银幕，不禁佩服起来。爱玲自己是做不到的，她不可能对别人的作品这么感兴趣，“文人相轻，自古皆然”。

爱玲的名气大，燕山一开始觉得她高深莫测。可是，恋爱中的爱玲显得很单纯，有时唠唠叨叨的不知所云，有一次燕山听了半天，忽然笑道：“喂，你在说些什么?”

他们也一起出去吃饭，不到时髦的饭馆，而是跑到很远的城里去吃本帮菜或者灰扑扑的北方小馆，有时一个楼面上只有他们一桌。

一次，他们站在黄浦江边一个小码头上看风景，码头上停泊着一只两层楼高的大木船，看样子是货船，没有油漆过，露出黄黄的新木材的本色。

燕山说：“到浦东去的。”

爱玲抬眼看浦东，尽管只隔着一条江，但是咫尺天涯。夕阳如雾如烟，不知道从哪个朝代出来的这么一只船。

斜阳照过来。燕山说：“你的头发是红的。”

爱玲“觉得她是找补了初恋”，燕山很像她从前错过的一个男孩子，年纪比她略大，但看起来比她年轻。

——我们要感谢“燕山”。

他陪着爱玲度过了一生中最低谷的时期，给了爱玲美好初恋的感觉。从《小团圆》的描写来看，“燕山”的背景情况，与桑弧的完全吻合!

他，就是桑弧吧？

造物弄人，我们既替张爱玲庆幸，也替她感到惋惜。

终归是有了这么美好的一段，终归是使上海一想起来就感到亲！

母亲走后不久，胡兰成再次路过上海。这就是他们最后的那次见面。

据《小团圆》描述，是青芸打电话来通知的，爱玲虚掩了门，出来守在电梯边接应，以免惊动邻居。

青芸送胡兰成上来，连电梯都没下，就先走了。

一见面，胡兰成怔了一下："你这样美！"

她装作没有听见。进了屋，恰好燕山来电话，她耳边顿时轰轰作响，像两簇星球擦身而过的宏大噪音——她的两个世界要相撞了。

两人没说几句，但燕山好像有点不高兴。

再回到客室里，只见胡兰成在心神不定地踱着圈子，他显然听到了她接电话，说："你讲上海话的声音很柔媚。"谁来的电话，他也没问。

姑姑只露了一面，没多坐。

不大一会儿，颂远来了。到这儿来，也没说什么有用的事，黄昏时就走了。

《今生今世》里说，胡兰成因为张爱玲没留颂远吃饭而发了脾气，《小团圆》证实了这一点，而且说"他们从来没吵过架，这是第一次"。

爱玲也不在乎，出去到厨房跟姑姑说了，姑姑不禁勃然变色。

这一晚，为了上浴室方便些，她把自己的卧室让出来给胡兰成住，自己住在客室里。饭后，爱玲与胡兰成随便聊了一聊，胡兰成想喝酒，爱玲说："这个时候了，我不知道到哪里去买。"

胡兰成一下想发火，但是忍住了。

两人又聊了一会儿几位熟人的消息，而后张爱玲单刀直入地问："你跟小周小姐有没有发生关系？"

胡兰成嗫嚅着说："嗯，就是临走的时候。大概最后都是要用强的——当然对你不是这样。"

张爱玲没说什么。这个坦白，已经没有什么意义了。

沉默了一会儿，胡兰成又说："青芸帮你说话了哦，说'那张小姐不是很好嘛？'"

爱玲立刻起了反感，心想：靠人帮我说话，这也算好？

胡兰成从衣袋里掏出一张小照片，递给爱玲看："这是小周。"

是一张在草坪上照的全身像。相片上的少女微胖，圆嘟嘟的腮颊，弯弯的一双笑眼睛，有点吊眼睛，一身竹布旗袍照出来是雪白的，看得出胸部丰满，头发不长，朝里卷着。

爱玲拿在手里看了看，忽然发现胡兰成有担心的神色，心里便暗笑：难道我会把它撕了？想着，就把相片还给了他。

胡兰成见爱玲并没有生气，便斜倚在床头，说："坐到这边来好不好？"

爱玲坐了过来，但低着头不看他，说："我前一向真是痛苦得差点死了。"信里一直讲不清楚，现在要当面讲给他听。

胡兰成没搭话，等着听她讲为什么现在心情变好了。

爱玲彻底失望，心想：他完全不管我的死活，只想留住他自己的东西。

见爱玲不再说话，胡兰成便说："你这样痛苦也是好的。"

她明白这意思，是说能有这样强烈的感情也好，强于心如死灰。

又是这一套！什么"好的"、"不好"。信里也是，什么"亦是好的"，一看见这样的字句她就要发笑！

胡兰成还想旧梦重温，但爱玲想"我们这是油尽灯枯了"，便匆匆忙忙走出屋子，像是忘了什么东西，要去拿。

回到客室，她揭起榻床的床罩，脱了衣服，钻进被窝去了。

第二天一大早，胡兰成出来推醒了爱玲，爱玲一睁开眼睛，忽然用手围住他的脖子，轻声道："兰成。"

爱玲看见胡兰成神色奇窘，才忽然悟到往事不再，连忙松了手。

这个细节，《小团圆》里和《今生今世》里所说的，差不多是一样的。

起来后，爱玲进屋去给胡兰成送早餐，发现他把书桌翻得乱七八糟！

爱玲又惊又气——看你能翻到什么？

还没来得及吃早餐，青芸就来了。爱玲把预备好的2两金子，交给了青芸。胡兰成在一旁看着，没有做声。

这一切，就算两讫了。

胡兰成回到温州，才回味过来，连来了几封信，说："相见休言有泪珠……你不和我吻，我很惆怅，两个人要好，没有想到要盟誓，但是我现在跟你说，我永远爱你。"

爱情也是战争。爱玲知道，胡兰成原先根本不相信她说的，如果他选择了小周，她可以走开。

现在，她就是要彻底走开。

爱玲给胡兰成回了一封短信，就是那个"最后通牒"，又把写电影剧本得到的钱，给他寄了去。

一切干干净净。

不再欠你什么了！

燕山当然知道胡兰成来过，他说："他好像很有支配你的能力。"

爱玲否认："这次看见他，觉得完全两样了，连手都没握过。"

燕山忽然大声说："一根汗毛都不能让他碰！"

听到这话，爱玲感到很好笑，也觉得感动。

燕山又说："你大概是喜欢老的人。"

爱玲心想，至少他们生活过。

爱玲给胡兰成写"最后通牒"时，内容让燕山看过。她说："我不过就给你看看，与你没关，我早就要写了。"

一直拖着没写，是张爱玲觉得在胡兰成落魄时跟他断掉，总像是不义，不过已经把钱还给了他，心里又要好受一些。

"最后通牒"还没寄到，胡兰成倒又来了两封信，后来又请炎樱转信，爱玲就一概不理了，觉得像是收到了死人写的信。

这个时期，可以依恋的是燕山。燕山把头枕在她腿上的时候，她抚摸着他的脸，不知怎么就悲从中来——觉得年华就像掬在手中的水中月影，已经在指缝间流尽了！

爱玲对他，是抱着一种重温初恋的心情，当年错过了的，现在好像是圆了梦，但其实已人境全非，所以更觉得凄迷、觉得留恋，恨不能永远就停留在这个阶段。

这种心态，倒是很合他的意。

他们甚至说起了婚后，燕山说："那总要跟你姑姑一块儿住。"

这话胡兰成也说过。爱玲想，奇怪！为什么他们对跟我单独住都有一种恐惧？

有时他俩晚上出去，燕山送爱玲回家，不想让姑姑看到回来得这么晚，两人就在楼梯上坐着聊。这样子，像是十几岁的孩子，无处可去。

爱玲自嘲道："我们应当叫'两小'。"

燕山笑了："嗳，'两小无猜'。我们可以刻个图章'两小'。"

慢慢地燕山也了解爱玲了，有一回开玩笑说："你这人简直全是缺点，除了还算俭省以外。"

爱玲只是幸福地笑，心里坦然承认："我像镂空纱，全是缺点组成的。"

姑姑对他们的事，持有保留态度，只说："看他坐在那里，倒是真漂亮。"

爱玲不知说什么好，半天才说："我怕我对他太认真了。"

姑姑摇摇头："没像你对胡兰成那样。"口气几乎是不屑。

哦，是真的？爱玲很诧异。

他们的事情，几乎对所有的人都瞒着。因为爱玲背了骂名，被骂了好几年了，如果这段恋情传出去，外界正愁没有好谈资，一下又会闹得沸沸扬扬，会连累他。

《小团圆》里说，燕山的两个朋友倒是知道，也不大赞成，但都答应了代为保密。

看来，当年龚之方的"辟谣"文章，是故布迷阵了，把世人瞒了整整 60 年！

那时候，张子静已经回到上海总行工作，就借住在黄河路一个同学家里，与张爱玲住的公寓在一条路上，姐弟俩有了经常见面的机会。

当时的时局很乱，但他们之间的谈话，却不大涉及时局，只谈些街头见闻。

张爱玲是否躲进小楼，万事不问了呢？绝不是。她已经完全明白：她先前所预感的大的变革就要来了！至于变革后会是什么样子，还会不会有自己的发展空间，她一时还看不大清楚。

因此她在观望。她那时对即将到来的"新社会"，还是抱有期望的，也做好了适应的准备。她不想离开中国，尤其不想离开上海。

她知道，弄文学的人，都要有一个根。

柯灵的夫人陈国容后来回忆说，当年张爱玲的母亲要带张爱玲出国，张爱玲迟疑不决，最后还是选择了和姑姑在一起。

这一点，殊为可信。

正如张爱玲所说："现代的东西纵有千般不是，它到底是我们的，与我们亲。"

上海，是她的故乡；而且更是她精神上的故乡。她创作生涯中的全部华彩，都是在这里绽放的。因此她不会轻易离去。

1949 年 5 月 27 日，上海解放，张爱玲亲见解放大军进城。

旧幕垂下，新幕张启。

千万人的命运就要骤然改换，张爱玲不过是其中的一员，甚至可说是微不足道的一员。

——命运将如何改变她？

这一年 9 月 30 日，是张爱玲 30 岁的生日。她前几天在笔记簿上写道："雨声潺潺，像住在溪边，宁愿天天下雨，以为你是因为下雨不来。"

这个"你"，就是指燕山。

爱玲这时候是真正尝到了初恋的滋味。

生日那天，夜里她"在床上看见阳台上的月光，水泥阑干像倒了的石碑横卧在那里，沐浴在晚塘的蓝色的月光中"。

那年秋季的雨多，爱玲常常靠在藤椅上流泪，燕山受不了，俯身握着她的手。

爱玲说："没有人会像我这样喜欢你的。"

燕山说："我知道。"

那一时期爱玲停经两个月，她疑心自己怀了孕。燕山说："那也没有什么，我们就宣布……"

但爱玲看前途十分黯淡，因而又流泪道："我觉得我们这样开头太凄惨了。"

燕山却不这样认为。

到医院做了检查，并不是怀孕，但是检查出来"子宫颈折断过"。爱玲很哀伤，想到燕山一定会觉得她不但是残花败柳，还给蹂躏得成了残废。

可是燕山脸上并无表情。

18. 有惊无险的罗湖桥头

1949 年的张爱玲，平静地迎接了巨变。

姑姑当时在上海一家电影公司任职，爱玲就常和姑姑一起去看电影，见了熟人就点头微笑，但仍如过去那样不应酬、不抛头露面。

只是她和“燕山”的一段情缘，不知为何，无疾而终了。

从《小团圆》提供的线索看，两个人并没有闹翻，一直友好相处，可是燕山却要娶一个女演员为妻了。

看样子爱玲是和燕山有过协议的，不想再拖累燕山。那个女孩长得很漂亮，被母亲管得很严，要是在解放前，一定是会嫁给开戏院的大老板，轮不到燕山这样的年轻人。

燕山结婚后，爱玲还不知道，有一次问他：“预备什么时候结婚?”

燕山说：“已经结了婚了。”

她怔住了，“立刻觉得有条河隔在他们中间汤汤地流着”。

他的脸色也变了——他也听见了那河水声!

在当时上海惟一剩下的一份小报上，张爱玲看到了一则报道——《燕山、雪艳秋小夫妻俩来报社拜客》。

后来燕山考虑到，张爱玲看了一定会受刺激，就托人去说了，今后报社不要再登他私生活的事。

爱玲曾经看过雪艳秋的戏装照片，没什么印象，只能看出相当瘦小。

她恍惚看见，他的头，现在是依偎在另一个女人的胸前了。那个女人就像是自己，那个女人的身体，也就像是自己的。

她感到心里像火烧一样!

《小团圆》里对这件事，是以这样一句话作为结束的：“但是燕山的事她从来没懊悔过，因为那时候幸亏有他。”

俱往矣!

新的时代降临了，新的命运在等待着张爱玲。

应该特别提一句的是，张爱玲在这一时期还很用心地看了一批“革命电影”，有《小二黑结婚》、《白毛女》、《新儿女英雄传》等，感观还不错，特地向弟弟张子静做了推荐。

有时，她和姑姑也到书店去淘旧书。有一次，淘到一本英文原版的《大卫·科伯菲尔》，她们看完了，就拿去给几个朋友传阅。

那一时期，很严酷的东西还没有出现，张爱玲对于前景的一点担忧也渐渐消散，开始想写一点什么东西，记录下社会的变化。

这里，就要再次提到她与左翼文艺的关系。

她对左翼文艺，向来不感冒，很早就曾说过：“自从一九三几年起看书，就感到左派的压力，虽然本能的起反感，而且像一切潮流一样，我永远是在外面的……”

她之所以不满，是因为左翼文艺观里有一种意识形态的强迫性，她不能接受。再一个，她也不大相信，人一旦信仰了什么就真能超凡入圣。她认为，唱意识形态高调的知识分子，多半是只知道怎么说，却不知道该怎么做。

左翼文艺从 1920 年代发端，起到了振聋发聩的作用，到 1950 年代已经蔚为大观，登上了至尊地位。

当时左翼人士对张爱玲相当看重，将她列入了争取、利用的对象。

1949 年 6 月，以往领导上海进步戏剧界的中共地下党文化负责人、戏剧家夏衍，也戴着解放军的臂章，随军进入上海，出任了军管会文管会副主任，负责全盘接管上海原国民党的文教系统。

夏公当然很关注上海文艺界的现状，柯灵就在此时，向他推荐了几篇张爱玲的小说。夏公读后，显然是十分欣赏，认为人才难得。他是个爱才若命的人，从此记住了张爱玲。

那时的上海，百废待兴。还是在上海解放前夕，许多小报就纷纷自动关张，报馆老板和主持人也大都离沪赴港。

夏公看到这种情形，觉得不妥，他认为上海不能成为一个没有小报的城市。于是，找来了龚之方，让龚之方和唐大郎一道，办一个格调健康的小报，不要像过去的小报那样专事散布流言蜚语。

龚之方当然来了劲头，当年 7 月，就和唐大郎办起了一份《亦报》。此外，还有陈蝶衣等人主办的《大报》也于此时创刊。

这两份小报，与旧上海的小报相比，确有很大区别，风格较为清新。沪上的文化名流也都纷纷向它们投稿。

此时，龚之方、唐大郎自然要想起老朋友张爱玲。

两位报人便兴冲冲地跑去找张爱玲，请她写一部长篇小说在《亦报》上连载。张爱玲欣然允诺，但要求用笔名发表。

龚之方没料到她会有这样的请求，但也只得随她。

据龚之方后来推测，张爱玲这次之所以要使用笔名，是出于两个考虑：一是，当初她曾在杂志上连载过长篇小说《连环套》，效果不理想，因此，这次在小报上连载就要谨慎，先用一个笔名去探路；二是，胡兰成的问题虽已是旧账，但读者们对此是否能淡忘，她没有把握，所以还是用笔名保险一些。

这次在小报上连载的小说，叫做《十八春》。这部作品，很有一些里程碑的意义，它既是张爱玲在1949年以后的第一部作品，又是她的第一部长篇小说，也是她篇幅最长的一部作品。

她第一次学起了张恨水的功夫，边写边刊登。从1950年3月开始连载，到1951年3月完毕，全文有25万字。在连载结束后，又出了单行本。

张爱玲所用的笔名，叫"梁京"。这个笔名的来源，据说是"张"、"玲"两个字相互交错的音韵反切。

龚之方非常看好这个《十八春》。他深谙小报的连载之道，在连载开始前三天就登出预告，明示这一篇是"名家之作"。之后隔了一天，又有桑弧署名"叔红"的文章发表，郑重予以推介。

小说连载到大约一半时，唐大郎按捺不住，索性抛出署名"传奇"的文章，猜测小说作者不是徐訏，就是张爱玲，以此大吊读者的胃口。

徐訏原是上海《天地人》、《作风》等刊物的主编，1937年以短篇小说《鬼恋》一举成名，1944年又有长篇小说《风萧萧》出版，也是当时很有读者缘的作家之一；但他的风格与《十八春》毕竟不相类，且唐大郎文章又署名"传奇"，这几乎就是明明白白把谜底告诉给了读者。

《十八春》是一个现代的上海故事，与张爱玲的生活完全同步。所谓"十八春"，即故事是从1949年倒溯18年开始写起的。

小说讲述的是，平民之女顾曼桢与世家子弟沈世钧相恋，中途却突生变故，沈世钧因父亲急病赶回老家南京，曼桢恰在此时落入姐姐曼璐布下的圈套。

身为舞女的姐姐曼璐，为了笼络住花心丈夫祝鸿才，不惜让妹妹曼桢作为祝鸿才的猎物，并把曼桢幽禁起来，直到曼桢生下祝鸿才的孩子。

这中间，沈世钧找到曼璐询问曼桢的下落，曼璐欺骗他说，曼桢已经嫁了人。世钧万念俱灰，不久，便遵父嘱另娶了他人。而曼桢因为割舍不得孩子，在姐姐曼璐死后，竟然正式嫁给了祝鸿才。

18年后，也就是解放之后，顾曼桢与沈世钧偶然相遇，但两人的命运早成殊途，已绝无复合的可能。沈世钧回首往事，只能徒生感慨了。

这个《十八春》，是很值得研究的一部小说，其中有三个因素非常值得注意。

一是，这部小说的故事结构以及人物设置，完全是“抄袭”了美国作家马宽德（John Marquand）的小说《普汉先生》（*H. P. Pulham, Esquire*）。

二是，它是1949年以后张爱玲在新时代里的第一次写作，动笔前曾对小说的主题有过“与时俱进”的考虑。

三是，这篇小说是张爱玲自成名以来，在上海市民中影响最大的一部作品。

据台湾女作家苏友贞的文章《张爱玲怕谁?》① 指出，张爱玲本人曾经明明白白地承认，《十八春》就是根据《普汉先生》改写的。

马宽德在美国并非经典作家，但在上世纪30年代也曾风光一时，获得过普利策文学奖。《普汉先生》写的是一个很复杂的“四角恋爱”故事，当时是一本畅销书，后来被拍成电影，但反响平平。

《十八春》不仅袭用了《普汉先生》的基本情节与人物，而且还借用了其中大量细节。《十八春》中令读者饶有兴味的“四角恋爱”关系，就是出自《普汉先生》。

还有，《十八春》中的一些精彩对话，也是从《普汉先生》中移植而来，比如结尾最令人荡气回肠的那句“世钧，我们回不去了”，就是来自《普汉先生》的原创。

诸如此类，不胜枚举。说《十八春》是“改写”，一点也不错。

---

①载于2005年3月号《万象》杂志。

两文的人物侧重有所不同，《十八春》主要讲的是曼桢的故事；而在《普汉先生》中，与曼桢相对应的“玛文”，只是一个模糊的影子。因此，当曼桢最后说出“世钧，我们回不去了”时，其效果足以震撼读者，而原著中玛文说出同样的话来，却显得稍嫌做作。

还有一点最大的不同，就是男女主角分手的原因。在《普汉先生》那里，分手是没有什么理由的，只因两人的感情都淡了。而在《十八春》中，张爱玲则设计了一个典型的通俗剧情节——“曼桢被诱奸”，以此作为斩断男女主角情缘的关节点。

马宽德那种美国式的“爱情慢死”，在今天大概很容易为读者所接受，但在当时，决不可能引起中国读者的兴趣，因此，张爱玲在移植时才用了一个比较夸张的情节——用哥特式的密室阴谋，造成全篇的悲剧根源，好让读者读了之后恨恨不已。

惟其如此，才有很多评论家觉得，曼璐设圈套让妹妹被祝鸿才诱奸这一情节，太过突兀。也有人认为，曼璐的这种疯狂，已到了狞厉可怖的程度，远超过曹七巧。

张爱玲写《十八春》时，马宽德还在世，后来他们两人在香港还曾有过一面之缘。按理说，《普汉先生》的故事情节是应受版权法保护的，可是两人之间绝无这种纠葛。

在中国古代，类似这样对同代或前代人作品的改写、借用与仿作，并不违背写作道德。张爱玲深受古典文化浸淫，头脑中对改写并无不妥的概念。后世的研究者们，也无一人指责她这是“抄袭”。

有学者还发现，张爱玲的《倾城之恋》构思也颇类毛姆的短篇小说《天作之合》，毛姆的那篇小说里，同样是一个淑女爱上了“恶棍”①。

有意思的是，这个《十八春》改写事例，与2003年郭敬明《梦里花落知多少》抄袭庄羽《圈里圈外》的案例，几乎一模一样。

世事总有奇诡之处。马宽德在美国早已过气，在当代读者中几乎无人知晓，但他的《普汉先生》故事却透过《十八春》，不知为多少中国读者所熟知与喜爱，流传正未有穷期！

《十八春》是张爱玲在平实写作风格上的一大成功，考虑到1949年后文艺语境的变化，张爱玲的这篇小说，放弃了以往对意象、比喻的苦

①见刘锋杰《想象张爱玲：关于张爱玲的阅读研究》。

心经营，也放弃了那种随处可见的机智与辛辣，而用了一种很温厚的叙事风格，娓娓道来。

这种特色，最易走入平民大众。至今也还有为数不少的一批张迷，在张爱玲的小说系列中，独爱《十八春》。

小说的结尾，有意安了一个光明的尾巴：曼桢和世钧不期而遇，曼桢细述前因，解开了埋藏在世钧心头多年的一个谜。后来，两人先后到东北参加建设，而曼桢最初的追慕者张慕瑾也适时出现，给了曼桢一个隐约可见的美满结局。

所有的苦难，都因新时代的到来而结束——这是当时比较流行的小说构思。

这也是张爱玲为适应时代所做的一点功夫吧。

《十八春》一经发表，立刻引起轰动，在上海出现了一大批“梁迷”。因为小说写得很真实，所以大众也很投入，天天追着报纸看，恨不能与小说中的人物同悲欢。

其时，有个女读者，恰好与曼桢有过相同的命运，看了《十八春》后悲不自胜，跑到报社打听到张爱玲家的地址，跑上门来，倚门大哭。吓得张爱玲不敢出来，只得由姑姑出面，好言好语将来人劝走。

周作人于解放前夕获释，此时就住在上海，靠为报刊写稿为生。他同样也是天天读这篇小说，曾两次在话题中涉及《十八春》，可见小说在当时的影响之大。

那时，《十八春》已连载到曼璐设下圈套，让祝鸿才奸污了曼桢。读者阅之，无不义愤填膺，为曼桢掬一捧同情之泪，但周作人却说：“我看《十八春》对于曼桢却不怎么关情，因为我知道那是假的。”——他的确是老马识途，居然能看出这一情节大大地不合逻辑。

《十八春》的轰动效应，也引起了已任中共上海市委常委、宣传部长的夏衍的注意，他专门找来龚之方，询问“梁京”是何许人。龚之方对他透了底，夏公显得相当高兴，感叹道：“这是个值得重视的人才啊！”

《十八春》的反响之热烈，远超出了龚之方等人的预想。时有署名“齐甘”的一篇文章就更为耸动，说他邻居有位三十多岁的胖太太，经常向他借报纸看，就为了能读到《十八春》。在看到第163天的报纸时，写到祝鸿才强占了曼桢，那女人竟跑来吼着说：“恨不得两个耳刮子打到梁京脸上去!”

《亦报》编辑部也不断收到读者来信，要求作者千万不要太狠心，一定要让曼桢“坚强地活下去”。害得桑弧不得不再发一篇短文，请读者放心，说作者定会给曼桢一个好结局的。

小说单行本出版后，报社为了造势，还专门组织了一次座谈会，请张爱玲在会上做了发言。

从这个势头看，几乎重现了40年代“满城争说”的盛况!

——张爱玲，终于完成了一次华丽转身!

她经过数年的潜心揣摩，从小说的主题到文风，都完成了转型。同时，千夫所指的尴尬场面也已远去，现在的情况是，只要是瞄准大众写作，报纸上可以登，书也可以出，读者欢迎自不必说，文艺界的强势人物也会给予支持。

比起3年前来，状态要好得多了。

看来，在新的时代里，她也完全有可能再飞扬一回!

为报答朋友们对她的支持，1950年7月25日《亦报》创刊一周年之际，张爱玲特地写了一篇《亦报的好文章》，称该报是自己“一个极熟的朋友”，“有许多文章是我看过一遍就永远不能忘怀的”。

《十八春》连载还未结束，唐大郎就心痒难忍，想要乘胜追击，急着向她索要下一部连载稿。

张爱玲一时没有答应。因为她很不适应这种边写边登的“急就章”方式，写到后面如果发现前面有疏漏的话也无法更改。于是她提出，下一篇要写完了再发。

大作家是有资格提条件的，唐大郎也只好同意。到1951年10月初，张爱玲用了近半年时间，拿出了第二部连载小说《小艾》。

这部中篇小说《小艾》，讲的是一个很纯粹的“无产阶级故事”，这也是张爱玲创作中的一个异数。在民国时期，曾有人问张爱玲是否能写无产阶级故事，她的答复是不大熟悉：“要么只有阿妈她们①的事情，我稍微知道一点。”言下很有一点不屑。

但是现在时势改易，她要认真来对待这个问题了。

在对解放区文艺和新时代文化潮流进行过一番研究后，她已经很清

---

①指佣人。

楚应该写什么和怎么写。

她看过《白毛女》，知道无产阶级的故事就是“苦情戏”。这本来是左翼文艺的拿手好戏，茅盾、夏衍、柔石、叶紫在这方面都有传世名作，左翼电影也是以苦情戏而风靡市场的。张爱玲历来对左翼的普罗大众文艺观点颇有微词，现在却阴差阳错，也走上了左翼的路子。

《十八春》的成功让她知道了：同情弱者是普遍的人性，苦情戏具有最广大的受众——赚人眼泪的作品没有不走俏的。因此，《小艾》在悲情方面，又狠狠戳了一下人心。

小说写的是“旧社会”里一个身份低微的婢女。

主人公小艾从小被卖给席家，辛辛苦苦做到十几岁，不幸被席家老爷强奸，怀了孕，后来又遭席家姨太太毒打而流产。所幸与排字工人金槐结了婚，才得以脱离魔窟。小艾与丈夫苦苦挣扎，终于等来了好世道，翻身得解放。她幻想着，自己将来的孩子“不知道是怎样一个幸福的世界”。但可惜，她因身体遭受过摧残，已不能生育了，在幸福中又不免有挥之不去的伤感。

这部小说，比《十八春》更为彻底，不仅有左翼文艺的色彩，而且与后来60年代的忆苦思甜小说十分相似。

张爱玲自己虽无底层生活经验，但对仆佣和排字工人的生活倒也不陌生，努力去写，还是写得出来的。

不过，有一点非常值得注意：她原来的创作大纲，规模相当恢宏，是从辛亥革命一直写到解放前夕，要搞一个旧社会劳动妇女的史诗出来。

可是，一路写下来，难度超过了她的想象，结果很多地方只好偷懒，变得异乎寻常地简略。越到后面，越是草草。异常宏大的背景下，却是一个过于枯瘦的故事。

她实在是勉为其难。

张爱玲是个真正的作家，知道硬写是不成的，最后只好放弃，勉强完成一个文本了事。

而且，她原来的构思中，有的情节与写成后的故事也很不相同。原构思中的小艾，是有心要脱离底层身份的，曾主动去挑逗席家大太太的儿子。与排字工人结婚后，又一门心思地想发财，待到解放后发财无望，才怅然笑道：“现在没指望了。”

在最后成形的故事里，这些真实的人之欲望，全都被抹掉了，变成了“现在大家都好了”的大团圆结局。

新的主题与风格，都能看出张爱玲力求与当时环境吻合的努力。可是，她内心大约是明白了：此路不通！

于是，她的“探索”到此戛然而止。

不仅如此，她还萌生了离开上海、远赴香港的念头，并果断地付诸实施。

为什么会发生这样的变化？

再度走红的帷幕已经拉开，是什么原因要匆匆收场？除了“探索”的艰难之外，还有什么外因？

以往的张学研究者，都没有给出令人信服的答案。

我们要回过头去再研究一下她在这一时期的活动。

张爱玲并不是像有的张传作者渲染的那样，在1949年以后就两耳不闻窗外事了。她其实还是蛮活跃的，说是开始拥抱新时代也不为过。

就在《十八春》连载3个月后，1950年7月，夏衍亲自点名，有关方面通知张爱玲参加上海市第一届文艺代表大会。

她欣然赴会，在思想上并无抵触。这是她生平第一次、也是惟一的一次出席这样的正式会议。

7月24日，大会在解放剧场开幕，张爱玲以作家“梁京”的身份被分配在文学界代表第四小组。

这个小组，组长是赵景深，副组长是赵家璧、陆万美；组员有周而复、潘汉年、孙福熙、姚蓬子、谷斯范、刘北汜、平襟亚、梁京、邓散木、陈灵犀、陈涤夷、张慧剑、柯兰、姚苏凤、严独鹤等，个个都是文学艺术界的翘楚。

略为尴尬的是，张爱玲与平襟亚分到一个小组，甚至在名单上两人也是紧挨着的。无法猜测，两人见面时心情会如何。

开这个会，旨在把文艺家们组织起来，为新社会服务。一些国统区的作家当场表了态，表示要洗心革面。例如“甜姐儿”黄宗英、流行歌曲《毛毛雨》的作者黎锦晖、作家巴金、赵景深、靳以等，都在会上慷慨陈词，表示要贬斥旧我、重塑新我。

龚之方说：“张爱玲当时坐在会场看眼前的光景，心里想的是什么，没有人知道。”

现在的论者，对她的这次赴会，一般都是根据柯灵的回忆文章，强调张爱玲在服饰方面与广大与会者的不同。

柯灵的描述也确实很生动：

> 她坐在后排，旗袍外面罩了件网眼的白绒线衫，使人想起她引用过的苏东坡词句“高处不胜寒”。那时全国最时髦的装束，是男女一律的蓝布和灰布中山装，后来因此在西方博得“蓝蚂蚁”的徽号。张爱玲的打扮，尽管由绚烂归于平淡，比较之下，还是显得很突出（我也不敢想张爱玲会穿中山装，穿上了又是什么样子）。

还有的论者断定：就是因为在这次会议上她与诸人在服装上的反差，使张爱玲感到了不安，觉得自己和新社会格格不入，从而萌生了离开大陆的念头。

这就不免有点以偏概全了。

1950年代初，固然是中山装、列宁服风靡一时，但也仅在年轻人和干部中间流行，并不是所有的人都统一了服装。张爱玲在《十八春》中就写到了年轻女子换列宁装、剪发的事，她不可能为会场里的服装倾向而感到惊诧。

旗袍外面套白色网眼衫，固然不是当时的时髦行头，但也不是什么奇装异服。旗袍一直到60年代初，还是国内很多城市妇女的装束，谈不上就如何地“格格不入”。若以张爱玲40年代的装束而论，那岂不是与旧社会更加格格不入了？

即使是在新时代里的换装，她也只有滑稽的感觉，并未见得有什么悲愤。

她那时也能领到配给布，一段湖色土布、一段雪青洋纱，便给自己做了一件喇叭袖唐装单衫和一条裤子。她去弄堂口排队登记户口时，穿的就是这样一套衣服：

> 街边人行道上搁着一张弄堂小学课室里的黄漆小书桌。穿草黄制服的大汉伛偻着伏在桌上写字，西北口音，似是老八路提干。轮到我，他一抬头见是个老乡妇女，便道：“认识字吗？”

我笑着咕哝了一声“认识”，心里惊喜交集。不像个知识分子！(《对照记》)

她的惊喜，是由于没想到这么容易就可以转换身份。

年轻时奇装炫人、出够了风头的她，不会在乎鹤立鸡群的孤立，也不会在意在服装上泯然众人。对她心理上产生巨大冲击的，恐怕还是50年代初发动的一场又一场群众运动。

有一个说法是，1950年7～8月间，也就是开完“文代会”后，在夏衍的安排下，张爱玲曾随上海文艺代表团到苏北农村参加土改工作。

在殷允芃的《访张爱玲女士》中记载道，张爱玲说，她在写《秧歌》之前，在乡下住了三四个月，当是指这件事。但时间又不大对头，那时是在冬天，在乡下获得的印象，都用到《秧歌》里去了。她说：“这也是我胆子小，写的时候就担心着，如果故事发展到了春天可要怎么写啊？”

言之凿凿，不由人不信。

如果参加土改是真实的，那么这几个月的生活，当是她和大众距离最近的一段经历，对她后来的人生轨迹影响应该甚大。

但是，她的亲友们都没有提到这件事。柯灵更是在批评《秧歌》、《赤地之恋》时说，张爱玲“平生足迹未履农村，笔杆不是魔杖，怎么能凭空变出东西来”。因此，张爱玲是否参加过土改，就成了一个谜。

可以肯定的是，她对这场运动是关注的，也听到了一些匪夷所思的传闻，不能不令她有所疑虑。

1951年9月，全国开始了知识分子思想改造运动，在大学、文化及科研单位的知识分子中清算剥削阶级思想残余，消除崇美恐美思想。各单位都搞人人过关。这个运动，也就是杨绛先生所写的“洗澡”运动，一直延续到次年秋季方告结束。

在此期间，文化界还掀起过声势浩大的批判电影《武训传》运动。因为电影是上海的电影公司拍的，连夏衍也难辞其咎，不得不向中央做了检讨。

1951年底，“三反五反运动”又在全国发动，到1952年1月底，其中的“五反”① 运动开始触及“民族资产阶级”。

自2月中旬起，因有的地方上政策掌握不好，运动方式简单粗暴，导致一些挨整的工商业者不堪忍受而自杀。据过来人回忆，当时，上海的情况比较严重，自杀者约有1300人。

更令人扼腕的是，1952年2月8日，我国著名实业家、现代化建设的先驱者卢作孚先生也在运动中蒙冤，在重庆愤而自杀，此事令高层大为震动。

后经毛泽东严厉批评，基层“三反”、“五反”中的粗暴之风才被刹住，运动也于1952年6月逐渐收尾。

联翩而来的运动，无疑对张爱玲触动甚大。

她在什么时候萌生的去意？

不得而知。但可以肯定的是，到1951年3月《十八春》连载结束，她还没有明确的意向。

那时张子静去看她，曾问她有什么打算。张爱玲对此默然良久，不作回答。

张子静回忆道：“她的眼睛望着我，又望望白色的墙壁。她的眼光不是漠然，而是深沉的。我觉得她似乎看向一个很遥远的地方……”

她是在犹豫。

到1952年年初，情况已越来越明晰，她以前所做的“时代是仓促的，已经在破坏中，还有更大的破坏要来”的预言，正在变作现实。经过权衡，她最终决定离开“还没有离开就已经在想念了”的上海。

当年7月，她走了，远赴香港。

她此行持有港大开的证明，去香港的理由是“继续因战事而中断的学业”。临行前，与姑姑约定，彼此不通信、不联络。

张爱玲走前，姑姑还把珍藏多年的家族相册交给爱玲带走，以为这是最妥当的保管方式。——姑姑的先见之明令人惊叹。后来这些相片，大都出现在张爱玲的临终之作《对照记》中，因而得以留存于世。

在离沪之前，她开始构思小说《五四遗事》。因故事是以西湖为环境背景的，她想再去西湖体验一下，于是，参加了中国旅行社的一个观光团，到杭州去旅游了一趟。

---

①反行贿、反偷税漏税、反盗骗国家财产、反偷工减料、反盗窃国家经济情报。

湖光滟潋，越山青秀，可是她却有点神不守舍。

旅行途中，观光团在“楼外楼”吃了一餐饭。凭窗坐下来，近处是湖心亭，远处是苏堤。但这美景，却没给她留下什么痕迹。

在她的印象中，除了“油腻的桌子”，就是楼外楼的汤面“浇头确实好吃”，结果她把浇头吃了，汤也喝掉了，面却一口没动。对座有个人不由得看了她一眼，她马上庆幸大家互不认识，不然那人回去若打了小报告，恐怕还要担个浪费的罪名。

——她不喜欢严酷，所以自知永远不能成为“革命女性”。

从杭州返回，很快就开始办手续。1950 年代初，出境审查还不像后来那么严，但也不很轻松。张爱玲回忆说，去派出所申请出境的时候，警察一听说要去香港，立刻沉下来脸来，仿佛案情严重，就待调查定罪了。

这令她惴惴不安，好在是有惊无险。

张爱玲说：“幸而调查得不彻底，不知道我是个写作为生的作家，不然也许没这么容易放行。一旦批准出境，那青年[①]马上和颜悦色起来，因为已经是外人了，地位仅次于国际友人……”

其实，有些办事员的做法只是习惯作风，未见得与政治有关。张爱玲的这个回忆，在揶揄中很显然带有强烈的倾向。

申请获得批准后，她只带了简单的行李，甚至连小说手稿都没带，乘火车先到广州，又从广州乘火车到深圳出境。

在乘火车离沪时，检查行李的是一个北方来的青年干部，看样子是刚从华中干部训练班出来的。当时大概是禁止黄金外流，他对张爱玲小时候戴过的一副包金小藤镯发生了兴趣，要看看到底是否真的包金，于是用小刀去刮。

刮了半天，终于从厚厚的包金下面露出白色来，检查人员看看张爱玲心痛的神色，便安慰似地道：“这位同志的脸相很诚实，她说是包金就是包金。”

到深圳后，又有一番难忘的经历。

当时，罗湖桥头的海关检查站还很简陋，只一个木制板房，附近什么也没有。

---

①指警察。

过关的时候，她的护照使用的是一个笔名，检查证件的民兵居然把她认了出来："你就是写小说的张爱玲?"

张爱玲心里一惊，生怕被扣住。

不过，那民兵只笑笑，就放她过去了。

那边香港的检查站也一样地简陋，香港警察把入境者们的证件收去查验，拖了很长时间。张爱玲挤在一群等待出境的人当中，靠着栅栏边，在大太阳底下暴晒。

一个解放军士兵在关口站岗，穿着皱巴巴的军装，一副朴实相，看样子是从北方来的农村小伙儿。他看人们晒得可怜，便忍不住说："这些人！大热天把你们搁在这儿，不如到背阳处去站着吧。"

他挥手示意人群可以到树荫下去，但是大家只是客气、讨好地笑笑，却没有一个人肯动地方。

人们紧紧地贴着栅栏，生怕一离开队伍就会过不了关。

终于跨过了罗湖桥，踏上了香港的土地，张爱玲百感交集！

在此后不久她写的一篇小说《浮花浪蕊》中，有一段描写，当是来自她亲身的体验：

"桥堍有一群挑夫守候着。过了桥就是出境了，但是她那脚夫显然还认为不够安全，忽然撒腿飞奔起来，倒吓了她一大跳，以为碰上了路劫，也只好跟着跑，紧追不舍。① 是个小老头子，竟一手提着两只箱子，一手携着扁担，狂奔穿过一大片野地，半秃的绿茵起伏，露出香港的干红土来，一直跑到小坡上两棵大树下，方放下箱子坐在地下歇脚，笑道：'好了！这不要紧了。'"

真是绘声绘色，刻骨铭心！

——她是给吓跑的。

她不愿意被越来越多的"清规戒律"所约束。

她也不想今后每件作品都要套上并不适合于她的"人民装"。

她是一个很纯粹的作家，对于写作题材上的山穷水尽十分恐惧。

她不忍目睹"更大的破坏要来"……

就这样，她走了，除了姑姑以外，没向任何人告别。

当时张子静已经回到上海，在浦东乡下教书，一般很少回市区。8

---

①挑夫。

月份他回来了一趟，去卡尔登公寓找姐姐。

姑姑开了门，一见是他，就说："你姊姊已经走了。"随后便把门关上。

张子静惘然若失，慢慢下了楼，忍不住哭了起来。

柯灵对张爱玲的出走，也完全不知情。

当时"上海电影剧本创作所"刚刚成立，夏衍自兼所长，委任柯灵为他的副手。夏衍对柯灵说，要邀请张爱玲当编剧，但眼前还有人反对，只好稍待一时。

1949 年之后，"自由作家"的生存空间越来越小，到后来作家若没有"单位"，那是连作品也很难发表的。夏衍已经替张爱玲想到了这一层。

但柯灵还来不及把消息透露给张爱玲，就听说张爱玲已去了香港。柯灵把消息告诉给夏衍，"夏衍一片惋惜之情，却不置一词"。

后来，夏衍又托人带信给张爱玲的姑姑，请张爱玲在香港可给《大公报》、《文汇报》写一点稿子，姑姑答复说"无从通知"，因而也就作罢。

夏衍毫不掩饰对张爱玲的惜才之意，后来他调到文化部当了副部长，柯灵还曾在上海书店的书库里买了旧版的《传奇》和《流言》，给他寄到北京去。想必是夏衍仍念念在心，总要把张爱玲的书放在手边为好。

这一年，张爱玲 32 岁，从此便离开故土，开始了无根的辗转流离。

她此去，是明智，还是不幸？

正如张爱玲自己在《十八春》里写道："政治决定一切。你不管政治，政治要找上你。"

如果张爱玲留在大陆不走，结局可想而知。

几十年后，也有人曾说：如果张爱玲不走，经历一番磨难的话，或许可以"给生命加强一点受过折磨的活力"。也有人说，她离开上海后，文字便黯然失色，所以她离开上海绝对是个错误。

这些见解很独特，但不免有些冷血的气息！

历史不能假设，探究张爱玲不走会怎样，似乎是无意义的，但我们不妨看一看苏青后来的命运——

1949年底，苏青加入了妇女团体“妇女生产促进会”，算是尝试进入新的生活，但一时却找不到工作，无法养家糊口。

这时有香港的熟人告之，香港《上海日报》想请当年走红的老作家写稿撑门面，于是她便写了《市妇运会请建厕所》、《夏明盈的自杀》等32篇稿件寄去，可是非但没有收到分文稿酬，反而因“讽刺新社会”的嫌疑而受到上海市公安局的警告。

这条路等于断了。那些应得的稿费，她怀疑是被熟人侵吞，托已在香港的潘柳黛代为讨要，也无结果，以致生活越发困顿。

1951年，上海市文化局戏剧编导学习班招生，苏青前去报名，但没有被录取，后由夏衍出面才被批准。

学习班毕业后，她被分到由尹桂芳任团长的芳华越剧团工作，为配合“三反”、“五反”运动写了几部剧本，都未获成功。

后来，她又改编了郭沫若的《屈原》，于1954年5月首演，反响甚好。该剧在参加华东戏曲会演时，佳评如潮，演职员获奖的甚多，可她这个编剧，却因为“历史问题”未能获奖。后来，由她编剧的《宝玉与黛玉》在京、沪连演三百多场，创下了剧团演出的最高纪录。这是她在解放后最辉煌的一个时期。

其后，厄运突然降临。她在改编历史剧《司马迁》时，曾写信向复旦大学教授贾植芳讨教。不料，在1955年胡风事件中，贾植芳被打为胡风分子，公安机关在贾家抄家时，发现了苏青的信，苏青就此被打成胡风分子，被关进上海提篮桥监狱①。

1957年苏青被“宽大释放”，回到剧团无事可做，只能去看剧场大门。1959年芳华剧团迁去福建，苏青不愿跟去，遂被安排在黄浦区文化局下属的红旗锡剧团当编剧，兼做配角唱戏，同时还要负责字幕，工作相当辛苦。其时，她也配合形势写过《雷锋》、《王杰》等剧目，但毫无影响。

1966年文革爆发，苏青被抄家批斗，同时被锡剧团辞退，生活无着。后来，总算被黄浦区文化馆收留，1975年退休，每月领退休工资43.19元。

苏青晚年极为凄凉。她原住在市区瑞金路，环境简陋，要与邻居共

①也有人认为，苏青被捕是受潘汉年、杨帆案牵连。

用厨房、卫生间，且经常受邻居欺负。无奈之下，便与郊区一户人家调换了住房，以求安宁。

在漫长的岁月中，她与已离婚的小女儿李崇美和小外孙三代人，住在一间10平方米的房子里，相依为命。

晚年的苏青身患多种疾病，基本断绝了与外界的往来，唯与王伊蔚老大姐[1]有所过从。她在致老友的最后一封信中说：

成天卧床，什么也吃不下，改请中医，出诊上门每次收费一元，不能报销，我病很苦，只求早死，死了什么人也不通知。

人生一世，草木一秋，“花落人亡两不知”的时期也不远了。

人到此时，方知生之艰难。若回想起当年对冰心的无情挖苦与调侃，怕是别有一番滋味在心头吧？

1982年12月7日，苏青去世。终年69岁。病危时，她很想再看一看《结婚十年》，但家中没有这本书。

苏青死后两年，上海市公安局作出了《关于冯和仪案的复查决定》，称：“经复查，冯和仪的历史属一般政治历史问题，解放后且已向政府作过交代。据此，1955年12月1日以反革命案将冯逮捕是错误的，现予以纠正，并恢复名誉。”

上世纪80年代末期，随着张爱玲的被“发现”，苏青也被挖掘出来，《结婚十年》等旧作大量印行。可惜这轰轰烈烈的热闹，她是看不到了。

——无须多说。以苏青的命运作参照，张爱玲遵照母亲的劝告去了香港，是没有错的。

在当时，张爱玲并没有燃眉的危机，且已有夏衍这样强硬的庇护者，出走，只是出于一种远见。

“惘惘的威胁”，是张爱玲内心深处永远的结。

——她解不开。也许是一生也解不开。

所以，只有告别上海。

---

①抗战前《女生》杂志主编。

19. 香港梦幻终成泡影

重见香港，这又是一个轮回了。

昨日的浓绿嫣红，依然还在。弹指间，却已是13年的光阴过去！

1952年8月，她又穿过夹道的野火花，走上半山腰的校园。莘莘学子的往事尚有余温，却眼见物是人非、青春不再，不知她心中作何感想？

在这次命运转折中，“缺席”的母亲又在为她筹划了。母亲特地写了信，让爱玲去找自己的老朋友、港大教师吴锦庆夫妇帮忙。

吴锦庆夫妇当然乐于从命，写了信给文学院院长贝查，请他帮助张爱玲申请复学助学金，同时又督促爱玲早日注册入校。

可是，经历了港战一劫，港大的许多档案包括张爱玲的资料，都已散失，重新注册很困难。最后还是贝查院长居间起了作用，以三点理由说服了校方：一是，张爱玲在1941年获何福奖学金，是当时最优秀的学生；二是，张爱玲现已是难民，理应受助；三是，她申请复读，理所应当可以得到助学金。

经过多方相助，张爱玲终于在8月20号正式在港大注册复读，校方也许诺，可以补助她1000元助学金。

可是许诺毕竟是许诺，什么时候才能发放下来，迟迟没有消息。

现在又是在“赤裸裸的天底下”了，张爱玲没有了经济来源，只能忍受着困窘。

恰在此时，已在日本的炎樱给她来了信，说可以在日本为爱玲谋到一份差事，甚至还可帮她试探一下是否能从日本去美国。

老朋友毕竟还是靠得住些，哪怕是只见炎樱一面，也能多一份生活的勇气。爱玲当下便不迟疑，一面通知注册处备案离港，一面心慌慌地去了东京。

这次复读，仅仅才两个多月，8月底来的，11月份就走，可见她当时心情的惶然。

然而，在东京谋职的事，不是像想象的那么容易，她碰了壁，只好在1953年3月黯然返回香港，想重拾学业。

不料，这几个月的离去，却激怒了校方，学校断然拒绝她重新就读，注册处主任还写信向她追讨所欠学费，共457元。

张爱玲写信去抗议，说1941年她应得的奖学金并未领足，要求补发给她。经过讨价还价，校方答应她，可以分9次偿还所欠学费。

她与学校闹僵，同时也就得罪了贝查院长。为了缓和关系，她带了一套祖传的珐琅银茶具登门道歉，贝查院长收了礼物，但怒气并没完全平息。一套母亲留下的古董，就这样白白送了人。

张爱玲很生自己的气——这些关系，她自己无论如何都处理不好！

这场纠葛，使她与母校港大彻底闹翻。后来，她在美国曾多次致函母校，要求出具在港大的学习情况证明，都不顺利，以致不得不向英国驻美大使馆求助，这些都是后话。

现在，她只有自己去找个饭碗了。

此时，她住在何东女子宿舍，应聘时留的也是这个地址，恰逢英国东南亚专员公署正在招聘翻译，有意要雇用她。公署派人上门来调查，却有人称——这女子“可能是共产党特务”！

这顶红帽子，在那时的香港谁也戴不起，张爱玲不仅丢了到手的工作，还被警局传讯了3次。

这个春天，在她印象中大概只有凄风楚雨。她翻看着报上的招聘广告，一封又一封地用打字机打着求职函，忍不住要流泪。

她曾说过：“香港是一个华美的但是悲哀的城。”①

“自由之港”的冷酷，她又一次地领教了！

不过这一次，她不再是初出茅庐的女学生，而是身怀绝技的名作家，文学名声与中英文功底最终救了她。不久，她便在“美国新闻处”找到了一份翻译工作。

这个机构，是美国驻港领事馆的新闻处，简称“美新处”，负责搜集香港乃至中国方面的新闻资讯，同时也进行一些中美文化交流。

当时美新处有一个“美国书籍中译计划”，准备将美国的一些文学作品译成中文在香港出版，这就需要顶级的“英译中”人才。

张爱玲适逢其会，在这里找到了第一个立脚点。她并不是美新处雇

①见《茉莉香片》。

用的职员，而只是提供翻译服务，先后译过海明威的《老人与海》、玛乔丽·劳林斯的《小鹿》、马克·范·道伦编辑的《爱默森选集》、华盛顿·欧文的《无头骑士》。

书目是人家选的，她只是劳动力。这个活儿苦就苦在，除了海明威外，她对其他几人的作品实在没兴趣，只是硬着头皮在译。

这一时期，张爱玲还结识了两个朋友，即在美新处担任译员的邝文美女士及丈夫宋淇。

宋淇先生笔名林以亮，是著名戏剧家宋春舫之子，1940 年毕业于燕京大学西语系。1948 年到香港，先后在“美新处”书刊编辑部、电懋影业公司和邵氏电影公司任职。他喜欢中国古典文学，对《红楼梦》的研究独出机杼，敢言人所不能言——这一点，也许是他和张爱玲很快有了默契的原因之一。

宋淇夫妇在 40 年代生活于上海，那时他们就知道张爱玲的大名，也是她的热心读者。这次在香港邂逅，算是一段奇缘，夫妇俩从此竟成了张爱玲的终生挚友。

他们当然知道张爱玲的那段情史，谈话中偶尔提及胡兰成，张爱玲只道“我不想说”，提及桑弧，张爱玲又道“不要提了”，于是夫妇俩从此语不涉此两人。

爱玲在香港举目无亲，宋淇夫妇给了她很多帮助。

起初，她住在女青年会，因为翻译出来的作品陆续出版，竟有读者慕名而来，到她的住处拜访，这使张爱玲甚感不安。宋淇夫妇便在英皇道为张爱玲租了一间房子，陈设虽然简陋，但总可以不受干扰了。

新居就在宋淇家附近，这样，她与宋淇夫妇间，也就多了一些走动。

邝文美几乎每天都要到张爱玲的小屋里来，坐上一两个小时，陪她聊天，俨然是“炎樱第二”。但是每到晚上 7 点钟，张爱玲就催邝文美回家，以免宋淇担心。张爱玲还给邝文美取了一个英文绰号——My 8 o'clock Cinderella①。

宋淇乃是性情中人，人长得高大，如玉树临风，一口的京片子，总是冷嘲热讽，且时有隽语。夫妇俩与张爱玲聊天，说到高兴处，三人便

①译为：我的 8 点钟的灰姑娘。

会唱起当年上海的流行歌曲：

上海没有花，大家到龙华，龙华的桃花回不了家……

梦里故乡，旧时年华。羁旅中的张爱玲，在这友情的暖意中，心头大概也有无限的酸辛！

稍有了喘息之机后，张爱玲便又有了创作的冲动，她在翻译之余，开始动手写英文小说 *The Rice Sprout Song*。

这一篇，就是后来很著名的《秧歌》。需要指出的是，《秧歌》的写作，完全出自张爱玲本人的意愿，并非“美新处”的授意。

写作时的条件很差，房间里没有书桌，她是伏在床侧的小几上写出来的——以致后来她竟养成了习惯，到美国后也不用书桌。

用英文写小说，这在张爱玲是头一次。写好后，她似乎不是很自信，便把初稿给了宋淇夫妇看，征求了他们的意见后，才将稿件寄给了美国的出版经纪人。

张爱玲的才华，在此间也引起了美新处处长理查德·麦卡锡的注意。《秧歌》写完了前两章后，张爱玲也给麦卡锡看过。

麦卡锡是慧眼识人的，读罢大感惊异，甚至起了些许妒忌之心——中国人的英文能好到这个程度，真是令他惭愧！

麦卡锡为此叹道：“她是文学天才。我认识的两位文学天才之一。”他所说的两位天才中的另一个，是指美国的乡村诗人罗伯特·佛洛斯特，曾 4 次获得过普利策奖。

这期间，恰好美国作家马宽德来香港访问，负责接待的麦卡锡便把他介绍给张爱玲认识。

这个马宽德，就是《十八春》故事的原作者。

这也算是一段奇缘吧，一个原作者，一个改写者，在香港握手言欢。不过，张爱玲是否对马宽德提起过曾改写他的小说，不得而知。

张爱玲对这次见面相当郑重，同以前一样，也是盛装出场，把马宽德大大震了一下，觉得这东方女人好神奇。

他看到张爱玲的脚趾甲是涂成绿色的，甚感好奇，悄悄问麦卡锡这是为什么。麦卡锡答不出，便问张爱玲。

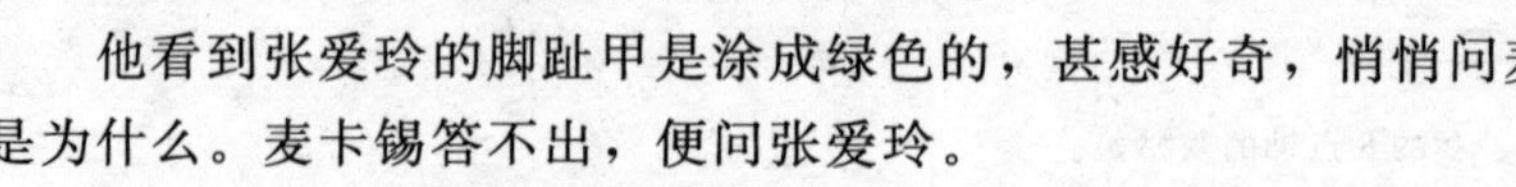

张爱玲一时很受窘："那是外用药膏呀！"

两个男人相对而笑。

吃罢中饭，麦卡锡把《秧歌》的前两章拿给马宽德，请他过目，然后评价一下。

马宽德面有难色，说自己应酬多，大概没有时间。但刚巧当晚大雨，马宽德待在半岛酒店里出不去，夜里就把稿子看完了。

次日，一大早，马宽德就耐不住，打电话给麦卡锡。不巧，麦卡锡不在家，他便急急地对麦太太说："我肯定这是一部好作品。"

他回美国时，带走了这两章稿件，向美国出版界大力推荐，据说推动了该书在美国的出版。

《秧歌》的创作，是张爱玲创作史上的一个转折点，张爱玲本人对它期望甚大，稿件寄出后，就在焦急地等待结果。

宋淇说"那情形犹如产妇难产进入产房"，以致他们都不敢多提这件事，怕说多了会坏了好事似的。

病急乱投医，宋淇夫妇甚至还翻出一本从上海带来的牙牌签书，为张爱玲求了一卦。

很奇异的是，几次求到的都是同一个签，里面有"西方潮渐长"和"东西相对两团圆"之句，似乎是暗示此事可成。宋淇大为高兴，认为是上上签。

迷信的事，当然不足为凭。也许是马宽德的推荐很有效，纽约的一家查理·司克卜纳利公司表示可以出版《秧歌》。

小说出版后，在美国的读书界反响还不错，《纽约时报》的主栏和书评专栏连续两次发表评论，《星期六文学评论》和纽约的另一张大报也有佳评。其中一篇书评说："这本动人的书，作者的第一部英文创作，所显示出的熟练英文技巧，使我们生下来就用英文的，也感到羡慕。"

但是，张爱玲心心念念的还是《时代》周刊有何反应。由于《时代》选书一贯极严，评价也极严苛，所以只有得到它的肯定，才可以放得下心来。

一天，宋淇拿来一份新出的《时代》周刊，先没给张爱玲看，只说要给她一个惊喜。张爱玲似有预感，开口就问："是不是《时代》终于有书评了？"打开一看，果然，赞美之辞颇多。

她终于可松一口气了。

《秧歌》第一版很快售完，但还不能算是畅销书，不过，这样的起点也很不错了。书的外语版权卖出了23种，还被改编成了电视剧，在美国的“国民广播电台”播出。张爱玲后来赴美，有机会在荧屏上看到了，她给宋淇写信，对电视剧的评价是——“惨不忍睹”。

没有办法，文化上的差异，从来就是这样如“隔山打牛”。

此后，张爱玲亲自动笔，把《秧歌》译为中文，在香港《今日世界》杂志上连载。待中文版单行本出来，在香港和东南亚的销路却奇惨。

这部小说，在思想倾向上有一个很突兀的转变，因而引起了研究者们的极大兴趣。

小说以解放初上海郊区的土改运动为背景，主要人物有金根兄妹、金根的妻子月香、工作组干部王霖，以及下乡体验生活的剧作家顾冈。

金根是村里的劳动模范，妹妹金花嫁到了邻村，妻子月香在上海当了3年佣人，后来响应号召回乡务农。家里虽然分了田，但家底还是太薄，日子过得困窘，以致月香经常后悔：早知如此，就不该回来。

一家人总是喝稀粥，惹得女儿阿招时常喊饿。有一次，稀饭做得稍稠了一点，恰好工作组王同志进门来，全家人手忙脚乱地遮掩，生怕被看见。

即便如此，金根家的生活，在村里还算是好的，还有一些人家就更不行了。村民们以为月香在上海做工攒了钱，都来向她借，也不过只借500元[①]。可就这她也拿不出，为此得罪了一些人。邻居谭大娘骂金根，当劳模是宁愿饿肚子用粮食换来的。

剧作家顾冈负责教识字班扫盲，吃住在房东谭家，因为吃不饱，变得很嘴馋，几次偷偷步行到很远的镇上去买吃的，回来躲在楼上吃掉，像做贼一样。

金花也来哥哥家借钱，月香当然是不肯借，而且招待她吃的也一如平常，是米汤里掺着寸把长的青草。一向待妹妹很好的金根，为此很怨恨月香。

时值年关已近，农民们都在为怎样过年而发愁，农会却规定每家要出半头猪和40斤年糕，作为给军属拜年的礼物。村民们哪里拿得出这

①合后来的5分钱。

些东西，金根为此与干部起了冲突。村民提出要向公家借米借钱过年，干部当然不肯答应。

在忍无可忍之下，村民铤而走险，去抢由民兵把守的粮仓。民兵开了枪，酿成了恶性事件。金根在冲突中受了重伤，女儿阿招也在混乱中被人踩死。月香怕丈夫被政府追究，便把他送到了妹妹金花的婆家，金花却不敢收留奄奄一息的哥哥。

最后，金根怕连累家人，趁人不备躲进山林去等死，又像是投水了，反正生死不明。月香痛失两个亲人，一怒之下放火烧了粮仓，自己也葬身火海。

村子里，旧历新年还是一如往常地过，到了年初六，村民们在干部带领下，备齐了年礼，扭着秧歌，挨家挨户地给军属拜年去了。扭秧歌的队伍里，也有68岁的谭大娘。

这样一个故事摆在我们面前，与《小艾》写作时间的间隔，只有短短一年时间。如果把两者一口气读下来，不能不令人惶惑，张爱玲何以来了一个180度的大转弯？而且中间一点过渡也没有！

自《秧歌》出来后，海内外无不把它与后来的《赤地之恋》一同视为“反共小说”。认同《秧歌》立场的，视张爱玲为偶像；不认同的，则决不原谅张爱玲的倒戈。

近年来，国内批评界越来越宽松，“反共”一说似乎有搁置不论的倾向。很多张传在写到《秧歌》一节时，也往往跳过去直奔下一章。但仍有人坚持认为，张爱玲从“左倾”一下跳到“反共”，不免有投机色彩。

也有一些张传作者，为张爱玲作了委婉的辩护，说是《秧歌》所涉主题在1980年以后的“新时期文学”中，已屡见不鲜，如《绿化树》、《犯人李铜钟》、《狗日的粮食》等，描写的都是“左”的倾向给农村带来的灾难。

但我认为，若深究起来，《秧歌》、《赤地之恋》与“伤痕文学”、“反思文学”毕竟不好相提并论，产生的背景不同，创作的动机也不同。有学者所持的“投机论”，实际上说得是不错的。

我们先来看看《秧歌》故事素材的一些来源。

张爱玲在《秧歌》的跋中，对“故事的来源”有详细交代，一些研究者也做了更为深入的考证。

所谓“秧歌”，原是盛行于东北民间的舞蹈，叫做“扭大秧歌”，解放初期，由解放军和南下干部带到各地，成为新时代的一个文化符号。

起初，张爱玲见到秧歌舞，对它的粗犷、热烈很感到刺激和振奋，但是在本篇小说里，它却被当成了反讽符号。

至于故事的原型，据张爱玲讲，是在“三反”运动中，她看见《人民文学》上登了一篇类似自我检讨的短文，文章作者说自己于1950年春在华北某小县工作，时值春荒，农民被迫起而抢夺公家的粮仓，一位在当地负责的老干部带领民兵开枪弹压。之后，老干部沮丧地说：“我们失败了!”

张爱玲据此申明：“《秧歌》里面的人物虽然都是虚构的，事情却都是有根据的。”

但是，国内学者艾晓明专门去图书馆反复查阅过，在1952年的《人民文学》上却查不到有这篇文章。她不甘心，又从1950年的一直查到张爱玲离港那一年、也就是1954年的，同时还翻遍了那时的《文艺报》，仍不可得。大概，这又是张爱玲的误记吧?

1950年，张爱玲曾经听到从苏北和上海近郊来的人说：“乡下简直没东西吃了。”农民们相互间借钱，竟然只借500元，刚够买一副大饼油条的。

她所认识的一个女孩，到南昌附近的乡下去工作，回来后说，只能和农民一起喝米汤度日，米汤里是寸把长的一段段青草。1951年初，参加华东土改的知识分子，大都多带了一些钱，以备到附近城镇上去买吃食。当时的《解放日报》上，也曾在一个角落里登出一则消息，说天津设立了饥民救济站，等等。

这些点滴细节，都成了《秧歌》情节的构成元素。而且有些传闻是否属实，很值得怀疑。

此外，1950年东北电影制片厂曾拍过一部电影《遥远的乡村》，里面有群众放火烧粮仓的情节，张爱玲便借用来，放在了小说的结尾处。

另据一位张传作者胡辛考证，除了张爱玲自己所列举的，《秧歌》的若干细节还另有出处。比如，因为家穷粮食少，金根的母亲用勺子舀米时，常常要刮到缸底，发出刺耳的响声；实在饿得受不了，母亲便把留种的豆子煮了，给金根兄妹充饥，等等，这些情节分明是来自胡兰成幼年时的辛酸回忆。发生这些事情的年代，应该是在北洋军阀混战时期。

张爱玲千里寻夫时，曾到过温州的乡镇，对当地农民的生活之苦，有过耳闻目睹。她后来在《惘然记序》里说，《华丽缘》原稿中有一部分未发表的内容，后来写入了《秧歌》。①

如此看来，张爱玲在写《秧歌》时，使用了一番“典型化”的功夫。细节固然都是原生态的，但是把旧中国乡村几十年的凋敝，都移到《秧歌》中来，未免就有“强说愁”之嫌了。

对于《秧歌》的成败，学界迄今仍有争论。对它评价最高的，莫过于三人：一是胡适，说此书“写的真细致，忠厚，可以说是写到了‘平淡而近自然’的境界。近年我读的中国文艺作品，此书当然是最好的了”。二是夏志清的评价：“《秧歌》在中国现代小说史上已经是本不朽之作。”三是龙应台女士，将之誉为“世界级的作品”。

但是，大陆方面的柯灵则认为：“《秧歌》和《赤地之恋》的致命伤在于虚假，描写的人、事、情、境，全都似是而非，文字也失去了作者原有的光彩。”②

他的见解，为大陆的绝大多数张传作者所采纳。

两方意见针锋相对，褒贬分明。

我以为，胡适等人的评价、包括美国书评界的赞誉，明显是意识形态化的批评，有抬高之嫌，说到底还不能算是纯粹的文学评价。而柯灵所说的虚假问题，倒还是部分存在的。

《秧歌》的最致命处，是“主题先行”。“迫害者”缘何要迫害？“被迫害者”缘何被迫害？根源未予揭示，也就缺少了可信的逻辑，只是一个符号化了的黑白世界——这很像倒置过来的“样板戏”。

《秧歌》批判了农村工作中的“极左”倾向，这种倾向，从50年代起至70年代末绵延不止，给农民带来了极大的伤害。张爱玲是最早反映这一题材的作家之一，倘不是受意识形态左右，而是潜下心来精雕细刻的话，很可能会是里程碑式的佳作。但可惜，她没有做到。《秧歌》比起新时期的“反思文学”来，无论真实性还是感染力，都要逊色一筹。

如今，已有大陆学者比较公允地指出：不应像海外某些学者那样，

①见胡辛《最后的贵族——张爱玲》。

②见《遥寄张爱玲》。

仅仅因为《秧歌》反映了“在共产党体系下中国的农村生活”就誉之为杰作，就将她比做“中国的索尔仁尼琴”；但也不能仅仅因为小说有一些手法拙劣以及过于直露的影射，就将张爱玲的批判精神和艺术成就一笔抹煞。

见仁见智，这个话题恐怕还会继续讨论下去。

《秧歌》的中文版出版一年后，张爱玲于 1954 年 10 月 25 日寄了一本给已在美国的胡适，并另寄了短信一封。

她在信中说：曾读过胡适关于《醒世姻缘》和《海上花》的考证，印象非常深。她恳请胡适读一遍《秧歌》，若是能认为这篇小说接近了“平淡而近自然的境界”，那就太让人高兴了。

不久，胡适回了信，张爱玲又给他写了第二封信，说《醒世姻缘》和《海上花》一个写得浓，一个写得淡，但同样是最好的写实的作品。她常常替这两部作品被冷落而感到不平，总觉得它们是世界名著。

她说：“我一直有一个志愿，希望将来能把《海上花》和《醒世姻缘》译成英文。”

此外，她也提到《秧歌》在香港和东南亚销路并不好，因为“平淡无奇”，所以不合这里读者的口味。

——她知道有问题，但却没有弄清楚问题的所在。

同是平淡自然的文风，《十八春》何以能风靡上海？

除了有马宽德提供的热闹故事作蓝本外，最主要的是《十八春》写小人物的挣扎与无奈，是真实的。而《秧歌》的故事，则是漫画式的，读者看不到生活的逻辑，也就很难被打动，这和“平淡无奇”无关。

现在她是走在一条新路上，似乎信心还蛮大。在《秧歌》之后，她再接再厉，又写了《赤地之恋》。

就如《小艾》在“左倾”上比《十八春》更彻底一样，《赤地之恋》也要比《秧歌》更加“右倾”。

小说背景开始时是在农村，后来移至城市，涵盖面更为广阔。写了大学毕业生刘荃主动报名参加农村土改，目睹“左祸”盛行之后，内心倍感痛苦。回城后又经历“三反”运动，受牵连入狱，情人为了营救他而失身……如此种种，惨痛难言。由于理想幻灭，他在入朝作战被俘后，竟然自愿以敌特身份回国潜伏。

对于《赤地之恋》，内地学者批判得就更加厉害了，因为这部小说确实与美新处有关。

据台湾作家陈若曦回忆：当时美国新闻处处长麦卡锡曾告诉她，张爱玲的两部小说是在他们的授意下面壁虚构的。①

这个回忆的内容当然不确，《秧歌》并不在“授意”之内。

而超级张迷水晶先生对晚年张爱玲的一次采访，则说是张爱玲明明白白说过：“《赤地之恋》是在‘授权’（commissioned）的情形下写成的，所以非常不满意，因为故事大纲已经固定了，还有什么地方可供作者发挥的呢?”②

宋淇也在回忆文章《私语张爱玲》中说：“她正在写《赤地之恋》，大纲是别人拟定的，不由她自由发挥，因此写起来不是十分顺手。”

这一说法，遂成定论。

许多大陆学者据此认为，《赤地之恋》是由美新处提供故事大纲，多人操作，张爱玲只是做了一位总撰述；并认为这是张爱玲的极端失败之作，只不过是个赤裸裸的宣传品。

但张爱玲当初却不是这个说法，她在《赤地之恋》的序中称：

> 《赤地之恋》所写的是真人实事，但是小说究竟不是报导文学，我除了把真正的人名与一部份的地名隐去，而且需要把许多小故事叠印在一起，再经过剪裁与组织。画面相当广阔，但也并不能表现今日的大陆全貌，譬如像“五反”，那是比“三反”更深入地影响到一般民众的，就完全没有触及。当然也是为本书主角的视野所限制。同时我的目的也并不是包罗万象，而是尽可能地复制当时的气氛。这里没有概括性的报导。我只希望读者们看这本书的时候，能够多少嗅到一点真实的生活气息。

麦卡锡从另一角度印证了张爱玲的说法。他在接受采访时，否认了“授意说”，也否认了《赤地之恋》故事大纲是由别人代拟的。

他说：“那不是实情。我们请爱玲翻译美国文学，她自己提议写小

---

①见陈子善编著《私语张爱玲》，浙江文艺出版社 1995 年版。

②水晶《张爱玲的小说艺术》，台北大地出版社 2000 年出版。

说，她有基本的故事概念。我也在中国北方待过，非常惊讶她比我还了解中国农村的情形，我确知她亲拟故事概要。”

记者提出，有人说《赤地之恋》是靠别人帮助完成的，问他“张爱玲在写作时是否有外力干预”。

麦卡锡还是断然否认：“她是作家，你不能规定或提示她如何写作。不过，因我们资助她，难免会询问进度。她会告诉我们故事大要，坐下来与我们讨论。”①

请注意，麦卡锡在这里提到了一个概念——“资助”。

在这两本小说的写作上，美新处与张爱玲的关系，实际上就是资助和被资助的关系；而且，从小说需要作者自己在美国找出版商的情况看，这种资助的数目不会很大。

台湾学者符立中也曾经说：“美新处根本毫无权利去‘授权’这么一部作品，Commissioned应翻成‘委托’。这种资助的形态，现今台湾满街都是，接受国艺会、台北文学奖补助，拿国家文艺奖的，没有任何论者敢栽赃他们是‘政治指定创作’，唯独张爱玲蒙此不白之冤！”②

他还说，水晶在采访张爱玲的时候，是在加州伯克莱分校就读比较文学的研究生，未经过严格的新闻业务训练，因此将“委托”误为“授权”，从而谬种流传。

此说当为可信。因为麦卡锡也说过，写完《秧歌》以后，张爱玲仍有话想说，于是，又写了《赤地之恋》。

张爱玲的说法为何前后不一？也可能是误记，也可能是因《赤地之恋》不成功而推卸责任，都未可知。其他人关于“授意”的说法，很可能都是来源于水晶先生的那篇采访录。

《赤地之恋》较之《秧歌》，显得更为笨拙与苍白，几乎可以看出作者写作时心境的仓皇，许多地方只是一触即过；且故事前后断为两截，是用了说书的写法，说到哪儿算哪儿，缺乏内在的混一结构。

《赤地之恋》在写作时，张爱玲吸取《秧歌》的教训，特别注意了东南亚中文读者的口味，里面始终有一条爱情伏线，但这不是她所情愿的，所以颇感不顺。

---

①见《张爱玲学：批评·考证·钩沉》，台北一方出版公司2003年出版。

②见《向左走，向右走》。

完稿后张爱玲仍无信心，专门为此求了一签。签文是：

动华之后，隆为舆台。安分守己，仅能免灾。

这意思似乎有些不祥。后来，在张爱玲移居美国后，把《赤地之恋》译成英文，美国出版商果然不感兴趣，最终只在香港出版了中英文两种版本。中文版尚有销路，英文版因为印刷得不好，无人问津。

《赤地之恋》成了张爱玲新探索路上的"滑铁卢"!

很多大陆张传作家，深为张爱玲的败笔感到惋惜，有可惜她为饭碗而写作的，也有可惜她政治上太幼稚的，其实都是替她曲为维护。

这样的良苦用心大可不必。张爱玲创作这两篇"向右走"的小说，完全是自主行为，绝不是懵懂无知或为饥寒所迫。

两部"反共"小说和前两部"左倾"小说一样，都是张爱玲的深思熟虑之作。她一是考虑了"市场效应"，二是宣泄了当时的情绪。

所不同的是，《十八春》和《小艾》仅仅点缀了少许政治标签，其本体还是纯粹文学的；而《秧歌》和《赤地之恋》的政治意图则过于明显，犯了创作概念化的大忌。

张爱玲到香港后，对于写作的题材当然有过考虑，无论是香港、东南亚，还是美国，她面临的都是一批与大陆截然不同的读者群，因此她要投其所好。这是《秧歌》和《赤地之恋》的创作背景之一。

其次，当年她能写出《十八春》和《小艾》，是因为新时代为她驱走了"汉奸文人"的阴影，她不无感激，一种获得新生的喜悦构成了创作的原动力。而现在到了香港，回想起在"三反"、"五反"中所受的惊吓，以及背井离乡的隐痛，她也要以文学方式来加以宣泄。

张爱玲早年不屑于与政治为伍，她在《有几句话同读者说》中声明："我所写的文章从来没有涉及政治，也没有拿过任何津贴。"

可是，来港以后，种种的境遇使她破了戒。她离开大陆，其实就是一种政治抉择。而一旦进入香港，就更是进入了一种特定的话语情境，她必然要向政治靠拢。

在这种氛围下，张爱玲兴致勃勃地写了《秧歌》又写《赤地之恋》，不足为怪。直到《秧歌》、《赤地之恋》在东南亚遭到冷遇，她才清醒过来——此路不通！

这一次，张爱玲的创作，本来有着很好的心态条件，但可惜一开始就走上了歧路，连《十八春》那样的成就都没取得。

到现在为止，她已尝试了两种附庸政治时尚的写法，都未达到预期效果，更不要说早期那样的辉煌了。实际上，这以后她的出路，只有回归“传统”一途，还是去写她最拿手的“民国题材”。

可是，那个特定的时代已渐行渐远，怎能再给她以充沛的能量？

“出自幽谷，迁于乔木。”

就连那片土地，如今也已遥不可及了。

这次张爱玲在香港，一待就是3年。有美新处的一份差事，有宋淇夫妇这样的良友，倒也不寂寞。如果她能稍假时日，潜心体会一下香港的众生世相，重拾她得心应手的都市题材小说，很可能会有一番新气象的。

可是，她在香港却待得不安心。究其原因，无非一是不大瞧得起香港这种殖民地的文化无根状态；二是失望于香港读者对她的隔膜；三是担心香港很快也会“赤化”。于是，便起了念头要走。

刚巧美国在1953年颁布了一个难民法令，允许学有所长的外国人迁居美国，并可逐步过渡为美国公民。其中远东地区的指标，有2000个是给居住在香港的内地人的。张爱玲正好符合条件，她便于1955年向美国方面提出了入境申请。

由于是麦卡锡做的入境担保人，张爱玲的赴美申请毫不费力就被批准了。张爱玲就是在这期间与胡适通信的，目的是为将来铺路。

其间，大陆方面仍有人没忘记她。1953年有人从内地到香港，唐大郎曾托他带给张爱玲一封信，信是奉夏衍之命写的，劝她不要去美国，能回上海最好，不能的话，留在香港也好。带信人没有找到张爱玲。但这件事透露出，张爱玲想去美国，似乎是早已有之的打算。①

1955年11月，她乘坐“克利夫兰总统号”远洋轮赴美国，前往码头送行的，只有宋淇夫妇。

此去彼岸，世事茫茫，又能有多少机会与幸运？

真是说不得。

---

①见罗孚《怅望卅秋一洒泪》。

她身穿深色旗袍，披了一件乳白色的流苏披肩，伫立船舷，看着维多利亚湾遥遥隐去，太平洋唯余冬夜的黑暗……

远行之人不禁泪如泉涌！

回首在上海时的传奇岁月，不知不觉间，竟是10年已消磨尽了。10年的左冲右突、心劳日拙，把多少好光阴都在指缝间漏尽了。

她一回到船舱，就急急地给宋淇夫妇写信。船过日本时，便给宋淇夫妇寄出了一封长达6页的信，信里说："别后我一路哭回房中，和上次离开香港的快乐刚巧相反，现在写到这里也还是眼泪汪汪起来……"

这样凄惶、这样无望！这漫漫的旅程，教人怎生承受？

20. 和胡适一道凝望赫贞江

张爱玲这一别，是彻底告别了中国文化的土壤，要在异国的大地扎下她精神的根了。

如此的风险，她怎么就敢去尝试？她内心究竟有何等深重的创伤，才迫使她如此决绝？

难道是她把倔强的母亲当成了榜样？

——命运已坏到不能再坏，再来一次破坏性的大挪移，也许就会好起来？

那艘传奇式的“克利夫兰总统号”，是应该写进中国现代史的。在那激荡变幻的岁月里，它不知把多少中国名人运往了美国；同样，也不知把多少中国名人运回了祖国。

船是在旧金山入境的，审核张爱玲身份文件的海关人员，是一个矮小的日裔青年。张爱玲的身高，本是英制的五尺六寸半，结果他写成了六尺六寸半。

爱玲感到好笑，这真是一个“弗洛伊德式的错”。她想原因是——“我瘦，看着特别高”，而那日本人生得太矮，自卑的情结导致了笔误。

如果换算成公制，张爱玲也就是一米六八多一点，而日裔小伙子给她写成了将近一米九九！

这真是错得令人恐怖！张爱玲直到晚年还记得这趣事。

这支小小的插曲，难道是个兆头吗？——美国看不清楚她，她也看不清楚美国。

入境之后，张爱玲在旧金山稍事停留，就乘火车直奔纽约。在那里，有一个人在等着她——是炎樱！

炎樱此时已移居美国，在纽约做房地产生意。她性格开朗，适应力强，到哪里都不愁有碗饭吃。

纽约，这是资本主义文明的集大成所在，摩天大楼如林而立，摩登气息迫人而来。“如果你爱他，就把他送到纽约，因为那里是天堂；如果你恨他，把他送到纽约，因为那里是地狱。”这咒语式的诗句，不知写出了多少人的悲欢。

在纽约，拂面不冷是香风。

但张爱玲似乎对这香风无动于衷，她欢喜的，就是能见到炎樱了。一开始，爱玲就住在炎樱的家里，她们还是手挽手地去逛街、吃东西，一如当年在香港、在上海。

她还想见一个人，那就是胡适。

1949 年 4 月，胡适脱离政坛，从上海也是乘“克利夫兰总统号”到了美国，开始了他寞落的闲居生涯，闭门谢客，一心考证《水经注》。第二年，夫人江冬秀也来到纽约。

50 年代初的那些时日，台湾海峡两岸都容不得他。他所主张的杜威式的自由主义，在台湾不受蒋氏父子的待见；在大陆，他的思想体系更是被批得体无完肤。

这位早年的“五四”新文化领军人物、抗战时期的驻美大使，现在只能蛰居在纽约东城 81 街的一幢小公寓中。

胡适晚年没有多少钱，日子过得清苦，以至请不起佣人，自己学会了做家务。他常对晚辈友人感叹：“年轻时要注意多留点积蓄。”

虽然他荣膺了几十个美国大学授予的博士学位，又是在哥伦比亚大学读过书的，但在美国谋职也很困难；直到 1950 年 5 月，胡适才在普林斯顿大学葛斯德东方图书馆谋得一个管理员职务，两年后卸任。

张爱玲在给他寄《秧歌》时，曾同时给他写过一封短柬；胡适认认真真地回了一封长信，对《秧歌》做了细致的品评。信中说：“你这本《秧歌》，我仔细看了两遍，我很高兴能看见这本很有文学价值的作品。你自己说的‘有一点接近平淡而近自然的境界’，我认为你在这个方面已做到了很成功的地步!”

胡适在信中还向她索书，张爱玲就马上寄了《传奇》、《流言》和《赤地之恋》去。

当年 11 月，刚到纽约一个星期，她就迫不及待拉着炎樱一块儿去见胡适。

纽约东城 81 街上，有一排白色的“水泥方块”房子，门洞里现出楼梯，完全是港式的公寓房子。胡适的居所就在这里——104 号。

那是个星期日的下午，在太阳底下晒着，爱玲都有点恍惚起来，仿佛人还在香港。

上了楼，她看着室内陈设也眼熟得很，就是那种中国味道十足的堂屋，一律的漆木红亮桌椅、古香古色的纹图花瓶……枝枝节节的，全都能引起故国之思。

胡适先生穿着长袍。他的太太江冬秀在一旁，说话还带着点安徽口音。爱玲的家里有不少女佣是安徽人，因此她听着更觉亲切。

在张爱玲眼中，江冬秀“端丽的圆脸上看得出当年的模样，两手交握着站在当地，态度有点生涩”。

爱玲想：“她也许有些地方永远是适之先生的学生。”又想起以前读过的有关文章里说，他们夫妇俩是旧式婚姻中罕有的幸福的例子，看来说得不错。

胡适夫妇俩都很喜欢炎樱，问她是哪里人。炎樱用国语回答，不过她离开上海久了，中国话已不大娴熟了。

爱玲喝着主人泡着的绿茶，还没进门就有的那种时空交叠感，现在越发地浓了。

眼前的这位尊长，以前从未谋面，但是丝丝缕缕的渊源，在她很小的时候就有了。以前看过的《胡适文存》，是放置在父亲窗下的书桌上的，与一些不入流的书并列着。

还有《海上花》，记忆里似乎是父亲看了胡适的考证，才去买来的。《醒世姻缘》则是爱玲破例向父亲要了 4 块钱去买的。

最可称奇的，是姑姑和爱玲的母亲居然和胡适先生同桌打过牌！

抗战结束后，有一次各报上都登出胡适回国的照片。爱玲记不得那是下飞机还是下船了，只记得胡适先生笑容满面，“笑得像个猫脸的小孩，打着个大圆点的蝴蝶式领结”。

姑姑看见，笑了：“胡适之这样年轻！”

那时，胡适对局势还抱有很高的期望，保持着他宣称的那股“做了过河卒子，只能拼命向前”的劲儿。

现在，胡适先生年届 64 岁，堪堪就要步入桑榆向晚的境地，而他当年亲手放出“魔瓶”的力量，则完全不是想象中的那个样子，他恐怕早已意态萧然了。

初次拜访之后，爱玲后来又去看过胡适一次。这次她注意到：在胡适的书房里，整个一面墙上是一溜书架，几乎高齐屋顶，造型简单，但似乎是定制的。可是这书架不是放书的，全是一叠叠的文件夹，多数都乱糟糟地露出一截纸。

这大约是先生作《水经注》考据用的，整理起来不知要耗多少时间与心力。爱玲一看见这个，就心悸。

胡适在思想界名声若日月，张爱玲不大会应酬，所以她跟胡适谈话，总是如对神明。以她自己的话形容，“是像写东西的时候停下来望着窗外一片空白的天”，只觉得那空茫里蕴藏得很多，但又不知究竟有些什么？

她后来还记得，在交谈中有两次因为自己不大会说话，以至险些卡壳，亏得胡适老练，马上转寰了过去。

一旦谈得深入，爱玲才知道，胡适与她的家族原来大有渊源。胡适的父亲认识爱玲的祖父张佩纶。胡适说，你的祖父帮过我父亲一个小忙。

由于爱玲的长辈们都不愿提及家族往事，所以爱玲并不知道有这段小故事。

光绪七年（1881），张佩纶写信介绍他的父亲胡传，去见一位有实权的“清流”朋友，这是胡适父亲后来事业的开端。待张佩纶遭贬谪时，胡适的父亲很关切，曾寄信函并寄银200两。张佩纶似甚感动，在日记里特书此事。

看来，张佩纶所帮的这个忙，可不是一般的“小忙”，而是决定命运的“大忙”。

胡适在收到《秧歌》后，显然是专门查了资料，弄清了两家先辈的这些关系。他后来对张爱玲格外关心，大抵也是出于此。

就在张爱玲跟炎樱初访胡适以后，炎樱对这位中国的大名人也很感兴趣，特地向周围的美国人打听，而后对爱玲说：“喂，你那位胡大博士不大有人知道，没有林语堂出名。”

林语堂是下了功夫做中西文化交流的，在美国也是大名鼎鼎，当然不足怪。张爱玲只是替胡适抱不平。

她后来在《忆胡适之》一文里说：大陆的下一代人当中，“反胡适的时候许多青年已经不知道在反些什么”，而“年代久了又倒过来仍旧信奉他”。用她的话来对照近年大陆一些中青年学者对胡适的狂热追捧，真该感叹她的先见之明！

后来，胡适对张爱玲一直很关照。感恩节那天，怕她一个人寂寞，还打了电话来，请爱玲与他全家一起去吃中国馆子。

不巧，那天张爱玲跟炎樱到一个美国女人家里吃饭，饭后走出来，看见满街灯火，橱窗通亮，完全像上海。一高兴就没大注意，吹了风，回去就呕吐。——奇怪的是，她此后成了惯例，每遇风寒感冒，必要呕吐。

爱玲感激胡适的细心，在电话里告诉他，刚吃了回来就吐了。胡适也就作罢。

在炎樱家住了一段时间，爱玲感觉不是长远之计，所以听说炎樱曾有熟人住过一个职业女子宿舍，去看了看还行，于是就搬过去住了。

这个宿舍，是救世军办的。救世军是基督教的慈善团体，以救济贫民而出名，因而这种住处不很体面，“谁听见了都会骇笑，就连住在那里的女孩子们提起来也都讪讪地嗤笑着”。

爱玲此时一是没别的办法，二是反正没别人认识，也就不在乎了。

女子宿舍的场景，有些怪怪的。入住虽然有年龄限制，但也有几位年长的胖太太，大概与教会有点关系，似乎是打算在此终老的。管事的老姑娘，都称为“中尉”、“少校”。餐厅里为大家代斟咖啡的，是从街上临时收容来的流浪汉。

令张爱玲感动的，是有一天胡适先生专门来看望了她。

爱玲请先生到客厅去坐，里面黑洞洞的，足有一个学校礼堂那么大，还有个讲台，台上有钢琴，台下空空落落放着些旧沙发，没什么人来。

张爱玲也是第一次进到这里来，看着空洞的大厅，只好无可奈何地笑。但是，胡适却称赞这地方很好。爱玲就想：“还是我们中国人有涵养。”

坐了一会儿出来，胡适一路四面看着，仍是满口说好，倒不像是在敷衍。不过，也许这并不是在夸环境好，而是在表扬爱玲没有虚荣心，在这样简陋的地方也能安之若素。

这一次送胡适出来时的情景，张爱玲刻骨铭心，连多年以后的回忆也字字带有深情——

我送到大门外，在台阶上站着说话。天冷，风大，隔着条街从赫贞江①上吹来。适之先生望着街口露出的一角空蒙的灰色河面，河上有雾，不知道怎么笑眯眯的老是望着，看怔住了。他围巾裹得严严的，脖子缩在半旧的黑大衣里，厚实的肩背，头脸相当大，整个凝成一座古铜半身像。我忽然一阵凛然，想着：原来是真像人家说的那样。而我向来相信凡是偶像都有"黏土脚"，否则就站不住，不可信。我出来没穿大衣，里面暖气太热，只穿着件大挖领的夏衣，倒也一点都不冷，站久了只觉得风飕飕的。我也跟着向河上望过去微笑着，可是仿佛有一阵悲风，隔着十万八千里从时代的深处吹出来，吹得眼睛都睁不开。那是我最后一次看见适之先生。

这里面提到的"凡是偶像都有'黏土脚'，否则就站不住，不可信"，是说凡是著名的公众人物，都有很鄙俗的一面。这是张爱玲一贯的观点，可是见了胡适，她才凛然一惊——原来此人是个例外！

张爱玲臧否人物向来苛刻，以这样的口吻来写一个故交，绝无仅有。看似平淡的文字，细品起来，真是撼人心魄！

老人家有强烈的幻灭感，她很同情，因为她也有过幻灭——比很多人的幻灭要早得多。

1956 年 2 月，张爱玲搬离纽约，去了新英格兰②，其间跟胡适通过信，汇报过她结婚的事情③。

1958 年，张爱玲申请到南加州亨廷顿·哈特福基金会住半年，享受写作资助，曾写信请胡适先生作保。胡适答应了，顺便把爱玲三年前送他的那本《秧歌》寄还。书里通篇都圈点过，又在扉页上题了字。爱玲看了大受震动，感激得说不出话来。那心情，在后来写回忆文章时都感觉无法形容。

也就是在 1958 年，胡适返台，就任台湾"中央研究院"院长，爱玲是在报上读到消息的。

1962 年，胡适在一次宴会上作讲演后，心脏病猝发，几天后逝世。

①即赫德逊河。
②美国东北部。
③张爱玲自己记成"几年不通消息"，不确。

张爱玲那时正为生活的重负所迫，在报上看到噩耗，也没太悲痛，只是心情惘惘的。也许在她的印象中，胡适早已不是现实中人，而是历史上的人物了。

她当时想："在宴会上演讲后突然逝世，也就是从前所谓无疾而终，是真有福气。以他的为人，也是应当的。"

直到70年代初，张爱玲稍安稳下来，想译《海上花列传》，不由得想起，假如早几年动笔的话，不但可以请胡适帮忙推介，而且他也会感到高兴。想着便一惊——"这才真正觉得适之先生不在了"。

那以后，一想起胡适先生，爱玲就几欲流泪，但是又不愿意去想。有很多的人物，就这样消逝了；有很多的氛围，也已荡然无存了。她只觉得"那种仓皇与恐怖太大了"，她不敢多想。

赫贞江畔的寒夜里，有这位老人在，多少还给了她一些温暖。

难道人世间可让人慰藉的，就只剩下了这个吗？

21. 相遇在麦克道威尔

在美国，张爱玲同样没有好友炎樱那样幸运，她仍是一叶飘蓬。

到了1956年2月，按照规矩，张爱玲不可能继续在女子职业宿舍住下去了。于是，最基本的生计问题摆在了眼前，要生活下去，就要另租房子。

可是，她一直没有什么收入。

《秧歌》虽然在美国出版了，但叫好不叫座，没有拿到多少稿酬，出版公司也没有再版的意思。

她一时谋不到职，大概也不屑于去谋职，就打定主意，效仿一些美国作家，向写作基金会之类的组织请求帮助。

2月13日，她向位于新罕布什尔州彼得堡（Peterborough）的麦克道威尔文艺营寄出了一份申请书：

亲爱的先生/夫人：

我是一个来自香港的作家，根据1953年年颁发的难民法令，移民来此。我在去年10月份来到这个国家。除了写作所得之外我别无其它收入来源。目前的经济压力逼使我向文艺营申请免费栖身，俾能让我完成已经动手在写的小说。我不揣冒昧，要求从3月13日到6月30日期间允许我居住在文艺营，希望在冬季结束的5月15日之后能继续留在贵营。

张爱玲敬启

申请书的最后一句，特别强调了冬季之后的继续居住问题，似乎是文艺营的规矩，一次仅能住两月，对此，张爱玲恳请格外开恩。

许多张迷看到这段文字，都不胜欷歔：简直不能想象“贵族张爱玲”为了一口饭，竟有如此屈身卑词的举动。

其实，大可不必这样看问题。在纯粹的资本社会里，作家若不能以版税或者别的职业养活自己，要想写作，就只能申请资助。张爱玲不过入乡随俗而已。

其实，自打她进入社会起，走的就是卖文为生的路，早年在上海初露头角，因为轻而易举打开了市场，所以谁也不会想到她也会出现生存危机。抗战后和到香港后，她都有过手头紧的时候，但时间不长就有了新的稿酬收入。

现在，身在异乡他国，前途对她来说是一片汪洋，只能请求别人抛给她救生圈。

按照规矩，入住文艺营需要有担保人，张爱玲一共找了三个：第一个是女子职业宿舍的玛莉·勒德尔，这位妇女对爱玲一向多有照顾，自称是爱玲的“美国阿姨”；第二个是斯克利卜纳出版公司的主编哈利·布莱格；第三位，就是曾在香港见过她的美国作家马宽德。

这个担保人的阵容是够强的，文艺营那边果然没有异议，于3月2日回信同意接纳她。

3月中旬，张爱玲踏上了新的征程，先从纽约乘火车到波士顿，而后坐大巴到新罕布什尔州，进入彼得堡镇。

文艺营离小镇还有好几英里。坐上计程车后，她感到衣衫单薄，越来越冷，浪迹天涯的滋味又涌了上来。

待计程车把她带到郊外的麦克道威尔文艺营时，天色已晚。下得车来，她精神陡地一振：眼前的文艺营，有如温暖的家，灯光从宽大的窗子里流泻而出。

白天里再看，这地方简直就是中世纪的欧洲庄园，优美而且静谧。

整个文艺营占地420英亩，大小建筑就散布在新罕布什尔的山间。其中，有28所各自独立的艺术家工作室，或是建在草坪上，或是建在森林中。此外，还有一座图书馆、十几座宿舍和一个供社交用的大厅。

截止到那时，文艺营已有半个世纪的历史了。创建人马琳·麦克道威尔夫人，是一位作曲家的遗孀，五十多岁时心血来潮，办了这样一件好事，惠及后人。

张爱玲来了以后，有了宿舍，还分到了一间工作室。

虽然山里的气候奇寒，晚上会冷到零下34℃，令她一下难以适应，但这里远离尘嚣，正是写作的好地方。

她的创作计划，是一部英文长篇小说，书名为*Pink Tears*①。

这不是一个新构思的故事，而是《金锁记》的拓展本。《金锁记》当年在上海风靡一时，张爱玲对这个故事极有信心，要靠它来打开美国市场。

她要效仿在美国读者中极有影响的林语堂。林语堂此时就在美国从事英文写作，美国的出版界和读者对他很买账。他的英文小说《京华烟云》，甚至获得了诺贝尔文学奖的提名。

林语堂的路，就是她要走的路。现在看来兆头很不错，文艺营向她张开了宽厚的胸膛。

这里的一切，既有严格的规矩，又有充分的自由。每天早上，作家和艺术家们聚在一起用早餐，餐后，各自回工作间潜心创作，互不干扰。为了不致打断他们的创作，午餐是各吃各的，管理中心把午餐篮子放在工作室门口，任大家自己取用。

按这里的规矩，每天下午4点钟以前是没有任何集体活动的。4点钟之后，才是自由活动时间，大家可以在一块儿娱乐、聊天、喝酒。晚饭又可聚在一起，这也是一天里最集中的社交活动时间。

张爱玲在此，可谓如鱼得水。她的状态，才是真正的聚精会神，很少参加社交活动。

写得累了，可以放下笔眺望窗外，新罕布什尔的群山空寂而澄明，树林间，可见小松鼠上下蹿跳。晚上，这儿也能看到皓月当头，只不过比起上海滩的月亮来，似乎要多出一些岑寂。

看样子，张爱玲在这里能写出一部杰作来。

但是，有伟人曾经说过：历史常常会走错房间。

张爱玲在这儿，就令人吃惊地“走错了房间”。

那是1956年3月13日，张爱玲在大厅里遇见了一个老头儿、一个美国老头儿。

他——就是赖雅。

他们之间竟然碰出了爱情的火花！

赖雅并非与张爱玲很般配的男人，他高大肥胖，体重八十多公斤，

① 中文为《粉泪》，也就是后来出版的《怨女》。

当年已经65岁了！而且，以中国当代女性的择偶标准看，他还有其他许多"致命的弱项"。

但是，张爱玲的爱情，从来就不合规范。

认识的第二天，他们两人就有了几分钟的小叙。赖雅在交谈中，弄清楚了张爱玲来美国的经历，当天就在他的日记里，高度赞美了这位Eileen Zhang的庄重与和蔼可亲。

两人接近的速度非常之快。

两天后，天气骤起暴风雪，其猛烈程度为一年中所仅见。这为单调的文艺营生活多少添了一点谈资，吃饭的时候，众人都蜷缩在大厅里议论不休。

而赖雅与张爱玲则跑到回廊上去，谈得忘倦，对外面漫天的银妆世界全然不顾。

到3月底，他们已开始互相去对方的工作室里做客了。

从4月1日起，在大厅用餐的时候，两人就已是并肩出入，俨如情人。

此时，两人都觉得彼此可以信赖，爱玲便把《秧歌》的英文版拿给赖雅看，赖雅读了，对她的文笔赞叹不止。赖雅也是此道中人，经验丰富，对《粉泪》的结构提出了他的一些建议。

不久后，他们就开始完全的单独来往了，所谈的话题涉及很广。赖雅是个有童心的人，给爱玲讲了不少他经历的奇闻趣事，爱玲听得兴趣盎然。后来的话题就渐渐转向了中国，谈到了中国的政治、书法，以及共产主义与"反共"等等。

两人的政治立场明显不同，可是很奇怪，这并没有影响到他们之间进行热烈的交流。

可惜，他们交谈的具体内容，两人都没留下详细的记载，以致后来的张传作者没办法写出类似"胡张恋"那样的精彩片段，但可以相信，那也一定是舌灿莲花、妙不可言！

爱情就像一场野火，忽地燃起，势不可当！

到了5月12日，也就是初识两个月后，赖雅就在他的日记里写下：

Went to the shack and shacked up. ①

无可救药了！

这一年，张爱玲 36 岁，早就没有了初遇胡兰成时的青涩与无知。因为前面有过教训，在接受男人的标准上，可想而知她会相当地苛刻。

——那么，这个迅速征服了她芳心的美国老男人，究竟有何德何能呢？

斐迪南·赖雅（Ferdinand Reyher），一个特立独行的美国作家。张爱玲遇到他，也是冥冥中注定。

他 1891 年生于费城，父母都是德国移民。从小父亲对他管制极严，母亲却对他百般纵容，这种不平衡的家庭教育大概最容易出奇才。赖雅很小的时候就能在公众场合即兴赋诗，被人们目为神童。

17 岁时，他入宾夕法尼亚州大学读文学专业，在校期间喜好写诗，曾写过一部诗剧《莎乐美》。1912 年时，又入哈佛大学读文艺学硕士，毕业后在麻省理工学院任教。

读硕士的时候，他也没闲着，写了一个剧本《青春欲舞》。他的才华，深得威廉·尼尔逊教授的欣赏，是教授亲自出面，帮他谋到了麻省理工的教职。

如果他的履历到此为止，不过也就是个典型的学院派，不过再往后看，就看出名堂来了——

他生性好动、兴趣广泛，根本不是一个能坐得住书斋的人，除了文学，还喜欢棒球和摄影。在麻省理工学院才教了一年的书，就辞了职，跑去《波士顿邮报》当了记者，随即赴欧洲，参加报道第一次世界大战。

战后归来，他索性什么职业都不要了，住进纽约自由人的大本营——格林威治村，当了自由撰稿人。

赖雅骨子里狂放，就愿意过漂泊不定的生活，是真正地实践了“娱乐至死”的人。

1917 年，他与著名的女权主义者吕蓓卡·郝威琪（Rebecca Hourwich）结婚，婚后也不顾家，照样一有空就在各个城市之间乱跑。

①去房中有同房之好。

这一阶段，他在报刊上发稿的频率很高，可称作“狂轰滥炸”，稿件从诗歌到烹饪小窍门，什么都有。

1920年，他在杂志上连载了一个中篇小说《人、虎、蛇》，拿到了1000美元稿酬，他就用这笔钱第二次去了欧洲，在巴黎、柏林，还有英国和土耳其的一些地方都住过，认识了一批文学大腕，如庞德、詹姆斯·乔伊斯、福特、康拉德等等。

也许是受那个时代的风气影响，他惯于花钱大手大脚。结婚的时候，他父亲送给他一笔钱作为贺礼，他一掉头就进了纽约最豪华的饭店，一口气把钱花光。等到父母要来纽约看他和新娘时，他新婚的家里连个家具都还没有，只能典当一些东西，租了家具来应付。

妻子吕蓓卡也是个“不宜于室”的人物，年纪不大就参加了街头运动，为妇女争取投票权。结婚后，同样也是不顾家，为她的女权主义而奔波。

这样，两人聚少分多，婚姻极不稳定。到1926年，这桩婚姻维持不下去了，只得协议离婚。他们生有一个女儿，叫霏丝（Faith）。

离婚后，赖雅更觉得没有了束缚，便把生活分成两大块儿，一半时间在纽约布鲁克林的公寓里待着，一半时间去周游列国。什么时候手头紧了，就寄两篇时尚文章给《女士家庭杂志》和《红皮书》等刊物，换两个钱花花。

到1931年8月，命运有了转折。赖雅的一个好朋友、导演约翰逊·休斯顿拉他为好莱坞写电影剧本。这一写，就一发不可收拾，竟然连续写了12年！

他干这个行当，好像有天赋之才，出手快，对白写得精彩，情节跳动很快，许多制片人和导演都欣赏他的才华。他写的本子，也很受观众欢迎，比如《艰难之旅》、《斯大林格勒的好男儿》等。

就连大名鼎鼎的美国作家华莱士·斯蒂文斯和辛克莱·刘易斯，也都佩服他的天赋，跟他成了好朋友。在他去好莱坞时，拿过诺贝尔奖的刘易斯甚至断言：赖雅会一夜成名。可惜，这个预言落了空。

那时，赖雅每周最低有500美元进账，在当时算是高薪阶层。可是他在好莱坞，老毛病一点也没改，还是老爱跳槽，还是喜欢奢华生活。这些，多少都影响了他才华的发挥。

据《小团圆》透露，赖雅根本存不下钱，有一次打扑克谈笑间赢了一座房子，又莫名其妙把它卖了。最可笑的是，好莱坞的同行们一致认为赖雅精通敛财之道，凡是有关金融题材的剧本，都推举赖雅来写。

比较有意思的是，在政治方面，他跟胡兰成正好相反，是个不折不扣的左派。

上世纪30年代，欧美知识界普遍左倾，因而那个时代被称为“红色的30年代”；而好莱坞又恰是左翼思潮的大本营，赖雅近朱者赤，就在这个时期开始信仰马克思主义，成了激进的左翼作家，但并未加入美国共产党。

他还与20世纪最伟大的剧作家布莱希特①结为了莫逆之交。

赖雅是在1927年客居柏林时认识布莱希特的，布氏当时在美国的名气远不及赖雅，赖雅慧眼识珠，在美国极力为他做宣传。

1941年，布莱希特逃出纳粹德国，跑到美国避难，赖雅为朋友两肋插刀，出钱出力帮忙，还帮助布氏把家眷也移民到了美国。

两人曾合作写过电影剧本，赖雅还曾参与过布莱希特好几部剧本的修改，是布氏名作《伽利略传》剧本的主要英译者。

1947年，布莱希特返回德国，赖雅一度做过他在美国的出版代理人。

不过，自40年代起布莱希特名气急升，渐渐成为世界公认的顶级剧作家，对赖雅大概也就有所慢待。1950年赖雅应布莱希特邀请，前往欧洲与之合作，可是布莱希特不知何故忽然态度冷漠，赖雅对此大为生气，遂拂袖而去。

后来，布莱希特多次写信试图挽回友谊，赖雅一概不理。关系虽然破裂了，但赖雅还是照样到处宣传布莱希特的作品是如何地好。

由于赖雅做什么都不能专心；同时，写电影剧本也占去了他最好的创作年华，所以他始终未能成为一流的作家。尽管他写的剧本《以色列城堡》、长篇小说《我听到他们歌唱》都相当不错，被一些专门研究布莱希特的专家誉为“杰作”，但始终未能得到普遍承认。

也许是他的狂放不羁遭到了报应，1943年他不幸摔断了腿，又曾轻度中风，此后中风的毛病时有发作，1954年又因中风不得不住了院，身体开始走下坡路，使得这位乐天派才子感到恐惧，创作信心大受打击。

①也是一位马克思主义者。

他逐渐尝到了“过气”的滋味，50年代中他虽然还在写，但绝大多数作品都没能发表。

这一次，他申请到麦克道威尔文艺营来，显然是想重振雄风，打算在这儿完成一个较大的写作计划，其中包括一部历史人物传记、两部戏剧和两部小说。

当然他也万没想到，这次来，同样也是一次“历史走错了房间”。

张爱玲自温州与胡兰成挥别，至此已是10年。现在她在新罕布什尔与赖雅执手，往后，竟一路相随了11年！

这是谁也料不到的！

张爱玲何以自愿投入一个“年迈老朽”的美国作家的怀抱？历来是研究者们津津乐道的话题。

但是，旁观者往往“不清”，很多人是用了功利的尺子来衡量这件事的。

著名的海外张学研究者司马新，认为张爱玲此举是想找个生活上的靠山：“她为自己朦胧的未来心中无数而感到焦虑。面临多方面的窘迫，她选择了赖雅做依靠。”①

第一个把张爱玲捧上神坛的夏志清教授，更是认为：两人的结合，都是考虑了未来能在钱财上能依靠对方，哪知道两人全打错了算盘。②

两位权威，一锤定音！

接下来，各色张传作家的分析，多是沿着这个思路进行。他们认为，发生了这样的事，除了功利的选择、经济的原因之外，不可能有别的因素。

——张爱玲是做了一场交易。

这结论，真是叫人看得笑都笑不出。

这些学院派的研究者，唯独不懂“世间情为何物”！

张爱玲缘何投怀送抱？这是因为——

赖雅是个真诚的人，赖雅是个有童心的人，赖雅是个有智慧的人，赖雅是个特立独行的人；此外，赖雅还是一位温厚的长者，是一位精神

①见《张爱玲在美国》。

②见《张爱玲在美国·序》。

上的富翁，是真正能够赏识张爱玲才华的人……

这一切，就是他之所以能打动张爱玲的优势与强项。

张爱玲并没看走眼——她和赖雅后来果真成了“与子偕老”的情侣。

况且，从一开始，张爱玲就慷慨资助赖雅，又何来上当之说？何来搭顺风车之说？

11 年的相濡以沫，问世间，又有多少人能做到？

我以为，既然我们尊重张爱玲，那么对她第二次婚姻的评价，就应充分尊重她本人的看法。

学者们特别强调了，张爱玲在她的文章中对赖雅只字未提，似乎对这桩婚姻并不满意。其实，张爱玲不是一个乐于在文章中夸丈夫的女作家，在与胡兰成的那段婚恋中，也是只字未提，这不表明她对婚姻的满意度如何。

张爱玲在给朱西宁的一封信里，有过一段谈论赖雅的文字。她说：

> Ferdinand Reyher 不是画家，是文人，也有人认为他好。譬如美国出版《秧歌》的那家公司，给我预支一千元版税，同一时期给他一部未完的小说预支三千。我不看他写的东西，他总是说：“I'am good company,”[①] 因为 Joyce[②] 等我也不看。他是粗线条的人，爱交朋友，不像我，但是我们很接近，一句话还没说完，已经觉得多余。以后有空找到照片会寄张给你。

她所说的“我们很接近，一句话还没说完，已经觉得多余”，已明明白白表示了她的态度——她和赖雅，差异是有的，但精神上已契合到多说半句也是多余。

以她的孤傲，能获她这样评价的人，怕是不多！

就在写这封信的第二年，1971 年 2 月 2 日，张爱玲破例接受了一位布莱希特的研究者、美国学者詹姆士·莱昂（James K. Lyon）的访谈。

在一个小时的访谈中，中心话题就是赖雅。

---

①译为：我是一个好伴侣。

②指乔伊斯。

据詹姆士·莱昂称："言词中，她对这个在生命将尽处拖累她写作事业的男人，丝毫不见怨怼或愤恨之情。相反地，她以公允的态度称许她先生的才能，说明他的弱点所在，并评估布莱希特与他之间的交情。"

张爱玲这次对赖雅也有评价：

她认为他这个人之所以迷人（甚至是太过迷人），在于他是一个聪明过人的写作者（太过聪明以至于变得世故圆滑）；在于他缺乏一种固执，一种撑过冗长、严肃计划的忍耐力。用她的话来说，他少的正是"勇气和毅力"……（詹姆士·莱昂《善隐世的张爱玲与不知情的美国客》）

当得知詹姆士·莱昂要写关于布莱希特的书，其中有重要的篇幅涉及赖雅，张爱玲一反她坚守的遁世态度，热情地接待了莱昂。后来，还数次写信给莱昂补充介绍情况。在第一封信的末尾，署的名字是"你的友人爱玲·赖雅"。

这就是一种深深的怀念！

那时嫁给美国男人的中国女性，一般都保持原姓不变，而爱玲却一直按西方习俗随夫姓，直到赖雅去世后。

——张爱玲的第二次婚姻，在一般人印象中，似乎远不及第一次婚姻那样炫日，那是我们自己的认识有误区。

她和赖雅，谁都没用任何文字对这段婚姻进行炫耀，但他们有"平淡即是真"的携手 11 年。要知道，鲁迅与许广平的婚姻，也才仅有 9 年的时间。

我们应该为张爱玲的这次婚姻感到庆幸。

不过她和赖雅的婚恋，是典型的好事多磨。两人刚陷入热恋，就面临第一次分离。原来，文艺营对艺术家的入住是有时间限制的，冬季为四个月，夏季则更短。

就在赖雅在日记里记下"有同房之好"的第三天，他在麦克道威尔文艺营的日子到期了。此前，他已获准去纽约州北部的耶多文艺营入住，生活是没有问题的，只是要马上与爱玲告别。

张爱玲送赖雅到火车站。

为了自己所爱的人，这一天爱玲精心装扮了自己，换了一身紫色滚黑边的织锦外衣，比平时更显俏丽。

临别前，张爱玲跟赖雅谈到了自己在美国的处境。这是他们第一次触及现实话题。张爱玲讲了她的代理人、出版商和书的销路问题，也讲到了她眼下在经济上的困境。

尽管她手头拮据，但她知道赖雅更穷，在火车站就给了赖雅一些现金，以备急用。

赖雅早年交友广阔，出手大方，一般都是他为别人买单，现在看到同样是前途无着的张爱玲能如此体谅自己，不禁异常感动。

他到了耶多以后，常常忍不住要给爱玲写信。

两颗在孤寂中漂泊已久的心，都有了靠港的感觉。

不久，张爱玲在麦克道威尔文艺营的期限也已临近，6月30日就要搬出去。尽管她在4月初就提出了延期申请，可是僧多粥少，难以如愿。不过文艺营答应她：到秋季还可再来。

正在这时，有一位营友罗丝·安德逊，向爱玲提供了纽约的一套空着的公寓，她才算有了临时的栖居之所。

那一边，赖雅在耶多住了6个星期，此时也到了期限。离10月份可以再去麦克道威尔还有近3个月的时间，他临时搬到附近的萨拉托卡泉镇，住进了“罗素旅馆”。

7月5日，他收到张爱玲的一封信，内容让他大吃一惊：原来爱玲已经怀上了他们的孩子！

读了信，赖雅一方面很激动，一方面又踌躇再三。

他离婚迄今已经30年，一直四海为家，过惯了无拘无束的光棍儿生活。他喜欢过的女人，大概不少，他说自己过去是“闯了车祸就跑了”的人，而现在他不想跑了。①

在去耶多的路上，他也考虑过是否有结婚的可能，但想到自己的身体和经济状况，委实难下决断。

他思前想后，终于下了决心，当天就写了一封求婚信，冒着雨到邮局给爱玲寄出。

第二天，爱玲给他来了一个电话，这时她当然还没收到信。电话里

①见《小团圆》。

杂音太大，无法深谈，爱玲只是说：她要来，见面再谈！

可想而知，她和所有刚刚怀孕的女人一样，感到紧张而又兴奋。

第三天，张爱玲到了，赖雅到车站来接。可是糊涂的爱玲又把时间通知错了——比实际上到达时间提前了好几个小时。

赖雅就这样一直在车站徘徊，终于等来了他的“新娘”。

这次，张爱玲穿了一身明黄色的呢大衣，头发刚在理发店梳理过，人仍是很俏丽。当时，梳这样一个发型的收费相当高，可见爱玲是何等重视这次见面。

赖雅在前来接站时，就告诉了旅馆老板娘和她的儿媳，说自己漂亮的东方新娘今天就要抵达。两位美国太太听说后，比赖雅本人还要兴奋。

当爱玲来到旅馆时，两位太太嘘寒问暖、无比热情。这让爱玲既觉得惊讶，也十分感动。

安顿好了以后，两人就去了一家极富情调的餐馆共进晚餐，交谈了很久。

赖雅当面再次向张爱玲求婚，但是他不想要孩子，不要这个计划外的“小东西”（The thing）。

张爱玲也同意不要孩子。据《小团圆》提供的线索，似乎她比赖雅还要更坚定一些。

赖雅曾经犹豫过，说：“生个小张也好。”

可是爱玲不愿意：“我不要。在最好的情形下也不想要。”

这就是张爱玲，不可以常人常规来看待她。

次日，他们又在公园的长椅上倾谈许久，除了婚姻问题，还谈到了今后的写作计划。爱玲说，她正在构思两篇中国古代题材的故事，一篇是《僵尸车夫》，一篇是《孝桥》。而赖雅的打算，则是和张爱玲合译诗集。

两人的这次见面，算是敲定了婚姻大事。临走时，张爱玲又给了赖雅一张 300 美元的支票。她体谅赖雅的自尊心，只说是作为她在镇上的花费，其实，赖雅帮她订的房间，两个晚上只花费了 10 美元。

赖雅不久也回到纽约，到公寓去看望了爱玲。

《小团圆》里提到过，就是在这个时候，张爱玲找来了一个愿意“非法行医”的男医生，说好付 400 美元，在公寓里为她做了人流手术。

当时爱玲已有身孕 4 个月，很担心手术会有问题，但找到的这个医生居然也肯做。

根据谈好的条件，不能有任何其他人在场，所以赖雅事先避开了。

医生走后，赖雅走了进来，把一柄劈柴斧子放好，说："我没出去，就在楼梯口，看见有这把斧头，就拿着，想着你要是有个什么，我就杀了这狗娘养的。"

这次手术，给张爱玲的印象非常深刻。在《小团圆》里写到这一节时，说"女人总是要把命拼上去的"。

打胎用的是古老的"药线"，医生走后好几个钟头才会发作，把胎儿打下来。当时爱玲肚子痛得翻江倒海，到夜间胎儿才下来，扔在浴室的马桶里。由于惊恐，爱玲看那男胎足有10英寸长。

在她恐怖到极点的时候，扳动旋钮，把胎儿冲下去了。"以为冲不下去，竟在波涛汹涌中消失了"。

后来说给炎樱听，炎樱还不信，认定了是爱玲自己的幻觉，白白花了400美元而已。

在奔波与不安中，爱玲这一段写得很少，但也颇有收获。这年秋，她的英文短篇小说 *Stale Mates* 在美国的一个双周刊上发表了。恰好台北《文学杂志》的主编夏济安向她约稿，她就把这篇小说译成了中文寄去。后来，在1957年1月号上刊登了出来，这就是《五四遗事》。

这篇小说，因为酝酿已久，厚积薄发，成了张爱玲中年以后的一部力作，深得评家和人文知识分子的厚爱。小说立意不落窠臼，文字举重若轻，是继《传奇》之后的又一创作高峰。

只是作品沿袭了她在本土创作后期的"枯瘦"风格，着重立意，而不事精雕细刻，不像早期小说那样"丰满"，因此不甚合大众读者的爱好。

1956年8月14日，赖雅和张爱玲举行了简单的婚礼。

爱玲的这一次婚礼，想来应比上一次还要简单些。来参加婚礼的嘉宾中，有救世军女子职业宿舍的主管玛莉·勒德尔，也有炎樱。婚礼结束后，两人携手把纽约市区游了个遍，权作"蜜月旅行"。

爱玲还把这消息通知了在伦敦的母亲。黄逸梵也很替女儿高兴，随即寄了280美元给赖雅，作为"丈母娘的贺礼"。赖雅收到这个意外的"红包"后，大为感动。

爱玲的美国出版代理人莫瑞·罗德尔，也打电话给麦卡锡报喜，麦卡锡高兴得脱口而出："这下子爱玲衣食无忧了！"

莫瑞只能苦笑："我们的女儿没嫁出门，倒是招进个穷女婿。"

麦卡锡这才知道，原来赖雅是个穷汉，比爱玲更不懂得生财之道。

但是，西谚云："贫困并不使人蒙羞。"他们都是在贫困面前有尊严的人。

不能理解他们这种尊严的人也有，夏志清先生就是一个。他大概是对张爱玲晚年的状况比较痛心，就迁怒于赖雅，居然怀疑赖雅的人品：

赖雅同张邂逅期间，他有无把已曾中风多次，两年前还住了医院之事在婚前告知爱玲。假如他把此事瞒了，我认为是非常不道德的。再者，张于婚前即已怀了孕了，赖雅坚决要她堕胎，我认为他不仅不够温柔体贴，且有些残忍霸道，同她的父亲一样损害了她的健康。

他不仅埋怨赖雅的自私与专横，还设想张爱玲如果继续怀着孩子，说不定胃口也会好，体重也会增加，身体就此转强。

连臆测也构成了赖雅的罪！

这种假设，其实没有意义。赖雅的求婚，是负责任的表现；他不想要孩子，也是负责任的表现。只有经历过漂泊生活的人，才能体会到他做这种选择时的艰难。

夏志清教授完全否定赖、张之恋的真诚，猜测他们双方的动机不过是为求安全："对她来说，同一个有资格进麦克道威尔文艺营的美国文人结婚未始不是一条好的出路。不论他年纪多大，在经济上总该比她有办法。她哪里知道65岁的赖雅早已钱、才双尽，在他的想望中，同刚有新书在美国出版的年轻中国才女结婚，正好也解决了他的一切问题。"

这样从功利角度赤裸裸的分析，怕不大不适合张爱玲和赖雅，而只适合今日的所谓"傍大款"。

夏教授十分痛恨张爱玲"生命里最重要的三个男人"，即张父、胡兰成与赖雅，认为他们"都是对不住她的"。①

批判前两个，可以说没错，而批判赖雅，则全无根据。夏志清对赖雅的这种痛恨，除了对张爱玲的痛惜之外，大概还源于意识形态情结吧，否则很难解释。

---

①均见《张爱玲在美国·序》。

22. 二次婚姻觅得知音

其实，张爱玲和赖雅，从一开始就是真正的相濡以沫。

这年10月，他们兴致勃勃地重返麦克道威尔，再次徜徉在田园之中。

可是不久，赖雅就又一次中风，被紧急送进医院。这次发病，使他的身体变得很虚弱，不能正常写作，连坚持了几十年写日记的习惯，也一度中止。

这对爱玲的精神是一次不小的打击。赖雅在病中强作幽默，告诉爱玲他不会死的，不会把她一个人留在美国。

但张爱玲还是倍感焦虑，有时整夜守在赖雅床前，默默为他祈祷。

挨到10月底，赖雅的病情才渐渐好起来，可以出去散步了。可是到了12月19日，又犯了一次病，因脸部麻痹，几乎失音，只得再回医院。

几天后出院，恰好就是圣诞节了。

节日一早，天就下起了大雪，张爱玲出去买了一点过节用的东西回来。赖雅也挣扎着爬起来，要帮爱玲做些事情。

那天，他们居然也摆上了一桌丰盛的晚餐，是张爱玲做了自己擅长的中国菜。

香气扑鼻中，这个灰暗的年末，便陡地有了一股喜庆气氛。

——他们都用了心思来安慰对方。

精诚所至，连病魔似乎也退避了。赖雅的身体恢复得很快，到1957年1月20日，他已经能在爱玲的陪伴下，出远门到波士顿去看望他的兄弟了。其间，他们还到波士顿最大的百货公司去买了东西。三天后，坐长途巴士回到文艺营。

张爱玲利用接下来的这段时间，将《赤地之恋》翻成了英文。3月13日，她把打字稿寄往纽约。

一周以后，她和赖雅一起飞往纽约，下榻在一家旅馆。而后，爱玲去找已经联系好的戴尔（Dell）公司，谈一下这部书稿的出版事宜。但在面谈时，她被告知：是否能出版，公司还无法定夺，要两星期后才能通知她。

张爱玲大为失望。回旅馆后，善解人意的赖雅见她神色不好，就带她去一家自助饮食店，享受了一顿丰美的晚餐。然后，两人在绵绵细雨中回到旅馆。

第二天，张爱玲又和赖雅去拜访女子宿舍的玛莉·勒德尔，现在她已经在哥伦比亚广播公司上班了，也许能给爱玲提供一个机会。可巧那天玛莉·勒德尔没来上班，不过哥伦比亚公司的有关主管也知道这件事，就跟张爱玲签了一份合同，约定由张爱玲将《秧歌》改编成电视剧本。

这总还算是一个小小的成功。回到旅馆后，爱玲又坐计程车去见了炎樱一面。次日，张爱玲和赖雅离开纽约，返回麦克道威尔文艺营。

没过几天，勒德尔那里就传来了好消息，说哥伦比亚公司将付给她1350美元稿酬，外加90美元作为购买小说改编权的费用。

日子一晃就到了4月，在麦克道威尔的期限又要满了，他们一时申请不到新的文艺营，只好在彼得堡镇的松树街找了一所公寓房，月租61美元，电费另付，里面只有简单的家具。

公寓是一座三层小楼，坐落在一条狭窄的坡道上。4月3日，他们搬了进去。

房子的租金，对他们夫妇来说本来就有不小的压力，此外，还要花一大笔钱添置床单、窗帘等等杂物。爱玲一向所熟悉的“惘惘的威胁”又降临了。由于经济压力过大，刚搬进去头两天，两人都感到焦躁不安。

从这以后，赖雅每周都有两三次，到附近住户自己摆的“庭院小摊”上去，挑选便宜的生活用品。他这个粗线条的人，现在也变得细心了，居然找到了合适的面包烘炉、三夹板的桌子和木制小床等。

张爱玲偶尔也跟着他去。有一次，她发现有几件绒线衫和一件浴袍，仔细看看一点损坏也没有，加在一块儿才3元7角！她大喜过望，马上买了下来，回家试试，也都合身。以前真是很难想象：穿衣的幸福竟会来自“跳蚤市场”！爱玲很是高兴了一阵儿。

东西置办好了，爱玲又当起了油漆工，这公寓实在太旧，她要把它当成一件艺术品来好好装饰一下。

刷漆那天，爱玲用手帕把头发包好，穿了一件赖雅的旧睡袍，模样像个修女。赖雅看了直想笑。

公寓里有蚂蚁，爱玲最怕这个，拿杀虫剂杀了个一干二净。赖雅便又送了她一个雅号——“杀蚁刺客”。

4 月 15 日，他们到附近的一位文艺营朋友家中，观看了哥伦比亚公司改编的电视剧《秧歌》。当天文艺营还来了不少朋友，大家兴致都很高，眼巴巴地等待播出。

可是这个剧，被改编得一塌糊涂，张爱玲感到十分意外。小小的一个希望，瞬间变成了沮丧，文化上的隔膜使她甚感郁闷。

接下来，他们在小镇上过起了简单的生活。

赖雅每天起来得很早，一早就出门去杂货店购物，或是到银行、邮局去办点琐碎事。他在爱玲的指导下，还学会了做简单的饭菜，比如鸡肉馅饼、炖牛肉之类的，真还像模像样。爱玲喜欢吃鱼，赖雅也很有兴趣学做鱼。

两人原都是自由不羁的人，现在一起学做家务，倒也有一份清贫中的乐趣。

他们各自都在努力写作，希图通过一支笔来改变命运。除了写作，还有很多时间是花在阅读上，两人常去小镇上的图书馆，一借到好书，就各自埋头看。

爱玲习惯于晚间写作，白天休息。因此一到白天，家里就静悄悄的。

晚上，有时两人会一块儿去看电影，先后看了《佻姐儿》、《林白征空记》、《金玉盟》、《八十天环游世界》、《卡拉马佐夫兄弟》等，回来后评论一番，也是其乐无穷。

不料，5 月初又有不好的消息传来，司克卜利纳公司通知爱玲：公司不准备出版她的《粉泪》了。

为了这部英文小说，她付出了半年的心血，实指望靠它来打开美国市场，并换回一笔钱来用。现在希望落了空，爱玲沮丧至极，竟然一下子病倒了，连续几天卧床不起。

一直支撑着她的信心，似乎在瞬间被粉碎。爱玲形容憔悴，变得沉默寡言。拖到 6 月份，身体才渐渐恢复过来。

幸而司克卜利纳公司仍付给她《秧歌》一书的版税，有 300 美元，可以救急。

在此期间，赖雅一直悉心照料着爱玲，劝勉有加，终于使爱玲振作起来，开始动笔写新作《上海游闲人》（*The Shanghai Loafer*）。这篇小说，在写之前她的信心就不是很足，果然写成后，出版仍无着落。

同时张爱玲还与宋淇联系，看是否有可能给他所在的香港电懋影业公司写剧本。宋淇的热心一如既往，很快就联系成了。他给张爱玲发来一封电报，请她在8月15日以前提供一份剧本稿件。

张爱玲立即回电应允，然后奋笔疾书，于8月6日写完了稿子。

就这样，她陆续写了《情场如战场》、《人财两得》、《六月新娘》、《桃花运》、《小儿女》、《南北和》等剧本。当然，大都是为稻粱谋而写，有些只是单纯搞笑的商业剧。

由于宋淇的热心推荐，张爱玲的稿酬每篇可达800～1000美元，这在当时的香港，是高得令人瞠目的。这方面的收入，成了她后来很长时期的主要经济来源。

小镇的生活，对爱玲来说过于沉闷，所以一有机会，爱玲就提议到波士顿去。

他们每次都要选一家古旧的酒店住下，不是考虑便宜，而是爱玲特别醉心于旧物。

波士顿的中心区，有一家“派克旅馆”，里面还保留有一些古雅的装饰，到处摆着一些别处不常见的手工饰品，配上有流苏的织锦，让人有进入欧洲的错觉。这家店里的酒保，甚至还保留了旧式的服务方式。

爱玲喜欢这里，因为可以怀旧——那是她心中忘不了的“上海情结”。

说起来，逛这些地方，赖雅倒是个很称职的导游，年轻时他玩遍了这座城的每个角落。

到了8月中旬，爱玲忽然得到来自伦敦的消息，得知母亲病重，需要动手术。

黄逸梵于1948年离开中国以后，在马来亚的侨校教过半年书，而后定居在伦敦。她在英国曾进工厂做过女工，目的是学习制作皮包的技术，想在学成后“消化”掉已故男友留下来的那批皮革。

但她的尝试没有成功，个体手工制作的货品，在当时的欧洲已没有市场。她赖以维持生活的，还是带在身边的那些古董，没有钱了，就变卖一些。

爱玲很替妈妈担忧，连忙写了信去安慰，还附上了一张 100 美元的支票。

可惜手术回天乏力，不久后母亲就离开了人世。

母亲在弥留之际，心里所牵系的，只想再见爱玲一面。她给爱玲留下了一箱古董，箱子不久就运到了彼得堡。

对爱玲夫妇来说，这箱古董简直是雪中送炭，他们俩把这箱子称作“宝藏”。

这一箱子东西，才是真正的贵族用品，有皇上赏给李鸿章大人的瓷器、织品，有母亲黄氏家族留下的古玩玉器，还有在天津时期从民间搜来的各类珍品。每一件东西，母亲都是用宣纸仔细包好了的。

没过多久，爱玲和赖雅又去了一次波士顿，除了逛商场之外，爱玲还有一个目的——变卖古玩。

她精心挑选了两件宝贝，其中一件，是珐琅彩缠枝莲花瓶。选它，是因为这瓶子工艺很精致，色彩又鲜艳，比较符合波士顿古董店老板的欣赏眼光。

张爱玲对古董没研究过，但行情还是知道的。古董商开价 400 美元，她坚持要 450 美元。多要的 50 美元，在当时可顶一个月的房租了。

古董商最终让了步，收了，还在当地古玩发烧友中做了宣传。很快，他就给张爱玲引见了一位慕名而来的买家。

来人是一位女士，表示愿意买一件丝织品之类的东西。张爱玲为她选了一幅明黄色的绣龙织锦，当然也是皇家用品，可挂在墙上作壁挂。

那女士喜出望外，买回去后，又给赖雅写了一封信，表示感谢，对织锦大大夸赞了一番。爱玲读了信，有一种说不出的失落感。

先后卖掉了几件，钱都拿来贴补了家用。

母亲的遗物中，还有一张爱玲的照片，这是她最后一次出国时，特地带在身边的，现在又回到了爱玲手中。

——再坚强的人，内心里也有一处最柔弱的地方。

转眼间 1958 年到来了，又转眼间已经冬去春来。

这一段平稳的生活，赖雅过得很知足。他一生游荡了 40 年，晚年渐渐喜欢上了这样的平淡无奇。

但是爱玲不同，她的精神世界是在繁华都市的滋养下生长起来的，只有在大都市中，才有盎然生机。这样长期居住在美国的偏僻小镇上，使她感到压抑，甚至影响到了创作的灵感。

某日早上起来，爱玲忽然哭了起来。赖雅大惊，忙问缘故。

爱玲泪流满面地告诉他，自己梦见了一位杰出的中国作家，取得了极大的成就。这个人她不认识，只觉得自己很丢人！

赖雅听了以后，心情沉重，想尽了一切可说的话来安慰爱玲。他知道，人也许能承受一时的艰苦，但却不能承受永无解脱的艰苦。这是爱玲对当下生活的一种变相抗议！

一天晚上，麦克道威尔文艺营的主管来爱玲家探访，言谈之间，流露出对彼得堡镇的不满，甚至怀疑，人住在这里，运气会不好。

她无心的一席话，却引起了张爱玲的强烈共鸣，也附和着发泄了几句。

赖雅在一旁听了，大为沮丧。他万没想到张爱玲对这个小镇会如此厌恶。对于住处问题，夫妇俩后来商量了多次，意见不能统一。但最终赖雅还是屈服了，同意换个地方，换一换空气。

他大概是觉得自己老之将至，谈不上有多大作为了；而爱玲还可以奋斗，早晚要解开她这个心结才好！

随后，赖雅就和张爱玲一起向南加州的亨廷顿·哈特福基金会提出了申请，请求得到写作资助。前面说过，这一次张爱玲请胡适为她做了担保。

与此同时，张爱玲还单独向哥根哈姆基金会申请了奖金。

到7月份，哥根哈姆的事未获成功，亨廷顿·哈特福基金会批准了两人的申请，通知他们11月8日以后就可以入住，期限是半年。这个基金会，与麦克道威尔文艺营非常相似，是专门扶助贫困作家和艺术家的。

赖雅奇迹般地习惯了婚姻生活。他对爱玲的依恋也日渐加深。他有背痛的老毛病，每逢发作，爱玲就给他细心按摩——上帝好就像是安排好了的，要让他们这样来互相照顾。

有一天，他终于忍不住对爱玲说："娶到你，是我今生最大的福分！"

7月26日，赖雅度过了他67岁生日。不久后，赖雅忽发奇想，不顾爱玲的反对，立下了一份遗嘱。遗嘱写明，要把他的全部“无用之物”都留给爱玲。

这些“无用之物”，其实是无价之宝，包括了他与布莱希特、斯蒂文斯的大量通信。

张爱玲也在这年秋天，度过了她 38 岁的生日。

以前赖雅老是弄不清爱玲的生日究竟是哪一天，他觉得奇怪，生日怎么会飘忽不定？原来，爱玲是和当时大多数中国人一样，生日以农历为准。

爱情会使一个粗犷的人变得细心。难得赖雅经过查找，早早就知道了，1958 年中国农历八月十九，就是公历 10 月 1 日。

他提前在日记里记下了这个日子。他要让爱玲过一个快乐的生日。

不巧，这天一早就下起了绵绵秋雨。更不巧的是，上午家里又来了一位联邦调查局的人员，是来核查赖雅所欠债务问题的。

那家伙坐在沙发上，唠唠叨叨说个没完。赖雅只得耐着性子应付他，心里巴不得他赶快走。

一直快到中午了，那人才终于起身告辞。

赖雅长出了一口气：这是上帝派来考验我的吧？

吃过中饭后，赖雅变戏法似的，拿出前一天就准备好的蛋糕和红玫瑰。

爱玲一惊，但马上反应过来了——嫁给这个男人，也是今生最大的福分啊！

下午，天随人愿，放晴了。两人一起外出，去邮局寄了几封赖雅写给朋友们的信，而后慢慢地走回家。

雨后的秋空，天清气爽。杂色的落叶纷纷飘下。踏着小径上的落叶，谛听那细微的哔剥声音，两人都觉得，生活真是无比安详！

到家后，他们小睡了片刻，就起来吃晚饭。赖雅端上了他的作品——肉饼、青豆和米饭。

穷人的欢乐，就在于这和谐吧，爱玲感到心满意足。赖雅又告诉她：“晚上还要请你看电影！”

晚上，爱玲穿上了往日的盛装，和丈夫手挽手去看了电影《刻不容缓》，是由艾迪·格里非丝主演的。两人看得开心，爱玲甚至笑出了眼泪。

回到家，两人相对，忽然感到——饿了！于是，打开冰箱，把剩下的饭菜一扫而光。

临睡前，爱玲对赖雅说，这是她有生以来最快乐的生日。

10月下旬，他们收拾好了行李，与两年来在彼得堡结识的朋友们告别，准备出发去洛杉矶，到亨廷顿·哈特福基金会报到。

11月13日，他们到了地方，基金会分给了他们一个宽敞的大房子，安顿了下来。

这里地处加州太平洋绝壁地区，是洛杉矶城附近的“名贵区”，风景绝佳，素负盛名。触目皆是茂密的热带植物和花卉，站在屋前就可俯瞰浩瀚无际的太平洋。

他们的住处，离洛杉矶市区不远，随时可以搭顺风车前去购物。爱玲一到这里，顿觉眼前一亮！

都市，是她精神的母亲。

能经常徜徉在那些明亮的橱窗之间，就是她最大的惬意。

赖雅的感受，却很不同。

好莱坞电影城就在洛杉矶的比弗利山上，这是赖雅年轻时风流倜傥的地方。他当红的那时候，在这里留下了仗义疏财的好名声，如今时过境迁，已经没有几个人认识他了。有一些他曾大力提携过的人，见他落魄了，只对他冷眼相看。

他们去逛比弗利时髦的专卖店，因为囊中羞涩，只看不买，结果招来了售货员的白眼。赖雅禁不起这种世态炎凉，大为伤感。

但新的地方终究还是好，基金会提供膳食，虽然不太可口，但总算免去了庖厨之劳。

这边的气氛也比麦克道威尔更为活跃些。赖雅到了这儿，如鱼得水，一到饭后，就泡在公共大厅里，闲荡、聊天、玩小赌注的扑克，乐而忘倦。爱玲还是不喜交际，自己躲在屋子里写东西。

住地附近没有电影院，他们就买了一台电视机，闲暇时两人一起看看电视。

为了解闷儿，他们还养了一只猫。张爱玲一向是不大喜欢小孩子和小动物的，现在能养猫，可见心情不错。

生活稍稍舒缓了一些，爱玲身上的天性就又冒了出来。她请宋淇夫妇在香港给她买了些衣料，做了几身衣服。看看不错，就围上母亲用过的长围巾，兴冲冲跑去请一位摄影家拍了几张艺术照。

心情既好，生活也就好。

洛杉矶的这段日子，像溪水一样流畅，张爱玲发奋努力，日夜写作，给宋淇公司写的电影剧本大都是在这儿完成的。

在此期间，她还与美新处合作，翻译了一部台湾小说《荻村传》，书名改为《荻中笨伯》（*Fool in the Reeds*）。

这部小说的作者，是随国民党撤退到台湾去的新文学作家陈纪滢。

梁实秋将此书推荐给美新处，美新处看了大为赞赏，立刻找人翻译成英文。他们先找了台湾大学的名教授英千里[1]，但英千里的译笔太雅，不适合市场，便又联系了张爱玲。

张爱玲的英文笔法，是受了英美通俗文学影响的，美新处很看好。译完后，她拿到了一万多美元的稿酬，创下了当时稿酬的最高纪录。

同时，她也把译文交给了她的美国代理人勒德尔，但未被采用，因为内容不大合美国读者的口味。

1959 年，美新处在香港出版了这个英译本，先后印了 7 次，每版 3000 册，主要是拿到东南亚各国散发，结果毫无影响。这已是后话了。

写作带来了一笔笔的进账，令腰包略鼓了一点，爱玲夫妇心里也踏实多了。

到 1959 年 4 月，他们在基金会的期限又满了。爱玲手上有了点钱，就很希望找个好一些的环境住下。

婚后的每一次搬家，总是爱玲提出动议，赖雅服从。这次也一样，两人决定移居旧金山。

有人曾说："美国所有的地方都千篇一律，只有旧金山例外。"

如果你问美国人，最想住在美国哪个城市，旧金山绝对能排到前五名。这里冬暖夏凉、晴空如洗，有精妙绝伦的维多利亚式建筑群，有浪漫怀旧的电车，还有永远像在过年的联合广场和渔人码头。

但是旧金山真正令人心醉的，除了景色与风情，还在于它从骨子里透出的包容力。

1959 年 5 月 13 日，赖雅的朋友开车送他们夫妇俩，经过 8 个小时

---

[1]应若诚之父。

的路途劳顿，抵达了旧金山。

来到这个令人心胸旷达的海滨城，他们着实兴奋，住进了一家小旅馆之后，马上就去游览全城名胜，当然也去了唐人街。

在各处比较了一番后，他们把住处定在了布什街 645 号公寓，月租 70 美元。25 日这天搬了进去。

赖雅还在几条街区之外的鲍斯脱街，为自己租了一间小小的办公室。他要在这里写他永远也写不完的长篇小说《克里斯汀》和一部剧本，还要帮助别人写一部关于辛克莱·刘易斯的传记。

张爱玲此时的任务，是应美新处之约，把《荻中笨伯》改写成中英文两个版本的电影剧本，一共能得到稿酬 3000 美元。宋淇和麦卡锡热心有加，还为她揽到了美新处的其他一些翻译活儿。

爱玲和赖雅，就像两台机器，紧张有序地转动起来了。

赖雅是早晨 8 点钟必起，步行到工作室去写作，爱玲则每晚写到后半夜两三点。到了中午，赖雅回来把爱玲叫醒，两人一起吃午饭。下午，再分头写作，或者出去购物。

晚上，他们一般不大出去，赖雅在家里看书或者看电视，爱玲就埋头写作。

爱玲还弄到了一张附近唐人街图书馆的图书卡，可以借到中文书来看，这实在是意外之喜！

在这里，他们的精神开朗了不少，渐渐地，各自都有了一些朋友。赖雅结识了一位名叫约·培根的画家朋友，两人一起，逛遍了旧金山的大街小巷。

赖雅腿脚不大灵便，有几次逛得高兴，不留神竟滑倒在坡道上，所幸还不妨事。

培根体谅朋友，每星期都要开车来一次，带赖雅去购买生活用品。

爱玲也意外地交到了朋友，一位美国女子爱丽丝·瑟瑟尔，年纪比爱玲年轻，是研究艺术的，擅长绘画。爱玲从小就喜欢绘画，这下子算是有了知音。

她跟爱丽丝常到华盛顿广场去小坐，欣赏落日的余晖。公园旁，有大教堂，在暮色中把厚重的影子投下来，空气中能闻到有淡雅花香。

爱玲喜欢在这样的时候，给爱丽丝讲自己的童年往事；同时，她也对爱丽丝讲到了“爱过的第一个男人”——这是张爱玲惟一一次对别人讲起胡兰成。

爱玲不单送给了爱丽丝自己小说的签名本，还给她写了一张中文菜谱。从这篇很稀见的张爱玲手迹上，可以看到她的书写习惯——还是老式的右起竖排。字体有些“圆”，不算工整，但却是认认真真写的。

爱丽丝不识中文，爱玲送她的这份中国菜谱，几乎没有实用意义，但她还是把菜谱当成了艺术品，精心保存了下来。

她们要是馋了，就到唐人街的点心店里大吃一顿。爱玲也愿意把爱丽丝请到家中，让她尝尝赖雅的厨艺。

在旧金山，赖雅还常常陪爱玲去逛唐人街。看到满街都是中国小孩子，赖雅不胜惊讶！爱玲看到这场景，则会想起上海的亲切。

这个城市，是个五方杂处的大杂烩，中国、印度、日本的侨民经常举办各种节庆活动，他们都去参加，乐此不疲。一次，爱玲和赖雅应邀参加一座佛寺的开光典礼，凑巧还遇上了麦卡锡先生。旧友重逢，让爱玲喜出望外！

这样的日子，是踏实的。

惟一不圆满的，是爱玲的身体时有不适。她的眼睛深度近视，但又不喜欢戴眼镜，只戴隐形眼镜，现在眼睛又有了问题。一开始以为是新配的隐形眼镜不合适，但最终也查不出病因所在。大概是因为生活辛劳、用眼过度而引起的神经性眼疾。

还有，就是她一着凉就要呕吐的无名疾病，发作起来，一连几天不能吃饭，须三五天才能将息得好。

爱玲不是娇弱女子，这样的贫病交加也击不倒她。《荻中笨伯》的剧本，就是她抱病完成的。赖雅若是一有问题，她马上去请医生，而自己的眼病、头痛却一拖再拖地不去看。

在旧金山，他们迎来了第三个结婚纪念日。8 月 14 日，两人为隆重起见，专门跑到唐人街小吃店买了爱玲喜欢的点心，又到意大利区买了奶酪和咖啡。回家后两人围桌而坐，同进烛光晚餐。

饭后还是老节目——看电影，看的是詹姆斯·史华都和李丽美主演的新片《桃色凶案》。进场时，电影已经演了快一半了，但他们不在乎，等到演下一轮时，又兴致勃勃地从头看了一遍。

走出影院，夜色已深，两人又到附近的托尼氏餐馆，共品咖啡和热蛋糕。

贫贱夫妻，也并非百事哀吧？这一天，回味起来，不也是其乐融融！

转眼又到了1960年。在年前，张爱玲就拿到了美国移民局的入籍通知书，但是，从拿到通知书到办完入籍手续，关口甚多，要费不少时日。

一直到7月，张爱玲才正式成为美国公民。

爱玲不大关心政治，但赖雅却很关注时局。两人的政治态度，恰好是一左一右。

赖雅的前岳父是一个俄罗斯的革命家，曾经被流放到西伯利亚，后来逃出俄国。老岳父曾向赖雅介绍过马克思学说和社会主义理论。这个渊源，深刻影响了赖雅的政治倾向。

对于西方媒体经常报道的苏联斯大林专制下的内幕，赖雅一开始不相信，常为之辩解；当后来知道专制是铁的事实时，他又采取了回避态度，以保持自己左翼理想主义的信念不动摇。

后来，中国爆发“文革”，张爱玲把报刊上的一些报道拿给他看，他也拒绝阅读，一概认为是恶意宣传。

但是思想立场上的这种分歧，很奇怪，竟然一点也没影响到两人共同生活的和谐。主义是主义，情趣是情趣，泾渭分明，互不干扰。

1960年，秋风萧瑟时，又是爱玲的生日了。这年她整整40岁，是“大寿”。那么这一次两人该如何度过？

爱玲提出一个奇特的请求，让赖雅带她去看脱衣舞！

这没问题，赖雅老马识途，就带着爱玲去了。在一家简陋的脱衣舞馆，爱玲看得津津有味；而赖雅早年浪迹江湖，见得多了，现在权当陪客，只觉得味同嚼蜡。这个生日，过得还真不同凡响！

1961年3月，爱玲得到炎樱的消息，说她从日本回来，途经旧金山，约好了日子要上门来拜访。

爱玲自是高兴。年初的时候炎樱就来过信，说是结婚了，要去日本游玩，路过旧金山时会来探望。可是，到了日子，爱玲和赖雅等了一个下午，她并没有来。原来是炎樱临时变卦，直接去了日本。

这次是不是又要爽约？爱玲没把握，等得好心焦。

就在爱玲简直要失去耐性时，门铃响起，她冲过去开了门，只见炎樱旋风一样卷进来。爱玲拉住炎樱说：“你真是从天而降！”

炎樱还是那样乐天派，说话还是那样手舞足蹈。旋风样地来了，又旋风样地走了。

不过，这是两人最后一次见面。

——怎么回事?

本是可以持续终身的友谊，为何戛然而止?

在张爱玲的遗作《同学少年都不贱》中，可以看出一些端倪。这篇小说里的恩娟和赵珏，公认就是炎樱和爱玲的化身。里面有恩娟探访赵珏的一段描写，当是以这次旧金山晤面为素材的。

问题就出在——存在决定了意识。

炎樱已经是个阔太太了!

不知她这次在什么地方挫伤了爱玲。

小说里，张爱玲不无抒愤之语，说“人穷了就随便说句话都要找铺保”，还说“那云泥之感还是当头一棒，够她受的”。

里面还写道，主人住的公寓里，家具因陋就简，陈旧的餐桌没铺桌布，只放了一面大圆镜做桌面。吃饭时，客人“看了一眼，见镜面纤尘不染，方拿起刀叉”。身份的不同，在这样的细微处，也能显现出来!

这部小说写完后，张爱玲寄给了夏志清，却又嘱他不必急于发表。原因之一，就是她毕竟要考虑炎樱看到后的感受。

我想，炎樱倒不一定是“一阔脸就变”的人，而是她无心的流露，伤害了过于敏感的张爱玲。

珠联璧合的一对朋友，就这样被世俗的潮水冲散了，想想也是题中应有之义。

在这一段时间里，霏丝有时会到旧金山来看望老爸。霏丝精明能干，比老爸要严谨多了，目前正在华盛顿芭蕾学校，做行政管理员兼教师。她的丈夫是一位教授、海事方面的历史学家。她有 3 个儿子，也就是赖雅的 3 个外孙，最大的一个已快要读大学了。

只要霏丝他们一来，家里就很热闹，赖雅更是心花怒放。

赖雅年轻时对家庭生活不屑一顾，到老了颇有悔意。现在，看见外孙们开开心心地玩，听着他们七嘴八舌地说，觉得人间至乐也不过就如此。

张爱玲则很少参加他们的家庭聚餐，自己躲得远远的。她从小就憎恶“后母”，没想到自己也成了一位后母，且年纪几乎和霏丝一般大。

在她，确有难以言说的尴尬。

不过她对霏丝，还是热情有加，常陪着霏丝看风景、逛商店，也一块儿去唐人街吃中国菜，双方都是客客气气的。

赖雅和爱玲，就是在这种求同存异中，心有默契。

60年代的生活，即便不是丰饶的吧，但总有阳光明亮的满足感。不知张爱玲对这一段特殊的婚姻，是否很满足？

她不大对别人说，也几乎没有留下文字，就连最后的《对照记》里，也不见有赖雅一张照片。

她很不满意吗？她是不得已而为之吗？这个婚姻，仅仅就是个解决食宿的客栈吗？

不！

她很满意。

长期以来，亲人们很少给她亲情，现在有人给她了。

她渴望的就是相濡以沫，她现在得到了。

“死生契阔，与子成说。执子之手，与子偕老。”既然这都有了，那么，又夫复何求呢？

没有把这一切写下来，是因为文学才是张爱玲的第一生命。而这些，与文学无关。

这是俗世里本来就应得到的。

——得到了，又有什么可夸耀的呢？

23. 匆匆踏上陌生的“故土”

张爱玲此时，并不满足于夫妻和睦、衣食渐丰。她终究不是能做笼中鸟、池中鱼的小女人，一有转机就想做鲲鹏之举。

有一个计划一直在她心中酝酿，秘而不宣，连赖雅也没告诉。早在两年前，她在办理入籍护照手续时，偶然发现了一家英国海外航空公司，她便打听了一下去香港的飞机票价。入籍以后，她不再担心什么了，想回香港去走走。

她想，与其这样越洋为宋淇的公司写稿，还不如跑到香港去就近写作，恐怕机会还要多一点。

航空公司答复她，票价要 1000 美元。

爱玲当时没有行动，一是因这笔费用她根本拿不出，二是刚到旧金山也不宜轻动。于是这计划，就一直埋在了她心里。

现在，生活稍安顿，但写作的前景仍不容乐观。她连续写了几篇英文小说，在美国和英国都找不到买家。1959 年底辛苦写成的《怨女》遭到拒绝，曾使她一度绝望之极。① 如今身心都还可以，岂能坐以待毙？

于是，她向赖雅摊牌，谈了她的“东方之行”计划——到香港去，求得更大的发展空间，顺路再去一趟台湾。

她此时有一个新的写作计划，想写一部英文小说《少帅》，要有一些实际感受，也需要搜集相关资料。“少帅”即张学良，这时正被蒋介石幽禁于台湾，此去就是要找机会见见他本人。

赖雅听了，大为震惊。

他现在正如张爱玲当年亲昵嘲笑的那样，婚后完全成了“没有作品发表的作家”，等于靠爱玲供养。现在听爱玲这样一说，以为爱玲有离他而去之意，更觉得自己是个废物，大感沮丧。

他在当天的日记上写道：“好，我很满足现状，她却要改变！”

---

①该书直到 1967 年才由英国凯塞尔出版社出版，更名为《北地胭脂》。

这一切，爱玲早已料到。她用了整整一晚上来说服丈夫，解释了此行对双方的好处。最后赖雅只得同意。

不过爱玲一走，病体支离的赖雅怎么生活？

爱玲建议，他可以就在旧金山不动窝，培根和爱丽丝都可以来照应一下。

但是赖雅不听，为了自尊，他立刻给霏丝写信，问可否把行李托运到她那里，接着就向亨廷顿·哈特福基金会提出申请。

这封信，赖雅事前给爱玲看过，内中言辞恳切，令人动容，似乎全世界的人都在抛弃他。赖雅是以美国人的思想方式来看这个问题的——既然妻子要远行，那就有可能不愿再养活他了！

爱玲一时也讲不清，就随他去。两人各自忙着收拾东西，小屋子里的空气有点僵。

可是赖雅的申请并没被基金会接受。好在霏丝收到父亲的信后，明白发生了什么事，立刻来信说，父亲可以到华盛顿来，就住在她邻近的公寓里。

爱玲走的那天，赖雅送她去了机场。望着爱玲走上舷梯，他心里认定：这个倔强的东方女人，一定是不会再回来了。

1961年10月13日，张爱玲悄然抵达台北。这是她阔别6年后，脚步再次触及故国的土地。

然而，这个岛屿，对她来说又十分陌生、只在想象中出现过。

刚下飞机，就出了一个小小意外。一个男子急匆匆走过来问："你是尼克松夫人吗？"

张爱玲顿时愕然！

幸而来接她的人赶到，对她说：这男人神志不清，专在机场迎候来自美国的达官贵人。不用理他。

张爱玲这才松一口气。

走在台北的阳光下，沐着亚热带的风，爱玲对接她的人说："真像是在梦中，但又不可能。"

这次来台湾，是老朋友麦卡锡一手安排的。麦卡锡如今是美国驻台北领事馆文化专员，还负责美国新闻处工作。他将爱玲接到他的大别墅中住下。

麦卡锡现在比过去阔多了。这个别墅，在阳明山公园附近的巷子里，极为豪华，人家形容是“从仆如云”。

那么，张爱玲来台湾一趟，就只为见一见张学良吗？其实，除此之外，还有其他的因素。

她为宋淇的公司写剧本，以后会涉及台湾的一些场景。她来，也是要亲身体验一下岛上的民俗，以免将来写得不像。

还有就是，她本人也对台湾发生了浓厚的兴趣。这源于台湾自50年代末起，悄然掀起了一股“张爱玲热”。

此时，距离她1945年在上海“折戟”已有15年时间。15年沧桑变易，当年被人痛诋的“胡张恋”早被人淡忘。张爱玲作品的魅力，经过时间淘洗，如今在台湾浮出了水面。

由《传奇》故事所引起的怀旧、对《秧歌》等作品的意识形态认同，还有台湾新一代作者对现代主义的崇奉，这都使得张爱玲在台湾读者中声望日隆。

从50年代起，张爱玲的影响在大陆地区和香港，因不同的原因而销声匿迹。但美籍华裔学者夏志清独具慧眼，发现了她的“永恒价值”。

夏志清在50年代写《中国现代小说史》（英文本）的时候，从宋淇那里得到了《传奇》和《留言》的香港盗印本，一读之下，惊为天人。

于是，他便在自己的著作中，开辟了专章来介绍张爱玲，所用的篇幅，要超过其他许多名家，包括鲁迅。他对张爱玲的评价之高，也超过了鲁迅。

夏志清给张爱玲的评价是：“她可能是五四以来最有才华的中国作家”，高度肯定张爱玲“是近日中国最优秀最重要的作家”。对于《金锁记》，他称之为“中国自古以来最伟大的中篇小说”。即便是张爱玲自己并不看好的《秧歌》，夏教授也说它“在中国小说史上已经是本不朽之作”。

《中国现代小说史》中有关张爱玲的章节，还未等出书，他就以论文形式先行发在了台北《文学》杂志上。

这些文章的中文译者，就是夏志清的哥哥、台湾大学外文系教授夏济安。

其时，夏济安的一批学生，如白先勇、王文兴、欧阳子、陈若曦等，都是台湾现代文学运动的中坚。夏文一出，他们都大为惊讶，纷纷

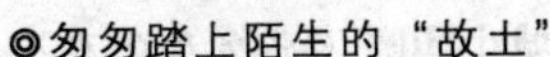

去找张爱玲的书来看。此后，《五四遗事》也在《文学》杂志上首发，就更奠定了张爱玲在台湾“文青”中的偶像地位。

台湾在那个时候，出现了最早的一批“张迷”。

麦卡锡与这些青年作家过从甚密，也有意要为张爱玲牵线，让双方有个见面的机会。他后来曾说过：“我协助安排邀请……与我们合作出书的台大年轻作家们推动此事，因为他们敬张爱玲如神。”

既然台湾文学界表示出如此友好，张爱玲自然也很想去台湾看一下。

抵台次日的正午，麦卡锡夫妇为爱玲接风洗尘，在台北国际戏院对面的大东园酒楼摆了一桌。

当天作为陪客的，有白先勇、王文兴、欧阳子、陈若曦、王祯和、戴天、殷张兰熙等，大都是台大学生中的“文青”。当时他们正在办《现代文学》杂志，麦卡锡对他们多有支持，杂志一出来，他就曾一次订购700本，还选了王祯和、白先勇、王文兴、欧阳子的小说各一篇，请人译成英文结集出版，书名为《新声》(*New Voices*)。

先前，张爱玲曾看到过这本书，在读其中王祯和的一篇小说《鬼·北风·人》时，对花莲地方的风土人情大感兴趣。此次来台前，她给麦卡锡打过招呼，想趁此机会走一趟花莲。这件事，麦卡锡也跟王祯和说起过。

午餐时间定在12点。在东道主和主宾尚未到时，陪客们对张爱玲可能长什么样子都大感兴趣。

陈若曦问白先勇：“你想她是胖还是瘦？”

白先勇有他的先入之见：“她准是又细又瘦的。”

陈若曦摇头：“我想她一定是既丰满又性感。”她很早以前看过《流言》，对扉页上的张爱玲小照有印象，觉得张爱玲是那种很有生命力的女子，想来就应该是时尚一些的样子。

为王祯和小说担任英文翻译的殷太太，这时忽然提议说：“我们都未见过张爱玲，大家来想想她是什么样子。我问麦卡锡先生，他说张爱玲很胖、很邋遢。究竟有多胖、多邋遢？”

这个说法很蹊跷——张爱玲自读了港大后就再没邋遢过，现在怎么会变了？另外，尽管西方人看中国女人有他们特别的眼光，但张爱玲无论如何也说不上胖。

此言一出，正在兴头上的台大学生们都很失望，便不愿多想。

就在这时，“张爱玲出现了。大家眼睛一亮：哪里邋遢？干干净净的；而且一点都不胖，虽然不是顶漂亮，却是‘可看性’很高”①。

陈若曦是女性，观察得就更仔细。她留意到，张爱玲目光专注、锐利，浅浅一笑时还带着羞怯，像小女孩的神情。因为穿着素净的旗袍，所以显得非常年轻，就像30年代洋学堂里的女学生。

在刹那间，人们看到了一种本质——张爱玲“浑身焕发着一种特殊的神采，一种遥远的又熟悉的韵味，大概就是三十年代所特有的吧……”

这时候，大家想起殷太太转述麦卡锡的话，才恍然大悟：原来这是“欲扬先抑”的手法！

他这一弄，使众人一见张爱玲，会觉得加倍的美。

席间，张爱玲给人的印象是不甚健谈，说话语调很轻，语速极慢，一个字一个字地吐出来，听的人须全神贯注。

张爱玲非常敏感、羞怯。席间，吃饭和回答旁人的话，占据了她的全部精神。据麦卡锡讲，任何一个场合，若超过5个人，张爱玲便会感到不安，手足无措。不过，那天座中一共12个人，张爱玲倒还没有被吓坏的样子。

张爱玲坐在白先勇旁边，一件紫色衣服就搭在椅背上。白先勇原以为她是上海人，说话会带有上海口音，却不想，她说的是标准的“国语”，带着浅浅的京腔，有时也讲英语。

张爱玲对王祯和说：“真喜欢你写的老房子，读的时候感觉就好像自己住在里边一样。”

王祯和不遑多想，当下就和张爱玲商定，第二天就陪张爱玲去他花莲的老家住几天，实际体验一下老房子。

当天，他就给家里写了一封信告之此事，用“限时专送”② 寄走，又向学校请了一个星期的假。

饭后，陈若曦陪张爱玲上街去买一块衣料，准备送给王祯和的母亲作见面礼。

---

①见王祯和、丘彦明《张爱玲在台湾》。

②特快专递。

坐在三轮车上，张爱玲望着台北的街头，感慨良多："好几年了，台北一直给我不同的印象。到过台北的朋友回到美国，便描绘台北的样子给我看，每一次都不一样。这一次，我自己看了，觉得全同他们的不一样，太不一样了，我看着竟觉得自己忙不过来！"

离开酒席，张爱玲的话多了起来，显得很健谈。两人谈了一些纯属女人的话题，比如老式的发髻、香港的旗袍、女人的腰肢等等。陈若曦觉得，她很欣赏中国女人的美，关于服饰、发式、衣料与色彩的见解，也都很独到。

与张爱玲短短半日的相处，令陈若曦半个世纪后仍不能忘怀，她后来是这样描述张爱玲的："她是个极不拘小节的女子，有人认为是迷糊，我想她完全是豪迈、率性、超越繁文缛节，最具赤子之心。……这真是我见到的最可爱的女人；虽然同我以前想象的不一样，却丝毫不曾令我失望。"①

王祯和当时在台大外文系念二年级。短篇小说《鬼·北风·人》，是他在大一时写的处女作，首发在1961年2月《现代文学》上。他的小说绝大多数以乡土人物为题材，但却大量使用了意识流等现代主义手法。

王祯和的父母都受过日式教育，父亲早逝，他与寡母相依为命，历尽艰辛，所以他的小说多半都有自传性质，以小人物为主角，用喜剧的手法来写底层人的卑微与无助。

此外，他在语言上也独树一帜。李欧梵曾说："王祯和的叙事语言，却不尽是台湾口语，内中夹杂了不少独创的句法；有些是文言，有些是乡俗俚语，甚至间或也有一两句西化语法。"②

王祯和对张爱玲崇拜至极，能有这样一个机会与自己心中的偶像交往，令他大喜过望。

第二天，他就陪张爱玲来到了花莲。

家里在收到他发来的快信后，早已做好了准备，洒扫庭除，恭迎贵客。

①见陈若曦《张爱玲一瞥》。

②见《中西文学的徊想》。

王家就在花莲县城的中山路，是一座地道的台式老宅，庭院深阔，颇有古风。张爱玲的住处，就安排在一楼一个带榻榻米的房间里。

王祯和的母亲知道张爱玲是看了《鬼·北风·人》而来，便把小说中提到的各式点心、小吃都做了出来，让爱玲一饱口福。

张爱玲见此，大为感动。

她在港大的后期学过日语，与王祯和的母亲交谈时，也间杂着说一点日语。老太太告诉爱玲，王祯和的干姐姐就要出嫁离开家了。张爱玲就说："那你会比较寂寞。"

这"寂寞"一词，就是用日语说的。

每晚向老太太道晚安，爱玲也都用日语，她是有心让老人家对她不要有陌生感。

王家在当地以开杂货店为生，家中地方不大。张爱玲来了以后，很为邻居所注意，都以为她是王祯和带回来的女朋友。

王祯和对张爱玲，始终有一种难以言明的情结，多年后回忆起来也难掩激动和淡淡的伤感。

他说："她那时模样年轻，人又轻盈，在外人眼里，我们倒像一对小情人，在花莲人眼里，她是'时髦女孩'。因此我们走到哪里，就特别引人注意。我那时刚读大二上学期，邻居这样看，自己好像已经是个'小大人'，第一次有'女朋友'的感觉，喜滋滋的。"

王祯和是1940年出生，比张爱玲要小20岁。王家邻居误认为张爱玲是小王的女友，固然有文化背景不同而引起的视觉误差，但也说明，那时的张爱玲比实际年龄要显年轻得多，不像晚年时那样衰老得超过年龄。

从张爱玲来台之前在旧金山拍的照片看，她此时确是意气风发、五官开朗，有一种以往从没有过的昂扬之美。

爱玲此行，是来了解风土人情的，她又流露出了那种"向下看"的兴致来。路过一条陋巷，碰到一位妓女户小姐在店里跳"曼波舞"[①]，她也觉得有趣。王祯和记在心里，第二天便找了他的四舅，安排张爱玲去当地的一甲级妓女户"大观园"游玩。

这所高等妓院，就在南京街和仁爱街的转角处——这是花莲的"红

①拉美舞蹈。

灯区”。想不到，张爱玲在这里大出了一回风头。

她看妓女，妓女也坐在嫖客腿上看她。四目相视，各得其所，一片欢喜。张爱玲的打扮，其实只是简洁而已，可是在1961年的花莲人看来，却很时髦。妓女又听说这是从美国来的女客，便更加注意。王祯和后来想起来，还觉好笑：“妓女对她比对嫖客有兴趣。”

在“红灯区”的后面，有一座花莲最古老的城隍庙。进门处的四根柱子上有对联，内容比较费解。

张爱玲仰头看了半天，然后很欢喜地说：“我知道，我知道意思了。”是什么意思？她没有告诉王桢和。

大概是因为回到了本土文化中，张爱玲此行显得非常轻松自信，小处也显出她的特立独行。

她穿的是很轻便的衬衫，款式随意，脖颈下的头两个扣子松开不扣。从台北一路到花莲，后来再到台东，都没扣过。这在当时服饰还很保守的台湾，非常罕见。王桢和的舅舅见了，用闽南话说：“伊像美国人，很美国派。”

每晚睡觉前，她都要往脸上擦各种水，还有王桢和搞不明白的各种护肤脂，用许多张纸巾擦来擦去，要费很多时间。王桢和的母亲见了，觉得新鲜，用闽南话问小王：“不知是什么东西？”

到花莲的当天晚上，张爱玲、王桢和与王母一起去附近的“金茂照相馆”，照了一张相以资纪念。就这，张爱玲也不马虎，照相前足足用了一个多小时化妆。

照相，在当时还是一件隆重的事，照相师也很认真，翻来覆去地看取景框，纠正姿势，照了很久。

这是王祯和与张爱玲合拍的惟一的一张相片，张爱玲居中，王母和王祯和分列左右。

此外，张爱玲还单独照了一张。她穿了件一字领的花衫，很宽松随意；短发及腮，目光清冽，人显得相当年轻。

其实，当时王母也并不老，充其量可呼之为“阿姨”。大二学生王祯和，相貌斯文，就更是翩翩一少年了。

那真是一个年轻的时代！

后来水晶的女同事看到这张相片，说张爱玲看起来像三十多岁，而在水晶和王桢和看来，也就像二十多岁。

1961年，台东的阳光很祥和。

——那一块山与海之间的乡土，留下的是张爱玲最后的青春！

隔天，他们乘坐三轮车，去乡下走了一个下午，到各处庙宇去参拜。

整整一个下午，她边看边做笔记，猛地就会冒出一句："台湾真富。"

从台北来时搭乘公路局的汽车，看到沿路和车站上到处是可以用来做圣诞树的松树和扁柏，她也曾感叹过："台湾真富，这在美国都是要花钱买的。"

在花莲的一天晚上，张爱玲还去花冈山上，看了阿美族的"丰年祭"，看得极其认真。

丰年祭是阿美族的大型民俗活动，家家户户要钻木取火，点燃兰芭子草，煮熟糯米饭，蒸好米糕，集中起来摆上敬祖先，然后歌之舞之，以为祭祀。

那种山地歌舞，场面浩大，四周围了许多人观看。张爱玲与王祯和挤到前排，坐在地上一道观看，看得出来，张爱玲真是喜欢这种原始歌舞。

有一位全身装饰得满满的山地小姐，侧面美极了，张爱玲赞道："她可以当选为最佳侧面奖。"

在表演当中，突然停电，天气起了大风，场地上飞沙走石，鬼影憧憧，观众们都惊骇不已，惟张爱玲神态自若。

不一会儿灯亮了。当地的县长也在会场，听说张爱玲是美国来的，非常热情地邀她坐到贵宾席上去，但张爱玲没有去。

接着又有一位台北来的舞蹈家，主动跑来跟她聊天，递上名片，然后说："这些舞，不好！如果给我编的话，可以更好。"

张爱玲私下对王祯和说："山地舞，要他来编干嘛？"

张爱玲沉浸在"本土文化"中，意醉神迷，在花莲的几天，反而很少谈文学，尤其不大愿意谈自己。

王祯和曾对她说："你的小说真好，每个字都有感情，掷地有声。"她说："不要说，不好，不好！"

张爱玲看过王祯和的《永远不再》，她说："你相当有勇气，这山地生活，这么特殊的背景，你敢用意识流的手法。通常，意识流是用在日常生活、大家熟悉的背景中的。”

她的这番评点，对王祯和触动不小，以后他再也不敢随便新潮、前卫了。

对于台湾新生代的其他作家，因张爱玲看得不多，所以基本没有评价。王祯和曾遵白先勇之嘱，带了一套《现代文学》到花莲，送给张爱玲。张爱玲说自己行李多，就不带回美国去了。她在旅行沿途把杂志读完，还给了王祯和，但评语还是没有。

张爱玲与王祯和还泛泛地谈了些中外文艺问题。对于五四以后的中国作家，她从丁玲谈起，点评了一些，其中包括留在大陆的作家。张爱玲说，在大陆，都是按一种 Formula① 来写作，不会有好东西的。

王祯和对张爱玲的小说推崇之至，认为《金锁记》是经典，是 Universal②；认为《倾城之恋》是写到了极致的作品，电影完全没有办法表现。

《五四遗事》中有一段关于西湖水的描写：

船夫与他的小女儿倚在桨上一动也不动，由着船只自己漂流。偶尔听见那湖水叶地一响，仿佛嘴里含着一块糖。

王祯和对这段描写佩服得五体投地，认为“形容词用得妙透了”。

在交谈中，张爱玲表现出对胡适尤为敬佩，评价很高，说现代中国与胡适的影子是不能分开的。

她也说起了自己此去香港的目的，是要为电懋公司写《红楼梦》剧本。这剧本该怎么写，张爱玲很有点为难：“他们要的是少男少女的戏——他们电影界喜欢少男少女的戏。”

王祯和注意到，她谈的话题虽然宽泛，但只要一涉及到她自己的写作，就总是轻描淡写，不肯多说。

——经历过了人世间的淬火，张爱玲已不在乎舆论的冷或热了，她不想做神坛上的神。

张爱玲的亲和与自然，给了年轻的王祯和以极深印象。他后来回忆

①模式。

②全球性的。

说："我还记得她在我家，捧着木瓜，用小汤勺挖着吃，边看《现代文学》，那样子是那么悠闲、自在。二十五年过去了，那姿态我居然还记得那么清晰，就觉得她什么都好，什么都美。"

在离开花莲到台东之前，张爱玲执意要给王祯和的舅舅买礼物，问王祯和买什么好。

王祯和说："我舅舅不缺什么东西。"

张爱玲又来了幽默感，说："A man who has everything[①]，是很难买礼物的。"

两人便一起上街去看，进了一个书店。开始张爱玲用国语和老板说话，讲着讲着就变成用上海话了，讲了很久，后来买了一支钢笔送给王祯和的舅舅。

花莲之行，在张爱玲，是奇异的感受；而在王祯和，更如梦寐一般。

此行张爱玲是低调而来。直到临走时，才有一晚报记者抓到了线索，在报上发了一条短消息，里面只有张爱玲的一句话："来台湾是拜访亲戚。"

后来，水晶笑王祯和："那名'亲戚'就是你。"

王祯和自称，一生有三件事受到张爱玲"强烈的影响"。这三件事，其实都是微末小事。

第一件，是说国语要标准。张爱玲对他说："你们福建人 f 音与 h 音好像分不清。"王祯和自此遇到这两个声母发音时，都要加倍小心。

第二件，是王祯和以前把"噱头"说成是"剧头"。张爱玲委婉地提醒他："噱头，上海人是念'xué 头'。"王祯和此后，凡是对不知发音的字，都要先查了字典再说。

第三件，是他们在看山地人喝酒时，王祯和说了一句："他们表情很忧郁。"张爱玲没听懂，王祯和就改用英文说 Sad。张爱玲笑笑说："你讲话很文艺腔。"自此，王祯和讲话，就务求去掉这类文艺腔。

这三件小事，看得出张爱玲的率真无羁，也看得出张爱玲在王祯和心目中的分量。

---

①意即：一个全能的人。

后来，张爱玲到了香港之后有信来，里面提到，在香港住的地方，能听到有鸡鸣。水晶把信抢过去看，看完说："张爱玲撒谎，香港怎么可能有鸡？"

香港当然有鸡。水晶之意，是说繁华的都市中心如何能养鸡？他曾在香港住过，所以说得振振有词。

王祯和不服，就拼命找理由为张爱玲辩护。

张爱玲从香港回到美国，为《记者》（*The Reporter*）杂志写了一篇访台观感，题为"*Back to the Frontier*"①，她把杂志寄了一份给王祯和。水晶看了，对题目大有意见，说："怎么能说到台湾是'回到边疆'呢？"

在这篇文章中，还提到了有臭虫。水晶又大不满，说："怎么可以说台湾有臭虫？哪里里有臭虫？"

本来王祯和看了这篇文章觉得好，经水晶一激，便也"觉得要跟张爱玲抗议一下"。恰好居住在香港的作家徐訏在报纸上发了一篇骂张的文章，王祯和就把剪报寄给张爱玲看，顺便抗议了一下"臭虫事件"。

张爱玲在回信中，并无正面答复，只是淡淡地幽了一默："臭虫可能是大陆撤退到台湾来的。"

所谓"臭虫"，有或没有，无关紧要，关键是她的"撤退台湾"一说，显是在暗讽台湾国民党当局。她对国民党的不满或不屑，有一个近因，就是采访"少帅"的申请，被台湾当局拒绝了。

此后，张、王之间一直有通信，他们间淳朴的友谊也绵延日久。

一次，王祯和在电影杂志上看到有女演员作山地姑娘打扮的，想起与爱玲去看山地舞的情形，便把图片剪下来，寄给爱玲作留念。

王祯和大学毕业后按规定服兵役，在驻地第一次见到相思树、相思豆，觉得惊喜，也写信去告诉张爱玲。他在台湾看到张爱玲编剧的电影，认为导演没能领会妙处，拍得不好，就写信给张爱玲替她打抱不平，张爱玲仅是一笑置之。

王祯和服完兵役后，在莲花县中学做过两年的英语教员，又先后在台南亚洲航空公司、台北国泰航空公司工作。那时他可以免费飞美国，于是写信给张爱玲，说要去波士顿看她。张爱玲回信道，很欢迎，但她

①《回到边疆》，亦可译为《回到前线》。

家比较小，不能安排他住，只能住旅馆。

那是王祯和第一次出国，到了纽约准备坐长途车，偏偏迷了路，拿着地图怎么也找不到“灰狗”巴士站，打电话也打不通，待了一个多星期，只好怏怏不乐地回了台北。张爱玲后来复他的信说：等了他一天不见踪影，到第二天，头痛了一天。

数年后，王祯和去美国爱荷华国际工作室做访问研究，此时张爱玲已在洛杉矶。王祯和写信去，说想见一面，但张爱玲拒见。她复信说：“你应该了解我的意思。”

王祯和由此更是后悔——在波士顿那次不该失之交臂。但他尊重张爱玲的意愿，把从花莲带来做礼物的大理石，托了别的朋友转交。

张爱玲为何要拒见？

王祯和对此完全领会，他说：“后来没见面是对的，让我记忆中她永远是青春的一面。”

——1961 年的花莲，无论是艳阳还是蓝海，在他们的记忆中都早已定格。

记忆美好，就不要再去破坏它了。

1967 年，王祯和因发表短篇小说《嫁妆一牛车》而一举成名；1969 年，正式进了台湾电视公司任职。

送别张爱玲 25 年后的 1987 年，王祯和在“台视”的录像室做关于张爱玲的访谈，面对采访人，他仍情不自禁：“这些事情想起来，真温暖。”

抚今追昔，他伤感而又满足，接受采访的最后一句话是：“真是奇怪，我真的能把她的每一件事、每个动作、说的话都记得清清楚楚，包括她喜欢戴的大耳环……”

回忆到此戛然而止。惟能见到他脸上有一种笑意，单纯而幽远。

24. 黯然独望港九灯火

台湾之行，是张爱玲中年时难得的一次阳光之旅，她身上有一种东西又复活了。

可是天不遂人愿，本来堪称完美的行程，被一个突然而来的消息打断。

她原来的计划，是游完了花莲，再去台东、屏东。在屏东看一下著名的“矮人祭”，然后乘“金马号”长途汽车去高雄。

这样，庶几能把台湾各地的风土看个差不多。

然而，刚到台东，一下汽车，车站的站长就告之，美国新闻处正在打电话到处找他们，要张爱玲马上与美国领事馆联系——原来是赖雅又中风了！

这消息，瞬间打破了张爱玲的好兴致。她与王祯和以及陪同而来的舅舅商量，只好取消原定计划，赶搭最近一班金马号汽车到高雄，再连夜搭车回到台北。

台东没有玩成，也许是着急，张爱玲的肠胃又出了毛病。王祯和劝她去药房买点药，张爱玲怕台湾药店的药是假的，不敢买来吃。

最后，是王祯和的舅舅找了一辆自行车，带着张爱玲去医院看了病、拿了药。

在街上的药房里，张爱玲还看到一些草药，主治跌打损伤之类的。药房的郎中见她的腿脚不大好，介绍了一些药给她，她也不敢买。

在台东车站，“全能的”舅舅与张爱玲告别，王祯和陪张爱玲上了去高雄的汽车。

归程匆匆，他们又从高雄搭夜车返回台北。当晚麦卡锡派了车，在车站接到了他们，先送王祯和回新生南路信义学舍。

下车后，王祯和在新生南路上，与张爱玲挥手作别。看着汽车往阳明山方向开去，他心里非常难过，有预感好像彼此再也不能见面了一样！

——他的预感，没有错。

张爱玲到了阳明山麦卡锡的家里，了解到了赖雅的病情。原来，就在张爱玲起程去台北一个星期后，赖雅便搭乘巴士去了华盛顿，途经宾夕法尼亚州的比佛瀑布市，突发中风昏迷，被送进了当地医院。

病情很危急，医院连忙通知了赖雅的女儿霏丝。霏丝赶到后，将消息通知了麦卡锡，又把赖雅接到了华盛顿她家附近的一家医院。

面对这一棘手问题，张爱玲犯了难——她的钱不够飞去华盛顿，最多只能先到洛杉矶。如果等到了洛杉矶再筹钱，就要滞留一些时日才能去华盛顿。

当她得到确证的消息，知道赖雅那边病情已经稳定后，就决定先不回美国。还是依照原计划，去香港写《红楼梦》剧本，写完后再回美国。

这样，用不了多长时间，手头就会有一大笔钱。如果赖雅今后一病不起，她也可以照顾他到最终。目前的这一段，有霏丝在照顾，完全可以顶得过去。假如现在就回去，路费白花了不说，两个人还不是坐困愁城？

加之她想采访张学良的申请，也被台湾当局驳回，无法确知什么时候才能批准。于是，张爱玲决定立即动身。

宋淇那边，请她去写《红楼梦》上下集电影剧本，说好了稿酬是1600～2000美元，正是求之不得的好事。

再者说，《红楼梦》是她的一大情结，改编《红楼梦》，无论如何要强过写搞笑剧！

——她说走就走了。

6年后，又见到了香港，只觉得繁华更盛。

但张爱玲无心观赏，住进了宋淇家，就马上去物色房子。很快，在附近的东亚旅馆租下了一间房，安顿下来，投入了创作。

此时她眼底溃疡出血、双腿肿胀，身体不大好，但也顾不得那许多了。经济压力就是鞭子，“贵族”如张爱玲，也只能低首下心。

她的眼疾，是老毛病，在美国就有，多次去医院看过，是因疲劳和精神压力过大而致。如要控制病情的话，就要打针，最主要的是要注意眼睛的休息。

可是，现在怎么能合上眼？

金钱，是一座可怕的大山，张爱玲要奋力把它扛起来。她每天从上午10点工作到深夜1点，几无喘息，连去宋淇家看看是否有赖雅来信的时间都没有。

腿上的毛病，是从旧金山坐飞机来时惹的祸。因为坐的是经济舱，座位太窄，时间一长就出了问题，腿和脚都肿了。

本应去买一双宽松一点的鞋，可是，那需要钱！只好忍着不买，熬到年底大减价时再说。结果，因为鞋太紧，脚越来越肿，痛苦万分！

但是，赶工也果然赶出了效率，《红楼梦》剧本终于提前完成。

不料，电懋公司那里生出了意外枝节。宋淇对她说，公司考虑，因宋淇是《红楼梦》专家，所以难免会有偏爱，这次决定让他回避，由他的两位上司来把关。可是，那两位谁都没读过《红楼梦》原著，看了剧本之后，也无法拍板。

剧本卡在那里，稿酬也就落了空。

后来，张爱玲在给赖雅的信中，说这根本就是宋淇的托词，因为他不大满意这个改编本，又不好明说，只能如此推脱。

张爱玲的稿子写得太匆忙，而宋淇又是深谙原著精髓的专家，两下里见解碰不到一起，是很可能的。

宋淇不忍见张爱玲等得无望，心里也大概有些歉疚吧，就建议她干脆多留下来一个月，另外再写一个剧本，稿酬是800美元。这笔钱，可供张爱玲夫妇在美生活4个月，算是给了爱玲一个补偿。

怎么办呢？只能如此。

寂寞的地方，无聊的写作。张爱玲在工作之余，有时也一个人出去，寻找大学时代的旧踪。

她去过“鸟音咖啡馆”，那是她当年与炎樱常去的地方。她还去找寻过当年常吃的一种甜点“奶油司空”，可是没找到，连“老大昌”这样的老字号食品店里，也没有。

她走在熟悉而又陌生的街区，难免失望。旧迹还能辨认，但年轻时的那种空气荡然无存了。

这样一晃就来到了1962年春节，爱玲新写出的剧本顺利过关，但《红楼梦》还是遥遥无期。她无事可做，就替一家出版社翻译短篇小说，既能够打发时间，又能聊补无米之炊。

这时，张爱玲忽然听宋淇说，电懋公司的老对手、邵氏影业公司要抢在前头拍《红楼梦》。假如消息是实，那么张爱玲此行将是竹篮打水！

而且，公司还找来了一位李编剧，不顾张爱玲的难堪，准备“换马”。

在这个打击之下，她的精神几近崩溃，连日失眠，眼睛又出了血！

她在给赖雅的信中，毫不掩饰心底的绝望：“当我在黑暗中孤独地徘徊在阳台上时，心中不禁猜想你是否知道我的处境，我的心情，顿时觉得在这个世上我可以投向谁？”①

在英语世界里，她的努力所获甚微，而在她兴冲冲奔赴而来的华语世界里，她又遭重创。命运真是陷入了无尽的黑夜么？

正月十五元宵夜的前夜，张爱玲独自站立在屋顶的天台上，头上是一轮圆月，远处有九龙的万家灯火。

——正当团圆之时，为何总有孤单人啊！

她在1962年1～3月间，与赖雅有6封通信现在仍保存完好。

这些信件，是台湾学者周芬伶发现的，后来在2004年6月由台湾文学月刊《INK印刻文学生活志》披露出来，张爱玲与赖雅那种相濡以沫的深情，才得以公诸于众。一方面，他们在信中相互安慰，拳拳之心可见；一方面，里面又句句是苦情，读之令人黯然！

她来一趟香港，几乎花光了所有的积蓄，连订购回程机票的钱都没有了，只能通过旧金山的旅行社预先订了一张船票。

贫贱夫妻，到头来终究是百事哀啊！

她在香港，陆续收到赖雅的来信，知道他已经康复，打算定居在华盛顿。

此前，她也一直写信给赖雅，可是都没有寄到。原来是她的糊涂老毛病又犯了，把地址搞错，竟一连寄丢了5封信！

直到第六封，才把地址写对。

在这封1月5日写的信中，她劝赖雅去试试，看能否找到一间不大而又便宜的公寓。房间小点现在也没关系了，因为她已经改了作息时间，早上可以起得很早，两人在休息时间上不会有冲突。

然后，她讲了自己的情况，说身体好得多了，天好的话随时都可以出去走走。只是因为眼睛不好，不能戴隐形眼镜，也不能化妆了。

---

①见周芬伶《哀与伤——张爱玲评传》。

连续的挫折，使张爱玲几乎失去自信，她不无凄惶地说：“据我所知，我们的运气会在六三年好转，可是我却为了如何度过六二年而失眠。”

所谓“六三年转运”的信念是缘何而来？据今人考证，这还是她在香港期间，频繁地请宋淇为她的前程翻看牙牌签书，有一个签上就是这样说的。

牙牌签书，是清末流行的一种用骨牌做卜具的占卜书，张爱玲一向认为“有八九成灵验”。现在，“转运”一说，更是成了支持她前行的一个信念。

赖雅那边，对身边没人陪伴很不习惯，一直在信中催爱玲早些回去。

爱玲也提到了她很盼望的返程，说从香港到美国的航班，没有直飞华盛顿的，要在纽约转机，她曾设想，到纽约后顺便去彼得堡镇一趟，把留在那里的母亲的箱子带到华盛顿去，将剩余的古董拍卖了，换一些零花钱。可是，转念一想，其间的旅费，也可能要大大超过那口箱子的价值，所以不再做如此想。

在叙述这事的时候，张爱玲很平淡，如说家常一般。可是，那捉襟见肘的窘迫，真有穿心之痛！

对于赖雅的催问，她只是说，现在还在忙《红楼梦》剧本下集的初稿，她也很想尽快回，所以决定退掉船票，改乘飞机，期望在3月初能回到他身边。接着，又糊里糊涂地加了一句：“如果能赶上2月30号的飞机的话。”

2月怎能有30号？这封信寄到后，赖雅不解，只当爱玲是在幽默，拖延着不肯回来。还说什么要卖掉古董，难道去一趟香港，挣回的钱还不够她花的吗？于是，他在复信中就不免有所抱怨。

他还告知爱玲，已经在女儿家附近找到了满意的房子，室内感到很温暖。他还画了一张草图随信寄来，说为了迎接爱玲回去，要准备添置一些东西。

爱玲接到信，知道赖雅是误会了，在回信解释的时候，颇费了一些心思。赖雅盼她早回去，当然是诚心诚意的；但人一旦上了年纪，就有小孩子脾气，她只能婉言劝解。

首先，她对赖雅找到了合适的公寓表示高兴，说：“那就是我真心

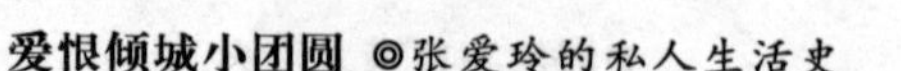

想要的家。”

她告诉赖雅：原定 2 月 16 日就会飞离香港，前一封信上写的“2 月 30 日”，当然是笔误。

但是，去美国的机票很紧张，要提前 3 周付票款，原先订购船票的钱，旅行社还没退回来，所以，现在即使想买飞机票，手中的钱也不够。在这种情况下，只能答应为宋淇写那个新本子，赚到手 800 美元再说。

由于临时决定多留一个月，新的离港日期，大约定在 3 月 16 日。

她知道赖雅花钱还是改不了大手大脚的毛病，就劝赖雅不要乱花钱，买东西的话，要买常用的耐用品，不要胡乱买些消耗品，尤其不要为她买什么。

爱玲还委婉地透露，自己在香港也是很俭省的，冬天都快过去了，有些东西才腾出手来添置。最需要的是一件冬装、一件单衣、一件家常的长袍和一副眼镜①。算下来，得 70 美元。

她上次那封信里说的，想卖掉存放在彼得堡的“垃圾”——古董，是为了贴补家用。爱玲这回特别说明：“不是为了我自己。”

最后，张爱玲给赖雅写了一小段很温情的话，虽然有点小儿女的浪漫，但也只有多年的恩爱夫妻才能表达得出：

> 甜心，快乐些，吃好点，健康点，很高兴你觉得温暖，我可以看到你坐在壁炉前的地上，像只巨大的玩具熊。附上我全部的爱给你。

她对赖雅，简直有点像母亲了。

她要用至诚，融化掉赖雅心头疑虑重重的冰霜。

赖雅租下的公寓在第 6 街 105 号，名为“皇家庭院”（Regal Court），实际上很简朴（另外也有一个说法，是说该公寓是紧邻皇家庭院）。

公寓离国会图书馆不远，赖雅搬到这里后，就天天到国会图书馆去消磨时间。每次都走不同的路线，以便熟悉环境。

他高大肥胖，头顶老早就秃了，手脚都不甚灵活，因此很喜欢散步，藉此活络一下。

---

①因为眼疾不能戴隐形眼镜了。

1962年初，国会山下，人们就常见这样一个老男人，戴着扁帽，十分欧派，在路上蹒跚而行。

他赤诚、坦荡、宽容、仁慈，也有点小脾气——在爱玲的眼里，他真的就是一只可爱的玩具熊！

收到爱玲的第二封信，赖雅很开心，在日记里充满童心地写道："真好，她喜欢我描述的公寓！只是她被那部香港电影缠住了，不得不等着拿到钱后才可以回来。她已经很累了！又孤单又疲倦，想回家她说最迟三月中旬会回来。这好像给我打了一针强心剂。无论是收到爱玲的信还是寄信给她，都是一种快乐。"

可是，赖雅心里装不住任何不快。在复信里，他还是对那个2月30日的"愚人节笑话"不能释怀，劝爱玲不要"无限期延后"，他还怀疑爱玲是否完全把钱花光了，实在不行他也可以寄去一些应急。对"浪费"一说，他也很不满意，多少做了辩解。

双方在这种情势下，都很敏感。张爱玲的第三封信，对所谓"无限期延后"就有了一点火气，说2月30日就是3月2日——"2月没有30日，你大概不知道吧?"

接着，就是再次的劝慰和再次的解释，承认说"浪费"是自己多疑了，之所以如此，还是缘于"你的弱点加上我小小的恨意"。她还斩钉截铁地告诉赖雅，在任何情况下不要给她寄钱！

之后10天，爱玲又有一信给赖雅，说起她不得已向宋淇借了钱，但这"是个痛苦的决定，而且破坏了我们之间的一切"——多年的友谊出现了裂痕。

借钱是为了支付医疗费和生活费。但是，借了几次后，她就宁死也不借了。因为稿费的纠葛，宋淇夫妇的态度越来越冷淡，这是她的感觉。

事情的不顺，人际关系的尴尬，无钱的窘迫，从四面八方向张爱玲压来，她只能向赖雅倾诉苦恼，以求缓解。

在她的信里，连连出现了这样的牢骚：

> 我工作了几个月，像只狗一样，却没拿到一分酬劳……
>
> 为了1963年的运势，我简直要急疯了……

但是，她也告诉赖雅：她此时的工作情绪高昂，恳求赖雅不要在这种时刻对她“超级敏感”，不要再忙中添乱。

张爱玲本来就有些迷信，现在更是对“运势”坚信不疑，她鼓励赖雅：“相信我的直觉，我们的未来一定顺心。”她说，等到明年运势一转，就把家搬到纽约去。

她再三强调，3 月 16 日一定会走；并在两封信的末尾，都说了一句“亲吻你的耳朵”。

不少张传作者，在写到这一节时，几乎不约而同地都用了一个词，说看了这几封信，“让人心酸”。

这是张爱玲自走出“走马楼”以来人生最困窘的时刻。年幼时还有设法出逃作为精神支撑；而现在，则是一张罗网将她罩住，令她逃无可逃！

赖雅是惟一能向她伸出温暖手掌的人。

有一些女作家，尽管在描述张爱玲时，常常情不自禁地要以张爱玲自况，但唯独谈到这一节时，都说张爱玲为这样的男人做牺牲很“不值”。

她们恰恰不能体会张爱玲与赖雅的血肉之情。

1962 年，茫茫人海中，哪会有现在这么多的“当代张爱玲”将她引为同调？赖雅，几乎是张爱玲六年中惟一的亲人。

赖雅并不是一个花花公子，他是一个尽其可能地担起了家庭责任的好丈夫。爱玲上午要多睡一会儿，他就悄悄躲出去办一些杂事。家里的所有俗务——购物、记账、寄信、交房租、换保险丝，都是他来承担。甚至抽屉坏了也能动手修理。

每次从外面回来，如果把爱玲吵醒了，他都会感到歉疚。

他能为爱玲准备好一顿好晚餐而真心地高兴。

他会在中国的春节陪着爱玲去看华人大游行，并且，忘不了在当天半夜向爱玲道一声：“恭喜发财！”

他们是穷人，在月账单上最大的一笔支出，是房租，有七八十美元的样子；其余的日用花费，顶多一两美元。可是，赖雅对餐桌边的温馨，却感到由衷的满足——“我们两个，爱玲、汤、我、麦片和咖啡”。

至于旁人无法替代的精神上的交流、相近的艺术情趣，那就更不用说了。

跟这样的男人长相守，有何“不值”？

况且，赖雅也不是一具混吃等死的僵尸，他一直在努力写他的长篇《克里斯汀》。力有不逮，那不是他的错——这世上任是谁人，最终都会老的。

张爱玲在年轻时讥讽过冰心、白薇，而现在她决不会了。

她已经明白，所有华丽的东西，都不可能是真的好东西。真正的幸福，就应是这样子的朴素。

而且，他们的清贫，也只是“相对贫困”。在赖雅日记里记录的食谱中，不乏葡萄酒、汉堡包、鸡肉派、意大利比萨、蛋糕、沙拉、意大利菜肴、牛奶加麦片、现煮咖啡，等等，还有“培根”——即便是当今的中国都市居民，又有多少人知道“培根”为何物呢？

这些东西，不都是当今小资们津津乐道的时髦食品吗？

他们还没有穷到要喝白菜豆腐汤的地步！

那些极口称赞张爱玲“超凡脱俗”的人，为何要如此恨恨地埋怨张爱玲嫁错了人？

再苦难的日子也有个头。

当年2月底，“苦难行军”终于接近了尾声。张爱玲提前完成了新剧本，电懋公司的老板对剧本大为欣赏，想跟爱玲协商再改编几部剧本的事，要爱玲留到3月中旬再走。

张爱玲却连一分钟也不想多待，坚决拒绝，订了3月2日的机票。可是意志终究拗不过经济因素，她最后还是同意再留两周，与老板、宋淇一起把未来改编剧本的事规划好，仍旧定于3月16日离开。

旧金山旅行社方面也有了消息，说船票钱已经退回，此时新剧本的稿酬也已拿到，在支付了回程的机票款之后，手上好歹还能余下几百块钱。

走之前是肯定拿不到《红楼梦》剧本稿酬了，即使以后拿到也要扣除借宋家的那部分钱。

张爱玲称这是一次“恶劣的交易”。

算算经济账，跑来一趟香港真是得不偿失。

——这还没有把身心俱损的代价计算在内。

她只能向赖雅宣泄：“待在我的小房间里，觉得快休克了，整个人要爆炸了。”

过后几天，张爱玲终于拿到了机票。临别时双方完全没了信任感：公司和宋淇不相信张爱玲《红楼梦》剧本的质量，张爱玲不相信他们以后能付款。

因为没拿到《红楼梦》剧本稿酬，张爱玲不愿增加额外负担，只得提出，要搬到宋淇家去度过最后的两周。

朋友间生隙，但又要寄人篱下，张爱玲谅是有极度的难堪——“对我和宋家都是一场灾难”。

在给赖雅的最后一封信中，爱玲告之了所乘的航班号，还有抵达的准确时间：3 月 18 日中午。

5 个月的香港之行，就这样以充满阳光开始、以阴霾密布结束。

这是张爱玲一生中第三次因经济问题与人闹翻。

分析起来，宋淇固然有过于生硬、不会转圜的问题；而张爱玲这一方面，恐怕也是太过敏感。这还是小时候后母的那箱旧衣服在作祟，张爱玲经常会觉得别人在钱财上亏待了她。

其实，宋淇基本上做到了仁至义尽，不单单是借钱给她应急，在张爱玲的船票钱尚未退回时，他就曾明确表过态：如果买机票时钱不够，所差的钱，公司会给爱玲补上。至于同意接纳爱玲在他家最后住两周，也算不失君子风度吧。

可惜焦虑缠身的张爱玲，已经不肯退一步来想这个问题了。

不过，宋、张两人并没有就此断交。这以后，宋淇与张爱玲一直保持着合作关系，给电懋写剧本也仍是张爱玲惟一稳定的收入来源。后来的几十年中，宋淇一如既往地向他认识的港台出版界、电影界人士热心推荐张爱玲，终于使她“咸鱼翻生”，这都是后话了……

总之，张爱玲认为这次“东方之行”完全宣告失败。在香港搜集“中国题材”以利创作的念头，也因此断绝。

她把这次创伤，看得过分沉重了。

这片土地，她此后也再不敢涉足！

后来台湾《中国时报》曾经邀她再去台湾，张子静也曾写信劝她回上海看看，她都一概谢绝。

她是铁了心的，要“自我放逐”。

——从此，这片惟一能滋养她写作灵感的土地，就永远只是梦中的家国了！

25. 守护他走完最后一程

春风猛烈。爱玲和赖雅，他们在华盛顿的机场紧紧相拥！

这一幕，无论对他们俩谁来说，都像是劫后重生。

赖雅的举动尤为令人感叹。3月16日，他在日记中郑重其事地写下："爱玲离港之日。"

张爱玲已在信中明确告诉他，16日出发，中间在旧金山转机，18日中午才能到，可是赖雅忍不住想早一天享受重逢的喜悦，提前一天就去了华盛顿机场，希望这次爱玲又是记错了日子，也许会提前一天到！

17日这天，他在候机大厅整整等了一天，从朝阳初升，到暮色苍茫，才心有不甘地回去。

第二天，他又和霏丝一起去机场迎候爱玲。

当天，华盛顿的天气不好，刮大风。可是这一对贫苦夫妻，心头在这一天却充满明媚阳光。物质世界的冰海，并不可怕，两个人互相温暖的体温，就是早春最暖的太阳！

赖雅将爱玲紧紧拥在怀里，喃喃道："真好，爱玲在这里。真好……"

他们心头回响的，就是一句话："我们再也不分开了！"

来到属于他们的小窝，果然是一个简朴而幽静的套间。厨房的餐桌，是延伸到起居室里的那种。这正是爱玲向往的格局，她满心地欢喜。

赖雅给爱玲端上了他亲手做的汉堡包和沙拉，爱玲又自己动手煎了蛋。这样亲切的午餐，真是久违了啊！

公寓所在的位置也好。饭后小憩了一会儿，爱玲就按捺不住，让赖雅带她去参观一下国会大厦和国会图书馆。

走进国会图书馆，环视穹顶的堂皇，张爱玲有莫名的激动。

这个图书馆建于1800年，藏书量过亿册，书架的总长超过了800千米，是全球图书馆中的巨无霸。

赖雅的心里此时充满骄傲：我给了爱玲一件最好的礼物。

晚上，爱玲和赖雅去了霏丝家，给孩子们带去了在香港买的小礼物。霏丝的家，顿时又是一片欢声。赖雅大笑："你看，爱玲，你把春天带回来了，你就是春天！"

安顿下来后，张爱玲很快就去国会图书馆办好了借阅证，接下来的计划，是动笔写原定的英文小说《少帅》，这里的资料完全够用。

她所申请的读书桌位，就在赖雅的桌位旁，以后两人可以相伴而来，在这儿各看各的。不过，她还是习惯大部分时间在家里写作。

赖雅每天还是起得很早，或是去图书馆看书写作，或是和爱玲一块儿去超市采购一周的用品。

又能一起去看电影了，这真是大开心的事。

两人去看了格利高里·派克主演的《杀死一只知更鸟》、马龙·白兰度演的《丑陋的美国人》，两部名片，都让他们津津乐道。他们也都很喜欢费雯·丽，看了她主演的《人约黄昏后》。

赖雅还带爱玲去看了布莱希特的名剧《三便士歌剧》。赖雅说，布氏还有一部以中国农村为背景的剧本，叫做《四川好人》，很奇特吧？

他夸赞这部戏写得非常之好，绝口不谈他和布氏之间有任何龃龉，而且也不说布莱希特曾是他的好友。

——日后，还是张爱玲在翻捡赖雅的遗物时，看到布氏与他的通信，才知道的！

这时候的赖雅，唯以怀旧为乐。他的一些老朋友，不少都已经谢世了，念叨一下他们，垂暮日子里就会多一点温馨。

辛克莱·刘易斯，又高又瘦，人家说他像张开前腿的螳螂，他是刚去世的，1961 年走的。庞德，他现在在意大利活得倒还结实。布莱希特，也走了，是 1956 年走的……

这一年，赖雅已是 70 岁的老人了。他对爱玲，越发地从心理上依恋。在日记中，他记下了晚间散步回来时的心情，竟有一种圣洁意味："走向他的家，他的爱，他的光明！"

这一年，华盛顿的冬天出奇地冷。12 月，大雪遍地，赖雅步行去图书馆，每次都冻得直打哆嗦，因为路滑，有好几次膝盖都差点扭伤。

赖雅确实老了，不能随随便便出门了，到杂货铺购物的差事，就由张爱玲接了过来。

爱玲第一次去的时候，好长时间没回来，赖雅又是担心，眼巴巴地望着窗外。他那作家的想象力又开始发挥作用，东想西想，把一切可能性都想到了。

还好，爱玲终于回来了，庸人自扰了一场！原来，她去给赖雅买毛毯去了，一张带有喜色的粉红色羊毛毯。以往的冬天，他俩合盖一张毛毯就能对付过去，这个冬天，怕不行。

爱玲这天跑累了，晚饭吃得很香。饭后，赖雅盖着暖暖的毛毯倚在床上看杂志，不知不觉，就酣然大睡了。

霏丝也很关心爸爸的身体，每个星期都要跟赖雅通几次话，而且每星期必请赖雅去她家吃一次晚餐。

爱玲一般很少去，赖雅去看女儿和外孙，她就自己在家煮一点东西吃。不过，有一次，她禁不住盛情邀请，破例去参加了一次霏丝夫妇举办的家庭派对。

她穿了一件用母亲的大围巾改成的斗蓬，别致而又典雅，看上去好似50年代的好莱坞女星，引来宾客们热情的赞美，大出了一回风头。年轻时的嗜好，偶一为之，还真是让她感到有些欣慰。

她此时与霏丝一家，已经没有什么陌生感了，故意回避他们，主要是她心有愧疚，不能帮助这个晚辈家庭做些什么，甚至也无力回请孩子们。因此，她愿意躲开。

1962年的春夏，带着祥和降临了华盛顿。

7月26日，是赖雅的71岁生日。往日张爱玲不大讲究这个，连自己的生日都是丈夫惦记着张罗。经过香港之行的孤苦遭遇，爱玲变得有心了，她要让赖雅也过个舒心的生日。

早上起来，她就问候了丈夫一声“生日快乐”，然后两人开始商量怎么过。最后决定，到离华盛顿不远的小城巴尔的摩去吃海鲜。

这在他们，是一件很隆重的事。两人坐大巴，穿过郊外纤尘不染的草地和树林，来到了这个港口小城。这里的海鲜很便宜，四季都有好多游客慕名而来。

在市中心的一家饭店，他们挑选了“帝国蟹”和“软蟹”两种，作为午餐的正餐。爱玲其实只喜欢吃鱼，对其他海鲜兴趣不大，尤其不耐吃帝国蟹时的麻烦。但是为了赖雅，她喜欢这样子来享受一下。

碰巧的是，在餐厅里，他们还遇到了赖雅的老友克兰。克兰开着车，正好带着他们把全城逛了个遍。

这一天，玩得太尽兴了，爱玲感到很疲倦，但她看到赖雅往日的病容今天变得一脸灿烂，也就心满意足了。

到这年12月份，赖雅又因患疝气，动了一次手术，花去了四百多美元。赖雅心疼得很，没等完全康复，就坚持要出院回家休养。

现在该轮到爱玲是家中的顶梁柱了。她大概是有生以来第一次做主妇。早年与姑姑合住时的老毛病仍在，一做事，就老是磕磕碰碰的。

有一天，鬼使神差，她竟然把电冰箱门给碰掉了。

她最后不知怎么弄的，总算把这破门装上了，谢天谢地！

家里的开支，相当紧张，仅能维持着生活。但爱玲并不邋遢，从旧上海带来的习惯一直没放弃，她很注意自己的发式，也很注意保养皮肤。烫发就在家里自己动手，让赖雅给她打下手。

一次，她让赖雅帮忙洒点烫发药水在自己头发上。第二天，赖雅起来后，发现爱玲破天荒比他起得还早！原来是烫发药水惹的祸——因为太刺激皮肤，弄得爱玲一晚没睡。

琐琐屑屑的生活，一过就是快两年。1962年虽然没有“转运”，但也安然无恙。到了1964年，开始转运了，但是——却不是朝好的方向。

说来，这真是一起典型的“蝴蝶效应”案例，1964年6月20日，一架民航客机在台湾中部失事，这件远在天边的事，却直接影响到张爱玲当前的收入。

这架客机上，有一位乘客叫陆运涛，身份很不一般，是新加坡某财团的总裁，他一直很关注电懋公司的发展，给电懋提供了源源不断的资金支持。其实，电懋公司的经营，并非财团的获利来源，主要是因为这位陆老板本人非常喜欢电影，所以才肯出钱。

他遭遇了空难，电懋等于顿失靠山，立刻军心涣散，眼看着就要倒闭了。宋淇本来在公司稳稳地做着制片人，此时也只能另谋出路。

当时，张爱玲刚为电懋写完一部《魂归离恨天》，这是根据艾米莉·勃朗特的小说改编的剧本①。公司已经收到了剧本，但尚未开拍，就出了这件天塌地陷的大事。

---

①也就是《呼啸山庄》。

这项财源一断，张爱玲与赖雅的境况就有些不妙了。虽说他们各自都有一些版税收入，赖雅每月还有52美元的社会福利金，但这点钱，是连温饱都没法维持的。

张爱玲当机立断，决定从“皇家庭院”的公寓搬至“肯德基院”，这地方位于黑人区，是政府给贫民提供的廉租房。

削减了房租开支后，还要解决经济来源问题。她给《记者》杂志写的那篇《回到边疆》，此时得了200美元稿酬，可救一时之急。

她又找到了麦卡锡，向他求援，希望能在美新处拿到更多的翻译活儿。这时候，麦卡锡已被美国政府召回，就在华盛顿，他满口答应，马上嘱咐美新处多给张爱玲一些翻译任务，并要求给她最高的报酬。

老上级的照顾，是及时的。麦卡锡这时正在“美国之音”负责，就请张爱玲为广播电台做散工，任务还是编剧本。

从这以后三年间，张爱玲为美国之音改编了不少广播剧的剧本，有莫泊桑、亨利·詹姆斯的小说，也有苏联持不同政见作家索尔仁尼琴的成名作《伊凡生命中的一天》[①] 以及他的《玛曲昂娜的家》。

《伊凡生命中的一天》写的是斯大林时期的集中营生活，张爱玲这次将它改编成六幕广播剧，分三次播出。此外，她还将《荻村传》改编成了广播连续剧，每集半小时。

那时，美国之音方面与张爱玲具体打交道的，是编辑高克毅。

高克毅（1912—1980）是生于美国的美籍华人，曾回中国接受教育，后又入美国密苏里大学和哥伦比亚大学进修。

他对张爱玲头一次来交稿的印象，记得相当清楚：

果然是一位害羞、内向的女作家，她不肯涉足我们的办公室。我接到外边接待处的电话，出来迎迓，只见一位身段苗条、身着黑色（也许是墨绿）西洋时装的中年女士，在外厅里徘徊，一面东张西望，观看四壁的图画。那天我回家告诉太太，梅卿说：“啊呀！爱玲是我在上海圣玛利的中学同学呀。”当时我们就跟她接头，要请她吃饭聚一聚，可是被她委婉而肯定地推辞掉。（高克毅《请张爱玲写广播剧》）

---

①大陆译为《伊万·杰尼索维奇的一天》。

没过多久，高先生为谈稿子的事，到张爱玲的寓所拜访，他提出，很想见见久闻大名的赖雅。张爱玲婉拒，说赖雅正病卧在床，不能会客。

那么，赖雅的病况是怎么回事？

——他永远也站不起来了！

1963 年 7 月，一天，赖雅从国会图书馆回来，走在路上，不小心跌了一跤，摔坏了股骨，由此引发了又一次中风。

张爱玲只好撂下手头的活儿，照顾赖雅上医院。她没有车，每次上医院，都要请霏丝开车过来帮忙。

为了节省，治疗完毕后，赖雅还是回到家里休养。他的健康从此崩溃，行动极为不便，等于瘫痪了。为了让赖雅睡得好，爱玲在起居室里安了一只行军床，晚上就睡在行军床上，晚上赖雅有什么问题，随时起来照料。

现在，张爱玲是两面作战，一面要更加辛苦地翻译，因为赖雅的医疗费现在成了一座大山；另一面，又要兼做护士，料理赖雅的饮食起居。

爱玲是个不大会干家务活儿的人，几乎每个动作，在旁人看着都觉吃力。

赖雅看见妻子日见憔悴的面容，每每心如刀绞。他在一年前，曾在日记上写过如下的诗句：

死亡，沉重的心重击，
身体在发抖，睡眠成闭眼，
已经是长眠了，
而且不再醒来。

这是在幻想生命的结局。可是，他没想到，一年后的状况简直是生不如死！

1965 年圣诞节，霏丝带着 3 个儿子和大孩子的女友安琪，来看望病中的外祖父。孩子们童心大盛，居然给赖雅带来了一些玩具！

但是，孩子们的祝福，驱散不了简陋公寓里的压抑气氛。临别时，心地单纯的安琪实在忍不住，泪水夺眶而出！

赖雅就这样，一直瘫痪了两年，最后严重到了大小便失禁。

张爱玲为了他，心力交瘁！

从1961年在花莲照的照片看，说她是“临水照花人”都还一点不为过，可是两年后的照片，就已是一副“备受摧残的面容”了。

张爱玲本人，身体也不是很好，每逢劳累过度，她就会牙痛难忍，总也没治好过。眼疾也一直没痊愈，时不时地还在折磨她。

高克毅与张爱玲还有过一次会面，那是1964年3月，“亚洲学会”在华盛顿举行年会。那次夏志清从纽约前来参会，他的哥哥夏济安从台北刚来美国不久，也来参会。哥俩儿一个谈《西游补》、一个谈《西游记》，珠联璧合。

高克毅的同事吴鲁芹，与夏氏兄弟是好友。会上，吴鲁芹对高克毅说：夏氏兄弟很想借机见一下张爱玲。于是在会后，高克毅就费了不少口舌，把张爱玲请了出来，与众人见了面。在座的，还有高克毅的哥大校友、加州大学伯克莱分校教授陈世骧。

大家原本想请张爱玲吃晚饭，可当时是下午，时间尚早，张爱玲又无意久坐，于是大家就到一家小馆子，叫了一瓶“粉红香槟”，以酒助谈。

夏志清并不是头一次见张爱玲。早在1944年夏天，他在沪江大学英文系的一位同学家里，就曾见到过张爱玲。

这次由高克毅牵头的聚会，发生过一个小插曲，过了很久大家都还忘不了。

事由夏济安而起，他早知道张爱玲不擅交际，为了缓和气氛，故意说了些玩笑话。他对张爱玲说：“I'm your competitor, you know. ①”

这话，弄得张爱玲莫名其妙。

——夏济安何以成了她的“竞争者”？他是一个文艺评论家，张爱玲从没读过他写的小说，竟不知如何作答。

后来有人考据，他实际上意思是说：“我是你的同行，你知道吗？”

无论怎样，效果适得其反，当时场面反而更紧张了。

“砰”的一声，一只酒杯不知被谁碰翻，大家一惊！

①译为：你知道，我是你的竞争者。

后来过了20年，张爱玲还清楚地记得，紧张得打翻酒杯的，是素来稳重的吴鲁芹。

在1966年6月，张爱玲还到印第安纳大学参加过“中西文学关系研讨会”，认识了来自港台的威斯康辛大学驻校讲师刘绍明，以及在“印大”读研究生的庄信正、胡耀恒。

她能参加这个会，与庄信正大有关系。“印大”的比较文学系主任请庄信正推荐一位中国学者参加会议，庄信正当然首推夏志清，可是夏教授无法分身，于是就介绍了张爱玲去。

张爱玲在会上的发言，并非宣读论文，而是侃侃而谈，讲的是香港电影业的情况。她的英语带有英国腔，亦庄亦谐，令人听得入迷，还引起了一次哄堂大笑。

讨论结束后，庄信正、刘绍明想找张爱玲聊聊，就“硬着头皮”去她住的旅馆求见。张爱玲居然也见了，而且是很客气地将两人邀进她的房间坐了一会儿。

两个刚出道的青年，能有这样“当面输诚”的机会，都感喜出望外！

这以后，张爱玲曾托包括胡耀恒在内的“三个毛头小子”，帮她留意一下，是否有合适的差事。

找事做，在美国她还是第一次。她已经明白：她的小说，在“东西方”都行之不远，只有俯首甘为“稻粱谋”了。

刘绍明他们为此颇费踌躇，因为在美国大学教书，是一定要有博士学位的，低了不行。可是张爱玲当年在港大毕业，因战事仓皇，连个正式的毕业证书都没有，这样子在美国大学里找事做十分困难。

张爱玲在遇到这个问题后，曾经几次三番写信给港大，要求校方开具学历证明，但港大就是不肯。最后还是求助于英国驻美大使馆，才从使馆那儿拿到了一纸证明。对港大的这种寡情，她晚年始终耿耿于怀。

刘绍明并不气馁，到处为张爱玲发求助信，很快就有了一个回音。他以前在迈阿密大学任教时的“老板”John Badgley教授，同意邀请张爱玲为“驻校作家”，为期七个半月，月薪1000元。这个待遇，不算低，比刘绍明当年在此任教时还要高出400元。

在去“迈大”之前，张爱玲不知何故，曾去纽约住过约一个月。夏志清又去拜访她，同行的还有华裔女作家於梨华。

三人相谈甚欢。谈话间，夏志清提议，就在张爱玲住的公寓式旅馆的附近，有一家上海馆子，周末备有小笼包子、蟹壳黄等点心，要不要去尝尝。

爱玲有些心动，但终究没有去。

此后，三人还一起去百老汇 91 街的中餐馆吃过一次早点。於梨华注意到，张爱玲在吃扬州汤包时动作很慢，喝冰激凌苏打时却很利落。原来是张爱玲偏爱西餐，对中餐的油腻不大喜欢。

她在座中对两人说，她一点不在意百老汇的嘈杂。就算是车水马龙、五味杂陈，也不会妨碍她写作。

此后不久，於梨华曾写信问她有无可能再去台湾。张爱玲的答复是：

我到台湾去的可能性不大，台湾有许多好处都是我不需要的，如风景、服务、人情关魅之类。我需要的如 Privacy（隐居），独门独户，买东西方便，没有佣人，在这里生活极简单的人都可以有，港台都很难……

这一段话，说得简单、直接，但是代表了张爱玲一贯的生活态度。她曾经喜欢过文字的繁复，但从来不喜欢生活的繁复。

张爱玲是一个直奔主题者，不大为外物所惑。

所有人都遵循的模式，不一定就能获得幸福。

活着，就是为了欣赏生活。如果现在不能，将来也一定要！

1966 年 9 月，张爱玲动身前往迈阿密大学所在地——俄亥俄州的牛津市。

行前，她念念于心的是赖雅由谁来照顾。

起先她想说服霏丝照顾她爸爸，可是霏丝表示，自己的家累也很重，她本人还要上班，分身乏术。霏丝一开始也把赖雅接过去住了几天，可还是送了回来。据说她有疑心，认为张爱玲这样甩手就走，那么当初嫁给赖雅，图谋的就是那些“遗产”吧。

于是，爱玲又请了近邻的两位黑人妇女来照顾，付给她们一些工钱。但是，在爱玲走后，情况却不大好——赖雅大小便失禁，两位黑人妇女缺少耐心，很难收拾得干净。

张爱玲无法，只得从迈阿密大学赶回来，把赖雅带去，一边做驻校作家，一边照顾丈夫。

走的时候，她并没有通知霏丝。等霏丝再来探望，只看到几个纸箱和张爱玲的一个字条：“我带不走所有的东西，这几箱垃圾麻烦你帮忙处理——最后一件事！”

霏丝打开纸箱一看，原来是父亲的手稿和日记，不禁大为恼火。张爱玲把所有的“遗产”都留给了霏丝，显是一种无言的抗议。

张爱玲这样对待赖雅的文件，当然很不妥，但她在受了不白之冤后，做出这样的事来，我相信符合她的性格——它们就算是无价之宝，我也可以不在乎！

在迈阿密大学这里，情况还不错。所谓“驻校作家”，意思跟麦克道威尔文艺营差不多，并没有具体的教学任务，学校不仅给作家提供住宿，还发给一点车马费。

当然，学校也不能白养作家，这样做的目的，是为了给学生一种熏陶。校方希望张爱玲每周能和教职员、学生谈几个小时话，东拉西扯的就可以。

这要是在别的作家，是求之不得的事，正好向学生推销自己。但张爱玲根本无心于此，她把“驻校”完全等同于文艺营，没有义务概念——请我来，就不要约束我！

当年10月，学校刊物《迈阿密校友会》上登出了张爱玲驻校的消息，标题是：《一流的中国女作家：迈阿密驻校作家》，称爱玲是第一位外国人驻校作家，还附上了有关她的一篇编年简介和一张照片。从留下来的影印件看，这张照片有版画的效果，张爱玲的脸颊很丰满，神态也很安详。

她的到来，引起了学校里的教授和官员们的瞩目。

但他们后来都颇为失望，因为张爱玲“在校园中不肯露面”，一般社交活动也不参加，完全是一个幽灵人物。

英文系的教授华尔脱·哈维荷斯脱，邀请张爱玲参加他的研究班，她也借故不去。

如此的低调、退缩，主要是性格使然，当然另一方面也是由于有赖雅的拖累。熟悉她的人，当不以为怪。

这期间，她还通过夏志清向洛克菲勒基金会提出申请，请求资助翻译《海上花列传》，申请得到了批准，遂使她多年夙愿得偿。

尽管翻译工作让人精疲力竭，但张爱玲还是尽量让赖雅保持干净，过得舒服。偶有闲暇，她还会给赖雅念一些小报新闻。赖雅笑话她："念的都是垃圾。"

爱玲便回敬："我们就是这些垃圾的制造者！"

贫病中的赖雅，意志力却未崩溃，他不忍心爱玲为他如此劳苦，便也想法逗爱玲开心。

他精神一好，就会给爱玲讲好莱坞的段子，让爱玲也能不时地开颜一笑。

可是他的这一切努力，都不能真正把爱玲从烦愁中解救出来。学校方面对她的失望，大概还是有无形的压力吧。

她在给刘绍铭写信时，曾诉苦说："不管我多照顾自己，体重还是不断减轻。这是前途未明，忧心如焚的结果。"①

这样熬到了第二年春，迈阿密大学驻校即将期满，在朋友们的帮助下，马萨诸塞州的赖得克利夫大学朋丁学院，又向她发出了邀请。

这邀请来得恰是时候，于是，在 1967 年 4 月，爱玲便带着赖雅，无声无息地离开了牛津，前往"赖大"的所在地康桥。

离开的时候，她显示出了一贯的倔强，没有通知任何人，自己安排了车子，把赖雅搀扶到车上，盖好搭在他身上的衣服，便绝尘而去。

这个赖得克利夫大学，来头很不小，号称哈佛大学的"姊妹花"学校。张爱玲来这里，是做"独立研究"，可以在这儿专心翻译《海上花列传》了。

到康桥之后，赖雅的身体已经完全垮了，病体支离，骨瘦如柴。爱玲心里清楚，这是丈夫最后的时日了。她决心凭自己的力量扶助他走到最后，不去麻烦任何人。

有朋友来信问起他们的情况，她也不再诉说苦难。

贫困，不是过错。

病痛，是没法抗拒的"命运之赐"。

张爱玲，在重压之下，表现出了令人惊异的坚忍！

---

①刘绍铭《到底是张爱玲·落难才女张爱玲》。

赖雅同样也是坚强的。一次，他的表嫂来看望他。当年赖雅和爱玲结婚时，曾向这位表嫂请求支援了一些家具。这次表嫂来，病床上的赖雅竟然将头转向墙壁，只向她挥挥手，让她快离开。他不愿让任何人看见他痛苦的病容。

要是可能的话，他愿意像那些自知生命不久的老象，慢慢地步入丛林深处，找一块安静地方，躺下来，不受任何打扰地睡去……

他把这愿望告诉了爱玲。

爱玲理解他。他们之间的默契，太多了！

她替他挡住了所有亲友的探望，此后，再没有人到家中来探病了。

到康桥半年后，赖雅终于熬不住了，他身轻如纸，苍老的面容仍隐隐透出一股高贵气，一把眉毛全白了，犹如远古时的圣者。

1967 年 10 月 8 日，赖雅走完了他漫长的一生，享年 76 岁。

他可能对很多事情有过悔恨，但他对自己的一生问心无愧。

在他解脱之时，心中是坦荡的！

张爱玲紧紧握住赖雅的手。她没有眼泪，她平静地等到了这一天。

被病痛折磨得过久的人，面容会发生很大的变化；但在张爱玲的眼里，赖雅的和善面容，永远不会变！

他走了，解脱了，也算是轰轰烈烈活了一世。

正如台湾学者周芬伶所言，赖雅在中西方文学中，各扶助了一位绝世的文学天才，他本人也够个传奇人物了！

赖雅的遗体火化后，没有举行葬礼。张爱玲把骨灰转交给霏丝去安葬。

一些张传作家大概是出于对赖雅的偏见，或是因为这一幕实在太愁惨，写到赖雅死的时候都很低调，一笔带过。

其实，赖雅之死，在张爱玲的生命史上，所占分量极重。

孤僻的张爱玲，在她以前的经历中，每一阶段都有一两个密切接触的人，先是炎樱，后是姑姑，宋淇夫妇也可以算上。之后，就是赖雅走入了她的生活，相伴 11 年。

没有一个人，可以如此长久地与她交往，况乎朝夕相处！

这 11 年，赖雅所给予爱玲的，不仅是关爱、亲情，更重要的是，他成为张爱玲与外部世界相连的惟一纽带。除了赖雅之外，她与世界上的任何人、任何团体、任何岗位或职务都没有很深的关联。

她是一叶飘萍，她对外界所持的态度就是“冷眼相看”。

唯有赖雅一人，是她真正的精神密友。

11 年岁月中的相知与默契，肯定有着无数不为外人所知的细节。

张爱玲的中年，是坎坷的，也是幸福的。

赖雅死后，张爱玲在这世上继续活了 27 年，仍然是读书与写作；但不同的是，她向外部世界关上了惟一的一扇门。

26. “孤岛”中的恬然老妇

晚年的张爱玲，有一部绝笔之作，即《对照记》。这是一本图文并茂的书，可称为“私人照相簿”。里面，有一些代表她生命片断的老照片，还有一些沧桑感十足的说明文字。

在这部书里，她对自己一生的三个阶段做了点睛式的总结。在说到晚年时，是这样写的：

> 时间加速，越来越快，越来越快，繁弦急管转入急管哀弦，急景凋年倒已经遥遥在望。

伤感，是在意料之中的；但那种急促的感觉，却出人意料。

这就是她内心的真实感受吧。

赖雅走后的漫长岁月，于她，并不是度日如年，而是如梭地飞逝。

赖雅在时，他是爱玲的一面镜子。她可以对镜看到另外一个自己。个中的乐趣，多少年头也不算长。现在镜子没有了，再漫长的岁月也是嫌短。

1968年的世界，欧洲、美国，还有她的祖国，都不太平静，到处是轰轰烈烈的。但是对张爱玲来说，这一切，都很遥远。

她开始走入内心。

虽然那以后她仍在写作，却不再描述对于凡俗生活的那种兴致勃勃，也不再感叹人世有多少与生俱来的苍凉。

她的精神世界，退回到了五四之前。

除了修改旧作，她主要的精力，是放在翻译《海上花列传》和写作《红楼梦魇》上。那种两千年的旧厦即将崩塌之时的氛围，对她来说，有特殊的魅力。

这年，她才47岁，不论作为女人还是作为作家，都不能说是到了末路。正如有的张传作家所感叹的那样，她完全还可以再盛放一次。

可是，她为什么从此拒绝了整个的世界？

是赖雅带走了她最后的爱情？

是人间不可能重觅佳侣？

都不是。

张爱玲此时、甚或她从来就不是爱情至上主义者，她念念在兹的，是人活在这个时代的意义。

二十多年前旋起旋落的遭遇，到中年以后，不知她已经反思过多少回了——

从少年时代起，她就在与一种洪流搏斗。如今，她知道了，其实这搏斗是没有意义的。

形势永远比人强。

这就是她后来终于领悟到祖先们“只静静地躺在我的血液里，等我死的时候再死一次”的原因。

三代人也好，四代人也好，只要是流淌着这个血脉，谁能不被这个洪流所制驭？

大变革的中国，把多少人像沙粒一样卷起和吞没！

好强、勇敢、坚忍，都是没有用的。

悲剧之雾，幕天席地！

英语有谚云：“没有人是座孤岛。”

而张爱玲却说：“我有时觉得，我是一座孤岛。”

不错，从这一年起，张爱玲就逐渐走向“孤岛”，大隐于市，开始了学者们所说的“幽居时代”。

几乎与她的精神退隐相同时，她在现实世界中的地位，却发生了奇妙的变化。人世沉浮中的辩证法规律开始起作用了。

还是在一年前，也就是 1966 年 4 月，她的小说《怨女》在台湾出版。同年，这部小说也在香港《星岛日报》上连载。

这件事，对张爱玲的晚年生活至关重要。

她从这一刻起，又开始“夺回”了华文世界的市场，从一本《怨女》的涓涓细流起，直至几十年后的浩漫汪洋！

这部《怨女》在文本上的演变，曲折得让人眼花缭乱。它是由最早

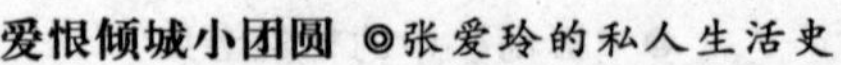

的《金锁记》，改写为英文的 *Pink Tears*①，后来又改名为 *Rouqe of the North*②，再由英文译回中文，即是《怨女》。

《金锁记》里的曹七巧，在《怨女》中名字叫银娣。原先的角色比较“彻底”，而新的角色则不那么“彻底”，曹七巧的变态与报复，在银娣身上化为了可以理解的苍凉感。长安这条线索，则被彻底删掉。

《怨女》之所以能在台湾出版，说来也是一段传奇。它是由台湾皇冠出版社出版的，而“皇冠”的老板平鑫涛，就是当年中央书局老板平襟亚的侄子。

二十多年前，张爱玲没把《传奇》交给平襟亚出版，还为“一千元灰钿”翻了脸，二十多年后，她的著作出版却又重归平家的人来打理。双方这一合作，后来延续了近 30 年。

还有，平鑫涛的妻子不是别人，正是大名鼎鼎的台湾言情小说作家琼瑶。琼瑶曾说过，张爱玲是她写作上的老师。这就是说，张爱玲小说的某些影响，也成了当代言情小说的源头之一。

那么，平鑫涛是如何“发现”张爱玲的呢?

原来，他在高中时就是张爱玲的读者。抗战后期，他在上海读高中，正是所谓的阅读“吞咽期”，疯狂阅读大量文学作品，从《万象》和《西风》等杂志上，读到了不少张爱玲的文章。

1965 年，他在香港认识了宋淇，两人一见如故。宋淇向他热心推荐了好几位香港作家，此外还有一个，就是张爱玲。

那时，由于夏志清文章的影响所及，张爱玲的名气在台湾读者中已有复燃之势。平鑫涛听到张爱玲的名字，“觉得又亲切又高兴”，能为她出书，简直是受宠若惊!

合作的事，进展得非常顺利。张爱玲那一面正是求之不得，大概因照顾赖雅不愿分心，合同是由夏志清代签的。自那以后，张爱玲的全部作品，都由“皇冠”独家出版。

皇冠趁热打铁，这以后又接连出版了《秧歌》、《张爱玲短篇小说集》、《流言》(1968)、《半生缘》(1969)。几年后，又将《连环套》挖掘出来，与《创世纪》、《忆胡适之》、《天才梦》等结集为《张看》

①《粉泪》。

②《北地胭脂》。

(1976）出版。

这样密集出击的结果，酷似当年上海“洛阳纸贵”的盛况——不过这一次，引发的是台湾的“张爱玲热”。

从皇冠拿到的版税，自此就成为张爱玲的主要经济来源。这成为张爱玲晚年得以平静隐入“孤岛”的保障。

张爱玲对此感激有加，她后来在给夏志清的信上说：“我一向对出版人惟一的要求是商业道德，这些年来皇冠每半年版税虽有二千美元，有时候加倍，是我惟一的固定收入……”①

这就是命运，就是必然，是每一个不屈服的卑微者都有可能得到的报偿！

与皇冠的合作，张爱玲本人很少出面，都是由宋淇做代理人。平鑫涛对她极为尊重，多年后曾回忆道：

> 撇开写作，她的生活非常单纯，她要求保有自我的生活，选择了孤独，甚至享受这个孤独，不以为苦。对于声名、金钱，她也不看重。……和张爱玲接触三十年，虽然从没有见过面，但通的信很多，每封信固然只是三言两语，但持续性的交情却令我觉得弥足珍贵……（《选择写作 选择孤独》）

虽然有长期的合作关系，但平鑫涛与张爱玲却从未见过面，都是以电话和书信往来。平日平鑫涛去信，都是通过张爱玲住所附近一家杂货店的传真机代为接收，她去店里购物时才能拿到。

再说《怨女》出版后，它的英文母本《北地胭脂》也时来运转，尘封多年后，终于在1967年由英国凯塞尔出版社出版了，可惜销路还是不畅。

可叹张爱玲奋斗十余年，想的就是打进英语文学圈，到此所有的努力完全付之流水！

值得一提的是，这次皇冠出版的《半生缘》，其实就是《十八春》的修改本。因为原作有一个“光明的尾巴”，出现了叔惠赴延安投奔革

①见1983年12月22日致夏志清的信。

命、众人向往解放区、参加东北建设等等极富“新中国文学”色彩的情节，在台湾出版将会“有碍”，所以必须动手术。

在《半生缘》中，叔惠赴延安变成了去美国留学。至于众人向往解放区、解放后的上海世态、赴东北参加建设等等情节，一概删去，其他情节也相应做了改动。

这样，原来类似“大团圆”的结局，就变为留有余味的诸多遗憾。

对于这些改动，专家们赞弹不一。从艺术角度讲，也许《半生缘》的结局更有力度，但改后的文本，失去了当初的时代印迹，总让人觉得不是“真本”。

原作的那个“光明的尾巴”，抛开意识形态因素不讲，它对前面大篇幅的悲剧起到的是一个缓释作用；而现在一刀切去，整篇的气氛就不免过于沉重。

台湾读者最初接触这个文本，当然只能是《半生缘》，等到后来得知还有个《十八春》的“原本”，都感觉受到强烈冲击。因为他们心目中的张爱玲，是以《秧歌》树立起偶像地位的，再看到《十八春》里居然有赞美“光明”云云，简直觉得张爱玲是“变节”了。

赖雅走后的一年多，张爱玲本人的生活也有变动。1969 年，在加州伯克莱大学主持“中国研究中心”的陈世骧教授，给她发函，请她去担任高级研究员。

这个职务，早先是夏济安教授担任的。1965 年，夏济安病逝在任上，年仅 49 岁。一个春秋正盛的人，就这么走了，朋辈们内心都不免悲凉。张爱玲在给宋淇的信中，谈到过她对此感到的哀伤。

她和夏济安的交往，可算是有年头了。张爱玲的《五四遗事》，是 1957 年最初发表在夏济安主编的《文学杂志》上的。夏济安早年在台湾教大学时，就是张迷，极力向弟子们推荐张爱玲的小说，白先勇、陈若曦、王祯和他们一干后生，之所以拜服张爱玲，就与这位导师有关。

接替夏济安留下来的空缺的，就是夏在台湾大学的弟子庄信正。到 1969 年 7 月，庄信正的任期满了，他和夏志清便顺理成章向陈世骧推荐了张爱玲。

说来陈世骧也算是老朋友，在那次“打翻一杯酒”的聚会中，与张爱玲有过一面之缘。据夏志清说，张爱玲名气如此之大，即使他不推荐，陈世骧也会乐得聘用的。

庄信正一向自称对张爱玲“执弟子礼”，这次更是跑前跑后，帮张爱玲办完了填履历表之类的手续。

张爱玲到这里来，接受的工作任务，是研究当时的“中共术语”，进行意义解析。她在解放后的上海待过3年，加之兼通中英文，对一些新名词的理解按理说不会有问题，做这个工作倒也合适。

可是，偏偏1970年前后，中国大陆推出的新术语、新口号非常之少，包括红卫兵报纸在内。张爱玲苦苦搜求，也是寥寥，只好在研究报告中讲了些别的，后面附了两页名词。这样，就有可能显得工作不够卖力。为此，张爱玲多次写信跟夏志清诉过苦。

在人际关系上，张爱玲照样还是我行我素。她从不按时去上班，往往是下午或黄昏才去研究中心，同事下班了以后，她就一个人在办公室熬夜。

同事们难得见到她一面，也不知道她究竟在做什么，只能看见在幽暗的走廊里她的身影闪过，如惊鸿一瞥。

她所在的语文部门，仅有两个工作人员，另一位叫陈少聪，负责为张爱玲做一些辅助工作。他写的回忆，最为传神，不妨引一段如下：

我和她同一办公室，在走廊尽头。开门之后，先是我的办公园地，再推开一扇门进去，里面就是她的天下了。我和她之间只隔一层薄板，呼吸咳嗽之声相闻。她每天大约一点多钟到达，推开门，朝我微微一粲，一阵烟也似地溜进了里屋，整个下午再也难得见她出来。我尽量识相地按捺住自己，不去骚扰她的清静，但是，身为她的助理，工作上我总不能不对她有所交代。有好几次我轻轻叩门进去，张先生便立刻腼腆不安地从她的坐椅上站了起来眯眼看着我，却又不像看着我，于是我也不自在了起来。她不说话；我只好自说自话。她静静地听我嗫嗫嚅嚅语焉不详地说了一会儿，然后神思恍惚答非所问地敷衍了我几句，我恍恍惚惚懵懵懂懂地点点头，最后狼狼狈狈地落荒而逃。

这类“荒谬剧场”式的演出，彩排了几次之后，我终于知难而退，没法再续演下去。鲁钝的我终于渐渐觉悟了这个事实：对于张先生来说，任何一个外人所释出的善意、恭敬，乃至期望与她沟通的意图，对她都是一种精神的负担和心理的压力。至少那一个时期的她确是如此。

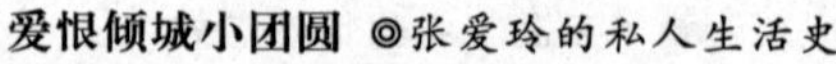

从此我改变了做法。每过几个星期，我将一叠我做的资料卡用橡皮筋扣好，趁她不在时放在她的桌上，上面加一小字条。除非她主动叫我做什么，我绝不进去打扰她。结果，她一直坚持着她那贯彻始终的沉寂。在我们“共事”将近一年的日子里，张先生从来没对我有过任何吩咐或要求。我交给她的资料她后来用了没用我也不知道，因为不到一年我就离开加州了。

深悉了她的孤癖之后，为了体恤她的心意，我又采取了一个新的对策：每天接近她到达之时刻，我便索性避开一下，暂时溜到图书室去找别人闲聊，直到确定她已经平安稳妥地进入了她的孤独王国之后，才回归原位。这样做完全是为了让她能够省掉应酬我的力气。（陈少聪《与张爱玲擦肩而过》）

离群索居已经成了她的“品牌”。陈世骧夫妇都是甚喜热闹的人，而“偏偏爱玲难得到他家里去请安，或者陪他们到旧金山中国城去吃饭”。

有一天，陈世骧在家中宴请张爱玲，特地叫了几个晚辈学生陪同。座中有人后来回忆，那一天，张爱玲和陈世骧同坐在沙发上，陈世骧滔滔不绝，张爱玲却很少说话，说话也是有一句没一句的，声音又小，好像在自语。无论是听人讲话，还是自己说话，都是眼睛朝上看着，像小孩子一样的神情。

她只和陈世骧说话，偶尔应一声陈夫人的招呼，对其他人一概不理——在旁观者看来，她只是“活在自己的世界里”①。

去过陈世骧家里两次后，张爱玲就再不去应酬，任陈氏夫妇怎么邀请，她都婉言拒绝。陈世骧也只好偶尔以电话问候。

当然，张爱玲也有她独特的人情味。一次她患感冒，请了假。陈少聪打了几次电话去问候，又跑去中药房配了几副草药给她送去。为了不打扰她，摁了几下门铃，把药包放在门口就走了。

几天后，张爱玲来上班了，什么话也没说。但陈少聪却忽然发现，自己桌上有一张小纸条，只写着“谢谢”两字，压在一瓶新买的“香奈儿五号”香水下面。陈少聪不禁生出诸多感慨来。

---

①见李渝《跋扈的自恋》。

待人处事如此，倒也罢了，大家见多也就不怪。可是，在工作上与“老板”的分歧，问题就有些严重了。

张爱玲的预感果然应验了——据夏志清回忆，陈世骧看到她递交的研究报告，“所集词语太少，极为失望”。

陈世骧把报告给另外三位学者看，都说看不懂。张爱玲只得重写，但陈世骧还是说看不懂。两人因此起了争执。

一段友情，也就到此中止。

张爱玲，永远苦恼于这些人际关系！

在研究中心期间，她还接待了一位很特殊的人物——若克兰·卫基特。

这也是一位传奇女性，30岁不到，是加州大学一位教授的太太，眼下正在读博。她研究的课题，是中国人的“女侠崇拜”，连带也研究中国功夫和女权运动。

卫基特请教张爱玲：为什么中国人既要求女人“幽娴贞静”，却又很喜欢虚构的女侠形象？

张爱玲认为：阿拉伯人管女人，要比中国人严格得多，随便外出都不行，于是女人肥胖多肉，让男人瞧不起，反而是更喜欢男风。中国人就太正常了，“把女人管得笔直之后，只另在社会体系外创造了一个侠女”。

这侠女，是不可能真实介入生活的，但是男人们却按这个模子，在年轻女孩中寻找类似的替代品，哪怕是幻想也好。

两人的这次谈话，还不到一个小时，以后也未再见过面，但是张爱玲记住了这个“漂亮得一般影星都不在话下”的女人。

卫基特和她丈夫在思想上都是“左派”，1972年一起到过中国，还见到了毛泽东、江青。

张爱玲一直留意着她。后来这个“传奇女侠”为江青写了一本传记《红都女皇》，“四人帮”倒台后，江青被指控向卫基特泄露了国家机密。这些事情，张爱玲都是知道的。

当时有美国学者认为，江青是一个受男权社会伤害的女人，张爱玲则将此论嗤之为公式化的女权主义论调，说是“令人失笑”。

这一年，“亚洲年会”在波士顿举行，张爱玲又去了，其间与夏志清、庄信正、於梨华共进了一回午餐。不久后，她居然应於梨华之邀，去加州大学给学生做了一次演讲。

这是她平生仅有的一次，看来她对於梨华相当买账。

其时於梨华正在加州大学任教。张爱玲这次来演讲，当天还要坐飞机返回波士顿。

演讲时间定在下午 3～4 点，於梨华心情紧张，早早就去机场迎候，偏巧班机又误点了 20 分钟，她在候机室不知兜了几十个圈子，外加喝了两杯黑咖啡。直到见了张爱玲下飞机时的那份安闲，她才平静下来。

张爱玲穿一件暗灰色的薄呢裙装，肩搭一条紫红丝巾，没有戴眼镜。想必是有隐形眼镜，所以看人时半抬下巴，半垂眼睑。

於梨华一眼看去，不认为张爱玲好看，但觉得“她的模样确是独一无二”。

到了学校，已经迟了十几分钟，张爱玲却说要去洗手间整理一下。於梨华怕学生等得急，心里十分焦灼，但还是带她去了。张爱玲对着镜子，掠了一下并不纷乱的头发，又审视了一下脸上的淡妆，满意了，才进入教室。

那天，她演讲的题目是《奇异的西方：从一个未经驯化者的角度》。原定是演讲而不是念稿，可是张爱玲还是念了稿子，也许是担心时间不够用了，念稿可以快一些。

她说的英语，字正腔圆。讲完后有人发问，她的回答也很简明扼要。在提问时，曾有片刻冷场，於梨华坐在台下，忐忑不安，但张爱玲却神态怡然，一点不窘。事先约定的时间一到，她一点头，就走下了台来。

比较文学系为她准备了茶点，她推说要赶飞机，婉言谢绝了。其实时间还早得很，於梨华不放她走，两人最后商定，到学校附近一个小咖啡室去坐坐。

入座后，张爱玲说：“我要一杯香草冰淇凌苏打。”说完，朝於梨华企盼地望着。

等冰淇凌苏打上来，她露齿一笑，那神情，简直像小孩子猛然得到渴盼的玩具一样。这样的眼神，还有张爱玲吸第一口冰淇凌苏打的神情，於梨华就此再也忘不了……

她在伯克莱大学时的住所，也是庄信正帮助找的，就在伯克莱城的杜兰街。是那种一间半的小公寓，厨卫齐全，很干净，离办公室又近，一切都符合她的条件。

公寓的外观是白的，起居室也如雪洞一般白，墙上没有任何装饰物或者画片，一排落地长窗，拉开白色纱幔，可见梧桐树绿、近海水蓝。屋内没有书桌，只有一张放在床头的小几，她把当初在香港为美新处工作时的习惯，一直保留到现在，就只伏在小几上写作。

每晚，她几乎要熬到天亮才睡，到中午时才起来，因此有人说她是“与月亮共进退的人”。

吃的方面，几乎到了极简的地步，一天只吃半个 English Muffin①，曾经喜欢吃鱼，但是怕血管硬化，遵医嘱不再吃了。但自小就爱吃零食的习惯，还是没改，将一天所需要的热量，一点一点分开来吃。

她怀疑自己患有“高胆固醇”疾病；还有初到纽约时患的“感冒”，现在也成了老毛病，一发作就只能卧床，几天不吃饭，一吃就吐。

她现在已经不喜欢购物了，“血拼”对她不再构成刺激和惊喜。长期以来更是不买书，她曾经对宋淇说过：“一添置了这些东西，就仿佛生了根。”

加州的这种生活，对她来说，非常合意。生活简约，并不意味着寒酸，而是长达 20 年漂泊经历养成的习惯。

赖雅去世后，沉重的家庭负担没有了，“皇冠”为她带来的源源不断的稿费，使她能够安享宁静。

她在 60 年代初那么渴望的“转运”，就在此时悄悄地降临了。

在台湾，她 40 年代的作品已赢得了至尊地位，使她名声日隆。她在港台两地发表文章，可以拿到很高的报酬，就像今日我们这里的“一线作家”了。

到 1972 年，她已获得了完全可靠的经济保障，结束了自离开上海以来的颠沛生活。

——“纵浪大化中，不喜亦不惧。”

她的归隐，不是简单的自闭，也不是失意之后的蛰伏，而是在再度蹿红时的主动放弃，因为她只渴望自由！

我们总算可以替她长舒一口气了。当年出走香港，固然使她躲过了

---

①英式松饼。

“反右”、“文革”之类的灾难，但资本社会中凶猛如虎的“游戏规则”，也曾让她苦不堪言!

多年的左冲右突，可以说一无成就；但是，她40年代在上海的那次“超新星”式的爆发，给她提供了一笔远期的收益，使她能够免于晚年的困厄。

她的家族留下的“特殊遗产”，使她在文学上独树一帜、历久弥新，这也令她受益不小。

在加州，只喜山中无客来，她也甚少出门和打电话，与外界的联系就是通信。她与宋淇之间多年前的不快早已冰释，与宋淇夫妇的通信，是她最主要的一个倾诉渠道。

但就在她把自己封闭起来以后，却有一次破例，长时间地接待了一位访客。

这位幸运者，就是前面曾提到过的“超级张迷”水晶。

水晶原名杨沂，是江苏南通人，生于1935年，15岁去台湾，在台大外文系毕业后，做过各种行业，还到南洋去教过书、当过翻译。32岁时又到美国读比较文学硕士，学成后在加州大学任教。

他在台大读书时，就崇拜张爱玲，可以大段背诵张爱玲的小说。他的好友王祯和在台湾接待过张爱玲，这让他羡慕不止，老是打听张爱玲来访的情况，可又不敢去见她。

水晶到美国后，于1970年9月获得了一个机会，到伯克莱大学进修一年，恰和张爱玲撞到了一起。

这才是天赐机缘!他满心欢喜，一到伯克莱，马上就上门求见。

哪知道，他的探访，要比“三顾茅庐”耗时得多了，整整9个月后，才如愿以偿。

第一次到门口摁了门铃，过了好久，才从送话器里传出一个声音，迟缓而且模糊：“Hello?”

张爱玲大概当他是跑街的送货员了。

水晶一紧张，竟然也用英语作答，自我介绍了一番。

张爱玲说，不能见，因为感冒了，躺在床上，然后说了一声抱歉，就把送话器挂断了。

水晶后来又尝试挂电话，却是次次无人接听。一次周末，凌晨两点钟，他想试试看，一打，竟然打通了。

这次，张爱玲与他多说了几句。水晶先是说了在花莲那时候如何仰慕而又不敢近前的往事，之后又提出约见之请。

张爱玲还是答以不舒服，正躺在床上，婉言谢绝了。但是却要了水晶的住址和电话，说若是方便见的话，会先给他写张“便条”，然后请他打电话来联系。

水晶巴巴地等了一个月，音信皆无，才知道张爱玲确实是不想见，也只好作罢。

直到转过年的暑假，水晶在伯克莱进修期满，准备回到东岸去。临走前，把自己写的《试论〈倾城之恋〉的神话终结结构》影印了一份寄给张爱玲，算是留念。

至于见张爱玲的念头，早就断了。

大概是水晶的文章写得聪明，看起来孺子可教，张爱玲马上回了一信，说：“我总希望在你动身前能见着——已经病了一冬天，讲着都腻烦。”信里，请水晶下星期找个时间来，不过，还是要先电话联系。

6 月份的一个周末，晚上 7：30，水晶终于走进了张爱玲的寓所。

他们这一谈，竟然谈了 7 个小时！

张爱玲生平不愿意见人，见了也是话不投机半句多，与水晶这样的交谈，在她一生中几乎绝无仅有。

她在赖雅去世后，何所思，何所想，甚至居处如何，外人都雾里看花。甚至像庄信正、夏志清这样的好友，也都难得见一面，一切都是通信往来。唯独水晶，算是近距离接触了一回。

水晶后来把这次晤面的经过，详详细细写了出来，发表在台湾的《中国时报》上，题为《蝉——夜访张爱玲》，这才让我们窥见了张爱玲隐居生活的一点真相。

在见张爱玲之前，水晶熟知胡兰成的名言——见到张爱玲，诸天都要起各种震动。可是真的一见，还是觉得与想象中的大为不同。

他忍不住，把这感觉说了出来，而且是说了再三。

张爱玲听了，似乎颇受触动，但仍笑容满面地答：“是这样的。”

水晶想象中的张爱玲，是个病恹恹、懒兮兮的女人，如果借用李贺的诗句来形容，是“蓝溪之水厌生人”，哪像她现在这样活泼和笑语晏晏！

他所见到的张爱玲，已经51岁了，给他的第一印象就是瘦。“尤其瘦的是两条胳膊，如果借用杜老的诗来形容，是‘清晖玉臂寒’。像是她生命中所有的力量和血液，统统流进她稿纸的格子里去了。”

此外，张爱玲也确如胡兰成所说，脸庞很大。不仅如此，她眼睛也大，眼神清炯。那天，张爱玲穿着高领青莲色旗袍，斜身坐在沙发上，逸兴湍飞，笑容可掬，状态无比之好。

在水晶造访之前，张爱玲就备好了一份礼物。她知道水晶去年订婚了，特地去买了一瓶8盎司的香水，也是“香奈儿五号”。这倒让水晶十分不安，因为他来得匆忙，竟是空着手来的。

接着，张爱玲站起来，问他要不要喝点酒，是要苦艾酒，还是“波旁威士忌”。她说：“一个人家里，总得预备一点酒。”水晶回答不会喝酒，张爱玲便去开了一罐可乐。

水晶在一旁看她吃力地揭开罐头盖口的时候，非常担心，深怕她一不小心，把手划破了，就像他在《留言》里写的那样。

而后，张爱玲又开了一罐糖腌番石榴，因为知道水晶在南洋待过，可能会喜欢热带水果。

水晶简直想不到张爱玲会这样了解他，原来还一直以为，自己在她眼里不过是个无足轻重的小人物罢了。

他们谈话所涉及的范围很广，随意且又十分深入。

张爱玲说自己喜欢看章回小说，尤其是张恨水的几本小说，“一看神经就会松懈下来，有一种 relaxed① 的感觉。”正因如此，读起来才“嗜之若命”。

水晶告诉她，自己最近看了《歇浦潮》，叫好不止，很少碰到这样好的小说。张爱玲显然是遇到了知音，很高兴，说一直没有人提到过这本小说，应该有人提一提。

《歇浦潮》是民国初年的“鸳鸯蝴蝶派”小说，作者叫朱瘦菊，笔名“海上说梦人”。小说写的是民初上海十里洋场众生相，写了妓女、新剧艺术家，还有革命党人等各色人物。不仅场景逼真，在挖掘人性的卑劣方面，也很透彻。

①松懈的、随意的。

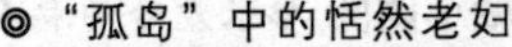

张爱玲说，这本书是中国“自然主义”作品中最好的一部。她很欣赏水晶对《歇浦潮》的品评，对水晶说：“真应该写下来，比你写我更要好，更值得做。”

二人从《歇浦潮》，自然就谈到了《海上花》。张爱玲用手势比划着说：“像红楼有头没尾，海上花中间烂掉一块[①]，都算是缺点。”

再讲到30年代的小说，她总喜欢用“拖一条光明的尾巴”来形容，又用“戏肉”一词来形容小说中的精彩部分，这都让水晶感到新奇。

接着，水晶又对张爱玲的《倾城之恋》、《沉香屑　第一炉香》、《阿小悲秋》、《红玫瑰与白玫瑰》、《半生缘》等逐个评点。张爱玲说，自己早年的东西，都不大记得了，只有《半生缘》最近重印过一次，所以记忆还算新。

水晶的评说，令她相当感慨：“你看得真仔细！要不是你这样一说，我完全记不起来了。”顿了一顿，她又说，“我的作品要是能出一个有批注的版本，像脂本红楼梦一样，你这些评论就像脂批。”

张爱玲也谈到了五四以来的作家，说她非常喜欢读沈从文的作品——“这样好的一个文体家。”

她对《骆驼祥子》评价不高，认为老舍还是短篇精彩。对钱钟书，说只看过《围城》，没有碰过他的短篇。

还有现代作家中最重要的一位——鲁迅，张爱玲的评价是：“觉得他很能暴露中国人性格中的阴暗面和劣根性。这一种传统等到鲁迅一死，突告中断，很是可惜。因为后来的中国作家，在提高民族自信心的旗帜下，走的都是‘文过饰非’的路子，只说好的，不说坏的，实在可惜。”

对当时的台湾作家，她也熟知，但未予置评。她认为台湾作家聚会太多，是不好的。作家还是分散一点的好，避免彼此受到妨害。

水晶跟着便说，夏济安也在一篇文章里提到过，台湾作家不是隐士，是“声名狼藉的朝夕聚会的社交家，notoriously gregarious。[②]”

——作家频繁相聚，何以不好，甚至会“彼此受到妨害”？

大概是彼此吹嘘，就易于满足；思想水准都不由自主朝低处走吧。

---

①她说时用手比成一个圆圈。

②声名狼藉的群居者。

张爱玲一贯的“孤军”式的写作状态，在这里也就找到了合理的依据。

在谈话过程中，她站起身来，走到厨房里，给自己泡了一杯速溶咖啡，不搁糖，只放牛奶。然后，又给水晶端了一杯来。

她解释说，一向喜欢喝茶，不过在美国买不到好茶叶，只有改喝咖啡。

水晶问：“为什么不请朋友从香港或者台湾寄点来?”张爱玲连忙说：“我顶怕麻烦人家，因为大家都忙。我什么事都图个简单。”

说话间，她一杯咖啡已尽，又去斟了一杯来。她说自己，一喝起咖啡来，就要喝个不停。

这样的谈话，真是漶漫无边，着实尽兴!

谈话最后还涉及到了一个关键问题——张爱玲对于自己创作的评价：

谈到她自己作品留传的问题，她说感到非常的 uncertain（不确定），因为似乎从“五四”一开始，就让几个作家决定了一切，后来的人根本就不被重视。她开始写作的时候，便感到这层困恼，现在困恼是越来越深了。

水晶听了，不胜黯然!

真要感谢水晶先生为我们透露了这个信息。在当今对张爱玲须要“高山仰止”的时候，我们很难想象她曾有过那样的困惑。

文学，也有所谓的“潮流”，裹挟于其中的，声势就要比别人大得多。边缘者、后来者、不属于幸运儿的，就永无出头之日。

一直到这次谈话的时候，她还在忧伤：所有的努力，都是白费的。——展示台上没有，就等于没出现过。文学史之残酷，不亚于“二十四史”!

操控这一切的，不过是几十个 gregarious 而已!

“不过，一个作家实在无法顾忌这些，”她说，“我现在写东西，完全是还债，因为从前曾经许下心愿。……我这个人是非常 stubbom①的。”

---

①顽强。

她还以描写上海为例，说：像许多洋人心目中的上海，不知多么彩色缤纷；可是我写的上海，是暗淡破败的。而且——她用手比划着——就连这样的上海，今天也像古代的“大西洋城”，沉到海底去了。

水晶听着，不禁凛然——“她说这话的时候，有一种玉石俱焚的感慨。”

一个人的顽强，不在于体魄，而在于精神。张爱玲，骨子里根本就不是什么“临水照花人”!

当夜，水晶从她的三层楼公寓出来，已是凌晨2∶30了，仍觉谈兴未尽。临别前，张爱玲还送了水晶一本亲笔题赠的《怨女》英文本。

正如张爱玲在谈话结束时所说：这样的谈话，10年大概才能一次！她还说，朋友间会面，有时终身才得一次。

那么，这次水晶是满载而归了。

27. 幼年情结伴随夕阳岁月

水流越浩大，水势越平缓。一个人的精神内涵，也是如此。

张爱玲，就要走上她人生的最后23年途程了——此时，她就越发显得平缓。

就在那次著名的“水晶之夜”的前一个月，1971年5月，陈世骧先生不幸突发心脏病去世。

开追悼会的那天，张爱玲正患“感冒”，是强撑着去的。

美利坚的人际关系与职场规则，其实与我们这里大同小异。与陈世骧在工作上意见不合，继续工作下去本来就很困难；现在陈先生一走，张爱玲在研究中心续聘的事，就更是无望。

张爱玲明白这一切，但现在她有了经济保障，无须再向基金会求助。“惘惘的威胁”，再不可能狼一样在后面追了。

她有了自己的“王国”，她本人就是“君主”，用不着再看旁人脸色吃饭。

暑假时聘任期满，张爱玲告别了她生平的最后一份工作。但暂时还住在老地方没动，原因是身体总不大好。

伯克莱在北加州，这里的天气稍冷些，张爱玲难于适应，加之水土不服，所以经常“感冒”。她在给朱西宁的信中曾说：“来加州后，尤其去年十一月起，更瘦成一副骨骼。”①

这地方不宜长住，她要另选栖息地。

她一直是向往纽约的，但进入70年代的纽约，犯罪率上升，秩序混乱，她只好放弃，最终决定选择加州的洛杉矶，那里气候温暖些，去了或许身体可以转好。

她给庄信正去电，请他帮忙物色房子。

庄信正第二天就带着妻子开车跑到好莱坞区，找到了一间合适的公寓。

---

①见朱西宁《迟复已够无理——致张爱玲先生》。

张爱玲倒也麻利，请庄信正带路，说搬就搬。公寓里有全套家具，张爱玲只带了一盏铜制落地灯。这灯十分奇特，高可及棚顶，有三个可以自由转动的灯罩，每个灯泡都是200瓦的。

庄信正的妻子杨荣华还是第一次见张爱玲。她注意到张爱玲的手掌上有一大块淤青，原来是绑行李时，被绳子勒的。

张爱玲连忙像道歉似地解释，说自己是如何的笨手笨脚。

杨荣华后来回忆："她露在无袖旗袍外的两条臂膀是那么纤细，走在路上又是那么勇往直前，目不斜视，使我忍不住跨到她的右侧摆出护卫的架势：有车来为她挡车，有风来为他挡风。"①

新物色到的这间公寓，有会客厅。家具一应俱全，只是都有些旧了。管理员是个矮胖的中年妇女，话多，她见了张爱玲这东方女人，很好奇，不住地问这问那。

张爱玲怕她从此黏上，那可要了命，于是，只一句话就把她打发了："我不会说英文。"

安顿好了新居后，张爱玲在庄正信夫妇临走时，忽然很含蓄地表示，虽然搬来了洛杉矶，最好还是把她当成住在老鼠洞里。

这意思，自然是谢绝来往。

不久，她又告诉了庄正信自己的电话号码，但是声明是不会接任何电话的。

这样的"过河拆桥"，别人做不出来，她却能。

幸好，庄正信夫妇还是充分理解张爱玲的，并不以为忤，不仅绝少去打搅她，还替她挡了不少驾。一些朋友企图通过庄正信搭桥，去见张爱玲，但无一成功。

后来，庄正信夫妇要搬离洛杉矶，写了信去告知张爱玲，她很快就打电话来，邀他们去她那里小聚。还特地叮嘱，把他们的家庭相簿也带来。

张爱玲热情招待夫妇俩，又是煮咖啡，又是舀冰淇淩，东拼西凑才找到足够两个人用的碗、匙。可见，这里是门虽设却常关——绝无客来。

客厅里空荡荡的，只有一台电视机，连书架也无一个。

---

①杨荣华《在张爱玲没有书柜的客厅里》。

就在这没有书柜的客厅里，张爱玲饶有兴趣地观赏了庄氏一家的照片。在过去的年代，观看对方的家庭照片，也是较郑重的交谊方式之一。

看完了，张爱玲又把自己的照相簿搬出来，让庄氏夫妇俩欣赏。掀开绵纸，那些旧日场景一页页呈现，两人如梦如幻，跟着张爱玲的人生履痕走了一遍，不住地发出惊叹！

一直坐到半夜三点多，庄正信夫妇才告辞出来。第二天天一亮，他们做的第一件事，就是赶紧去买了一个大照相簿，托公寓管理员转交张爱玲——她那个相册，实在破得不像样了。

此后的日子，就是张爱玲真正的幽居时代了。她住的地方，是好莱坞东区的一栋公寓，外表很漂亮，白色门墙上爬满青藤，门前有一棵幼小的棕榈树。

这里是南加州地区，也就是以洛杉矶市为中心、包括周边八十多个大小城镇的洛杉矶郡。这里经济相当发达，后工业化社会的一切问题都存在，其实并不适宜居住，但是最大的好处是——个人的隐私有保障。

张爱玲要的就是这个。

她在这儿一住就是10年。

她的生活，又隐进雾里去了，一天天的日子是怎样过的，外人完全不知。

能见到的，是她几年后又有作品发表。1978年，《皇冠》杂志陆续发了她赴美之后改定的三篇小说：《相见欢》、《色·戒》和《浮花浪蕊》。

这三篇，后又加上旧作《殷宝滟送花楼会》、《多少恨》等，由皇冠出版社结集为《惘然记》(1983) 出版。

《色·戒》大约写于50年代，据说当时曾发表过，但毫无影响，现在几经修改，又发表出来。其他两篇也是差不多情况。

后来，在《惘然记》的序言里，张爱玲说：“这三个小故事都曾经使我震动，因而甘心一遍遍改写这么多年，甚至于想起来只想到最初获得材料的惊喜，与改写的历程，一点都不觉得这其间三十年的时间过去了。”言之殷切，可见她对这三篇故事的钟爱。

三篇里《色·戒》一篇，获得了评论界高度评价，一般都认为是继

《传奇》之后的又一高峰。其中，有人说它是少见的杰作；也有人说，它与 40 年代作品相较，底气毕竟不足。

随着前些年导演李安将其改编成电影《色·戒》，“王佳芝故事”更是走进了千家万户。甚至于王佳芝原型是不是中统情报员郑苹如的问题，也成了热门的话题。

一般都认为，故事的原型，一定是张爱玲听胡兰成讲的——郑苹如谋刺汪伪特工头目丁默邨事件。而宋淇却言之凿凿地说，《色·戒》跟郑苹如无关，故事原型是他讲给张爱玲听的，主角是他们燕京大学的几个同学。

对这个问题的考证，大概是永远也完不了！

小说在台湾发表的当时，就有人持激烈反对意见。台湾《中国时报》副刊发表署名“域外人”的文章《不吃辣的怎么胡得出辣子——评〈色·戒〉》，指责小说细节处理不妥，说王佳芝这样的爱国者，怎么能“每次跟老易在一起都像洗了个热水澡，把积郁都冲掉”？文章甚至痛诋这是“歌颂汉奸的文学——即使是非常暧昧的歌颂”。

张爱玲立即予以回应，一个月后，在同一报纸登出文章，题为《羊毛出在羊身上》。她说，写反面人物也应“进入他们的内心”，探究他们作恶时的真实想法，“不然势必人物类型化”。

双方的交锋，所涉的问题都是“大词”，其实与小说本身的关系并不大。

我以为，《色·戒》才是张爱玲所有小说中最好的一篇。

若论触及人性之深，《色·戒》要超过《金锁记》，它完全贯彻了张爱玲一向秉持的“人物不彻底论”。故事要讲的是什么样的人、什么道理，不可一望便知；全文线索的交代，却又干干净净。这样短而又内容厚重的小说，即便放到世界文学格局上，也是一流的。

这一篇与《五四遗事》都酝酿、创作于 50 年代，在刻意深挖主题上都是同一路数，但《色·戒》的主题则要深刻得多。

民国题材，毕竟是她的拿手好戏。重拾旧风物，不仅使她再现辉煌，而且令她登上了绝顶！

在隐居洛杉矶之后的十多年间，除了修改上述旧作，张爱玲全身心投入的唯有两件事，一个是研究《红楼梦》，一个是翻译《海上花列传》。

这是她晚年的全部精神世界。

也许有人会想，中西文化浩如烟海，一生只纠缠于两部作品，岂不狭窄？

——这就涉及到她的童年情结了。

张爱玲从少年时起就酝酿着“天才梦”，成名后终于梦想成真，但此后的坎坷，却使她有遍寻家园不着的沮丧。那么，童年时代曾接受的文化熏陶，就成了她惟一的精神安慰。

沉潜于《红楼梦》，并非醉心于才子佳人、世族流韵，否则，她就不会同时也执迷于红尘气味甚浓的《海上花》了。

张爱玲说，《红楼梦》和《金瓶梅》“这两部书在我是一切的源泉，尤其是《红楼梦》”。

这个“源泉”，究竟是什么意思？不能只理解为创作风格之源。

——这实际上是指她的精神养成氛围，是她生存的意义以及幸福感的源泉。

父亲那间沉静的书房、书架上那些纷然杂陈的老书、家庭课堂上童稚的嬉笑……父母未离婚时的那个家，永远是她心中最温暖的“春日迟迟”！

她七八岁时就读《红楼梦》，此后就成经常的功课，熟悉到“不同的本子不用留神看，稍微眼生点的字自会蹦出来”，且小小年纪就能感觉八十回后“怎么不好看了”，到1954年，她在香港头一次看到研究八十回之后的专著，顿觉“惊喜交集，石破天惊”，从此，但凡与《红楼梦》有关的书，都“等不及的看”。

在红学专著动笔前，张爱玲把大纲给宋淇寄去看过，宋淇感到思路很新鲜，闻所未闻，后来，在信中还不时打趣地问：“你的红楼梦魇做得怎么样了？”

1977年，她的研究大功告成，出版了她生平惟一的一部学术专著《红楼梦魇》，全书十多万字，收进了《红楼梦未完》、《红楼梦插曲》、《“五详”〈红楼梦〉》等七篇论文。

张爱玲研究红楼，并没有受过系统训练。她说自己研究《红楼梦》的“惟一资格实在是熟读《红楼梦》”，但对红学的现状与理路，她还是很清楚的。

1967年以后，她在哈佛和伯克莱，看到了好多的《红楼梦》版本，还有各种研究著作。不知为何，她是在图书馆站着看这些书的，把现代以来的红学家胡适、顾颉刚、周汝昌、吴世昌、俞平伯、冯其庸等，饱览了一通。

《红楼梦魇》走的是红学中考据派的路子，侧重于考证文本、版本。比较可贵的，是她以小说家的经验，来看《红楼梦》的版本差异、成书过程和传播问题，常有人所不能及之处。

她以作家的感觉来分析，认为《红楼梦》绝非自传体小说，是曹雪芹刻意要经营这样一个大场面的东西，曹雪芹探索和逐渐娴熟的痕迹，在书中清晰可见。

当然，也有张迷对此书有烦言，说行文有散漫和沉闷之弊，是不能和她的小说相比的。

她"十年一觉迷考据"，完全放弃了她之所长，是不是有把握在红学上一鸣惊人呢？

不！这并非她所关心的。

"偶遇拂逆，事无大小，只要详一会儿《红楼梦》就好了。"——她不过是以童年记忆来疗伤罢了。

除了《红楼梦》，张爱玲的另一项工作，是翻译《海上花列传》。翻译是两道工序，一是把原著的"吴语"翻成国语，二是把中文翻成英文。这工程也甚是了得。

《海上花列传》是光绪末年松江人韩庆邦所作，洋洋40万字，写的是上海妓女生活。

光绪末至宣统初，这类写欢场的小说颇多，非常著名的有《海上繁华梦》、《九尾龟》等。因为《海上花》是用吴语写成，所以当时名气不大；但胡适、鲁迅等人都对其相当推崇。鲁迅在他的《中国小说史略》里说，其他此类作品，都挖空心思要耸人听闻，"终未有如《海上花列传》之平淡而近自然者"。

鲁迅这评语，对张爱玲后来的文学观影响颇大。

张爱玲自言"十三四岁第一次看这书"。幼年时，"家教"先生捏着嗓子给姐弟俩朗读妓女对白的情形，在她记忆里牢不可破。

她想翻译《海上花》的念头，是在50年代萌生的，目的是想把这被掩埋了的杰作"打捞"出来，使之晋身《红楼梦》、《金瓶梅》、《水浒传》等一流经典之列。不过颠沛日久，一直未能如愿，待到经济问题一解决，她立刻全身心扑了上去。

虽然她对旧时妓女生活多少有点了解，但译成英文，难度还是很大。张爱玲的译笔流畅，而又非常准确，绝不用美英俚语，以免破坏气氛。在书名与书中人名的翻译上，也大费周章，务使英语读者不要被中国人名的“三字经”所吓退。

英译本初稿在70年代后期完成。那时，宋淇正在香港中文大学翻译研究中心主编《译丛》杂志，要出一期“通俗小说特大号”，写信向张索要部分章节，拟先期披露，张爱玲便给了他头两章。

稿子一到，编辑部同仁大为兴奋。过去在上海看过她《倾城之恋》话剧的汉学家柳存仁，大叹：“译笔之佳，不作第二人想！”

《海上花列传》的人物对白，有个特点就是口齿“轻灵痛快”，胡适曾担心无论怎么译，都可能失去原来的神气。张爱玲的国语本翻译，尽量保留了一些易懂的吴语词汇，注意让译文中带有“嗲味”，真是颇费了苦心。

张爱玲的另一大功绩，是为《海上花》国语本加注，对欢场的行规、典故、用语、服饰，以及上海地名沿革，都做了注释，如此阅读起来，就容易多了。

可惜英译本完成后，还是找不到买家。国语本倒很顺利，由皇冠出版社于1981年出版。

《海上花》的命运从来就不好，1894年首发单行本之后，几无反响。1926年，东亚书局又出了校点本，请刘半农与胡适作序，大张旗鼓，但仍是救不活它。当然小说本身也有弱点，譬如缺少中心人物、没有悬念感、笔法隐晦微妙等等，都影响了它的普及。

张爱玲这是第三次让它亮相，自知此番劳苦也可能根本无效，因而在国语本的序言中说：“就怕此书的下一回目是：张爱玲五详红楼梦，看官们三弃海上花。”

她的担心果然应验，国语本出来后仍无反响，一点没沾上“张爱玲热”的光。

张爱玲，只能做到无愧于心而已。

就在两大工程进行到尾声时，张爱玲在70年代中又出人意料地写了一篇新作——中篇小说《同学少年都不贱》，这应该是她晚年惟一完成的一部小说。书名取自杜甫《秋兴八首》里的句子："同学少年多不贱，五陵裘马多轻肥。"

这个书名，有点怪。其实是暗喻，人与人本无贵贱等差，但被命运拨弄，结局却会很悬殊——当是张爱玲坎坷半生之后的感慨。

小说里所写的，是四个教会学校女生的故事，其中有两个，前面已经提到过，就是赵珏和恩娟。两人本是同学，身份、地位原无大的差别，但是一入社会，差距就拉开了。恩娟嫁得好，一步踏入了上流社会；赵珏却一直为温饱而奔波。

两人的感情生活，却异曲同工，一个是没有爱情，一个是婚姻破裂。

这本书，与张爱玲以前的小说很不同。首先是跨度大，从 30 年代起写到 70 年代，从上海写到美国；其次是故事背景终于涉及了大时代；在性描写方面也比较大胆，甚至涉及到了同性恋。

从内容看，这篇小说有明显的"夫子自道"痕迹。别人的素材用完了，张爱玲就开始写自己。

小说写好后，她再看看，发现毛病蛮多，不大满意，于是就压在了宋淇手里，在她生前一直没发表。直到 2004 年，才在香港和大陆先后出版。

时光流转到了 80 年代，张爱玲了却平生两大夙愿，仍旧住在"老鼠洞"里。但在那山遥水远处，她的故土，无论香港、台湾，还是改革开放后的大陆，"张爱玲"这三个字，已是热得烫手！

张爱玲，此时几乎被疯狂崇拜，成了多种时尚名词的载体，成为人们对"老上海"追怀的一个寄托。她"竹林七贤"式的退隐，只能使人们对她更感好奇。

被冷落了多年，她甚至对自己的旧作都不抱信心了，基本不再翻阅。现在的情势，终于令她欣慰。

——天才，毕竟不会被埋没。

几部小说热销后，在港台屡屡被拍成电影，由周润发、叶玉卿、陈冲、赵文瑄这样的大腕主演，风头甚健。

由三毛编剧，林青霞、秦汉主演的电影《滚滚红尘》，更是让无数大众在银幕上"直击"了那一段传奇之恋。人还活着，就被拍成电影，这奇异的感觉，世上几人能享有？

张爱玲此时已经六十多岁了，显赫声名将她推上了“神坛”，丰厚的报酬也使她生活安稳。现代人所渴慕的“成功”，已在掌握中。

可是，她还是一样恬淡地活着。

她还是她。

28. 太平洋上的辉煌落幕

80 年代，中国大陆从动荡走向安稳，各种禁忌也随之消失。

对多难的人民来说，这是个福音频至的时代，远在海外的张爱玲，也体会到了丝丝缕缕的暖风。

1979 年，姑姑辗转和她取得了联系。

——这感觉，真是“忽闻海上有仙山”!

当年爱玲离开上海时，和姑姑相约，断绝一切通讯联系。这个做法，不免有点草木皆兵，但是到了文革，就显出姑侄俩的远见了：正因为没有联系，姑姑便没背上“海外关系”的沉重包袱。

几十年间，张茂渊基本平安无事，但她当年的初恋情人李开第却难逃一劫，扣上了“洋奴”的帽子，被折腾得半死，直弄到“六亲断绝”，妻子也在 1975 年病逝了。

这时候的李开第，孤苦伶仃，只有张茂渊还常来照顾他。他后来回忆说：“没有人敢来看我，惟有张小姐仍来看我。人非草木，孰能无情。但还转不上念头要结婚，人都老了。”①

1979 年，李开第获平反，在朋友们的撮合下，与张茂渊结婚。两人同龄，都是 78 岁，是地地道道的“黄昏恋”。

改革开放以后，姑姑联系上了宋淇，给张爱玲寄去了第一封信。

堪称传奇的是，姑姑此时，仍旧住在爱玲走时的那个“卡尔登公寓”。

爱玲回信叹道：“我真笨，也想找你们，却找不到，没想到你们还是在这个房子住。”

不过，姑侄俩此后的通信并不频繁，有时姑姑半年也收不到爱玲一封信。

1981 年底，上海《文汇月刊》刊出张葆莘的文章《张爱玲传奇》。这是大陆报刊 1949 年以后第一次出现张爱玲的名字。

---

①陈怡真《到底是上海人》。

弟弟张子静看到了，欣喜莫名。

他们的父亲张廷重，早就于1953年因肺病去世。解放前，张廷重几乎把所有的家产败光，和孙用蕃租住在江苏路一间只有14平方米的房子里，相依为命。

那时，张氏家族在青岛还有一处房产是在张廷重的名下，解放后人民政府实行赎买政策，将房产收归国有，每年发给张廷重一千多元定息。这样，他晚年虽然夹着尾巴做人，但好歹不至于潦倒了。

孙用蕃在解放后为经济条件所困，人也变勤快了，东奔西走地揽些活儿干，以补家用。张廷重去世后，她靠着定息收入，还是活得下去的。

文革爆发后，定息不再发了，可巧孙用蕃有个弟弟在东京，以前欠她的钱，这时候就隔三差五给她寄钱，这么维持了下来。70年代中，她因患眼疾双目失明，雇了一个小保姆伺候，于1986年去世。

张子静一直未婚。解放后，在上海浦东当小学教师，先后换了几所学校。后来他任教的小学升格为中学，他也就成了中学教师，1986年正式退休。退休后，就搬到江苏路的14平方米小屋来住了。

因为张子静和姑姑素无联系，所以姑姑和张爱玲通信，他一直不知道。1983年，他通过香港和美国的朋友，才和姐姐取得联系。

他给姐姐写信，附上了张葆莘的文章。后来，又写信劝张爱玲回国来看看，张爱玲复信说不会回去，只要能通信就好。

此后有一段时间，张子静再写信去，就杳无回音。原来，张爱玲在洛杉矶频频搬家，一直到1989年初，两人才又联系上。

这一年，她在给弟弟的信中说："传说我发了财，又有一说是赤贫。其实我勉强够过，等以后大陆再开放了些，你会知道这都是实话。没能力帮你的忙，是真觉得惭愧，惟有祝安好。"

她还是她，对弟弟仍是淡淡的，也不愿有钱财上的牵扯。但是在同一年，她得知姑姑生病，又逢"多事之秋"，便急着想给姑姑汇钱，希望姑姑的日常生活不至受太大影响。显然，她还是与姑姑亲。

早在1982年时，张爱玲就有机会回国省亲。那一年，北大著名学者乐黛云在哈佛做访问学者，偶然看到张爱玲的作品，大为赞赏，于是辗转托人，想请张爱玲到北大做一次"私人访问"。

张爱玲回信致谢，但表示并不想回国："我的情形跟一般不同些，在大陆没有什么牵挂，所以不想回去看看。去过的地方太少，有机会也想到别处去……”

据说这里所说的“别处”，就是欧洲。张爱玲平生所憾“去过的地方太少”，就是指她一直未能去欧洲看看。

张爱玲因为当年“香港之行”的创伤，不愿回国一游，可是故土对她的热情却与日俱增。

80年代中期以后，不仅张爱玲“重归”中国现代文学史，而且大陆读者对张爱玲“迟来的爱”也汹涌而至。

短短几年时间内，《倾城之恋》在《收获》杂志发表，夏志清的《中国现代小说史》中译本发行，柯灵文章《遥寄张爱玲》在《收获》和《读书》杂志发表，掀起了“张爱玲热”的第一波大潮。

1985年，上海书店影印出版了旧版《传奇》，这是内地最早出版的张爱玲作品。到1992年，安徽文艺出版社出了一套《张爱玲文集》，终于使“张爱玲热”走入了大众层面。

张爱玲这个名字，就此成为家喻户晓的一个“传奇”。

众多的女作家也蜂起效仿“张氏语言”，一时女性文字中“底子”、“芯子”之类的词汇夹缠不清。

此后，大陆各出版社狂印张爱玲作品，以满足读者需要，但大都未经授权。张爱玲当然很不满，授权姑父李开第处理她的大陆版权，但李开第已是八十老翁了，哪里管得过来？

在解放初的上海，以梁京为笔名发表的《小艾》，此时也在港台被人“发现”，两地报纸同时连载，香港还有人出了单行本。

张爱玲“望洋兴叹”，只好搜集整理了一批旧作，由台湾皇冠出版了《余韵》（1987）和《续集》（1988）两本集子。

那么，她在80年代中期，为何要频频搬家？

这是张爱玲研究中的又一段公案了——她是在“躲跳蚤”！

从1984年8月到1988年3月这三年半时间内，为了“躲跳蚤”，据说她平均每个星期搬家一次。按这样算的话，张爱玲搬家次数高达一百八十多次，简直可以上吉尼斯世界纪录了！

她给夏志清的一封信里所说的，就更玄了：“天天上午忙搬家，下午远道上城[1]，有时候回来已经过午夜了，最后一段公车停驶，要叫汽车——剩下的时间只够吃睡……”

一周搬一次家，应是夸张的说法了，再说洛杉矶也没有那么多汽车旅馆可供她选择。

汽车旅馆虽简陋，却定期有人清扫，连床也不用铺，对她倒也正合适。这段期间内，为减轻拖累，她不得不尽量丢弃一些“身外之物”，后来渐成习惯，反倒视一般家居摆设为累赘了。

早在“躲虫子”之前，庄信正担心张爱玲的健康，就把自己的一位朋友介绍给张爱玲，以便就近照顾。

这位新朋友叫林式同，是土木工程师、建筑商，既不爱好文学，也从未闻张爱玲大名。

他第一次去找张爱玲，是在电话里约好的，路上开了40分钟的车，还因为违章接受了一张罚款单。找到张爱玲住的公寓305室，他敲了敲门，里面仿佛有动静，却没有人应门。

他再敲一次，并且自我介绍：“张女士！我是庄先生的朋友，我姓林！他托我拿东西给您！我跟您通过电话！”

屋里有了动静，又过了半天，一个缓慢轻柔的声音带着一点抱歉的口吻应答：“我衣服还没换好！请你把东西摆在门口就回去吧！谢谢！”

林式同大为诧异，但也只能应一声好，把东西放在门口，就往电梯口走。忽然听到身后有开门关门的声音，回头一看，刚才留在房门口的黄色信封袋已经不见了。

——真是太神秘了！

其实，张爱玲一是怕生；二则受英式教育影响，不想在卧室里见客——她一直住单身公寓，只有卧室，没有客厅。

直到一年后，张爱玲为躲“跳蚤”开始频繁搬家，不得不求助于林式同，才打电话把林式同约来，在一家汽车旅馆的会客厅“接见”了他。

当时林式同看见，“……走来一位瘦瘦高高、潇潇洒洒的女士，头上包着一幅灰色的方巾，身上罩着一件近乎灰色的宽大的灯笼衣，就这样无声无息地飘了过来”。

---

①按：主要去看医生。

——宽袍大袖是怕皮肤痒，走路无声息是穿了浴室用的毛拖鞋，头上包头巾是怕虱子而把头发都剪了。她晚年的装束一直如此，出门也穿毛拖鞋，有时戴上假发套。

这次张爱玲谈了躲跳蚤的事，说将来如果需要，还要请林先生帮忙物色房子。林式同大惑不解，但他尊重张爱玲的意愿，后来竟然成了张爱玲专门的“租房代理人”。

张爱玲对那个卡夫卡式“蚤子”的存在，坚信不疑。有的朋友不理解，写信给她说，杀灭跳蚤很容易，用喷杀剂就行了，何必搬家？

张爱玲答复：是南美种的蚤子，非常顽强，小得肉眼看不见，根本就杀不净。

她去看医生，医生也难以置信，疑心是她心理有问题，但又不便明说。

宋淇对这件事也是牵肠挂肚，便邀请张爱玲到香港来治病。但张爱玲在频繁的搬家过程中，扔掉和丢失了不少东西，她自己说是“三搬当一烧”，不但把《海上花》的英译稿给弄丢了，连护照也不知何时被清洁工偷走，想去香港，也去不成了。

她这一段过得相当不安稳，兼之牙痛又发作，怎么也看不好。据夏志清讲，她不像夏志清他们看病有固定的私人医生，她看病，是到政府指定的专为穷人治病的免费医院，路途很远，要搭公车去，看病时还要等候多时。

洛杉矶的公共交通极不方便，去一个地方常要转车几次。稍有能力者，都要买部旧车代步；搭公车的，十有八九是穷人、流浪汉、不懂英文的非法劳工。可以想见，张爱玲装束怪诞，手提纸袋混迹其中，有如潦倒的 bag lady①，该是何等狼狈！

夏志清教授后来提及此事，痛心疾首。

也有张传作者不解：从各方面资料来看，她这时收入已经不低，为何不去找私人医生？——那就不得而知了。

她的健康成了问题，朋友们辗转相告，都很忧心。大家认为，张爱玲长期独居，过于封闭，且起居无规律、饮食简单，人也就老得快。

10 年前，张爱玲曾经认识了一位美籍华人、哈佛研究生司马新。

①“纸袋流浪女”之意。

司马新因为选了《海上花列传》做学位论文题目，通过夏志清向张爱玲请教，与张爱玲建立了书信联系，后来也加入了张爱玲朋友们的行列。

此时，司马新已在波士顿一家公司任职。1988 年，他辗转托人，在洛杉矶找到了一位名医，答应可以给张爱玲看一看。不久，司马新收到张爱玲来信，说已经看好了病，盛赞那位名医“医道高明，佩服到极点”。

医生的诊断是，以前大概遭遇过跳蚤，但两三年前就没有了，现在的瘙痒是皮肤特殊敏感，敷了药就好。张爱玲说，用药过后“奏效如神”，现在已经找到房子定居了。

朋友们这才放了心。

司马新后来在他写的张爱玲传记里，坚决否认了“张爱玲晚年有心理疾病”的说法，但是，这三年间惊人的搬家次数，似乎也不是心理正常者所为，大概还是老年心理偏执的反应。

在张爱玲治疗期间，水晶在《中国时报》副刊发表了一篇短文《张爱玲病了!》，以唤起各地张迷的共同关注。可是，张爱玲并不领情，怪他泄露了个人隐私。水晶只能叹息：“无意间得罪了她，被摒于‘张门’之外，连‘看张’的资格都失去了!”

“跳蚤事件”到此似乎告一段落，但接下来，张爱玲又遭遇了“垃圾事件”。

1988 年秋，张爱玲写信告诉林式同，皮肤病好了，可以找固定住所了。

没过几天，张爱玲又从一家汽车旅馆写信，请林式同赶快替她找房子。还没等林找到合适的房子，她自己就在下城东边找到了一家公寓，离她最后住的那家汽车旅馆只有一英里路。在这里，她住了有大半年。

这是一条比较嘈杂的街道，居住的人各种肤色都有，是大都市里的“第三世界”；但张爱玲租住的公寓却似鹤立鸡群，相当整洁。不过，价格也够昂贵的，每月 380 美元。

她的房间，是走廊最里边的一个套间，家具齐全。门口有信箱和对讲机，信箱上用了她的本名 E. ZHANG。

她的身体，已经大不如前，整天不出门。一天开 12 个小时的电视，大概是以此抵抗寂寞。偶尔出门，就是购物。她事先在随手拿来的小纸头上记下购物清单，比如咖啡、牛奶、胡桃派、熨斗、衣架、奶油、抹布、刮刷、香皂等等，然后出去，跑几家店一次买齐。

偶尔也看报纸，不过都是挑着看，不大认真。去楼下取信的次数极少，十天半个月去拿一次，还要半夜三更才去，以防遇见人。

在屋内，她只穿一次性拖鞋，觉得脏了就扔。不再打理发型，只以假发替代，也不再化妆，但是用很好的护肤品。

就在她自以为这样的“老鼠洞”生活绝对无人打扰的时候，她的隔壁，不声不响，住进了一位神秘女客！

这女客，是来自台湾的戴文采女士。很多张传都说她是“台湾某报”的记者，实际上，她是一位颇有名气的旅美作家，后来曾与台湾明星演员赵文瑄有过一段“姐弟恋”，不过，当时还只是一个“文坛新人”。

戴文采从 19 岁起就崇拜张爱玲，刻意学过张爱玲的文笔。一个偶然的机会，她得到了张爱玲的地址，就写信去给张爱玲，表示希望能够拜访一下。

这当然不可能有回音，“类似的信件，到了张爱玲手里就如落进太平洋”。戴小姐决定不放弃努力，1988 年秋，她跟台湾《联合报》副刊主编、诗人痖弦约定，算是由报社派遣，前去采访张爱玲。

戴文采找到了张爱玲住的公寓，向管理员提出，要租住张爱玲隔壁的那间房。

一连等了十多天，那房子才空出来，她立刻入住。

她并不想打扰张爱玲，只是在悄悄地等待张爱玲出现。只要看见人，也就达到了目的。

结果整整等了一个月，每天贴着墙壁听张爱玲住房的动静，最终才看见了一次——张爱玲出来倒垃圾！

戴文采其实并无恶意，虽然张爱玲对此类举动肯定要愤怒，但也多亏了戴文采的这次“卧底”，世人才得以了解张爱玲晚年的一个真实侧面：

她真瘦，顶重略过八十磅。生得长手长脚，骨架却极细窄，穿着一件白颜色衬衫，亮如洛佳水海岸的蓝裙子，女学生般把衬衫扎进裙腰里，腰上打了无数碎细褶，像只收口的软手袋。因为太瘦，衬衫肩头以及裙摆的褶线始终撑不圆，笔直的线条使瘦长多了不可轻侮。午后的阳光邓肯式在雪洞般墙上裸舞，但她正巧站在暗处，看不出衬衫白底上是不是印有小花，只觉得她皮肤很白，头发剪短了烫出大鬈发花，发花没有用流行的挑子挑松，一丝不苟的开出一朵一朵像黑颜色的绣球花。她侧身脸朝内弯着腰整理几只该扔的纸袋子，门外已放了七八只，有许多翻开又叠过的旧报纸和牛奶空盒。她弯腰的姿势极隽逸，因为身体太像两片薄叶子贴在一起，即使前倾着上半身，仍毫无下坠之势，整个人成了飘落两字，我当下惭愧我身上所有的累赘太多。她的腿修长，也许瘦到一定程度之后根本没有年龄，叫人想起新烫了发的女学生；我正想多看一眼，她微偏了偏身，我慌忙走开，怕惊动她。佯作晒太阳，把裙子撩起，两脚踏在游泳池浅水里。她也许察觉外头有人，一直没有出来，我只好回房，待我一带上门，立即听到她开门下锁急步前走，我当下绕另外一条小径躲在墙后远远看她，她走着，像一卷细龙卷风，低着头，仿佛大难将至，仓皇赶路，垃圾桶后院落一棵合欢叶开满紫花的树，在她背后私语般骇纷纷飘坠无数绿与紫，因为距离太远，始终没有看清她的眉眼，仅是如此已经十分震动，如见林黛玉从书里走出来葬花，真实到几乎极不真实。岁月攻不进张爱玲自己的氛围，甚至想起绿野仙踪。

看见张爱玲这样警觉，戴文采当然不敢作他想。一个月来，她除了听见隔壁的电视机声音之外，一无所获，就这样看了一眼就走，未免不甘心。于是她灵机一动，把垃圾桶里张爱玲刚丢下的全部纸袋用树枝勾了上来。

拿到“战利品”后，戴小姐有如侦探，对这些废弃物做了一番分析，得出了结论。比如，张爱玲平时吃什么东西、喝什么饮料、读什么报纸、存钱的银行是哪一家；她打鸡蛋壳的技术如何糟糕，牙齿如何不行了（因为没见有零食）等等。

最富有戏剧性的是，戴文采给张爱玲的那封信的信封，也在垃圾里。张爱玲喜欢用废旧信封做草稿纸，这张信封上，恰巧有一段文章草稿涉及戴文采，说是现在好不容易希望安静，如果要被采访，就好比“一个人只剩下两个铜板，还给人要了去”。

在一些废纸里，还有写给夏志清和症弦等人的信稿。

这些文稿，都被戴文采收藏，内容至今没有披露。

戴文采在兴奋中，写下了一篇采访记：《我的邻居张爱玲》，全文有洋洋万言。

文章写得非常详尽，看得出她确是一个超级张迷，对张爱玲的语录信手拈来。文章最后说，关于“铜板”的那两句话，“确实叫人十分抱歉，一口好井在人语喧哗中兀自凉着，也那样喜欢着外头世界的繁华，我们何必像顽童般非要扔石头惊她一惊呢？”

她的崇拜还是很虔诚的，知道决不能莽撞。

但此刻，她实在按捺不住激动，便打电话给旧金山的台湾女作家T女士，详述了她的奇遇。

戴文采冒险得了手，又想进一步设法接近张爱玲，于是叮嘱T女士：你千万不要对别人说啊！

但是，戴文采的这位朋友T女士，法律意识要比她强得多。按照美国法律，随意翻检别人的垃圾属于侵犯隐私权，是违法的。即便不考虑美国法律，T女士也觉得大为不妥。

于是，T女士马上电告夏志清，夏志清又转告了庄信正。庄信正不敢怠慢，立刻给张爱玲打电话。

张爱玲平常是从不接电话的，这次，也许是心灵感应，一打就通。

庄信正急急忙忙地说：“现在你隔壁住了一个戴小姐，据说是台湾《联合报》委托的……”

张爱玲立刻挂断了电话。庄信正第二天再打去，就无人接听了。他没有办法，赶忙给林式同打电话，想不到林式同轻松地说：“没问题，已经搬好了。”

在“躲跳蚤”的三年中，张爱玲早已练出了迅速搬家的本领，在林式同的协助下，她第二天就搬了家。戴文采枉做了一回超级间谍，竟然对隔壁的动静一无所知。

她仍是每天贴着墙壁听声音，发觉没有了电视机声，以为是张爱玲病了。可是一连几天没动静，她疑心起来，跑到公寓管理员那里打听，才知张爱玲已从她眼皮底下转移了！

戴小姐着了急，赶忙把自己写的稿件寄往台湾《联合报》副刊，想藉此一鸣惊人。但是痖弦看过后，毫不客气地说：“我们要等张爱玲百年之后，才能发表你这篇稿子！”

原来《联合报》的委托，是想让戴文采直接采访到张爱玲，搜集到材料，为将来的“讣闻版”做准备。他们过去一直是这样，名人一旦逝世，次日便有大幅专版出来，内容详尽，在舆论界常引起轰动。

这次也是为将来“未雨绸缪”，并不准备马上登出报道。张爱玲的信息，自从1972年水晶在《中国时报》发表《夜访张爱玲》之后，16年间再也无人能打探得到，《联合报》这个策划可谓洞察先机。但这样一篇“翻垃圾”的稿件，势必对报纸的形象有很大杀伤，所以痖弦断然拒绝采用。

戴文采无法，便又将稿子转给《联合报》的竞争对手《中国时报》，并且三番五次打越洋电话，催问该报副刊编辑李季，谈到了稿子何时能发、报酬如何给、“卧底”的费用如何报销等问题。

李季也是个原则性很强的人，她看了稿子后，同样拒绝发表，还打电话通知了庄信正，请庄迅速转告张爱玲。庄信正告诉她：“她们都已经搬走了。”——她们，是指张爱玲和戴文采。

稿件被《中国时报》拒绝，戴文采大感意外，后来另找途径发表了这篇“淘垃圾”的采访记，还把文章收入了自己的文集中。

这个事件纷纷扬扬了一阵，遂告落幕。“戴文采”这个名字，也因这次“出位”举动，永远留在了关于张爱玲的研究史中。

张爱玲在这之后，两次在给司马新的信中提到“戴文采事件”，并解释说，这就是自己的地址对外保密的原因。她的地址，连她的姑姑都不知道，只是租用了一个信箱收信件。她说，“中国人不尊重隐私权”，所以她不能住在港台。

她对司马新的帮助，铭感于心，强调说“不亏了你热心，我还住在旅馆流浪”。但感激是感激，她的地址还是不告诉几乎所有的朋友，也不接待朋友。这在她，是完全不能混淆的两回事。

张爱玲从庄信正那里得知了李季处理这事的态度，在1988年圣诞节前夕，寄了一张贺卡给李季，上面写道：“感谢所有的一切。”

张爱玲的晚年，多亏有林式同的就近帮忙，才使她免去了许多烦劳。

垃圾事件之后不久，张爱玲又要找房子，恰好就在半英里外，林式同设计和建造的公寓楼群刚刚竣工，张爱玲看过后很满意，很快就搬入了。

林式同嘱咐公寓经理，请为张爱玲的住址保密，如果万一有急事，要马上通知他。

但张爱玲仍然很要强，轻易不肯麻烦朋友。搬家时，林式同要为她叫计程车，她说东西少，不用麻烦了。

1989 年 3 月，她在过街时被一位中南美洲的青年撞倒，跌破了肩骨。她在给姑姑的信中说“这些偷渡客，都是乡下人，莽撞有蛮力”，看来是伤得不轻。

去看医生，医生嘱咐先做体操、水疗，观察一段再说。后来，幸而不用开刀了。

公寓经理不明所以，看见张爱玲手臂摔坏了，包着布像个大圆球，连忙打电话给林式同。林式同立刻来电话询问，张爱玲轻描淡写地说：是坐火车摔了一跤，多躺着就好了，不必担心。

林式同问她还有什么问题，张爱玲说牙齿、皮肤、眼睛都有问题，但并不需要他帮助。

林式同古道热肠，助人不求回报。十多年间，他其实只见过张爱玲一次，但需要帮忙时却毫不迟疑。他帮助张爱玲补办了所有遗失的身份证件，以他自己的住址作为张爱玲的永久地址，申请了张爱玲的身份、保险、老人福利等证件。

张爱玲对他，也是百分之百的信任，几乎视为亲人。她跟林式同讲话，从来不说英语，连一个英文单词都不带。林式同是她晚年与之通电话最多的人，有一次，她说：“我很喜欢和你聊天。”

张爱玲在电话里抱怨牙痛，林式同就说：“牙齿不好就拔掉。我也牙痛，拔掉就没事了！”

张爱玲若有所悟，自言自语地说：“身外之物还是丢的不够彻底！”

1991 年，张爱玲住的那座公寓，搬来了一些南美和亚洲移民，素质不高，嘈杂、不讲卫生。有人还养了猫，招来了蟑螂和蚂蚁。张爱玲不能忍受，给林式同写信说要搬家。

她提出了找房子的条件，有 8 项之多，其中有一条是，房子要足够新、没虫。

——卡夫卡的“蚤子”又在骚扰她了！她在给朋友的信中说：“每月要花两百美元买杀虫剂”，“橱柜一格一罐”。

还有一条也很怪，是要求“附近要有火车”。她是喜欢听火车的声音。无论对生人还是熟人，她都恐惧；但是扰攘的“市声”，却是她的

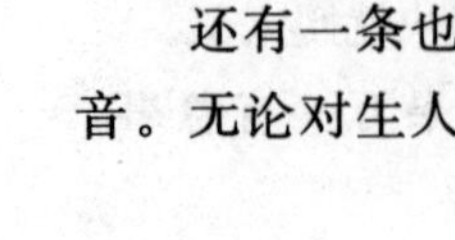

良友！

7月初，林式同选好了房子，房东是伊朗人。林式同开车来陪张爱玲一起去签约，这是林式同十多年来第二次见到她，距第一次见她已有7年之久！

在车上，林式同问她健康情况怎么样，张爱玲说牙齿问题是个苦恼。林式同注意到，她的牙齿真的是有点走样了，连嘴唇都受到了影响。

张爱玲还提到三毛，说“她怎么自杀了”，言下不以为然。

可是，三毛是谁？林式同不知道，就更不知道三毛曾写了一个以“胡张恋”为蓝本的电影《滚滚红尘》，于是，只好一声不吭。

新居是单身公寓，在西木区（Westwood）。搬家的时候，她仍然坚持自己搬，不要林式同帮忙。这是张爱玲最后的居所，也是张爱玲在洛杉矶住过的最好的一个区，离加州大学洛杉矶分校很近。

在林式同看来，这里环境虽好，但恐怕还不是张爱玲最理想的住所，因为听不见她喜欢的喧闹“市声”。顺便提一句，在签约的时候，林式同还是十多年来第一次听见张爱玲说英语。

在新居住了半个多月，那位伊朗房东有些沉不住气，打电话给林式同，说老太太经常忘记带钥匙，要他帮忙开门；又频繁抱怨浴室的设备有问题，要他去修理；还有诸如此类的麻烦事。

伊朗房东很担心：“这位房客是怎么回事？会不会有什么问题？”

——潜台词已经很明白。

林式同早有思想准备，说：“她没有问题，过去还做过我的房客，按时交房租，不爱打扰别人，你尽管放心，有事找我好了！”

为了防止再有“卧底”跑来，她干脆在信箱上用了一个越南人的名字。房东问她是怎么回事，她说，自己的亲戚很多，都传说她发了大财，怕他们找上门来借钱。

不过，这个信箱她也很少开启，一个月才打开一次，邮件常常塞得满满的，闹得邮政局很有意见。

在她频频搬家，与张子静中断了联系的那几年，弟弟还是很牵挂她。1988年，一位熟知张家家世的老人，拿了一张报纸，神色慌张地跑来找张子静：“你姊姊可能出事了！”

张子静一看，报纸上用红圆珠笔画出了一行字：

已故女作家张爱玲……

张子静一时呆住，难道音信不通是因为这个？

他将信将疑起来。张家的人不长寿，爷爷张佩纶、父亲张廷重，都没有活过 60 岁。母亲黄素琼也仅是 61 岁就谢世。姐姐如今已是 68 岁了，难道真有不测？

可是，张爱玲，是著名作家，假若真的“已故”了，应该有大规模的报道才对呀！

张子静问遍了在上海和在美国的亲戚，都说不知有此事。他又跑到上海市政府侨务办公室，把一封写给张爱玲的信委托他们转交。

这封信的转送途径规格之高，令人咂舌，是由上海市侨办转呈国务院侨办，再由国务院侨办寄到洛杉矶中国领事馆，请领事馆代为送达。

这本来是连领事馆也办不到的事，可巧领事馆有人认识戴文采，这才知道了地址，把信寄到了张爱玲那里。

张爱玲回了信，张子静方才放了心：所谓“已故”，是舞文弄墨的人想当然耳！

这时，姑姑有病，弟弟也热情相邀，但是张爱玲打定主意不回去。

即使是和林式同在电话里聊天，她也极少提及旧事。只有一次林式同告诉她，自己要去上海一趟，张爱玲似有所感，停顿了一两分钟，说：“哦，上海，恍如隔世！”

1990 年，台湾《中国时报》创刊 40 周年，报社邀请张爱玲赴台担任当年的“时报文学奖”评委，允诺评奖结束后，可出路费、派专人陪她去上海看望姑姑。

她还是婉言谢绝了。台湾她不会再去；上海，也只有永远放在记忆的搁物架上了。

1991 年，张爱玲半个世纪的好友炎樱去世了。此前，张爱玲虽与炎樱有所疏远，但通信往来还是有的。

同年 6 月，又有消息传来，姑姑张茂渊在上海逝世，享年 90 岁。留有遗嘱，不举行遗体告别仪式，骨灰随便撒掉。

张家是弱枝，本来亲人就不多，姑姑是张爱玲一生中最亲的一个。

如今，他们一个又一个隐进了历史的烟尘。

——在那个年代里出生、成长、盛放，也许本来就是错？

大概是亲朋的离去，对她有所触动，第二年2月份，林式同忽然收到张爱玲寄来的一份遗嘱副本。

遗嘱的内容有两点："一、如我去世，我将所有的财产遗赠给宋淇和宋邝文美夫妇。二、我希望立即火化，不要存放在骨灰存放处，骨灰应撒在任何无人居住的地方，如果撒在陆地上，应撒在荒野处。"

在"遗嘱执行人"一栏里，张爱玲写的是林式同的名字。

她考虑到林式同一定会感到突兀，便在信中解释道，前不久因为要委托上海的姑父代理大陆版权，她去文具店买委托书，顺便就买了一份遗嘱，"免得有钱剩下来就会充公"。

张爱玲对林式同说："也没先问一声，真对不起。附寄了个副本来给您过目，不用还我。好在立这遗嘱一共只二十美元，如有难处，不便担任，再立一份，这一张就失效了。我除了点存款没值钱的东西，非常简单。万一有费用不够付，宋淇夫妇会补还。是否能行，等有空请晚间打个电话告诉我（477—9453），可行的话我就拿去登记。"

林式同当然摸不着头脑："一看之下我心里觉得这人真怪，好好的给我遗书干什么……遗书中提到宋淇，我并不认识，信中也没有说明他们夫妇的联系处，仅说如果我不肯当执行人，可以让她另请他人。我觉得这件事有点子虚乌有，张爱玲不是好好的吗？我母亲比她大得多，一点事也没有……因此，我把这封信摆在一边，没有答复她。可是在张爱玲看来，我不回音，就等于是默许，后来我们从未再提起这件事，我几乎把它忘了。"①

可以看出，张爱玲对于生死问题，看得很开，对身后安排是有条不紊的。可是，她恰恰没有留意自己最大、最具价值的一笔遗产——著作版权。这笔无形资产，在她，真的也就是无形吧，跟没有一样。

她的这种超脱，留给世间的却是一些不超脱——在她身后，皇冠出版社和大陆多家出版社为张爱玲著作的版权，打起了无穷无尽的官司。

3月，张爱玲又给宋淇写了信，告诉他自己的遗物将赠与他们夫妇："还有钱剩下的话，一、用在我的作品上，例如请高手译。没出版

①见《有缘得识张爱玲》。

的出版……；二、给你们俩买点东西留念。即使有较多的钱剩下，也不想立基金会纪念。”

张爱玲又一次隐身在深深的雾中了。

她最后这几年是怎么过的，林式同也不甚清楚。

她住的公寓，位于西木大道与罗切斯特街交叉的地方，是一幢淡灰色的四层楼，门前有一棵松树和一棵棕榈树。

公寓大门对面，有小书店、修鞋铺。她偶尔出来散步，邻居跟她打招呼，她也回应一声，只是一声 Hello，就再无多话，以至旁人都以为她不会说英语。

书店的老板也常见她，但她去书店，都是匆匆来去，从不说话。——去小书店，能买什么书呢？是那种她喜欢读的“垃圾小说”吧？

1993 年春，有一位大陆学者，差一点就见到了她。

这个人与她甚有渊源，就是著名的红学专家魏绍昌先生。

细心的读者应该还记得，魏绍昌就是当年桑弧在家里宴请张爱玲时的座中客，不过，那时他还在金融界做事。

这次魏绍昌到美国来访问，在洛杉矶，巧遇一位与张爱玲同住一幢楼的女邻居！

世界果然很小。魏绍昌既惊且喜，试探可否能联系上张爱玲。女邻居答应，如果给张爱玲写信，她可以帮忙塞到张爱玲的信箱里去。

魏绍昌当然知道张爱玲不见人，尤其对大陆去的人更抱着戒心。

不过，偶而也有例外，80 年代初，著名翻译家冯亦代先生到洛杉矶，想去看望她，托熟人向她联系。张爱玲知道冯亦代过去也在上海，表示同意见面。

可是，张爱玲的答复总是“迟复为歉”，待冯先生得到通知时，人已经离开洛城了。后来，冯亦代提到此事，感到万分惋惜。

魏绍昌对吴语小说、越剧和评弹都很有研究，他考虑了一下，认为自己和张爱玲可说的话很多，想来她也会乐于听的，何况他们在上海还有过一面之缘。于是，写了一封信说明来意，并写上了他在洛城的联络电话。

信虽发了，但魏绍昌知道她性情孤僻，并不抱太大的希望。果然等了几天，杳无消息，他也就离开洛杉矶了。

半年以后，魏绍昌已回到上海。洛城的友人来电话告诉他：在他离开洛城一个多月之后，有一位自称姓张的老太太来过电话，问："魏先生在吗?"朋友告知早已走了，她又说了一句："我刚看到信呀!"电话便挂断了。

魏先生后来回忆说："我知道后，曾激动了一阵，张爱玲对上海毕竟还是有感情的!"①

魏绍昌大概不会想到，这是张爱玲生前与大陆方面来人的最后一次联系。

张爱玲几年来心里就有急迫感，她在给司马新的信里说："剩下的时日已经有限……想做的事来不及做……"

她又有了小时候"穿上新鞋也赶不及"的焦虑。

进入 90 年代，她有几个计划，都在"急管哀弦"地进行着。

首先是编订《张爱玲全集》，准备收入已发表的全部著作。

此前，"皇冠"虽然已经出版了张爱玲的作品十余种，但没出《全集》毕竟是遗憾。这次编者和作者双方都认识到这项工作的重大意义，进度相当之快。从 1991 年着手，一年以后就陆续出版。《全集》里的每篇文章都是张爱玲亲自校订，稿件在台北和洛城飞来飞去，耗费了双方不少的精力。

第二，是编一本图文并茂的《对照记》。

这一本，编写得也相当快，1992 年秋，稿件就寄到了台北。出版社对残损照片进行了精心修补，在 1993 年 11 月的《皇冠》杂志上先行登出。而后在 1994 年 6 月，作为《张爱玲全集》第 15 卷出版。

《对照记》一出，张迷们争相购买，又是一番洛阳纸贵的盛况，一年半内，就印刷了 7 次。

该书收入老照片 50 余幅，从张爱玲的童年时起，到她 40 多岁止，50 岁以后的一张也没有。其中有一幅，很值得一说。

那是 1944 年拍摄的一张，她原本穿着薄呢旗袍，但怕单色旗袍不上相，便又披了件浴衣在身上。

这幅照片后来"出镜率"很高——她颔首低回的样子，很有些惊

---

①见《两记张爱玲》。

艳。假如不是她自己说出来，谁能想到，照片上的服饰竟是临时凑合的！

书里还收入了李菊耦、张佩纶、黄素琼、张茂渊、炎樱等人的照片，但没有胡兰成和赖雅的。张爱玲在文字说明里声称："惟一的取舍标准是怕不怕丢失。"这当然不能解释不收两位丈夫照片的原因。

也许没有什么更复杂的原因。她只是——不愿意让人家指指点点。

第三项计划，是重写自传性质的长篇小说《小团圆》。

何以名之"小团圆"？这书名大概也含有张爱玲一贯的反讽吧。

中国人讲究凡事的结局要"大团圆"，一生要功成名就，子孙满堂。可是，张爱玲揣度自己的一生，莫说"成功"，就连一般人的"圆满"也没达到。她无头衔、无功名、无房产、无子嗣、无金婚之福，一辈子都是"无产者"。

但是，这样的人生结局，如果不叫"团圆"又叫什么呢？于是，只能名之为"小团圆"。

《小团圆》的这一稿原定 1993 年内写完，在 1994 年 2 月"皇冠"40 周年庆典时，与《对照记》合为一集出版。可是，后来因她身体不佳的原因，一再延期。此外，张爱玲还考虑，两书合为一集，书太厚，书价也会太高，于是要求先出《对照记》。

这一延宕，竟然就再也没写完！

《小团圆》实际上有两稿，前一稿在上世纪 70 年代就已动笔并完稿。据张爱玲的文学遗产执行人宋以朗表示，在整理张爱玲的书信时，发现她上世纪 60 年代在美国，曾以英文撰写了 23 万字的自传性小说《易经》(*Book of Change*)，因找不到出版社出版而作罢。

1964 年台湾作家朱西宁打算根据胡兰成的叙述，为张爱玲写传记。张爱玲深感不安，一面写信给朱西宁劝阻，一面从《易经》中抽取一段，用 10 个月时间改写成《小团圆》，此谓第一稿。如此匆忙，意在与朱西宁的传记"打擂台"。

第一稿并未出版。张爱玲在 1992 年写给宋淇的一封信中，曾明确提出"《小团圆》小说要销毁"。

而后，她又在 1993 年重写，结果第二稿没有写完。现在所出版的，不知是哪一稿。

《小团圆》是张爱玲最为"神秘"的作品，创作历时约 20 年，几易其稿，却一直没有出版。文稿压在台湾皇冠文化公司创办人平鑫涛的手里，珍藏多年。

2009 年 2 月 23 日，也就是台湾皇冠文化公司成立 55 周年纪念日的次日，《小团圆》终于揭开了神秘的面纱，由皇冠公司在台湾出版发行。

《小团圆》的面世，令广大张迷们极为兴奋，但也引起了一些人对出版方违背作者遗嘱的质疑。

《小团圆》的手稿在此之前从未曝光，仅有宋淇、平鑫涛等人看过。

张爱玲生前曾经说："这是一个热情故事，我想表达出爱情的万转千回，完全幻灭了之后也还有点什么东西在。"

这部书，讲了太多的事情，足够张学研究者们消化好些年的。

我们还是回到当年——

1994 年秋，《中国时报》鉴于《对照记》的特别价值，把第 17 届"时报文学奖"的"特别成就奖"授予张爱玲。

张爱玲欣然接受了这个奖，还写了一篇获奖感言，发表在 1994 年 12 月 3 日台北《中国时报》副刊上。

这个感言的题目，就是《忆〈西风〉》。她在感言中，对当年写《我的天才梦》，因字数超限被取消了原定首奖的"往事"仍耿耿于怀。她说，因为十几岁时最敏感，易于受伤，因此现在获奖一点喜悦感觉都没有了。

本书前面已经讲过，这个记忆是靠不住的。而我们应该注意的是，这是她生前发表的最后一篇文字，其中流露出来的不平之气，是缘何而来?

从《五四遗事》到《色·戒》，到《同学少年都不贱》，再到这篇《忆〈西风〉》，实际上都埋藏着一条连贯的情绪伏线——

谁对她的一生坎坷负责?

这是她终生也不能释然的一个问题。

实际上，没有谁!

也不能埋怨时代，只能归之于命运；而且，如果再晚一点，就连那昙花似的盛放也都不可能了。

值得一提的是，为接受这个奖，她特地到照相馆照了一张"近照"，寄到台北，刊登在获奖次日的《中国时报》上。

照片中的张爱玲，面容清癯，目光炯炯，但明显已是苍然一老妇了!

最可称奇的，是她手拿一张卷着的华文报纸，露出赫然几个标题大字：“主席金日成昨猝逝。”

——到最后，她也要惊世骇俗一次！

这个亮相，使不少张迷惊骇，甚至有人认为很不祥。但，这就是张爱玲——命运就是再严酷，她也没有屈从，到最后也还有心情挑战与调侃。

她通知皇冠出版社，再版《对照记》时，要把这张照片放在最后一页，并补充了如下的文字说明：

写这本书，在老照相簿里钻研太久，出来透口气。跟大家一起看同一头条新闻，有“天涯共此时”的即刻感。手持报纸倒像绑匪寄给肉票家人的照片，证明他当天还活着。其实这倒也不是拟于不伦，有诗为证。诗曰：

人老了大都
是时间的俘虏，
被圈禁禁足。
它待我还好——
当然随时可以撕票。
一笑。

幽默依然如故。不过，她虽老了，却绝没有被时间所俘虏。最后的这几年，是她相当勤奋的几年，写作的速度很惊人。

无人打扰，不为钱所困，尚有精力书写回忆录——这不正是一个作家晚年最圆满的境界？

在《红楼梦魇》里，张爱玲就感叹过“去日苦多”。

流走的岁月，确是太多了。一部《小团圆》，至今还没写完，何日能杀青，还在一片迷雾中。

送走了一个“急管哀弦”的冬天，又是一年盛夏来临，老年张爱玲忽然又不安宁了。

1995 年 5 月 17 日，她给林式同写信，又要搬家。她说，伊朗房东在找她的麻烦，让她雇人清扫房间，吵得她吃不消。她想搬到亚利桑那州的凤凰城或内华达州的拉斯维加斯去，还在信中附上了剪报资料。

不知她是怎样想的——两个地方都在沙漠中，比洛杉矶更热、更干。

林式同接信大吃一惊：张爱玲这么大年纪，到那么远的地方，怎么可以？

他赶忙打电话给张爱玲，问她在拉斯维加斯有没有熟人，张爱玲说没有。林式同这次没有尊重她的意见，坚决反对。

张爱玲又提出，可否在洛杉矶找一处新建的房子。林式同对房地产业“门儿清”，他告诉张爱玲：这几年美国经济不景气，要找新房子很难，还是先不动为好。反正租期7月份才到，这期间一定能为她选到一个好住处。

如此过了半个月，张爱玲打电话来，说房东又不赶她走了，可以继续住下去。但皮肤病又发作了，来势汹汹，连衣服都不能穿。整天要照紫外线灯，人常感冒，久久也不好。

林式同想了想，建议她去买一件墨西哥人穿的斗篷。那其实只是一块布，上面有个洞，往头上一套就是一件衣服，穿脱都比较方便。

张爱玲没有做声。

听她讲话，与往日并无不同。林式同没感觉到有什么异常，他哪能想到，这竟是他与张爱玲的最后一次通话！

……

“三十年前的月亮早已沉下去，三十年前的人也死了，然而三十年前的故事还没完——完不了。”

这是最不可思议的事——年轻时的张爱玲，怎能写出这样苍凉的句子？

如今更尽漏残，她自己的故事，也还没有完。

有人说她“是和月亮共进退的人”。

不错，这也算是谶语吧。她是在中秋节后第四天来到这世上的。

在她生命中第75个中秋圆月将要升起的时候，张爱玲，这个只有上世纪的中国才能诞生的传奇女性，带着她的绝代风华，走了！

1995年9月8日，中国的“中秋节”前一天。

中午12：30，林式同回到家，正打算浏览当天的报纸，一阵急促的电话铃声响起，把他从沙发上惊了起来！

电话里说话的人，是伊朗房东的女儿：“你是我知道的惟一认识 Elieen Chang Reyher 的人，所以我打电话给你，我想她已经去世了。”

林式同大惊：“我不信，不久前我才和她通过电话。”

房东女儿说：“我们几天没见过她，也没听见过她房间有任何声响，估计她已经不行了。刚才我已叫过急救车，他们马上到。”

言之凿凿，再无可疑。林式同说：“我马上过去。”忽而又想到，张爱玲三年前曾给他寄过遗嘱，不禁叫了一声：“我有她的遗书！”说罢放下了电话。

他找出遗嘱，收拾好正准备出门，电话铃又一次响起。

他忙抓起电话，只听对方说：“这里是洛杉矶警局，您是林先生吗？张女士已经去世，我们在这儿调查，请您 20 分钟以后再打电话来。”

林式同后来经过允许，来到了公寓，见警察和房东正在房间里忙碌，他上前告知了身份，并把遗嘱出示给警察确认。

他想进房间，但被警察拦住，要他在走廊等候。一位女警拿了一个手提包交给林式同，好心地叮嘱说，这都是重要的遗物，不能让房东收去。

林式同打开袋子看了看，里面装满了信件和文件，还有一串钥匙。

殡仪馆的人也随后赶到，要求林式同在火化手续单上签字。林式同说，我没见到遗体，怎么能签字？警察这才允许他进房间去。

这是一个安详的世界。

照紫外线的太阳灯还开着，电视机却是关着的。

张爱玲躺在房间里惟一的一张靠墙的行军床上，溘然长逝。

她身穿旗袍——是一件赭红色的旗袍。

身下垫着的是一张灰蓝色的毯子。

身上没有盖任何东西。

她头发很短，手脚自然平放着。

她合上了眼，神态安详，只是出奇地瘦。

她走了。走得平静，有尊严……

她走的时候，仍是我们中国的女人……

据法医检验的结果，张爱玲大约死于六七天前，也就是 9 月 1 日或

2日，死因是心血管疾病。林式同只知道张爱玲一直有牙病、眼疾和皮肤病，平日易患感冒，没想到她会有心血管疾病。

张爱玲平时不愿自己动手烹饪，也不愿到外面去吃，仅以罐头蔬菜、盒装鲜奶、鸡丁派、胡桃派、苏格兰松饼等作为饭食，罐头蔬菜用电炉加热一下就吃，充其量再煎个鸡蛋。如此长年累月，营养跟不上，免疫力下降，人都瘦干了。一遇大病，就顶不住了。

从房间里的情况看，她临终前头脑很清醒，知道大限已至，有条不紊地整理好了各种证件和信件，装进手提包，放在了靠门边易被发现的折叠桌上。

林式同在清理房间时，为方便起见，还特地请了一位朱小姐来帮忙。

他们亲眼目睹了张爱玲"家徒四壁"的极简生活之状。

墙上是空空的，没有悬挂任何装饰物。靠窗是一沓纸盒，这就是张爱玲的"写字台"，《对照记》、《小团圆》就是伏在这些纸盒上写的。

床前的地上，放着电视机。她喜欢靠在床上看电视，靠看电视来忘记病痛、甚至催眠。

房间里的地上，摆着许多纸袋。贮衣室里除了近年来买的衣服，也有一些纸袋。但是没有箱子，她嫌搬家时麻烦。

她用的拖鞋，是浴用的橡胶拖鞋，用脏了就扔，还有几大包新的没用过。

厨房里也多是纸碗和塑料刀叉，用过即扔。所有的金属餐具都是新的，像是没用过，只有咖啡壶是常用的。

她的浴室里，显得很凌乱，没有毛巾，到处是扔掉的纸巾。林式同和朱小姐推测，她最后大概连拧毛巾的力气都没有了，所以才用了这么多纸巾。

张爱玲还另外租了一个小仓库，有3英尺见方，里面收藏着她的英文著作、打字手稿等，都用手提袋装着。后来，在律师的帮助下，林式同遵照遗嘱的内容，把这些遗物分装十余个中型纸箱，寄给了在香港的宋淇。

在这些遗物中，有英文小说《少帅》、《上海闲游人》和未完成的《小团圆》、《描金凤》等手稿，除了《小团圆》外，其余至今尚未公诸于世。

9月19日，张爱玲的遗体在洛杉机惠捷尔市玫瑰岗墓园火化，到场的是林式同和他的几位友人，没有举行任何仪式。

9月30日，是张爱玲75岁生日，按照中国的传统，是她的“七十六岁冥诞”。在这一天，她的骨灰，由林式同和友人张错、高张信生、高全之、张绍迁、许媛翔等，乘船护送至海上。众人对骨灰盒三鞠躬，主持者念了简短的祭文。

在船笛长鸣声中，朋友们将她的骨灰撒向太平洋，同时还撒祭了红白玫瑰花瓣。

张爱玲之魂，就此永远漂荡在海上。

浩瀚。博大。苍凉……

此后的十几天内，张爱玲去世的消息在华人世界所引起的反响，可用“猛烈”二字来形容。

港台和大陆的媒体在显著位置发表了消息，并刊登了有关的专访和悼念文章。受到华人媒体的感染，美国的《纽约时报》和《洛杉矶时报》也有讣闻登出。

美国的华人文学圈中，人们自发地举办了各种纪念活动。

国内的读者们，更是爆发出了空前的热情，有关张爱玲的书籍在海峡两岸再次热销。

“张爱玲”这个名字，又一次被放大。

这是上世纪末，一件与文学有关的事在华人世界所引起的最大轰动。

这样的胜景，张爱玲已无从得知了。

她什么也不需要了。

只要那红玫瑰与白玫瑰的花瓣在飘……

她带着满足感，飘然而去——把自己的文字，给了整个民族。所有的赞美与攀附，所有的不屑与挑战，都不能再来搅扰她了。

只隐隐可闻，一个声音在浩茫世界的某处回响：

——“我比较喜欢那样的收梢。”

2009年3月20日完稿于海口海甸岛